Textos fundamentais do
Direito das Relações Internacionais

Nº 702

S462t   Seitenfus, Ricardo
         Textos fundamentais do direito das relações internacionais /
         Ricardo Seitenfus. — Porto Alegre: Livraria do Advogado, 2002.
         373p; 16x23cm.

         ISBN 85-7348-219-2

         1. Direito internacional. 2. Relações internacionais. 3. Textos
         fundamentais: legislação. I. Título.

                                                    CDU 341

         Índices para o catálogo sistemático:

         Direito internacional
         Relações internacionais
         Textos fundamentais: legislação

Ricardo Seitenfus

Textos fundamentais do
Direito das Relações Internacionais

Porto Alegre 2002

© Ricardo Antônio Silva Seitenfus, 2002

Capa de
Diâine Borin
APIS Estúdio de Criação Publicitária

Revisão de
Rosane Marques Borba

Projeto gráfico e diagramação de
Livraria do Advogado Editora

Direitos desta edição reservados por
Livraria do Advogado Ltda.
Rua Riachuelo, 1338
90010-273 Porto Alegre RS
Fone/fax: 0800-51-7522
livraria@doadvogado.com.br
www.doadvogado.com.br

Impresso no Brasil / Printed in Brazil

Sumário

Apresentação 7

1. O direito brasileiro das relações exteriores 11

a) Principais dispositivos constitucionais que interessam às relações internacionais 11

b) Mar territorial, zona contígua, zona econômica exclusiva e plataforma continental (Lei 8.617, de 04/01/1993) 15

2. Tratados firmados pelo Brasil em âmbito regional 19

a) Convenção sobre tratados (havana, 1928) 19

b) Tratado Interamericano de Assistência Recíproca (Rio de Janeiro, 1947) . 21

c) Carta da Organização dos Estados Americanos, OEA (1948, atualizada em 1967) 26

d) Convenção sobre asilo diplomático (1954) 50

e) Convenção sobre asilo territorial (1954) 53

f) Tratado para a proscrição de armas nucleares na América Latina e seus Protocolos Adicionais (México, 1967) 55

g) Convenção americana sobre direitos humanos . . . .
   (São José da Costa Rica, 1969) 70

h) Tratado da Bacia do Prata (1969) 90

i) Tratado de Cooperação Amazônica (1978) 92

j) Tratado de Assunção para a constituição do Mercado Comum do Sul, Mercosul (1991) 98

k) Protocolo de Brasília sobre a solução de controvérsias no Mercosul (1991) . 103

l) Protocolo de Ouro Preto sobre a estrutura institucional definitiva do Mercosul (1994) 109

3. As Nações Unidas e os Estados 119

a) Carta da Organização das Nações Unidas (1945) 119

b) Solução pacífica dos litígios: Estatuto da Corte Internacional de Justiça (1945) 139

c) Manutenção da paz: Resolução 377 da Assembléia geral das Nações Unidas (1950) 150

d) Descolonização: Resolução 1514 da Assembléia geral da ONU (1960) . . 155

e) Coexistência pacífica: Resolução 2625 da Assembléia geral da ONU (1970) . 157

f) Definição da agressão: Resolução 3314 da Assembléia geral da ONU (1974) . 165

g) Direito penal internacional: Estatuto do Tribunal Penal Internacional (1998) 169

h) Combate ao terrorismo: Resolução 1373 do Conselho de segurança (2001) . 240

4. Proteção Universal dos Direitos do Homem 245

    a) Declaração universal dos direitos do homem (1948) 245

    b) Convenção para a prevenção e a repressão do crime de genocídio (1948) . . 249

    c) Pacto Internacional sobre os direitos civis e políticos (1966) 252

    d) Pacto Internacional sobre os direitos econômicos, sociais e culturais (1966) . 268

    e) Convenção para a eliminação de todas as formas de discriminação
       racial (1966) 277

    f) Convenção contra a tortura e outras penas ou tratamentos cruéis,
       desumanos ou degradantes (1984) 288

    g) Assistência humanitária às vítimas de catástrofes naturais e situações
       de urgência: Resolução 43/131 da Assembléia geral (1988) 300

    h) Direitos das pessoas integrantes de minorias nacionais, étnicas, religiosas
       e lingüísticas: Resolução 47/135 da Assembléia geral (1992) 302

5. Direito da guerra, segurança coletiva e desarmamento 307

    a) Proibição da utilização de gases asfixiantes, tóxicos ou similares e de
       meios bacteriológicos na guerra (1925) 307

    b) Tratado para a proscrição das experiências com armas nucleares na
       atmosfera, no espaço cósmico e sob a água (1963) 308

    c) Tratado sobre a não-proliferação das armas nucleares (1968) 310

6. Direito Econômico Internacional 317

    6.1. Desenvolvimento 317

        a) Soberania permanente sobre os recursos naturais: Resolução 1803 da
           Assembléia geral (1962) 317

        b) Carta dos direitos e deveres econômicos dos Estados: Resolução 3281
           da Assembléia geral (1974) 319

    6.2. Comércio 330

        c) Acordo constitutivo da Organização Mundial do Comércio, OMC (1994) 330

        d) Memorando de acordo relativo às regras e procedimentos para a solução
           de litígios na OMC (1994) 341

7. Meio Ambiente 365

    a) Tratado da Antártida (Washington, 1959) 365

    b) Declaração do Rio sobre meio ambiente e desenvolvimento (1992) 370

Apresentação

A presente coletânea objetiva colocar à disposição dos estudantes e especialistas brasileiros uma seleção dos documentos mais relevantes, tanto do direito internacional público quanto das relações internacionais. Portanto, pretendo facilitar a árdua tarefa do pesquisador proporcionando versões oficiais ou oficiosas do que considero ser o núcleo central das fontes do direito das relações internacionais.

Como a língua portuguesa não foi eleita veículo oficial das organizações internacionais e das relações internacionais, o leitor brasileiro encontra dificuldades para acessar os tratados, resoluções e instrumentos constitutivos dos órgãos permanentes das relações internacionais. Nos textos dos quais o Brasil é signatário, uma tradução oficial, feita pelo Estado brasileiro, pode ser encontrada. Todavia, muitas resoluções e convenções propostas pelos organismos internacionais não dispõem de uma versão oficial brasileira. Nestes casos, realizei a tradução, a partir de texto em francês, respeitando a forma – por vezes bizarra – e o seu complexo conteúdo.

Muitos dos documentos jamais haviam sido publicados no Brasil, como o Estatuto do Tribunal Penal Internacional, as Resoluções da Assembléia geral das Nações Unidas sobre o desenvolvimento, a assistência humanitária em situações de urgência, a descolonização, a coexistência pacífica, a manutenção da paz, os direitos das pessoas integrantes de minorias nacionais, étnicas, religiosas e lingüísticas, a importante definição da agressão, a soberania permanente sobre os recursos naturais, a Carta dos direitos e deveres econômicos dos Estados, a Convenção contra a tortura e a Resolução do Conselho de segurança sobre o terrorismo.

A coletânea distribui-se de forma espacial quando refere-se à participação brasileira, constante dos três primeiros capítulos, e de forma temática nos quatro capítulos restantes. Ao ordená-los, tornou-se inútil a elaboração de um índice remissivo. Partindo do tratamento dispensado às relações internacionais pela Constituição de 1988 e da lei que define a zona costeira do país, uma atenção especial é concedida aos documentos firmados pelo Brasil no âmbito das Américas. A seguir, foram selecionados diversos documentos propostos pelas Nações Unidas aos Estados.

A partir do quarto capítulo, a coletânea é dividida em temas: a moderna e importante proteção universal dos direitos do homem; as tradicionais

Textos fundamentais do
Direito das Relações Internacionais

questões concernentes à segurança coletiva; o pouco conhecido direito econômico internacional; e, finalmente, os problemáticos temas envolvendo o meio ambiente.

Estes documentos fundamentais do direito das relações internacionais estão fortemente impregnados das preocupações que surgem em distintos momentos históricos. Aos dilemas da segurança coletiva e da descolonização da década de 1960, seguiram-se a luta para socializar internacionalmente o desenvolvimento, e os problemas ambientais e dos direitos humanos dos anos 1980-90, para concluir com a luta contra o terrorismo na atualidade.

Além da distinção entre textos de âmbito regional e universal, é necessário enfatizar que a coletânea reúne dois tipos de documentos: um primeiro de caráter impositivo, apresenta-se sob forma de tratado, acordo ou convenção. São documentos negociados, ratificados e aprovados que expressam o consentimento formal dos Estados e, quando devidamente incorporados, podem ser considerados como norma interna.

O segundo grupo decorre de incitações, aconselhamentos e recomendações emanadas de órgãos internacionais que indicam procedimentos aos Estados. Mesmo que possa existir dúvidas quanto à obrigatoriedade destes textos, já que integram um "direito *soft*", o conhecimento de seu teor revela as preocupações da comunidade internacional naquele momento e indica caminhos para o futuro.

A seleção dos textos considerados fundamentais foi realizada com a plena consciência de sua dificuldade. Atualmente há mais de 38.000 tratados registrados nas Nações Unidas. Entre estes, foram escolhidos somente aqueles que revelam abrangência, profundidade e pertinência na obra de sustentação das relações internacionais. Buscou-se, igualmente através da seleção, fornecer um esboço de uma história da construção do diálogo entre os Estados.

A coletânea dos textos fundamentais do direito das relações internacionais objetiva constituir matéria-prima indispensável para a pesquisa. Neste sentido, ela complementa meus trabalhos na área internacional publicados pela mesma Editora, quais sejam: *Manual das Organizações Internacionais* (2ª edição), *Introdução ao Direito Internacional Público* (com Deisy Ventura), igualmente na 2ª edição, e *Fundamentos das Relações Internacionais* (no prelo). O leitor encontrará, nas próximas edições das obras citadas, referências com reenvio ao texto mencionado, contendo uma análise de seu contexto e significado. Portanto, trata-se de um conjunto de trabalhos que auxiliarão os interessados a uma melhor compreensão do mundo globalizado.

Assim como nas duas primeiras obras acima mencionadas, encontrei apoio junto ao Ministério das Relações Exteriores do Brasil para a obtenção de textos legais através dos doutores Antônio Paulo Cachapuz de Medeiros, Consultor Jurídico, e do Conselheiro Paulo Roberto de Almeida. Além de uma amizade indefectível, ambos conseguem, apesar de seus atuais encargos, despontar como importantes intelectuais de nosso país.

Vários textos foram digitados pelos nossos bolsistas, Clarissa Franzoi Dri e Marco Aurélio Torronteguy, alunos da Faculdade de Direito da Universidade Federal de Santa Maria. Uma palavra especial à minha esposa, Deisy de Freitas Lima Ventura, que encontrou tempo em sua atribulada agenda para auxiliar-me na organização desta coletânea. A todos o agradecimento meu e dos leitores.

Santa Maria, janeiro de 2002.

1. O direito brasileiro das relações exteriores

a) Principais dispositivos constitucionais que interessam às relações internacionais[1]

Princípios	O preâmbulo da Constituição afirma estar a sociedade brasileira *comprometida, na ordem interna e internacional, com a solução pacífica de controvérsias.*
	Conforme o artigo 1º, a República Federativa do Brasil tem como um de seus fundamentos a soberania (inciso I). A ordem econômica brasileira deve observar o princípio da soberania nacional (art. 170, I).
	Os princípios que devem reger as relações exteriores do Brasil estão elencados no artigo 4º:
	• independência nacional (inciso I),
	• prevalência dos direitos humanos (II),
	• autodeterminação dos povos (III),
	• não-intervenção (IV),
	• igualdade entre os Estados (V),
	• defesa da paz (VI),
	• solução pacífica dos conflitos (VII),
	• repúdio ao terrorismo e ao racismo (VIII),
	• cooperação entre os povos para o progresso da humanidade (IX),
	• concessão de asilo político (X).
	Confirmando o princípio do inciso VIII supra, a lei brasileira considera crimes inafiançáveis e insuscetíveis de graça ou anistia o terrorismo, além da prática da tortura, o tráfico de entorpecentes e drogas afins, e os definidos como crimes hediondos (art. 5º, XLIII).
	No artigo 4º, parágrafo único, reza a Constituição que o Brasil buscará a integração econômica, política, social e cultural dos povos da América Latina, visando à formação de uma comunidade latino-americana de nações.
	Os direitos e garantias expressos na Carta Magna não excluem outros decorrentes do regime e dos princípios por ela adotados, ou dos tratados em que o Brasil seja parte (art. 5º, § 2º).
	Toda atividade nuclear em território nacional somente será admitida para fins pacíficos e mediante aprovação do Congresso Nacional (art. 21, XXIII, *a*).
	É princípio da ordem econômica destinar um tratamento favorecido para as empresas de pequeno porte constituídas sob as leis brasileiras e que tenham sua sede e administração no país (art. 170, IX).
	A legislação sobre o sistema financeiro nacional deve fixar condições para a participação de capital estrangeiro, tendo em vista especialmente os interesses nacionais e os acordos internacionais (art. 192, III, *a* e *b*).

---

[1] Extraído de SEITENFUS, R. e VENTURA, D., *Introdução ao Direito Internacional Público*, 2. ed. Porto Alegre: Livraria do Advogado Editora, 2001, p. 30-35.

Textos fundamentais do
Direito das Relações Internacionais

Competências da União	Compete à União, conforme o artigo 21: • manter relações com Estados estrangeiros e participar de organizações internacionais (I), • declarar a guerra e celebrar a paz (II), • permitir, nos casos previstos em lei complementar, que forças estrangeiras transitem pelo território nacional ou nele permaneçam temporariamente (IV), • autorizar e fiscalizar a produção e o comércio de material bélico (VI), • emitir moeda (VII), • administrar as reservas cambiais do país e fiscalizar as operações de natureza financeira, especialmente as de crédito, câmbio e capitalização (VIII), • explorar, diretamente ou mediante concessão, permissão ou autorização, a navegação aérea, aeroespacial, infraestrutura aeroportuária (XII, c); serviço de transporte rodoviário internacional de passageiros (e); e portos marítimos e fluviais (f), •executar os serviços de polícia marítima, aeroportuária e de fronteiras (XXII), • explorar os serviços e instalações nucleares de qualquer natureza (XXIII). Segundo o art. 22, compete privativamente à União legislar sobre: • direito marítimo, aeronáutico e espacial (I), • comércio exterior (VIII), • nacionalidade, cidadania e naturalização (XIII), • emigração e imigração, entrada, extradição e expulsão de estrangeiros (XV), • atividades nucleares de qualquer natureza (XXVI), • defesa territorial, defesa aeroespacial e defesa marítima (XXVIII). A União poderá, mediante lei complementar, instituir empréstimos compulsórios para atender despesas extraordinárias decorrentes de guerra externa ou sua iminência (art. 148, I), além de impostos extraordinários, compreendidos ou não em sua competência tributária (art. 154, II). Compete à União instituir impostos sobre importação de produtos estrangeiros (art. 153, I) e exportação de produtos nacionais ou nacionalizados (II). A União poderá intervir nos Estados ou no Distrito Federal para repelir a invasão estrangeira (art. 34, II).
Atribuições do Presidente da República	O art. 84 atribui, privativamente, ao Presidente da República as seguintes funções: • manter relações com Estados estrangeiros e acreditar seus representantes diplomáticos (inciso VII), • celebrar tratados, convenções e atos internacionais, sujeitos a referendo do Congresso Nacional (inciso VIII), • declarar guerra, no caso de agressão estrangeira, autorizado pelo Congresso Nacional ou referendado por ele, quando ocorrida no intervalo das sessões legislativas e, nas mesmas condições, decretar, total ou parcialmente, a mobilização nacional (inciso XIX), • celebrar a paz, autorizado ou com o referendo do Congresso Nacional (inciso XX), • e permitir, nos casos previstos em lei complementar, que forças estrangeiras transitem pelo território nacional ou nele permaneçam temporariamente (inciso XXII). A intervenção federal que, entre outras situações excepcionais, visa a repelir a invasão estrangeira num Estado ou Distrito Federal (art. 34, II), é decretada e executada pelo Presidente da República (art. 84, X). O Presidente da República pode, ouvidos o Conselho da República e o Conselho da Defesa Nacional, solicitar ao Congresso Nacional autorização para decretar o estado de sítio em caso de declaração de guerra ou resposta a agressão armada estrangeira, por até todo o tempo que estas perdurarem (art. 137, II, e art. 138, § 1º). O Presidente e o Vice-Presidente da República prestam o compromisso de sustentar a independência do Brasil (art. 78, caput).
Atribuições do Congresso Nacional	Conforme o artigo 48, cabe ao Congresso Nacional, com a sanção do Presidente da República, dispor sobre: • limites do território nacional, espaço aéreo e marítimo e bens do domínio da União (inciso V), • moeda e seus limites de emissão (XIV). Segundo o artigo 49, é de competência exclusiva do Congresso Nacional, não exigida a sanção do Presidente: • resolver definitivamente sobre tratados, acordos ou atos internacionais que acarretem encargos ou compromissos gravosos ao patrimônio nacional (inciso I),

	• autorizar o Presidente da República a declarar guerra, a celebrar a paz, a permitir que forças estrangeiras transitem pelo território nacional ou nele permaneçam temporariamente, ressalvados os casos previstos em lei complementar (II), • autorizar o Presidente e o Vice-Presidente da República a se ausentarem do país, quando a ausência exceder a quinze dias (III), sob pena de perda do cargo (art. 83), • aprovar iniciativas do Poder Executivo referentes a atividades nucleares (art. 49, inciso XIV). Compete, ainda, privativamente, ao Senado Federal, nos termos do artigo 52: • aprovar previamente, por voto secreto, após argüição em sessão secreta, a escolha dos chefes de missão diplomática de caráter permanente (inciso IV), • autorizar operações externas de natureza financeira, de interesse da União, dos Estados, do Distrito Federal, dos Territórios e dos Municípios (V), • dispor sobre os limites globais e condições para as operações de crédito externo e interno de todas as esferas federativas (VI), • dispor sobre limites e condições para a concessão de garantia da União em operações de crédito externo e interno (VIII). Não serão objeto de delegação os atos de competência exclusiva do Congresso Nacional e os de competência privativa do Senado Federal, nem a legislação sobre nacionalidade, cidadania, direitos individuais, políticos e eleitorais (art. 68, § 1º e II). Compete ao Congresso Nacional fiscalizar, com o auxílio do Tribunal de Contas da União, as contas nacionais das empresas supranacionais de cujo capital social a União participe, de forma direta ou indireta, nos termos do tratado constitutivo (art. 71, V).
Competência do Supremo Tribunal Federal	Conforme o art. 102, compete ao Supremo Tribunal Federal, precipuamente, a guarda da Constituição, cabendo-lhe processar e julgar, originariamente: • nas infrações penais comuns e nos crimes de responsabilidade, os chefes de missão diplomática de caráter permanente (I, c), • o litígio entre Estado estrangeiro ou organismo internacional e a União, o Estado, o Distrito Federal ou o Território (I, e), • a extradição solicitada por Estado estrangeiro (I, g), • a homologação das sentenças estrangeiras e a concessão do *exequatur* às cartas rogatórias, que podem ser conferidas pelo regimento interno a seu Presidente (I, h), • mandado de injunção quando a elaboração da norma regulamentadora for atribuição, entre outros, do Presidente da República, do Congresso Nacional e do Senado Federal (I, q); conceder-se-á mandado de injunção sempre que a falta de norma regulamentadora torne inviável o exercício dos direitos e liberdades constitucionais e das prerrogativas inerentes à nacionalidade, à soberania e à cidadania (art. 5º, LXXI). Compete-lhe, ainda, julgar, mediante recurso extraordinário, as causas decididas em única ou última instância, quando a decisão recorrida declarar a inconstitucionalidade de tratado (102, III, b).
Competência do Superior Tribunal de Justiça	Compete ao Superior Tribunal de Justiça julgar, em recurso ordinário, as causas em que forem partes Estado estrangeiro ou organismo internacional, de um lado, e, do outro, Município ou pessoa residente ou domiciliada no País (artigo 105, inciso II, c). Cabe-lhe, ainda, julgar em recurso especial, as causas decididas em única ou última instância, pelos Tribunais Regionais Federais ou pelos tribunais dos Estados, do Distrito Federal e Territórios, quando a decisão decorrida contrariar tratado ou negar-lhe vigência (art. 105, inciso III, a).
Competência dos juízes federais	Consoante o artigo 109, compete aos juízes federais processar e julgar: • as causas entre Estado estrangeiro ou organismo internacional e Município ou pessoa domiciliada ou residente no País (inciso II), • as causas fundadas em tratado ou contrato da União com o Estado estrangeiro ou organismo internacional (III), • os crimes previstos em tratado ou convenção internacional, quando, iniciada a execução no País, o resultado tenha ou devesse ter ocorrido no estrangeiro, ou reciprocamente (V), • os crimes cometidos à bordo de navios ou aeronaves, ressalvada a competência da Justiça Militar (IX), • os crimes de ingresso ou permanência irregular de estrangeiro, a execução de carta rogatória, após o *exequatur*, e de sentença estrangeira, após a homologação, as causas referentes à nacionalidade, inclusive a respectiva opção, e à naturalização (X).

Textos fundamentais do
Direito das Relações Internacionais

Competência da polícia federal	A polícia federal destina-se a apurar infrações cuja prática tenha repercussão internacional e exija repressão uniforme, e deve exercer a polícia marítima, aeroportuária e de fronteiras (art. 144, § 1º, incisos I e III). A faixa de até 150 quilômetros de largura, ao longo das fronteiras terrestres, designada como faixa de fronteira, é considerada fundamental para a defesa do território nacional, e sua ocupação e utilização serão reguladas em lei (art. 20,§ 2º).
Competência dos Estados federados	Compete aos Estados e ao Distrito Federal instituir impostos relativos à circulação de mercadorias e a prestações de serviços de transporte e de comunicação, ainda que as operações e as prestações se iniciem no exterior (art. 155, II).
Nacionalidade	Conforme o artigo 12, são brasileiros natos: • os nascidos na República Federativa do Brasil, ainda que de pais estrangeiros, desde que estes não estejam a serviço do seu país (inciso I, *a*), • os nascidos no estrangeiro, de pai brasileiro ou mãe brasileira, desde que qualquer deles esteja a serviço da República Federativa do Brasil (I, *b*) • os nascidos no estrangeiro, de pai brasileiro ou de mãe brasileira, desde que venham a residir na República Federativa do Brasil e optem, a qualquer tempo, pela nacionalidade brasileira (I, *c*). São brasileiros naturalizados, ainda consoante o artigo 12: • os que, na forma da lei, adquiram a nacionalidade brasileira, exigidas aos originários de países de língua portuguesa apenas residência por um ano ininterrupto e idoneidade moral (inciso II, *a*), • os estrangeiros de qualquer nacionalidade residentes na República Federativa do Brasil há mais de quinze anos ininterruptos e sem condenação penal, desde que requeiram a nacionalidade brasileira (II, *b*). A lei não poderá estabelecer distinção entre brasileiros natos e naturalizados, salvo nos casos previstos nesta Constituição (art. 12, § 2º). São privativos de brasileiro nato os cargos de Presidente e Vice-Presidente da República, de Presidente da Câmara dos Deputados, de Presidente do Senado Federal, de Ministro do Supremo Tribunal Federal, da carreira diplomática e de oficial das Forças Armadas (art. 12, § 3º), além do posto de membro do Conselho da República (art. 89, inciso VII). Será declarada a perda da nacionalidade do brasileiro que: • tiver cancelada sua naturalização, por sentença judicial, em virtude de atividade nociva ao interesse nacional (art. 12, § 4º, I), • adquirir outra nacionalidade, salvo nos casos de reconhecimento de nacionalidade originária pela lei estrangeira, ou de imposição de naturalização, pela norma estrangeira, ao brasileiro residente em Estado estrangeiro, como condição para permanência em seu território ou para o exercício de direitos civis (art. 12, § 4º, II). Não haverá penas de banimento (artigo 5º, inciso XLVII). Nenhum brasileiro será extraditado, salvo o naturalizado, em caso de crime comum, praticado antes da naturalização, ou de comprovado envolvimento em tráfico ilícito de entorpecentes e drogas afins, na forma da lei (artigo 5º, inciso LI). Os direitos políticos poderão ser excepcionalmente cassados em caso de cancelamento da naturalização por sentença transitada em julgado (art. 15, I).
Condição jurídica do estrangeiro	O artigo 5º estende aos estrangeiros residentes no Brasil a inviolabilidade do direito à vida, à liberdade, à igualdade, à segurança e à propriedade, nos termos de seus 77 incisos. É livre a locomoção no território nacional em tempos de paz, podendo qualquer pessoa, nos termos da lei, nele entrar, permanecer ou dele sair com seus bens (art. 5º, inciso XV). A sucessão de bens de estrangeiros situados no País será regulada pela lei brasileira em benefício do cônjuge ou dos filhos brasileiros, sempre que não lhes seja mais favorável a lei pessoal do *de cujus* (art. 5º, inciso XXXI). Não será concedida a extradição de estrangeiro por crime político ou de opinião (artigo 5º, inciso LII). Aos portugueses com residência permanente no País, se houver reciprocidade em favor de brasileiros, serão atribuídos os direitos inerentes ao brasileiro, salvo os casos previstos nesta Constituição (art. 12, § 1º). Os estrangeiros não podem se alistar como eleitores (art. 14, § 2º). A nacionalidade brasileira é condição de elegibilidade (§ 3º, I).

> Os partidos políticos devem ter caráter nacional (art. 17, I).
>
> Os cargos, empregos e funções públicas são acessíveis aos estrangeiros, na forma da lei (art. 37, I).
>
> Somente empresa constituída sob as leis brasileiras ou por brasileiros, e que tenha sua sede e administração no País, na forma da lei, poderá receber autorização ou concessão da União para pesquisa e lavra de recursos minerais, e o aproveitamento dos potenciais de energia hidráulica (art. 176, § 1º).
>
> É vedada a participação direta ou indireta de empresas ou capitais estrangeiros na assistência à saúde no País, salvo nos casos previstos em lei (art. 199, § 3º).
>
> É facultado às Universidades e às instituições de pesquisa científica e tecnológica, admitir professores, técnicos e cientistas estrangeiros na forma da lei (art. 207, §§ 1º e 2º).
>
> A propriedade da empresa jornalística e de radiodifusão sonora e de sons e imagens, além de sua orientação intelectual, são privativas de brasileiros natos, ou naturalizados há mais de dez anos (art. 222, *caput*). Pessoas jurídicas cujo capital pertença, mesmo parcialmente, a estrangeiros não podem participar do capital social de empresa jornalística ou de radiodifusão (§ 1º).
>
> A lei estipula casos e condições de adoção por parte de estrangeiros (art. 227, § 5º).

b) Mar territorial, zona contígua, zona econômica exclusiva e plataforma continental (Lei 8.617, de 04/01/1993)[2]

O Presidente da República

Faço saber que o Congresso Nacional decreta e eu sanciono a seguinte Lei:

Capítulo I - Do Mar Territorial

Art. 1º - O mar territorial brasileiro compreende uma faixa de doze milhas marítimas de largura, medidas a partir da linha de baixa-mar do litoral continental e insular brasileiro, tal como indicada nas cartas náuticas de grande escala, reconhecidas oficialmente no Brasil.

Parágrafo único - Nos locais em que a costa apresente recortes profundos e reentrâncias ou em que exista uma franja de ilhas ao longo da costa na sua proximidade imediata, será adotado o método das linhas de base retas, ligando pontos apropriados, para o traçado da linha de base, a partir da qual será medida a extensão do mar territorial.

Art. 2º - A soberania do Brasil estende-se ao mar territorial, ao espaço aéreo subjacente, bem como ao seu leito e subsolo.

Art. 3º - É reconhecido aos navios de todas as nacionalidades o direito de passagem inocente no mar territorial brasileiro.

§ 1º - A passagem será considerada inocente desde que não seja prejudicial à paz, à boa ordem ou à segurança do Brasil, devendo ser contínua e rápida.

---

[2] Lei promulgada de acordo com a Convenção das Nações Unidas sobre o Direito do mar (10/12/1982) que foi aprovada pelo decreto-legislativo nº 5 (09/11/1987). O instrumento de ratificação foi depositado em 22/12/1988.

§ 2º - A passagem inocente poderá compreender o parar e o fundear, mas apenas na medida em que tais procedimentos constituam incidentes comuns de navegação ou sejam impostos por motivos de força maior ou por dificuldade grave, ou tenham por fim prestar auxílio a pessoas, a navios ou aeronaves em perigo ou em dificuldade grave.

§ 3º - Os navios estrangeiros no mar territorial brasileiro estarão sujeitos aos regulamentos estabelecidos pelo Governo Brasileiro.

Capítulo II - Da Zona Contígua

Art. 4º - A zona contígua brasileira compreende uma faixa que se estende das doze às vinte a quatro milhas marítimas, contadas a partir das linhas de base que servem para medir a largura do mar territorial.

Art. 5º - Na zona contígua, o Brasil poderá tomar as medidas de fiscalização necessárias para:

I - evitar as infrações às leis e aos regulamentos aduaneiros, fiscais, de imigração ou sanitários, no seu território ou no seu mar territorial;

II - reprimir as infrações às leis e aos regulamentos, no seu território ou no seu mar territorial.

Capítulo III - Da Zona Econômica Exclusiva

Art. 6º - A zona econômica exclusiva brasileira compreende uma faixa que se estende das doze às duzentas milhas marítimas, contadas a partir das linhas de base que servem para medir a largura do mar territorial.

Art. 7º - Na zona econômica exclusiva, o Brasil tem direitos de soberania para fins de exploração e aproveitamento, conservação e gestão dos recursos naturais, vivos ou não-vivos, das águas sobrejacentes ao leito do mar, do leito do mar e seu subsolo, e no que se refere a outras atividades com vistas à exploração e ao aproveitamento da zona para fins econômicos.

Art. 8º - Na zona econômica exclusiva, o Brasil, no exercício de sua jurisdição, tem o direito exclusivo de regulamentar a investigação científica marinha, a proteção e preservação do meio marinho, bem como a construção, operação e uso de todos os tipos de ilhas artificiais, instalações e estruturas.

Parágrafo único - A investigação científica marinha na zona econômica exclusiva só poderá ser conduzida por outros estados com o consentimento prévio do Governo brasileiro, nos termos da legislação em vigor que regula a matéria.

Art. 9º - A realização por outros Estados, na zona econômica exclusiva, de exercícios ou manobras militares, em particular as que impliquem o uso de armas ou explosivos, somente poderá ocorrer com o consentimento do Governo brasileiro.

Art. 10º - É reconhecido a todos os Estados o gozo, na zona econômica exclusiva, das liberdades de navegação e sobrevôo, bem como de outros usos do mar internacionalmente lícitos, relacionados com as referidas liberdade, tais como os ligados à operação de navios e aeronaves.

Capítulo IV - Da Plataforma Continental

Art. 11 - A plataforma continental do Brasil compreende o leito e o subsolo das áreas submarinas que se estendem além do seu mar territorial, em toda a extensão do prolongamento natural de seu território terrestre, até o bordo exterior da margem continental, ou até uma distância de duzentas milhas marítimas das linhas de base, a partir das quais se mede a largura do mar territorial, nos casos em que o bordo exterior da margem continental não atinja essa distância.

Parágrafo único - O limite exterior da plataforma continental será fixado de conformidade com os critérios estabelecidos no art. 76 da Convenção das Nações Unidas sobre o Direito do Mar, celebrada em Montego Bay, em 10 de dezembro de 1982.

Art. 12 - O Brasil exerce direitos de soberania sobre a plataforma continental, para efeitos de exploração e aproveitamento dos seus recursos naturais.

Parágrafo único: Os recursos naturais a que se refere o *caput* são os recursos minerais e outros recursos não-vivos do leito do mar e subsolo, bem como os organismos vivos pertencentes a espécies sedentárias, isto é, aquelas que no período de captura estão imóveis no leito do mar ou no seu subsolo, ou que só podem mover-se em constante contato físico com esse leito ou subsolo.

Art. 13 - Na plataforma continental, o Brasil, no exercício de sua jurisdição, tem o direito exclusivo de regulamentar a investigação científica marinha, a proteção e preservação do meio marinho, bem como a construção, operação e o uso de todos os tipos de ilhas artificiais, instalações e estruturas.

§ 1º - A investigação científica marinha, na plataforma continental, só poderá ser conduzida por outros Estados com o consentimento prévio do Governo brasileiro, nos termos da legislação em vigor que regula a matéria.

§ 2º - O Governo brasileiro tem o direito exclusivo de autorizar e regulamentar as perfurações na plataforma continental, quaisquer que sejam os seus fins.

Art. 14 - É reconhecido a todos os Estados o direito de colocar cabos e dutos na plataforma continental.

§ 1º - O traçado da linha para a colocação de tais cabos e dutos na plataforma continental dependerá do consentimento do Governo brasileiro.

§ 2º - O Governo brasileiro poderá estabelecer condições para a colocação dos cabos e dutos que penetrem seu território no seu mar territorial.

Art. 15 - Esta Lei entra em vigor na data de sua publicação.

Art. 16 - Revogam-se o Decreto-Lei nº 1.098, de 25/03/1970, e as demais disposições em contrário.

Brasília, 4 de janeiro de 1993; 172º da Independência e 105º da República.

Itamar Franco
Fernando Henrique Cardoso

2. Tratados firmados pelo Brasil em âmbito regional

a) Convenção sobre tratados (Havana, 1928)

Art. 1º - Os tratados serão celebrados pelos poderes competentes dos Estados ou pelos seus representantes, segundo o seu direito interno respectivo.

Art. 2º - É condição essencial nos tratados a forma escrita. A confirmação, prorrogação, renovação ou recondução serão igualmente feitas por escrito, salvo estipulação em contrário.

Art. 3º - A interpretação autêntica dos tratados, quando as partes contratantes a julgarem necessária, será, também, formulada por escrito.

Art. 4º - Os tratados serão publicados imediatamente depois da troca das ratificações. A omissão, no cumprimento desta obrigação internacional, não prejudicará a vigência dos tratados, nem a exigibilidade das obrigações neles contidas.

Art. 5º - Os tratados não são obrigatórios senão depois de ratificados pelos Estados contratantes, ainda que esta cláusula não conste nos plenos poderes dos negociadores, nem figure no próprio tratado.

Art. 6º - A ratificação deve ser dada sem condições e abranger todo o tratado. Será feita por escrito, de conformidade com a legislação do Estado.

Se o Estado que ratifica faz reservas ao tratado, este entrará em vigor, desde que, informada dessas reservas, a outra parte contratante as aceite expressamente, ou, não as havendo rejeitado formalmente, execute atos que impliquem a sua aceitação.

Nos tratados internacionais celebrados entre diversos Estados a reserva feita por um deles, no ato da ratificação, só atinge a aplicação da cláusula respectiva nas relações dos demais Estados contratantes com o Estado que faz reserva.

Art. 7º - A falta de ratificação ou a reserva são atos inerentes à soberania nacional e, como tais, constituem o exercício de um direito, que não viola nenhuma disposição ou norma internacional. Em caso de negativa, esta será comunicada aos outros contratantes.

Art. 8º - Os tratados vigorarão desde a troca ou depósito das ratificações, salvo se, por cláusula expressa, outra data tiver sido convencionada.

Art. 9º - A aceitação ou não-aceitação das cláusulas de um tratado, em favor de um terceiro Estado, que não foi parte contratante, depende exclusivamente da decisão deste.

Art. 10 - Nenhum Estado se pode eximir das obrigações do tratado ou modificar as suas estipulações, senão com o acordo, pacificamente obtido, dos outros contratantes.

Art. 11 - Os tratados continuarão a produzir os seus efeitos, ainda quando se modifique a constituição interna dos Estados contratantes. Se a organização do Estado mudar, de maneira que a execução seja impossível, por divisão de território ou por outros motivos análogos, os tratados serão adaptados às novas condições.

Art. 12 - Quando o tratado se torna inexeqüível, por culpa da parte que se obrigou, ou por circunstâncias que, no momento da celebração, dependiam dessa parte e eram ignoradas pela outra parte, aquela é responsável pelos prejuízos resultantes da sua inexecução.

Art. 13 - A execução do tratado pode, por cláusula expressa ou em virtude de convênio especial, ser posta, no todo ou em parte, sob a garantia de um ou mais Estados.

Os Estados que garante não poderá intervir na execução do tratado senão em virtude de requerimento de uma das partes interessadas e quando se realizarem as condições sob as quais foi estipulada a intervenção, e ao fazê-lo, só lhe será lícito empregar meios autorizados pelo direito internacional e sem outras exigências de maior alcance do que as do próprio Estado garantido.

Art. 14 - Os tratados cessam de vigorar:

a) cumprida a obrigação estipulada;

b) decorrido prazo pelo qual foi celebrado;

c) verificada a condição resolutiva;

d) por acordo entre as partes;

e) com a renúncia da parte a quem aproveita o tratado de modo exclusivo;

f) pela denúncia, total ou parcial, quando proceda;

g) quando se torna inexeqüível.

Art. 15 - Poderá igualmente declarar-se a caducidade de um tratado, quando este seja permanente e de aplicação não-contínua, sempre que as causas que lhe deram origem hajam desaparecido e se possa logicamente deduzir que se não apresentarão no futuro.

A parte contratante que alegar essa caducidade, caso não obtenha o assentimento da outra ou das outras, poderá apelar para a arbitragem, sem cuja decisão favorável, e enquanto esta não for pronunciada, continuarão em vigor as obrigações contraídas.

Art. 16 - As obrigações contraídas nos tratados serão sancionadas, nos casos de não cumprimento, e depois de esgotadas sem êxito as negociações diplomáticas, por decisão de uma corte de justiça internacional ou de um tribunal arbitral, dentro dos limites e com os trâmites que estiverem vigentes no momento em que a infração se alegar.

Art. 17 - Os tratados cuja denúncia haja sido convencionada e os que estabelecerem regras de Direito Internacional não podem ser denunciados, senão de acordo com o processo por eles estabelecidos.

Em falta de estipulação, o tratado pode ser denunciado por qualquer Estado contratante, o qual notificará aos outros essa decisão, uma vez que haja cumprido todas as obrigações estabelecidas no mesmo.

Neste caso, o tratado ficará sem efeito, em relação ao denunciante, um ano depois da última notificação, e continuará subsistente para os demais signatários, se os houver.

Art. 18 - Dois ou mais Estados podem convir em que as suas relações se rejam por outras regras que não as estabelecidas em convenções gerais celebradas por eles mesmos com outros Estados.

Este preceito é aplicável não somente aos tratados futuros, senão também aos que estejam em vigor ao tempo desta Convenção.

Art. 19 - Um Estado que não haja tomado parte na celebração de um tratado poderá aderir ao mesmo se a isso se não opuser alguma das partes contratantes, a todas as quais deve o fato ser comunicado. A adesão será considerada como definitiva, a menos que seja feito com reserva expressa de ratificação.

Art. 20 - A presente Convenção não atinge os compromissos tomados anteriormente pelas partes contratantes, em virtude de acordos internacionais.

Art. 21 - A presente Convenção, depois de firmada, será submetida às ratificações dos Estados signatários. O Governo de Cuba fica encarregado de enviar cópias devidamente autenticadas aos governos, para o referido fim da ratificação. O instrumento de ratificação será depositado nos arquivos da União Pan-Americana, em Washington, que notificará esse depósito aos Governos signatários; tal notificação equivalerá a uma troca de ratificações. Esta Convenção ficará aberta à adesão dos Estados não-signatários.

Em fé do quê, os plenipotenciários mencionados assinam a presente Convenção, em espanhol, inglês, francês e português, na cidade de Havana, em 20 de fevereiro de 1928.

b) Tratado Interamericano de Assistência Recíproca (Rio de Janeiro, 1947)

Em nome de seus Povos, os Governos representados na Conferência Interamericana para a Manutenção da Paz e da Segurança do Continente, animados pelo desejo de consolidar e fortalecer suas relações de amizade e boa vizinhança e,

Considerando:

Que a Resolução VIII da Conferência Interamericana sobre Problemas da Guerra e da Paz, reunida na Cidade do México, recomendou a celebração de um tratado destinado a prevenir e reprimir as ameaças e os atos de agressão contra qualquer dos países da América;

Que as Altas Partes Contratantes reiteram sua vontade de permanecer unidas dentro de um sistema interamericano compatível com os propósitos e princípios das Nações Unidas, e reafirmam a existência do acordo que celebraram sobre os assuntos relativos à manutenção da paz e da segurança internacionais, que sejam suscetíveis de ação regional;

Que as Altas Partes Contratantes renovam sua adesão aos princípios de solidariedade e cooperação interamericanas e especialmente aos princípios enunciados nos considerandos e declarações do Ato de Chapultepec, todos os quais devem ser tidos por aceitos como normas de suas relações mútuas e como base jurídica do Sistema Interamericano;

Que, a fim de aperfeiçoar os processos de solução pacífica de suas controvérsias, pretendem celebrar o Tratado sobre "Sistema Interamericano de Paz" previsto nas Resoluções IX e XXXIX da Conferência Interamericana sobre Problemas da Guerra e da Paz;

Que a obrigação de auxílio mútuo e de defesa comum das Repúblicas Americanas se acha essencialmente ligada a seus ideais democráticos e à sua vontade de permanente cooperação para realizar os princípios e propósitos de uma política de paz;

Que a comunidade regional americana sustenta como verdade manifesta que a organização jurídica é uma condição necessária para a segurança e a paz, e que a paz se funda na justiça e na ordem moral e, portanto, no reconhecimento e na proteção internacionais dos direitos e liberdades da pessoa humana, no bem-estar indispensável dos povos e na efetividade da democracia, para a realização internacional de justiça e da segurança,

Resolveram de acordo com os objetivos enunciados celebrar o seguinte Tratado, a fim de assegurar a paz por todos os meios possíveis, prover auxílio recíproco efetivo para enfrentar os ataques armados contra qualquer Estado Americano, e conjurar as ameaças de agressão contra qualquer deles;

Art. 1º - As Altas Partes Contratantes condenam formalmente a guerra e se obrigam, nas suas relações internacionais, a não recorrer à ameaça nem ao uso da força, de qualquer forma incompatível com as disposições da Carta das Nações Unidas ou do presente Tratado.

Art. 2º - Como conseqüência do princípio formulado no Artigo anterior, as Altas Partes Contratantes comprometem-se a submeter toda controvérsia que entre elas surja, aos métodos de solução pacífica e a procurar resolvê-la entre si, mediante os processos vigentes no Sistema Interamericano, antes de a referir à Assembléia geral ou ao Conselho de segurança das Nações Unidas.

Art. 3º - 1) As Altas Partes Contratantes concordam em que um ataque armado, por parte de qualquer Estado, contra um Estado Americano, será considerado como um ataque contra todos os Estados Americanos, e, em conseqüência, cada uma das ditas Partes Contratantes se compromete a ajudar a fazer frente ao ataque, no exercício do direito imanente de legítima defesa individual ou coletiva que é reconhecido pelo Artigo 51 da Carta das Nações Unidas.

2) Por solicitação do Estado ou dos Estados atacados, e até decisão do órgão de consulta do Sistema Interamericano, cada uma das Partes Contratantes poderá determinar as medidas imediatas que adote individualmente, em cumprimento da obrigação de que trata o parágrafo precedente e de acordo com o princípio da solidariedade continental. O Órgão de Consulta reunir-se-á sem demora a fim de examinar essas medidas e combinar as de caráter coletivo que seja conveniente adotar.

3) O estipulado neste Artigo aplicar-se-á a todos os casos de ataque armado que se efetue dentro da região descrita no Artigo 4º ou dentro do território de um Estado Americano. Quando o ataque se verificar fora das referidas áreas aplicar-se-á o estipulado no Artigo 6º.

4) Poderão ser aplicadas as medidas de legítima defesa de que trata este Artigo, até que o Conselho de Segurança das Nações Unidas tenha tomado as medidas necessárias para manter a paz e a segurança internacionais.

Art. 4º - A região a que se refere este Tratado é a compreendida dentro dos seguintes limites: começando no Pólo Norte: daí diretamente para o sul, até um ponto a 74 graus de latitude norte e 10 graus de longitude oeste; daí por uma linha loxodrômica até um ponto a 47 graus e 30 minutos de latitude norte e 50 graus de longitude oeste; daí por uma linha loxodrômica até um ponto a 35 graus de latitude norte e 60 graus de longitude oeste; daí diretamente para o sul até um ponto a 20 graus de latitude norte; daí por uma linha loxodrômica até um ponto a 5 graus de latitude norte e 24 graus de longitude oeste; daí diretamente para o sul até o Pólo Sul; daí diretamente para o norte até um ponto a 30 graus de latitude sul e 90 graus de longitude oeste, daí por uma linha loxodrômica até um ponto no Equador a 97 graus de longitude oeste; daí por uma linha loxodrômica até um ponto a 15 graus de latitude norte a 120 graus de longitude oeste; daí por uma linha loxodrômica até um ponto a 50 graus de latitude norte e 170 graus de longitude leste; daí diretamente para o norte até um ponto a 54 graus de latitude norte, daí por uma linha loxodrômica até um ponto a 65 graus e 30 minutos de latitude norte e 168 graus, 58 minutos e 5 segundos de longitude oeste; daí diretamente para o norte até o Pólo Norte.

Art. 5º - As Altas Partes Contratantes enviarão imediatamente ao Conselho de segurança das Nações Unidas, de conformidade com os Artigos

51 e 54 da Carta de São Francisco, informações completas sobre as atividades desenvolvidas ou projetadas no exercício do direito de legítima defesa ou com o propósito de manter a paz e a segurança interamericanas.

Art. 6º - Se a inviolabilidade ou integridade do território ou a soberania ou independência política de qualquer Estado Americano for atingida por uma agressão que não seja um ataque armado, ou por um conflito extra-continental ou intracontinental, ou por qualquer outro fato ou situação que possa pôr em perigo a paz da América, o Órgão de Consulta reunir-se-á imediatamente a fim de acordar as medidas que, em caso de agressão, devam ser tomadas e auxílio do agredido, ou, em qualquer caso, convenha tomar para a defesa comum e para a manutenção da paz e da segurança no Continente.

Art. 7º - Em caso de conflito entre dois ou mais Estados Americanos, sem prejuízo do direito de legítima defesa, de conformidade com o Artigo 51 da Carta das Nações Unidas, as Altas Partes Contratantes reunidas em consulta instarão com os Estados em litígio para que suspendam as hostili-dades e restaurem o *status quo ante bellum*, e tomarão, além disso, todas as outras medidas necessárias para se restabelecer ou manter a paz e a segu-rança interamericanas, e para que o conflito seja resolvido por meios pací-ficos. A recusa da ação pacificadora será levada em conta na determinação do agressor e na aplicação imediata das medidas que se acordarem na reunião de consulta.

Art. 8º - Para os efeitos deste Tratado, as medidas que o órgão de consulta acordar compreenderão uma ou mais das seguintes: a retirada dos chefes de missão; a ruptura de relações diplomáticas; a ruptura de relações consulares; a interrupção parcial ou total das relações econômicas ou das comunicações ferroviárias, marítimas, aéreas, postais, telegráficas, telefôni-cas, radiotelefônicas ou radiotelegráficas e o emprego de forças armadas.

Art. 9º - Além de outros atos que em reunião de consulta possam ser caracterizados como de agressão, serão considerados como tais:

a) O ataque armado, não provocado, por um Estado contra o território, a população ou as forças terrestres, navais ou aéreas de outro Estado.

b) A invasão, pela força armada de um Estado, do território de um Estado Americano, pela travessia das fronteiras demarcadas de conformi-dade com um tratado, sentença judicial ou laudo arbitral, ou, na falta de fronteiras assim demarcadas, a invasão que afete uma região que esteja sob a jurisdição efetiva de outro Estado.

Art. 10 - Nenhuma das estipulações deste Tratado será interpretada no sentido de prejudicar os direitos e obrigações das Altas Partes Contratantes, de acordo com a Carta das Nações Unidas.

Art. 11 - As consultas a que se refere o presente Tratado serão realiza-das mediante a Reunião de Ministros das Relações Exteriores das Repúblicas Americanas que tenham ratificado o Tratado, ou na forma ou pelo órgão que futuramente forem ajustados.

Art. 12 - O Conselho Diretor da União Pan-Americana poderá atuar provisoriamente como órgão de consulta, enquanto não se reunir o Órgão de Conselho a que se refere o Artigo anterior.

Art. 13 - As consultas serão promovidas mediante solicitação dirigida ao Conselho Diretor da União Pan-Americana por qualquer dos Estados signatários que hajam ratificado o Tratado.

Art. 14 - Nas votações a que se refere o presente Tratado somente poderão tomar parte os representantes dos Estados signatários que o tenham ratificado.

Art. 15 - O Conselho Diretor da União Pan-Americana atuará em tudo o que concerne ao presente Tratado, como órgão de ligação entre os Estados signatários que o tenham ratificado e entre estes e as Nações Unidas.

Art. 16 - As decisões do Conselho Diretor da União Pan-Americana a que aludem os Artigos 13 e 15 serão adotadas por maioria absoluta dos Membros com direito a voto.

Art. 17 - O órgão de Conselho adotará suas decisões pelo voto de 2/3 dos Estados signatários que tenham ratificado o Tratado.

Art. 18 - Quando se tratar de uma situação ou disputa entre Estados Americanos, serão excluídas das votações a que se referem os dois Artigos anteriores as partes diretamente interessadas.

Art. 19 - Para constituir *quorum*, em todas as reuniões a que se referem os Artigos anteriores, se exigirá que o número dos Estados representados seja pelo menos igual ao número de votos necessários para adotar a respectiva decisão.

Art. 20 - As decisões que exijam a aplicação das medidas mencionadas no Artigo serão obrigatórias para todos os Estados signatários do presente Tratado que o tenham ratificado, com a única exceção de que nenhum Estado será obrigado a empregar a força armada sem seu consentimento.

Art. 21 - As medidas que forem adotadas pelo órgão de Consulta serão executadas mediante as normas e os órgãos atualmente existentes ou que futuramente venham a ser estabelecidos.

Art. 22 - Este Tratado entrará em vigor, entre os Estados que o ratifiquem, logo que tenham sido depositadas as ratificações de 2/3 dos Estados signatários.

Art. 23 - Este Tratado fica aberto à assinatura dos Estados Americanos, na cidade do Rio de Janeiro, e será ratificado pelos Estados signatários com a máxima brevidade, de acordo com as respectivas normas constitucionais. As ratificações serão entregues para depósito à União Pan-Americana, a qual notificará cada depósito a todos os Estados signatários. Tal notificação será considerada como troca de ratificações.

Art. 24 - O presente Tratado será registrado na Secretaria-Geral das Nações Unidas, por intermédio da União Pan-Americana, desde que sejam depositadas as ratificações de dois terços dos Estados signatários.

Textos fundamentais do
Direito das Relações Internacionais

Art. 25 - Este Tratado terá duração indefinida, mas poderá ser denunciado por qualquer das Altas Partes Contratantes, mediante notificação escrita à União Pan-Americana, a qual comunicará a todas as outras Altas Partes Contratantes cada notificação de denúncia que receber. Transcorridos dois anos desde a data do recebimento, pela União Pan-Americana, de uma notificação de denúncia de qualquer das Altas Partes Contratantes, o presente Tratado cessará de produzir efeitos com relação ao tal Estado, mas subsistirá para todas as demais Altas Partes Contratantes.

Art. 26 - Os princípios e as disposições fundamentais deste Tratado serão incorporados ao Pacto Constitutivo do Sistema Interamericano.

Em testemunho do que, os Plenipotenciários abaixo assinados, tendo depositado seus plenos poderes, achados em boa e devida forma, assinam este Tratado, em nome dos respectivos Governos, nas datas indicadas ao lado de suas assinaturas.

Feito na cidade do Rio de Janeiro, em quatro textos, respectivamente nas línguas portuguesa, espanhola, francesa e inglesa, em 2 de setembro de 1947.

c) Carta da Organização dos Estados Americanos, OEA (1948, atualizada em 1967)

Em nome dos seus povos, os Estados representados na Nona Conferência Internacional Americana,

Convencidos de que a missão histórica da América é oferecer ao Homem uma terra de liberdade e um ambiente favorável ao desenvolvimento de sua personalidade e à realização de suas justas aspirações;

Consciente de que esta missão já inspirou numerosos convênios e acordos cuja virtude essencial se origina do seu desejo de conviver em paz e de promover, mediante sua mútua compreensão e seu respeito pela soberania e no direito;

Seguros de que a democracia representativa é condição indispensável para a estabilidade, a paz e o desenvolvimento da região;

Certos de que o verdadeiro sentido da solidariedade americana e da boa vizinhança não pode ser outro senão o de consolidar neste Continente, dentro do quadro das instituições democráticas, um regime de liberdade individual e de justiça social, fundado no respeito dos direitos essenciais do Homem;

Persuadidos de que o bem-estar de todos eles, assim como sua contribuição ao progresso e à civilização do mundo exigirá, cada vez mais, uma intensa cooperação continental;

Resolvidos a perseverar na nobre empresa que a Humanidade confiou às Nações Unidas, cujos princípios e propósitos reafirmam solenemente;

Convencidos de que a organização jurídica é uma condição necessária à segurança e à paz, baseadas na ordem moral e na justiça; e

De acordo com a Resolução IX da Conferência sobre Problemas da Guerra e da Paz, reunida na cidade do México, *resolveram assinar* a seguinte Carta da Organização dos Estados Americanos.

Primeira parte

Capítulo I - Natureza e propósitos

Artigo 1 - Os Estados americanos consagram nesta Carta a organização internacional que vêm desenvolvendo para conseguir uma ordem de paz e de justiça, para promover sua solidariedade, intensificar sua colaboração e defender sua soberania, sua integridade territorial e sua independência. Dentro das Nações Unidas, a Organização dos Estados Americanos constitui um organismo regional.

A Organização dos Estados Americanos não tem mais faculdades que aquelas expressamente conferidas por esta Carta, nenhuma de cujas disposições a autoriza a intervir em assuntos da jurisdição interna dos Estados Membros.

Artigo 2 - Para realizar os princípios em que se baseia e para cumprir com suas obrigações regionais, de acordo com a Carta das Nações Unidas, a Organização dos Estados Americanos estabelece como propósitos essenciais os seguintes:

a) Garantir a paz e a segurança continentais;

b) Promover e consolidar a democracia representativa, respeitado o princípio da não-intervenção;

c) Prevenir as possíveis causas de dificuldades e assegurar a solução pacífica das controvérsias que surjam entre seus membros;

d) Organizar a ação solidária destes em caso de agressão;

e) Procurar a solução dos problemas políticos, jurídicos e econômicos, que surgirem entre os Estados membros;

f) Promover, por meio da ação cooperativa, seu desenvolvimento econômico, social e cultural; e

g) Alcançar uma efetiva limitação de armamentos convencionais que permita dedicar a maior soma de recursos ao desenvolvimento econômico-social dos Estados Membros.

Capítulo II - Princípios

Artigo 3 - Os Estados americanos reafirmam os seguintes princípios:

a) O direito internacional é a norma de conduta dos Estados em suas relações recíprocas;

b) A ordem internacional é constituída essencialmente pelo respeito à personalidade, soberania e independência dos Estados e pelo cumprimento fiel das obrigações emanadas dos tratados e de outras fontes do direito internacional;

c) A boa fé deve reger as relações dos Estados entre si;

d) A solidariedade dos Estados americanos e os altos fins a que ela visa requerem a organização política dos mesmos, com base no exercício efetivo da democracia representativa;

e) Todo Estado tem o direito de escolher, sem ingerências externas, seu sistema político, econômico e social, bem como de organizar-se da maneira que mais lhe convenha, e tem o dever de não intervir nos assuntos de outro Estado. Sujeitos ao acima disposto, os Estados americanos cooperarão amplamente entre si, independentemente da natureza de seus sistemas políticos, econômicos e sociais;

f) Os Estados americanos condenam a guerra de agressão: a vitória não dá direitos;

g) A agressão a um Estado americano constitui uma agressão a todos os demais Estados americanos;

h) As controvérsias de caráter internacional, que surgirem entre dois ou mais Estados americanos, deverão ser resolvidos por meio de processos pacíficos;

i) A justiça e a segurança sociais são bases de uma paz duradoura;

j) A cooperação econômica é essencial para o bem-estar e para a prosperidade comuns dos povos do Continente;

k) Os Estados americanos proclamam os direitos fundamentais da pessoa humana, sem fazer distinção de raça, nacionalidade, credo ou sexo;

l) A unidade espiritual do Continente baseia-se no respeito à personalidade cultural dos países americanos e exige a sua estreita colaboração para as altas finalidades da cultura humana;

m) A educação dos povos deve orientar-se para a justiça, a liberdade e a paz.

Capítulo III - Membros

Artigo 4 - São Membros da Organização todos os Estados Americanos que ratificarem a presente Carta.

Artigo 5 - Na Organização será admitida toda nova entidade política que nasça da união de seus Estados Membros e que, como tal, ratifique esta Carta. O ingresso da nova entidade política na Organização redundará para cada um dos Estados que a constituam em perda da qualidade de Membro da Organização.

Artigo 6 - Qualquer outro Estado Americano independente que queira ser membro da Organização deverá manifestá-lo mediante nota dirigida ao Secretário-Geral, na qual seja consignado que está disposto a assinar a ratificar a Carta da Organização, bem como a aceitar todas as obrigações inerentes à condição, de Membro, em especial as referentes à segurança coletiva, mencionadas expressamente nos artigos 27 e 28.

Artigo 7 - A Assembléia Geral, após recomendação do Conselho Permanente da organização determinará se é procedente autorizar o Secretário-Geral a permitir que o Estado solicitante assine a Carta e aceite o depósito do respectivo instrumento de ratificação. Tanto a recomendação do Conselho Permanente como a decisão da Assembléia Geral requererão o voto afirmativo de dois terços dos Estados Membros.

Artigo 8 - A condição de membro da Organização estará restringida aos Estados independentes do Continente que, em 10 de outubro de 1985, forem membros das Nações Unidas e aos territórios não-autônomos mencionados no documento OEA/Ser.P, AG/doc. 1939/85, de 5 de novembro de 1985, quando alcançarem a sua independência.

Capítulo IV - Direitos e deveres fundamentais dos Estados

Artigo 9 - Os Estados são juridicamente iguais, desfrutam de iguais direitos e de igual capacidade para exercê-los, e em deveres iguais. Os direitos de cada um não dependem do poder de que dispõem para assegurar o seu exercício, mas sim do simples fato da sua existência como personalidade jurídica internacional.

Artigo 10 - Todo Estado Americano tem o dever de respeitar os direitos dos demais Estados de acordo com o direito internacional.

Artigo 11 - Os direitos fundamentais dos Estados não podem ser restringidos de maneira alguma.

Artigo 12 - A existência política do Estado é independente do seu reconhecimento pelos outros Estados. Mesmo antes de ser reconhecido, o Estado tem o direito de defender a sua integridade e independência, de promover a sua conservação e prosperidade, e, por conseguinte, de se organizar como melhor entender, de legislar sobre os seus interesses, de administrar os seus serviços e determinar a jurisdição e a competência dos seus tribunais. O exercício desses direitos não tem outros limites senão o de exercício dos direitos de outros Estados, conforme o direito internacional.

Artigo 13 - O reconhecimento significa que o Estado que o outorga aceita a personalidade do novo Estado com todos os direitos e deveres que, para um e outro, determina o direito internacional.

Artigo 14 - O direito que tem o Estado de proteger e desenvolver a sua existência não o autoriza a praticar atos injustos contra outro Estado.

Artigo 15 - A jurisdição dos Estados nos limites do território nacional exerce-se igualmente sobre todos os habitantes, quer sejam nacionais ou estrangeiros.

Artigo 16 - Cada Estado tem o direito de desenvolver, livre e espontaneamente a sua vida cultural, política e econômica. No seu livre desenvolvimento o Estado respeitará os direitos da pessoa humana e os princípios da moral universal.

Artigo 17 - O respeito e a observância fiel dos tratados constituem norma para o desenvolvimento das relações pacíficas entre os Estados. Os tratados e acordos internacionais devem ser públicos.

Artigo 18 - Nenhum Estado ou grupo de Estados têm o direito de intervir direta ou indiretamente, seja qual for o motivo, nos assuntos internos ou externos de qualquer outro. Este princípio exclui não somente a força armada, mas também qualquer outra forma de interferência ou de tendência atentatória à personalidade do Estado e dos elementos políticos, econômicos e culturais que o constituem.

Artigo 19 - Nenhum Estado poderá aplicar ou estimular medidas coercitivas de caráter econômico e político, para forçar a vontade soberana de outro Estado e obter dele vantagens de qualquer natureza.

Artigo 20 - O território de um Estado é inviolável; não pode ser objeto de ocupação militar, nem de outras medidas de força tomadas por outro Estado, direta ou indiretamente, qualquer que seja o motivo, embora de maneira temporária. Não se reconhecerão as aquisições territoriais ou as vantagens especiais obtidas pela força ou por qualquer outro meio de coação.

Artigo 21 - Os Estados Americanos se comprometem, em suas relações internacionais, a não recorrer ao uso da força, salvo em caso de legítima defesa, em conformidade com os tratados vigentes, ou em cumprimento dos mesmos tratados.

Artigo 22 - As medidas adotadas para a manutenção da paz e da segurança, de acordo com os tratados vigentes, não constituem violação aos princípios enunciados nos artigos 18 e 20.

Capítulo V - Solução pacífica de controvérsias

Artigo 23 - As controvérsias internacionais entre os Estados Membros devem ser submetidas aos processos de solução pacífica indicados nesta Carta.

Esta disposição não será interpretada no sentido de prejudicar os direitos e obrigações dos Estados Membros, de acordo com os artigos 34 e 35 da Carta das Nações Unidas.

Artigo 24 - São processos pacíficos: a negociação direta, os bons ofícios, a mediação, a investigação e conciliação, o processo judicial, a arbitragem e os que sejam especialmente combinados, em qualquer momento, pelas partes.

Artigo 25 - Quando entre dois ou mais Estados Americanos surgir uma controvérsia que, na opinião de um deles, não possa ser resolvida pelos meios diplomáticos comuns, as Partes deverão convir em qualquer outro processo pacífico que lhes permita chegar a uma solução.

Artigo 26 - Um tratado especial estabelecerá os meios adequados para solução das controvérsias e determinará os processos pertinentes a cada um dos meios pacíficos, de forma a não permitir que controvérsia alguma entre os Estados Americanos possa ficar sem solução definitiva, dentro de um prazo razoável.

Capítulo VI - Segurança coletiva

Artigo 27 - Toda agressão de um Estado contra a integridade ou a inviolabilidade do território, ou contra a soberania, ou a independência política de um Estado Americano, será considerada como um ato de agressão contra todos os demais Estados Americanos.

Artigo 28 - Se a inviolabilidade, ou a integridade do território, ou a soberania, ou a independência política de qualquer Estado Americano forem atingidas por um ataque armado, ou por uma agressão que não seja ataque armado, ou por um conflito extracontinental, ou por um conflito entre dois ou mais Estados Americanos, ou por qualquer outro fato ou situação que possa pôr em perigo a paz da América, os Estados Americanos, em obediência aos princípios de solidariedade continental, ou de legítima defesa coletiva, aplicarão as medidas e processos estabelecidos nos Tratados especiais existentes sobre a matéria.

Capítulo VII - Desenvolvimento integral

Artigo 29 - Os Estados Membros, inspirados nos princípios de solidariedade e cooperação interamericanas, comprometem-se a unir seus esforços no sentido de que impere a justiça social internacional em suas relações e de que seus povos alcancem um desenvolvimento integral, condições indispensáveis para a paz e a segurança. O desenvolvimento integral abrange os campos econômico, social, educacional, cultural, e científico e tecnológico, nos quais devem ser atingidas as metas que cada país definir para alcançá-lo.

Artigo 30 - A cooperação interamericana para o desenvolvimento integral é responsabilidade comum e solidária dos Estados Membros, no contexto dos princípios democráticos e das instituições do Sistema Interamericano. Deve compreender os campos econômico, social, educacional, cultural e científico e tecnológico, apoiar a consecução dos objetivos nacionais dos Estados Membros e respeitar as prioridades que cada país fixar em seus planos de desenvolvimento, sem vinculações nem condições de caráter político.

Artigo 31 - A cooperação interamericana para o desenvolvimento integral deve ser contínua e encaminhar-se, de preferência, por meio de organismos multilaterais, sem prejuízo da cooperação bilateral acordada entre Estados Membros. Os Estados Membros contribuirão para a cooperação interamericana para o desenvolvimento integral, de acordo com seus recursos e possibilidades e em conformidade com suas leis.

Artigo 32 - O desenvolvimento é responsabilidade primordial de cada país e deve constituir um processo integral e continuado para a criação de uma ordem econômica e social justa que permita a plena realização da pessoa humana e para isso contribua.

Artigo 33 - Os Estados Membros convêm em que a igualdade de oportunidade, a distribuição eqüitativa da riqueza e da renda, bem como a plena participação de seus povos nas decisões relativas a seu próprio desenvolvimento, são, entre outros, objetivos básicos do desenvolvimento integral. Para alcançá-los convém, da mesma forma, em dedicar seus maiores esforços à consecução das seguintes metas básicas:

a) Aumento substancial e auto-sustentado do produto nacional *per capita*;

b) Distribuição eqüitativa da renda nacional;

c) Sistemas tributários adequados e eqüitativos;

d) Modernização da vida rural e reformas que conduzam a regimes eqüitativos e eficazes de posse da terra, maior produtividade agrícola, expansão do uso da terra, diversificação da produção e melhores sistemas para a industrialização e comercialização de produtos agrícolas, e fortalecimento e ampliação dos meios para alcançar esses fins;

e) Industrialização acelerada e diversificada, especialmente de bens de capital e intermediários;

f) Estabilidade do nível dos preços internos, em harmonia com o desenvolvimento econômico sustentado e com a consecução da justiça social;

g) Salários justos, oportunidades de emprego e condições de trabalho aceitáveis para todos;

h) Rápida erradicação do analfabetismo e ampliação, para todos, das oportunidades no campo da educação;

i) Defesa do potencial humano, mediante extensão e aplicação dos modernos conhecimentos da ciência médica;

j) Alimentação adequada, especialmente por meio da aceleração dos esforços nacionais no sentido de aumentar a produção e disponibilidade de alimentos;

k) Habitação adequada para todos os setores da população;

l) Condições urbanas que proporcionem oportunidades de vida sadia, produtiva e digna;

m) Promoção da iniciativa e dos investimentos privados em harmonia com a ação do setor público; e

n) Expansão e diversificação das exportações.

Artigo 34 - Os Estados Membros devem abster-se de exercer políticas e praticar ações ou tomar medidas que tenham sérios efeitos adversos sobre o desenvolvimento de outros Estados Membros.

Artigo 35 - As empresas transnacionais e o investimento privado estrangeiro estão sujeitos à legislação e à jurisprudência dos tribunais nacionais competentes dos países receptores, bem como aos tratados e convênios internacionais dos quais sejam parte, e devem ajustar-se à política de desenvolvimento dos países receptores.

Artigo 36 - Os Estados Membros convêm em buscar, coletivamente, solução para os problemas urgentes ou graves que possam apresentar-se quando o desenvolvimento ou estabilidade econômicos de qualquer Estado Membro se virem seriamente afetados por situações que não puderem ser solucionadas pelo esforço desse Estado.

Artigo 37 - Os Estados Membros difundirão entre si os benefícios da ciência e da tecnologia promovendo, de acordo com os tratados vigentes e as leis nacionais, o intercâmbio e o aproveitamento dos conhecimentos científicos e técnicos.

Artigo 38 - Os Estados Membros, reconhecendo a estreita interdependência que há entre o comércio exterior e o desenvolvimento econômico e social, devem envidar esforços, individuais e coletivos, a fim de conseguir:

a) Condições favoráveis de acesso aos mercados mundiais para os produtos dos países em desenvolvimento da região, especialmente por meio da redução ou abolição, por parte dos países importadores, das barreiras alfandegárias e não alfandegárias que afetam as exportações dos Estados Membros da Organização, salvo quando tais barreiras se aplicarem a fim de diversificar a estrutura econômica, acelerar o desenvolvimento dos Estados Membros menos desenvolvidos e intensificar seu processo de integração econômica, ou quando se relacionarem com a segurança nacional ou com as necessidades do equilíbrio econômico;

b) Continuidade do seu desenvolvimento econômico e social, mediante:

I. Melhores condições para o comércio de produtos básicos por meio de convênios internacionais, quando forem adequados; de processos ordenados de comercialização que evitem a perturbação dos mercados; e de outras medidas destinadas a promover a expansão de mercados e a obter receitas seguras para os produtores, fornecimentos adequados e seguros para os consumidores, e preços estáveis que sejam ao mesmo tempo recompensadores para os produtores eqüitativos para os consumidores;

II. Melhor cooperação internacional no setor financeiro e adoção de outros meios para atenuar os efeitos adversos das acentuadas flutuações das receitas de exportação que experimentem os países exportadores de produtos básicos;

III. Diversificação das exportações e ampliação das oportunidades de exportação dos produtos manufaturados e semimanufaturados de países em desenvolvimento;

IV. Condições favoráveis ao aumento das receitas reais provenientes das exportações dos Estados Membros, especialmente dos países em desenvolvimento da região, e ao aumento de sua participação no comércio internacional.

Artigo 39 - Os Estados Membros reafirmam o princípio de que os países de maior desenvolvimento econômico, que em acordos internacionais de comércio façam concessões em benefício dos países de menor desenvolvimento econômico no tocante à redução e abolição de tarifas ou outras barreiras ao comércio exterior não devem solicitar a estes países concessões recíprocas que sejam incompatíveis com seu desenvolvimento econômico e com suas necessidades financeiras e comerciais.

Artigo 40 - Os Estados Membros com o objetivo de acelerar o desenvolvimento econômico, a integração regional, a expansão e a melhoria das condições do seu comércio, promoverão a modernização e a coordenação dos transportes e comunicações nos países em desenvolvimento e entre os Estados-Membros.

Artigo 41 - Os Estados Membros reconhecem que a integração dos países em desenvolvimento do Continente constitui um dos objetivos do Sistema Interamericano e, portanto, orientarão seus esforços e tomarão as medidas necessárias no sentido de acelerar o processo de integração com vistas à consecução, no mais breve prazo, de um mercado comum latino-americano.

Artigo 42 - Com o objetivo de fortalecer e acelerar a integração em todos os seus aspectos, os Estados Membros comprometem-se a dar adequada prioridade à elaboração e execução de projetos multinacionais e a seu financiamento, bem como a estimular as instituições econômicas e financeiras do Sistema Interamericano a que continuem dando seu mais amplo apoio às instituições e aos programas de integração regional.

Artigo 43 - Os Estados Membros convêm em que a cooperação técnica e financeira, tendente a estimular os processos de integração econômica regional, deve basear-se no princípio do desenvolvimento harmônico, equilibrado e eficiente dispensando especial atenção aos países de menor desenvolvimento relativo de modo que constitua um fator decisivo que os habilite a promover, com seus próprios esforços, o melhor desenvolvimento de seus programas de infra-estrutura, novas linhas de produção e a diversificação de suas exportações.

Artigo 44 - Os Estados Membros, convencidos de que o homem somente pode alcançar a plena realização de suas aspirações dentro de uma ordem social justa, acompanhada de desenvolvimento econômico e de verdadeira paz, convêm envidar os seus maiores esforços na aplicação dos seguintes princípios e mecanismos:

a) todos os seres humanos, sem distinção de raça, sexo, nacionalidade, credo ou condição social, têm direito ao bem-estar material e a seu desenvolvimento espiritual em condições de liberdade, dignidade, igualdade de oportunidades e segurança econômica;

b) o trabalho é um direito e um dever social; confere dignidade a quem o realiza e deve ser exercido em condições que, compreendendo um regime de salários justos, assegurem a vida, a saúde e um nível econômico digno ao trabalhador e sua família, tanto durante os anos de atividade como na velhice, ou quando qualquer circunstância o prive da possibilidade de trabalhar;

c) os empregadores e os trabalhadores, tanto rurais como urbanos, têm o direito de se associarem livremente para a defesa e promoção de seus interesses, inclusive o direito de negociação coletiva e o de greve por parte dos trabalhadores, o reconhecimento da personalidade jurídica das associações e a proteção de sua liberdade e independência, tudo de acordo com a respectiva legislação;

d) sistemas e processos justos e eficientes de consulta e colaboração entre os setores da produção, levada em conta a proteção dos interesses de toda a sociedade;

e) o funcionamento dos sistemas de administração pública, bancária e de crédito, de empresa e de distribuição e vendas, de forma que, em harmonia com o setor privado, atendam às necessidades e interesses da comunidade;

f) a incorporação e crescente participação dos setores marginais da população, tanto das zonas rurais como dos centros urbanos, na vida econômica, social, cívica, cultural e política da nação, a fim de conseguir a plena integração da comunidade nacional, o aceleramento do processo de mobilidade social e a consolidação do regime democrático. O estímulo a todo esforço de promoção e cooperação populares que tenha por fim o desenvolvimento e o progresso da comunidade;

g) o reconhecimento da importância da contribuição das organizações tais como os sindicatos, as cooperativas e as associações culturais, profissionais, de negócios vicinais e comunais para a vida da sociedade e para o processo de desenvolvimento;

h) desenvolvimento de uma política eficiente de previdência social; e

i) disposições adequadas a fim de que todas as pessoas tenham a devida assistência legal para fazer valer seus direitos.

Artigo 45 - Os Estados Membros reconhecem que, para facilitar o processo da integração regional latino-americana, é necessário harmonizar a legislação social dos países em desenvolvimento, especialmente no setor trabalhista e no da previdência social, a fim de que os direitos dos trabalhadores sejam igualmente protegidos, e convêm em envidar os maiores esforços com o objetivo de alcançar essa finalidade.

Artigo 46 - Os Estados Membros darão primordial importância dentro dos seus planos de desenvolvimento, ao estímulo da educação, da ciência, da tecnologia, e da cultura, orientadas no sentido do melhoramento integral da pessoa humana e como fundamento da democracia, da justiça social e do progresso.

Artigo 47 - Os Estados Membros cooperarão entre si, a fim de atender às suas necessidades no tocante à educação, promover a pesquisa científica e impulsionar o progresso tecnológico para seu desenvolvimento integral. Consideram-se individual e solidariamente comprometidos a preservar e enriquecer o patrimônio cultural dos povos americanos.

Artigo 48 - Os Estados Membros empreenderão os maiores esforços para assegurar, de acordo com suas normas constitucionais, o exercício efetivo do direito à educação, observados os seguintes princípios:

a) o ensino primário, obrigatório para a população em idade escolar, será estendido também a todas as outras pessoas a quem possa aproveitar. Quando ministrado pelo Estado, será gratuito;

b) o ensino médio deverá ser estendido progressivamente, com critério de promoção social, à maior parte possível da população. Será diversificado de maneira que, sem prejuízo da formação geral dos educandos, atenda às necessidades do desenvolvimento de cada país; e

c) a educação de grau superior será acessível a todos, desde que, a fim de manter seu alto nível, se cumpram as normas regulamentares ou acadêmicas respectivas.

Artigo 49 - Os Estados Membros dispensarão especial atenção à erradicação do analfabetismo, fortalecerão os sistemas de educação de adultos e de habilitação para o trabalho, assegurarão a toda a população o gozo dos bens da cultura e promoverão o emprego de todos os meios de divulgação para o cumprimento de tais propósitos.

Artigo 50 - Os Estados Membros promoverão a ciência e a tecnologia por meio de atividades de ensino, pesquisa e desenvolvimento tecnológico e de programas de difusão e divulgação; estimularão as atividades no campo da tecnologia, com o propósito de adequá-la às necessidades do seu desenvolvimento integral; concertarão de maneira eficaz sua cooperação nessas matérias; e ampliarão substancialmente o intercâmbio de conhecimentos, de acordo com os objetivos e leis nacionais e os tratados vigentes.

Artigo 51 - Os Estados Membros, dentro do respeito devido à personalidade de cada um deles, convêm em promover o intercâmbio cultural como meio eficaz para consolidar a compreensão interamericana e reconhecem que os programas de integração regional devem ser fortalecidos mediante estreita vinculação nos setores da educação, da ciência e da cultura.

Segunda parte
Capítulo VIII - Dos órgãos

Artigo 52 - A organização dos Estados Americanos realiza os seus fins por intermédio:

a) da Assembléia Geral;

b) da Reunião de Consulta dos Ministros das Relações Exteriores;

c) dos Conselhos;

d) da Comissão Jurídica Interamericana;

e) da Comissão Interamericana de direitos humanos;

f) da Secretaria Geral;

g) das Conferências Especializadas; e

h) dos Organismos Especializados.

Poderão ser criados, além dos previstos na Carta e de acordo com suas disposições, os órgãos subsidiários, organismos e outras entidades que forem julgados necessários.

Capítulo IX - A Assembléia Geral

Artigo 53 - A Assembléia Geral é o órgão supremo da Organização dos Estados Americanos. Tem por principais atribuições, além das outras que lhe confere a Carta, as seguintes:

a) decidir a ação e a política gerais da Organização, determinar a estrutura e funções de seus órgãos e considerar qualquer assunto relativo à convivência dos Estados Americanos;

b) estabelecer normas para a coordenação das atividades dos órgãos, organismos e entidades da Organização entre si e de tais atividades com as das outras instituições do Sistema Interamericano;

c) fortalecer e harmonizar a cooperação com as Nações Unidas e seus organismos especializados;

d) promover a colaboração, especialmente nos setores econômico, social e cultural, com outras organizações internacionais cujos objetivos sejam análogos aos da Organização dos Estados Americanos;

e) aprovar o orçamento-programa da Organização e fixar as quotas dos Estados Membros;

f) considerar os relatórios da Reunião de Consulta dos Ministros das Relações Exteriores e as observações e recomendações que, a respeito dos relatórios que devem ser apresentados pelos demais órgãos e entidades, lhe sejam submetidas pelo Conselho Permanente, conforme o disposto na alínea *f* do artigo 90, bem como os relatórios de qualquer órgão que a própria Assembléia Geral requeira;

g) adotar as normas gerais que devem reger o funcionamento da Secretaria Geral;

h) aprovar seu regulamento e, pelo voto de 2/3, sua agenda.

A Assembléia Geral exercerá suas atribuições de acordo com o disposto na Carta e em outros tratados interamericanos.

Artigo 54 - A Assembléia Geral estabelece as bases para a fixação da quota com que deve cada um dos Governos contribuir para a manutenção da Organização, levando em conta a capacidade de pagamento dos respectivos países e a determinação dos mesmos de contribuir de forma eqüitativa. Para que possam ser tomadas decisões sobre assuntos orçamentários, é necessária a aprovação de dois terços dos Estados Membros.

Artigo 55 - Todos os Estados Membros têm direito a fazer-se representar na Assembléia Geral. Cada Estado tem direito a um voto.

Artigo 56 - A Assembléia Geral reunir-se-á anualmente na época que determinar o regulamento e em sede escolhida consoante o princípio do rodízio. Em cada período ordinário de sessões serão determinadas, de acordo com o regulamento a data e a sede do período ordinário seguinte.

Se, por qualquer motivo, a Assembléia Geral não se puder reunir na sede escolhida, reunir-se-á na Secretaria Geral, sem prejuízo de que, se algum dos Estados Membros oferecer oportunamente sede em seu território, possa o Conselho Permanente da Organização acordar que a Assembléia Geral se reúna nessa sede.

Artigo 57 - Em circunstâncias especiais e com a aprovação de dois terços dos Estados Membros, o Conselho Permanente convocará um período extraordinário de sessões da Assembléia Geral.

Textos fundamentais do
Direito das Relações Internacionais

37

Artigo 58 - As decisões da Assembléia Geral serão adotadas pelo voto da maioria absoluta dos Estados Membros, salvo nos casos em que é exigido o voto de dois terços, de acordo com o disposto na Carta, ou naqueles que determinar a Assembléia Geral, pelos processos regulamentares.

Artigo 59 - Haverá uma Comissão Preparatória da Assembléia Geral, composta de representantes de todos os Estados Membros, a qual desempenhará as seguintes funções:

a) elaborar o projeto de agenda de cada período de sessões da Assembléia Geral;

b) examinar o projeto de orçamento-programa e o de resolução sobre quotas e apresentar à Assembléia Geral um relatório sobre os mesmos, com as recomendações que julgar pertinentes; e

c) as outras que lhe forem atribuídas pela Assembléia Geral.

O projeto de agenda e o relatório serão oportunamente encaminhados aos Governos dos Estados Membros.

Capítulo X - A reunião de consulta dos Ministros das relações exteriores

Artigo 60 - A Reunião de Consultas dos Ministros das Relações deverá ser convocada a fim de considerar problemas de natureza urgente e de interesse comum para os Estados Americanos, e para servir de Órgão de Consulta.

Artigo 61 - Qualquer Estado Membro pode solicitar a convocação de uma Reunião de Consulta. A solicitação deve ser dirigida ao Conselho Permanente da Organização, o qual decidirá, por maioria absoluta de votos, se é oportuna a reunião.

Artigo 62 - A agenda e o regimento da Reunião de Consulta serão preparados pelo Conselho Permanente da Organização e submetidos à consideração dos Estados Membros.

Artigo 63 - Se, em caso excepcional, o Ministro das Relações Exteriores de qualquer país não puder assistir à reunião, far-se-á representar por um Delegado especial.

Artigo 64 - Em caso de ataque armado ao território de um Estado americano ou dentro da zona de segurança demarcada pelo tratado em vigor, o Presidente do Conselho Permanente reunirá o Conselho, sem demora, a fim de determinar a convocação da Reunião de Consulta, sem prejuízo do disposto no Tratado Interamericano de Assistência Recíproca no que diz respeito aos Estados Partes no referido instrumento.

Artigo 65 - Fica estabelecida uma Comissão Consultiva de Defesa para aconselhar o órgão de Consulta a respeito dos problemas de colaboração militar que possam surgir da aplicação dos tratados especiais existentes sobre matéria de segurança coletiva.

Artigo 66 - A Comissão Consultiva de Defesa será integrada pelas mais altas autoridades militares dos Estados Americanos que participem da

Reunião de Consulta. Excepcionalmente, os Governos poderão designar substitutos. Cada Estado terá direito a um voto.

Artigo 67 - A Comissão de Defesa será convocada nos mesmos termos que o órgão de Consulta, quando este tenha que tratar de assuntos relacionados com a defesa contra agressão.

Artigo 68 - Quando a Assembléia Geral ou a Reunião de Consulta ou os Governos lhe cometerem, por maioria de dois terços dos Estados Membros, estudos técnicos ou relatórios sobre temas específicos, a Comissão também se reunirá para esse fim.

Capítulo XI - Os Conselhos da Organização - disposições comuns

Artigo 69 - O Conselho Permanente da Organização, o Conselho Interamericano Econômico e Social e o Conselho de Educação, Ciências e Cultura dependem diretamente da Assembléia Geral e têm competência conferida a cada um deles pela Carta e por instrumentos Interamericanos, bem como as funções que lhes forem confiadas pela Assembléia Geral e pela Reunião de Consulta dos Ministros das Relações Exteriores.

Artigo 70 - Todos os Estados Membros têm direito a fazer-se representar em cada um dos Conselhos. Cada Estado tem direito a um voto.

Artigo 71 - Dentro dos limites da Carta e dos demais instrumentos interamericanos, os Conselhos poderão fazer recomendações no âmbito de suas atribuições.

Artigo 72 - Os Conselhos, em assuntos de sua respectiva competência, poderão apresentar estudos e propostas à Assembléia Geral e submeter-lhe projetos de instrumentos internacionais e proposições com referência à realização de conferências especializadas e à criação, modificação ou extinção de organismos especializados e outras entidades interamericanas, bem como sobre a coordenação de suas atividades. Os Conselhos poderão também apresentar estudos, propostas e projetos de instrumentos internacionais às Conferências Especializadas.

Artigo 73 - Cada Conselho, em casos urgentes, poderá convocar, em matéria de sua competência, Conferências Especializadas, mediante consulta prévia com os Estados Membros e sem ter de recorrer ao processo previsto no art. 127.

Artigo 74 - Os Conselhos, medida de suas possibilidades e com a cooperação da Secretaria Geral, prestarão aos Governos os serviços especializados que estes solicitarem.

Artigo 75 - Cada Conselho tem faculdades para requerer dos outros, bem como dos órgãos subsidiários e dos organismos a eles subordinados, a prestação, nas respectivas esferas de competência, de informações e assessoramento. Poderá, também, cada um deles, solicitar os mesmos serviços às demais entidades do Sistema Interamericano.

Artigo 76 - Com prévia aprovação da Assembléia Geral, os Conselhos poderão criar os órgãos subsidiários e os organismos que julgarem convenientes para o melhor exercício de suas funções. Se a Assembléia Geral não

Textos fundamentais do
Direito das Relações Internacionais

estiver reunida, os referidos órgãos e organismos poderão ser estabelecidos provisoriamente pelo Conselho respectivo. Na composição dessas entidades os Conselhos observarão na medida do possível, os princípios do rodízio e da representação geográfica eqüitativa.

Artigo 77 - Os Conselhos poderão realizar reuniões no território de qualquer Estado Membro, quando o julgarem conveniente e com aquiescência prévia do respectivo Governo.

Artigo 78 - Cada Conselho elaborará seu estatuto, submetê-lo-á à aprovação da Assembléia Geral e aprovará seu regulamento e os de seus órgãos subsidiários, organismos e omissões.

Capítulo XII - O Conselho permanente da Organização

Artigo 79 - O Conselho Permanente da Organização compõe-se de um representante de cada Estado Membro, nomeado especialmente pelo respectivo Governo, com a categoria de embaixador. Cada Governo poderá acreditar um representante interino, bem como os suplentes e assessores que julgar conveniente.

Artigo 80 - A Presidência do Conselho Permanente será exercida sucessivamente pelos representantes, na ordem alfabética dos nomes em espanhol de seus respectivos países, e a Vice-Presidência, de modo idêntico, seguida a ordem alfabética inversa.

O Presidente e o Vice-Presidente exercerão suas funções por um período não superior a seis meses que será determinado pelo estatuto.

Artigo 81 - O Conselho Permanente tomará conhecimento, dentro dos limites da Carta e dos tratados e acordos interamericanos de qualquer assunto de que o encarreguem a Assembléia Geral ou a Reunião de Consulta dos Ministros das Relações Exteriores.

Artigo 82 - O Conselho Permanente agirá provisoriamente como Órgão de Consulta conforme o estabelecido no tratado especial sobre a matéria.

Artigo 83 - O Conselho Permanente velará pela manutenção das relações de amizade entre os Estados Membros e, com tal objetivo, ajudá-los-á de maneira efetiva na solução pacífica de suas controvérsias, de acordo com as disposições que se seguem.

Artigo 84 - De acordo com as disposições da Carta, qualquer parte numa controvérsia, no tocante à qual não esteja em tramitação qualquer dos processos pacíficos previstos na Carta, poderá recorrer ao Conselho Permanente, para obter seus bons ofícios. O Conselho, de acordo com o disposto no artigo anterior, assistirá as partes e recomendará os processos que considerar adequados para a solução pacífica da controvérsia.

Artigo 85 - O Conselho Permanente, no exercício de suas funções, com a anuência das partes na controvérsia, poderá estabelecer comissões *ad hoc*. As comissões *ad hoc* terão a composição e o mandato que em cada caso decidir o Conselho Permanente, com o consentimento das partes na controvérsia.

Artigo 86 - O Conselho Permanente poderá também, pelo meio que considerar conveniente, investigar os fatos relacionados com a controvérsia, inclusive no território de qualquer das partes, após consentimento do respectivo governo.

Artigo 87 - Se o processo de solução pacífica de controvérsia recomendado pelo Conselho Permanente, ou sugerido pela respectiva comissão *ad hoc* nos termos de seu mandato, não for aceito por uma das partes, ou qualquer destas declarar que o processo não resolveu a controvérsia, o Conselho Permanente informará a Assembléia Geral, sem prejuízo de que leve a cabo gestões para o entendimento entre as partes ou para o reatamento das relações entre elas.

Artigo 88 - O Conselho Permanente, no exercício de tais funções, tomará suas decisões pelo voto afirmativo de dois terços dos seus membros, excluídas as partes, salvo as decisões que o regulamento autorize a aprovar por maioria simples.

Artigo 89 - No desempenho das funções relativas à solução pacífica de controvérsias, o Conselho Permanente e a Comissão *ad hoc* deverão observar as disposições da Carta e os princípios e normas do direito internacional, bem como levar em conta a existência dos tratados vigentes entre as partes.

Artigo 90 - Compete também ao Conselho Permanente:

a) executar as decisões da Assembléia Geral ou da Reunião de Consulta dos Ministros das Relações Exteriores cujo cumprimento não haja sido confiado a nenhuma outra entidade;

b) velar pela observância das normas que regulam o funcionamento da Secretaria Geral e, quando a Assembléia Geral não estiver reunida, adotar as disposições de natureza regulamentar que habilitem a Secretaria Geral para o cumprimento de suas funções administrativas;

c) atuar como Comissão Preparatória da Assembléia-Geral nas condições estabelecidas pelo art. 59 da Carta, a não ser que a Assembléia-Geral decida de maneira diferente;

d) preparar, a pedido dos Estados Membros se com a cooperação dos órgãos pertinentes da Organização, projetos de acordos destinados a promover e facilitar a colaboração entre a Organização dos Estados Americanos e as Nações Unidas, ou entre a Organização e outros organismos americanos de reconhecida autoridade internacional. Esses projetos serão submetidos à aprovação da Assembléia Geral;

e) formular recomendações à Assembléia Geral sobre o funcionamento da Organização e sobre a coordenação dos seus órgãos subsidiários, organismos e comissões;

f) considerar os relatórios dos outros Conselhos, da Comissão Jurídica Interamericana, da Comissão Interamericana de Direitos Humanos, da Secretaria-Geral, dos organismos e conferências especializados e dos demais órgãos e entidades, e apresentar à Assembléia Geral as observações e recomendações que julgue pertinentes;

g) exercer as demais funções que lhe atribui a Carta.

Artigo 91 - O Conselho Permanente e a Secretaria Geral terão a mesma sede.

Textos fundamentais do
Direito das Relações Internacionais

Capítulo XIII - O Conselho Interamericano Econômico e Social

Artigo 92 - O Conselho Interamericano Econômico Social compõe-se de um representante titular, da mais alta hierarquia, de cada Estado Membro, nomeado especialmente pelo respectivo Governo.

Artigo 93 - O Conselho Interamericano Econômico e Social tem por finalidade promover a cooperação entre os países americanos com o objetivo de conseguir seu desenvolvimento econômico e social acelerado, de acordo com as normas consignadas no Capítulo VII.

Artigo 94 - Para realizar os seus fins, o Conselho Interamericano Econômico e Social deverá:

a) recomendar programas e medidas, de ação, bem como examinar e avaliar periodicamente os esforços realizados pelos Estados Membros;

b) promover e coordenar todas as atividades de caráter econômico e social da Organização;

c) coordenar suas atividades com as dos outros Conselhos da Organização;

d) estabelecer relações de cooperação com os órgãos correspondentes das Nações Unidas e com outras entidades nacionais e internacionais, especialmente no que diz respeito à coordenação dos programas interamericanos de assistência técnica;

e) promover a solução dos casos previstos no art. 36 da Carta e estabelecer o processo correspondente.

Artigo 95 - O Conselho Interamericano Econômico e Social realizará, pelo menos, uma reunião por ano, no nível ministerial. Reunir-se-á, além disso, quando for convocado pela Assembléia-Geral, pela Reunião de Consulta dos Ministros das Relações Exteriores, por iniciativa própria, ou para os casos previstos no art. 35 da Carta.

Artigo 96 - O Conselho Interamericano Econômico e Social terá uma Comissão Executiva Permanente, composta de um Presidente e, no mínimo sete outros membros, eleitos pelo próprio Conselho, por períodos que serão fixados no seu estatuto. Cada membro terá direito a um voto. Na eleição dos membros, serão levados em conta, no que for possível, os princípios da representação geográfica eqüitativa e do rodízio. A Comissão Executiva Permanente representa o conjunto dos Estados Membros da Organização.

Artigo 97 - A Comissão Executiva Permanente exercerá as atividades que lhe forem confiadas pelo Conselho Interamericano Econômico e Social, de acordo com as normas gerais que forem por este estabelecidas.

Capítulo XIV - O Conselho Interamericano de Educação, Ciência e Cultura

Artigo 98 - O Conselho Interamericano de Educação, Ciência e Cultura compõe-se de um representante titular, da mais alta hierarquia, de cada Estado Membro, nomeado especialmente pelo respectivo Governo.

Artigo 99 - O Conselho Interamericano de Educação, Ciência e Cultura tem por finalidade promover relações amistosas e entendimento mútuo entre os povos da América, mediante a cooperação e o intercâmbio educacionais, científicos e culturais entre os Estados Membros, com o objetivo de elevar o nível cultural de seus habitantes; reafirmar sua dignidade como pessoas; habilitá-los plenamente para as tarefas do progresso; e fortalecer os sentimentos de paz, democracia e justiça social que têm caracterizado sua evolução.

Artigo 100 - Para realizar os seus fins, o Conselho Interamericano de Educação, Ciência e Cultura deverá:

a) promover e coordenar as atividades da Organização relativas à educação, à ciência e à cultura;

b) adotar ou recomendar as medidas pertinentes a fim de dar cumprimento às normas consignadas no Capítulo VII da Carta;

c) apoiar os esforços individuais ou coletivos dos Estados Membros para o melhoramento e a extensão do ensino em todos os seus níveis, dedicando especial atenção aos esforços destinados ao desenvolvimento da comunidade;

d) recomendar e favorecer a adoção de programas educacionais especiais orientados no sentido da integração de todos os setores da população nas respectivas culturas nacionais;

e) estimular e apoiar a educação e a pesquisa científicas e tecnológicas, especialmente se se relacionarem com os planos nacionais de desenvolvimento;

f) estimular o intercâmbio de professores, pesquisadores técnicos e estudantes bem como de materiais de estudo, e propiciar a celebração de convênios bilaterais ou multilaterais sobre a harmonização progressiva dos planos de estudo em todos os níveis do ensino e sobre a validade e equivalência de títulos e diplomas;

g) promover a educação dos povos americanos para a convivência internacional e para o melhor conhecimento das fontes histórico-culturais da América a fim de realçar e preservar sua comunhão de espírito e de destino;

h) estimular de forma sistemática a criação intelectual e artística e o intercâmbio de trabalhos culturais e de manifestações do folclore, bem como as relações recíprocas entre as diferentes regiões culturais americanas;

i) patrocinar a cooperação e a assistência técnica para a proteção, conservação e ampliação do patrimônio cultural do Continente;

j) coordenar suas atividades com as dos outros Conselhos. Em harmonia com o Conselho Interamericano Econômico e Social, estimular a articulação dos programas de desenvolvimento da educação, da ciência e da cultura com os de desenvolvimento nacional e de integração regional;

k) estabelecer relações de cooperação com os órgãos correspondentes das Nações Unidas e com outras entidades nacionais e internacionais;

l) fortalecer a consciência cívica dos povos americanos como um dos fundamentos da prática efetiva da democracia e do respeito aos direitos e deveres da pessoa humana;

m) recomendar os processos pertinentes para intensificar a integração dos países em desenvolvimento do Continente, mediante esforços e programas nos setores da educação, da ciência e da cultura;

n) examinar e avaliar periodicamente os esforços realizados pelos Estados Membros nos setores da educação, da ciência e da cultura.

Artigo 101 - O Conselho Interamericano de Educação, Ciência e Cultura realizará, pelo menos, uma reunião, por ano, no nível ministerial. Reunir-se-á, além disso, quando for convocado pela Assembléia Geral, pela Reunião de Consulta dos Ministros das Relações Exteriores, ou por iniciativa própria.

Artigo 102 - O Conselho Interamericano de Educação, Ciência e Cultura terá uma Comissão Executiva Permanente, composta de um Presidente e, no mínimo, sete outros membros eleitos pelo próprio Conselho, por períodos que serão fixados no seu estatuto. Cada membro terá direito a um voto. Na eleição dos membros, serão levados em conta, no que for possível os princípios da representação geográfica eqüitativa e do rodízio. A Comissão Executiva Permanente representa o conjunto dos Estados Membros da Organização.

Artigo 103 - A Comissão Executiva Permanente exercerá as atividades que lhe forem confiadas pelo Conselho Interamericano de Educação, Ciência e Cultura, de acordo com as normas gerais que forem por este estabelecidas.

Capítulo XV - A Comissão Jurídica Interamericana

Artigo 104 - A Comissão Jurídica Interamericana tem por finalidade servir de corpo consultivo da Organização em assuntos jurídicos; promover o desenvolvimento progressivo e a codificação do direito internacional; e estudar os problemas jurídicos referentes à integração dos países em desenvolvimento do Continente, bem como a possibilidade de uniformizar suas legislações no que parecer conveniente.

Artigo 105 - A Comissão Jurídica Interamericana empreenderá os estudos e trabalhos preparatórios de que for encarregada pela Assembléia Geral pela Reunião de Consulta dos Ministérios das Relações Exteriores e pelos Conselhos da Organização. Pode, além disso, levar a efeito, por sua própria iniciativa, os que julgar convenientes, bem como sugerir a realização de conferências jurídicas especializadas.

Artigo 106 - A Comissão Jurídica Interamericana será composta de onze juristas nacionais dos Estados Membros, eleitos, de listas de três candidatos apresentadas pelos referidos Estados, para um período de quatro anos. A Assembléia Geral procederá à eleição, de acordo com um regime que leve em conta a renovação parcial e procure, na medida do possível, uma representação geográfica eqüitativa. Não poderá haver na Comissão mais de um membro da mesma nacionalidade.

As vagas que ocorrerem por razões diferentes da expiração normal dos mandatos dos membros da Comissão serão preenchidas pelo Conselho Permanente da Organização, de acordo com os mesmos critérios estabelecidos no parágrafo anterior.

Artigo 107 - A Comissão Jurídica Interamericana representa o conjunto dos Estados Membros da Organização, e tem a mais ampla autonomia técnica.

Artigo 108 - A Comissão Jurídica Interamericana estabelecerá relações de cooperação com as universidades, institutos e centros de ensino e com as condições e entidades nacionais e internacionais dedicadas ao estudo, pesquisa, ensino ou divulgação dos assuntos jurídicos de interesse internacional.

Artigo 109 - A Comissão Jurídica Interamericana elaborará seu estatuto, o qual será submetido à aprovação da Assembléia Geral.

A Comissão adotará seu próprio regulamento.

Artigo 110 - A Comissão Jurídica Interamericana terá sua sede na cidade do Rio de Janeiro mas, em casos especiais, poderá realizar reuniões em qualquer outro lugar que seja oportunamente designado, após consulta ao Estado Membro correspondente.

Capítulo XVI - A Comissão Interamericana de Direitos Humanos

Artigo 111 - Haverá uma Comissão Interamericana de Direitos Humanos que terá por principal função promover o respeito e a defesa dos direitos humanos e servir como órgão consultivo da Organização em tal matéria.

Uma convenção interamericana sobre direitos humanos estabelecerá a estrutura, a competência e as normas de funcionamento da referida Comissão, bem como as dos outros órgãos encarregados de tal matéria.

Capítulo XVII - A Secretaria Geral

Artigo 112 - A Secretaria Geral é o órgão central e permanente da Organização dos Estados Americanos. Exercerá as funções que lhe atribuam a Carta, outros tratados e acordos interamericanos e a Assembléia Geral, e cumprirá os encargos de que for incumbida pela Assembléia Geral, pela Reunião de Consulta dos Ministros das Relações Exteriores e pelo Conselho.

Artigo 113 - O Secretário-Geral da Organização será eleito pela Assembléia Geral para um período de cinco anos e não poderá ser reeleito mais de uma vez nem poderá suceder-lhe pessoa da mesma nacionalidade. Vagando o cargo de Secretário-Geral o Secretário-Geral Adjunto assumirá as funções daquele até que a Assembléia Geral proceda à eleição de novo titular para um período completo.

Artigo 114 - O Secretário-Geral dirige a Secretaria-Geral, é o representante legal da mesma e sem prejuízo do estabelecido no art. 90, alínea *b*,

Textos fundamentais do
Direito das Relações Internacionais

responde perante a Assembléia Geral pelo cumprimento adequado das atribuições e funções da Secretaria Geral.

Artigo 115 - O Secretário-Geral ou seu representante poderá participar, com direito a palavra, mas sem voto, de todas as reuniões da Organização.

O Secretário-Geral poderá levar à atenção da Assembléia Geral ou do Conselho Permanente qualquer assunto que, na sua opinião, possa afetar a paz e a segurança do Continente e o desenvolvimento dos Estados Membros.

As atribuições a que se refere o parágrafo anterior serão exercidas em conformidade com esta Carta.

Artigo 116 - De acordo com a ação e política decididas pela Assembléia Geral e com as resoluções pertinentes dos Conselhos, a Secretaria-Geral promoverá relações econômicas, sociais, jurídicas, educacionais, científicas e culturais entre todos os Estados Membros da Organização.

Artigo 117 - A Secretaria Geral desempenha também as seguintes funções:

a) encaminhar *ex officio* aos Estados Membros a convocatória da Assembléia Geral, da Reunião de Consulta dos Ministros das Relações Exteriores, do Conselho Interamericano Econômico e Social, do Conselho Interamericano de Educação, Ciência e Cultura e das Conferências Especializadas;

b) assessorar os outros órgãos quando cabível, na elaboração das agendas e regulamentos;

c) preparar o projeto de orçamento-programa da Organização com base nos programas aprovados pelos Conselhos, organismos e entidades cujas despesas devam ser incluídas no orçamento-programa e, após consulta com Preparatória da Assembléia Geral e em seguida à própria Assembléia;

d) proporcionar à Assembléia Geral e aos demais órgãos, serviços de secretaria permanente e adequados, bem como dar cumprimento a seus mandatos e encargos. Dentro de suas possibilidades, atender às outras reuniões da Organização;

e) custodiar os documentos e arquivos das Conferências Interamericanas da Assembléia Geral, das Reuniões de Consulta dos Ministros das Relações Exteriores, dos Conselhos e das Conferências Especializadas;

f) servir de depositária dos tratados e acordos interamericanos, bem como dos instrumentos de ratificação dos mesmos;

g) apresentar à Assembléia Geral, em cada período ordinário de sessões, um relatório anual sobre as atividades e a situação financeira da Organização;

h) estabelecer relações de cooperação, consoante e o que for decidido pela Assembléia Geral ou pelos Conselhos, com os Organismos Especializados e com outros organismos nacionais e internacionais.

Artigo 118 - Compete ao Secretário-Geral:

a) estabelecer as dependências da Secretaria Geral que sejam necessárias para a realização de seus fins;

b) determinar o número de funcionários e empregados da Secretaria Geral, nomeá-los, regulamentar suas atribuições e deveres e fixar sua retribuição.

O Secretário-Geral exercerá essas atribuições de acordo com as normas gerais e as disposições orçamentárias que forem estabelecidas pela Assembléia Geral.

Artigo 119 - O Secretário-Geral Adjunto será eleito pela Assembléia Geral para um período de cinco anos e não poderá ser reeleito mais de uma vez, nem poderá suceder-lhe pessoa da mesma nacionalidade. Vagando o cargo de Secretário Geral Adjunto, o Conselho Permanente elegerá um substituto, o qual exercerá o referido cargo até que a Assembléia Geral proceda à eleição de novo titular para um período completo.

Artigo 120 - O Secretário-Geral Adjunto é o Secretário do Conselho Permanente. Tem o caráter de funcionário consultivo do Secretário-Geral e atuará como delegado seu em tudo aquilo que for por ele incumbido. Na ausência temporária ou no impedimento do Secretário-Geral, exercerá as funções destes.

O Secretário-Geral e o Secretário-Geral Adjunto deverão ser de nacionalidades diferentes.

Artigo 121 - A Assembléia Geral com o voto de dois terços dos Estados Membros, pode destituir o Secretário-Geral ou o Secretário-Geral Adjunto, ou ambos, quando o exigir o bom funcionamento da Organização.

Artigo 122 - O Secretário-Geral designará, com a aprovação do Conselho correspondente, o Secretário Executivo de Assuntos Econômicos e Sociais e o Secretário Executivo de Educação, Ciência e Cultura, os quais serão também os Secretários dos respectivos Conselhos.

Artigo 123 - No cumprimento de seus deveres, o Secretário-Geral e o pessoal da Secretaria não solicitarão nem receberão instruções de Governo algum nem de autoridade alguma estranha à organização, e abster-se-ão de agir de maneira incompatível com sua condição de funcionários internacionais, responsáveis unicamente perante a Organização.

Artigo 124 - Os Estados Membros comprometem-se a respeitar o caráter exclusivamente internacional das responsabilidades do Secretário-Geral e do pessoal da Secretaria Geral e a não tentar influir sobre eles no desempenho de suas funções.

Artigo 125 - Na seleção do pessoal da Secretaria Geral levar-se-ão em conta, em primeiro lugar, a eficiência, a competência e a probidade; mas ao mesmo tempo, dever-se-á dar importância à necessidade de ser o pessoal escolhido, em todas as hierarquias, de acordo com um critério de representação geográfica tão amplo quanto possível.

Artigo 126 - A sede da Secretaria Geral é a cidade de Washington, D.C.

Capítulo XVIII - As Conferências Especializadas

Artigo 127 - As Conferências Especializadas são reuniões intergovernamentais destinadas a tratar de assuntos técnicos especiais ou a desenvolver aspectos específicos da cooperação interamericana e são realizadas quando o determine a Assembléia Geral ou a Reunião de Consulta das Relações Exteriores, por iniciativa própria ou a pedido de algum dos Conselhos ou Organismos Especializados.

Artigo 128 - A agenda e o regulamento das Conferências Especializadas serão elaborados pelos Conselhos Competentes ou pelos Organismos Especializados interessados, e submetidos à consideração dos Governos dos Estados Membros.

Capítulo XIX - Organismos especializados

Artigo 129 - Consideram-se como Organismos Especializados Interamericanos para os efeitos desta Carta, os Organismos intergovernamentais estabelecidos por acordos multilaterais, que tenham determinadas funções em matérias técnicas de interesse comum para os Estados Americanos.

Artigo 130 - A Secretaria Geral manterá um registro dos organismos que satisfaçam as condições estabelecidas no artigo anterior, de acordo com as determinações da Assembléia Geral e à vista de relatório do Conselho correspondente.

Artigo 131 - Os Organismos Especializados gozam da mais ampla autonomia técnica, mas deverão levar em conta as recomendações da Assembléia Geral e dos Conselhos, de acordo com as disposições da Carta.

Artigo 132 - Os Organismos Especializados apresentarão à Assembléia Geral relatórios anuais sobre o desenvolvimento de suas atividades, bem como sobre seus orçamentos e contas anuais.

Artigo 133 - As relações que devem existir entre os Organismos Especializados e a Organização serão definidas mediante acordos celebrados entre cada Organismo e o Secretário Geral com a autorização da Assembléia Geral.

Artigo 134 - Os Organismos Especializados devem estabelecer relações de cooperação com os Organismos mundiais do mesmo caráter, a fim de coordenar suas atividades. Ao entrarem em acordo com os Organismos internacionais de caráter mundial, os Organismos Especializados Interamericanos, devem manter a sua identidade e posição como parte integrante da Organização dos Estados Americanos, mesmo quando desempenhem funções regionais dos Organismos Internacionais.

Artigo 135 - Na localização dos Organismos Especializados, levar-se-ão em conta os interesses de todos os Estados Membros e a conveniência de que as sedes dos mesmos sejam escolhidas mediante critério de distribuição geográfica tão eqüitativa quanto possível.

Terceira parte
Capítulo XX - Nações Unidas

Artigo 136 - Nenhuma das estipulações desta Carta se interpretará no sentido de prejudicar os direitos e obrigações dos Estados Membros, de acordo com a Carta das Nações Unidas.

Capítulo XXI - Disposições diversas

Artigo 137 - A assistência às reuniões dos órgãos permanentes da Organização dos Estados Americanos ou às conferências e reuniões previstas na Carta, ou realizadas sob os auspícios da Organização, obedece ao caráter multilateral dos referidos órgãos, conferências e reuniões e não depende das relações bilaterais entre o Governo de qualquer Estado Membro e o Governo do país-sede.

Artigo 138 - A Organização dos Estados Americanos gozará no território de cada um de seus Membros da capacidade jurídica dos privilégios e das imunidades que forem necessários para o exercício das suas funções e a realização dos seus propósitos.

Artigo 139 - Os representantes dos Estados Membros nos órgãos da Organização, o pessoal das suas representações, o Secretário-Geral e o Secretário-Geral Adjunto gozarão dos privilégios e imunidades correspondentes a seus cargos e necessários para desempenhar com independência suas funções.

Artigo 140 - A situação jurídica dos Organismos Especializados e os privilégios e imunidades que devem ser concedidos aos mesmos e ao seu pessoal, bem como aos funcionários da Secretaria Geral, serão determinados em acordo multilateral. O disposto neste artigo não impede que se celebrem acordos bilaterais, quando julgados necessários.

Artigo 141 - A correspondência da Organização dos Estados Americanos, inclusive impressos e pacotes, sempre que for marcada com o seu selo de franquia, circulará isenta de porte pelos correios dos Estados Membros.

Artigo 142 - A Organização dos Estados Americanos não admite restrição alguma, por motivo de raça, credo ou sexo, à capacidade para exercer cargos na Organização e participar de suas atividades.

Artigo 143 - Os órgãos competentes buscarão, de acordo com as disposições desta Carta, maior colaboração dos países não membros da Organização em matéria de cooperação para o desenvolvimento.

Capítulo XXII - Ratificação e vigência

Artigo 144 - A presente Carta fica aberta à assinatura dos Estados Americanos e será ratificada conforme seus respectivos processos constitucionais. O Instrumento original, cujos textos em espanhol, inglês, português e francês são igualmente autênticos, será depositado na Secretaria Geral, a qual enviará cópias autenticadas aos Governos, para fins de ratificação. Os instrumentos de ratificação serão depositados na Secretaria Geral e esta notificará os Governos signatários do dito depósito.

Artigo 145 - A presente Carta entrará em vigor entre os estados que a ratificarem, quando dois terços dos Estados signatários tiverem depositado suas ratificações. Quanto aos Estados restantes, entrará em vigor na ordem em que eles depositarem as suas ratificações.

Artigo 146 - A presente Carta será registrada na Secretaria das Nações Unidas por intermédio da Secretaria Geral.

Textos fundamentais do
Direito das Relações Internacionais

49

Artigo 147 - As reformas da presente Carta só poderão ser adotadas pela Assembléia Geral convocada para tal fim. As reformas entrarão em vigor nos mesmos termos e segundo o processo estabelecido no art. 145.

Artigo 148 - Esta Carta vigorará indefinidamente, mas poderá ser denunciada por qualquer dos Estados Membros, mediante uma notificação escrita à Secretaria Geral, a qual comunicará em cada caso a todos os outros Estados as notificações de denúncia que receber. Transcorridos dois anos a partir da data em que a Secretaria Geral receber uma notificação de denúncia, a presente Carta cessará seus efeitos em relação ao dito Estado denunciante e este ficará desligado da Organização, depois de ter cumprido as obrigações oriundas da presente Carta.

Capítulo XXIII - Disposições transitórias

Artigo 149 - O Comitê Interamericano da Aliança para o Progresso atuará como comissão executiva permanente do Conselho Interamericano Econômico e Social enquanto estiver em vigor a Aliança para o Progresso.

Artigo 150 - Enquanto não entrar em vigor a convenção interamericana sobre direitos humanos a que se refere o Capítulo XVIII, a atual Comissão Interamericana de Direitos Humanos velará pela observância de tais direitos.

Artigo 151 - O Conselho Permanente não formulará nenhuma recomendação, nem a Assembléia Geral tomará decisão alguma sobre pedido de admissão apresentado por entidade política, cujo território esteja sujeito, total ou parcialmente e em época anterior à data de 18 de dezembro de 1964, fixada pela Primeira Conferência Interamericana Extraordinária, a litígio ou reclamação entre país extracontinental e um ou mais Estados Membros da Organização, enquanto não se houver posto fim à controvérsia mediante processo pacífico. Este artigo permanecerá em vigor até 10 de dezembro de 1990.

d) Convenção sobre asilo diplomático[3]

Os Governos dos Estados-Membros da Organização dos Estados Americanos, desejosos de estabelecer uma Convenção sobre Asilo Diplomático, convieram nos seguintes artigos:

Art. I - O asilo outorgado em legações, navios de guerra e acampamentos ou aeronaves militares, a pessoas perseguidas por motivos ou delitos políticos, será respeitado pelo Estado territorial, de acordo com as disposições desta Convenção. Para os fins desta Convenção, legação é a sede de toda missão diplomática ordinária, a residência dos chefes de missão, e os

---

[3] Firmada em Caracas (28/03/1954) e aprovada pelo Decreto Legislativo 34 (12/08/1964). O depósito de Ratificação foi feito a 14/01/1965 e ela foi promulgada pelo Dec. 55.929 (14/04/1965).

locais por eles destinados para esse efeito, quando o número de asilados exceder a capacidade normal dos edifícios. Os navios de guerra ou aeronaves militares, que se encontrarem provisoriamente em estaleiros, arsenais ou oficinas para serem reparados, não podem constituir recinto de asilo.

Art. II - Todo Estado tem o direito de conceder asilo, mas não se acha obrigado a concedê-lo, nem a declarar por que o nega.

Art. III - Não é lícito conceder asilo a pessoas que, na ocasião em que o solicitem, tenham sido acusadas de delitos comuns, processadas ou condenadas por esse motivo pelos tribunais ordinários competentes, sem haverem cumprido as penas respectivas; nem a desertores das forças de terra, mar e ar, salvo quando os fatos que motivarem o pedido de asilo, seja qual for o caso, apresentem claramente caráter político. As pessoas mencionadas no § precedente, que se refugiarem em lugar apropriado para servir de asilo, deverão ser convidadas a retirar-se, ou, conforme o caso, ser entregues ao governo local, o qual não poderá julgá-las por delitos políticos anteriores ao momento da entrega.

Art. IV - Compete ao Estado asilante a classificação da natureza do delito ou dos motivos da perseguição.

Art. V - O asilo só poderá ser concedido em casos de urgência e pelo tempo estritamente indispensável para que o asilado deixe o país com as garantias concedidas pelo governo do Estado territorial, a fim de não correrem perigo sua vida, sua liberdade ou sua integridade pessoal, ou para que de outra maneira o asilado seja posto em segurança.

Art. VI - Entendem-se por casos de urgência, entre outros, aqueles em que o indivíduo é perseguido por pessoas ou multidões que não possam ser contidas pelas autoridades, ou pelas próprias autoridades, bem como quando se encontre em perigo de ser privado de sua vida ou de sua liberdade por motivos de perseguição política e não possa, sem risco, pôr-se de outro modo em segurança.

Art. VII - Compete ao Estado asilante julgar se trata-se de caso de urgência.

Art. VIII - O agente diplomático, comandante de navio de guerra, acampamento ou aeronave militar, depois de concedido o asilo, comunicá-lo-á, com a maior brevidade possível, ao Ministro das Relações Exteriores do Estado territorial ou à autoridade administrativa do lugar, se o fato houver ocorrido fora da capital.

Art. IX - A autoridade asilante tomará em conta as informações que o governo territorial lhe oferecer para formar seu critério sobre a natureza do delito ou a existência de delitos comuns conexos; porém, será respeitada sua determinação de continuar a conceder asilo ou exigir salvo-conduto para o perseguido.

Art. X - O fato de não estar o governo do Estado territorial reconhecido pelo Estado asilante não impedirá a observância desta Convenção e nenhum ato executado em virtude da mesma implicará o reconhecimento.

Textos fundamentais do
Direito das Relações Internacionais

Art. XI - O governo do Estado territorial pode, em qualquer momento, exigir que o asilado seja retirado do país, para o que deverá conceder salvo-conduto e as garantias estipuladas no art. V.

Art. XII - Concedido o asilo, o Estado asilante pode pedir a saída do asilado para território estrangeiro, sendo o Estado territorial obrigado a conceder imediatamente, salvo caso de força maior, as garantias necessárias a que se refere o art. V e o correspondente salvo-conduto.

Art. XIII - Nos casos referidos nos artigos anteriores, o Estado asilante pode exigir que as garantias sejam dadas por escrito e tomar em consideração, para a rapidez da viagem, as condições reais de perigo apresentadas para a saída do asilado. Ao Estado asilante cabe o direito de conduzir o asilado para fora do país. O Estado territorial pode escolher o itinerário preferido para a saída do asilado, sem que isso implique determinar o país de destino. Se o asilo se verificar a bordo de navio de guerra ou aeronave militar, a saída pode se efetuar nos mesmos, devendo, porém, ser previamente preenchido o requisito da obtenção do salvo-conduto.

Art. XIV - Não se pode culpar o Estado asilante do prolongamento do asilo, decorrente da necessidade de coligir informações indispensáveis para julgar da procedência do mesmo, ou de fatos circunstanciais que ponham em perigo a segurança do asilado durante o trajeto para um país estrangeiro.

Art. XV - Quando para a transferência de um asilado para outro país for necessário atravessar o território de um Estado-parte nesta Convenção, o trânsito será autorizado por este sem outro requisito além da apresentação, por via diplomática, do respectivo salvo-conduto visado e com a declaração, por parte da missão diplomática asilante, da qualidade de asilado. Durante o mencionado trânsito o asilado ficará sob a proteção do Estado que concede o asilo.

Art. XVI - Os asilados não poderão ser desembarcados em ponto algum do Estado territorial, nem em lugar que dele esteja próximo, salvo por necessidade de transporte.

Art. XVII - Efetuada a saída do asilado, o Estado asilante não é obrigado a conceder-lhe permanência no seu território; mas não poderá mandar de volta ao seu país de origem, salvo por vontade expressa do asilado. O fato de o Estado territorial comunicar à autoridade asilante a intenção de solicitar a extradição posterior do asilado não prejudicará a aplicação de qualquer dispositivo desta convenção. Nesse caso, o asilado permanecerá residindo no território do Estado asilante até que se receba o pedido formal de extradição, segundo as normas jurídicas que regem essa instituição no Estado asilante. A vigilância sobre o asilado não poderá exceder de trinta dias. As despesas desse transporte e as da permanência preventiva cabem ao Estado suplicante.

Art. XVIII - A autoridade asilante não permitirá aos asilados praticar atos contrários à tranqüilidade pública, nem intervir na política interna do Estado territorial.

Art. XIX - Se, por motivo de ruptura de relações, o representante diplomático que concedeu o asilo tiver de abandonar o Estado territorial, sairá com os asilados. Se o estabelecido no parágrafo anterior não for possível por causas independentes da vontade dos mesmos ou do agente diplomático, deverá entrega-los à representação diplomática de um terceiro Estado, com as garantias estabelecidas nesta Convenção. Se isto também não for possível, poderá entregá-los a um Estado que não faça parte desta Convenção e concorde em manter o asilo. O Estado territorial deverá respeitar esse asilo.

Art. XX - O asilo diplomático não estará sujeito à reciprocidade. Toda pessoa, seja qual for sua nacionalidade, pode estar sob proteção.

Art. XXI - A presente Convenção fica aberta à assinatura dos Estados-Membros da Organização dos Estados Americanos e será ratificada pelos Estados signatários, de acordo com as respectivas normas constitucionais.

Art. XXII - O instrumento original, cujos textos em português, espanhol, francês e inglês são igualmente autênticos, será depositado na União Pan-Americana, que enviará cópias autenticadas aos Governos, para fins de ratificação. Os instrumentos de ratificação serão depositados na União Pan-Americana, que notificará aos Governos signatários e do referido depósito.

Art. XXIII - A presente Convenção entrará em vigor entre os Estados que a ratificarem, na ordem em que depositem as respectivas ratificações.

Art. XXIV - A presente Convenção vigorará indefinidamente, podendo ser denunciada por qualquer dos Estados signatários, mediante aviso prévio de um ano, decorrido o qual cessarão seus efeitos para o denunciante, subsistindo para os demais. A denúncia será enviada à União Pan-Americana, que a comunicará aos demais Estados signatários.

e) Convenção sobre asilo territorial[4]

Os Governos dos Estados-Membros da Organização dos Estados Americanos, desejosos de estabelecer uma Convenção sobre Asilo Territorial, convieram nos seguintes artigos:

Art. I - Todo Estado tem direito, no exercício de sua soberania, de admitir dentro de seu território as pessoas que julgar conveniente, sem que, pelo exercício desse direito, nenhum outro Estado possa fazer qualquer reclamação.

Art. II - O respeito que, segundo o direito internacional, se deve à jurisdição de cada Estado sobre os habitantes de seu território, deve-se igualmente, sem nenhuma restrição, à jurisdição que tem sobre as pessoas

---

[4] Assinada em Caracas (28/03/1954), aprovada pelo Decreto Legislativo nº 34 (12/08/1964). O depósito da Ratificação foi feito a 14/01/1965 e sua promulgação data de 14/04/1965 (Decreto nº 55.929).

Textos fundamentais do
Direito das Relações Internacionais

que nele entram, procedentes de um Estado, onde sejam perseguidas por suas crenças, opiniões e filiação política ou por atos que possam ser considerados delitos políticos. Qualquer violação da soberania, consistindo em atos de um governo ou de seus agentes contra a vida ou a segurança de uma pessoa, praticados em território de outro Estado, não se pode considerar atenuada pelo fato de ter a perseguição começado fora de suas fronteiras ou de obedecer a motivos políticos ou a razões de Estado.

Art. III - Nenhum Estado é obrigado a entregar a outro Estado ou a expulsar de seu território pessoas perseguidas por motivos ou delitos políticos.

Art. IV - A extradição não se aplica, quando se trate de pessoas que, segundo a classificação do Estado suplicado, sejam perseguidas por delitos políticos ou delitos comuns cometidos com fins políticos, nem quando a extradição for solicitada obedecendo a motivos predominantemente políticos.

Art. V - O fato de o ingresso de uma pessoa na jurisdição territorial de um Estado se ter efetuado clandestina ou irregularmente não atinge as estipulações desta Convenção.

Art. VI - Sem prejuízo do disposto nos artigos seguintes, nenhum Estado é obrigado a estabelecer em sua legislação ou em suas disposições ou atos administrativos aplicáveis a estrangeiros, qualquer distinção motivada pelo único fato de se tratar de asilados ou refugiados políticos.

Art. VII - A liberdade de expressão do pensamento, que o direito interno reconhece a todos os habitantes de um Estado, não pode ser motivo de reclamação por outro Estado, baseada em conceitos que contra este ou seu governo expressem publicamente os asilados ou refugiados, salvo no caso de tais conceitos constituírem propaganda sistemática por meio da qual se incite ao emprego da força ou da violência contra o governo do Estado reclamante.

Art. VIII - Nenhum Estado tem o direito de pedir a outro Estado que restrinja aos asilados ou refugiados políticos a liberdade de reunião ou associação que a legislação interna deste reconheça a todos os estrangeiros dentro do seu território, salvo se tais reuniões ou associações tiverem por objetivo promover o emprego da força ou da violência contra o governo do Estado suplicante.

Art. IX - A pedido do Estado interessado, o país que concedeu refúgio ou asilo procederá à vigilância ou ao internamento, em distância prudente de suas fronteiras, dos refugiados ou asilados políticos que forem dirigentes notórios de um movimento subversivo, assim como daqueles sobre os quais existam provas de que se dispõem a incorporar-se no mesmo movimento. A determinação da distância prudente das fronteiras, para os efeitos de internamento, dependerá do critério das autoridades do Estado suplicado. As despesas de toda espécie exigida pelo internamento de asilados e refugiados político correrão por conta do Estado que o solicitar.

Art. X - Os internados políticos, a que se refere o artigo anterior, sempre que desejarem sair do território do Estado em que se encontram, comunicarão esse fato ao respectivo governo. A saída ser-lhes-á concedida, sob a condição de não se dirigirem ao país de sua procedência e mediante aviso ao governo interessado.

Art. XI - Em todos os casos em que, segundo esta Convenção, a apresentação de uma reclamação ou de um requerimento seja procedente, a apreciação da prova apresentada pelo Estado suplicante dependerá do critério do Estado suplicado.

Art. XII - A presente Convenção fica aberta à assinatura dos Estados-Membros da Organização dos Estados Americanos e será ratificada pelos Estados signatários de acordo com as respectivas normas constitucionais.

Art. XIII - O original da Convenção, cujos textos em português, espanhol, francês e inglês são igualmente autênticos, será depositado na União Pan-Americana, a qual enviará cópias certificadas aos governos, para fins de ratificação. Os instrumentos de ratificação serão depositados na União Pan-Americana que notificará os governos signatários do referido depósito.

Art. XIV - A presente Convenção entrará em vigor entre os Estados que a ratifiquem, à medida que depositarem as respectivas ratificações.

Art. XV - A presente Convenção regerá indefinidamente, mas poderá ser denunciada por qualquer dos Estados signatários, mediante aviso prévio de um ano, transcorrido o qual cessarão seus efeitos para o denunciante, continuando em vigor para os demais Estados signatários. A denúncia será transmitida à União Pan-Americana e esta comunicá-la-á aos demais Estados signatários.

f) Tratado para a proscrição de armas nucleares na América Latina e seus Protocolos Adicionais (México, 1967)

Preâmbulo

Em nome de seus Povos e interpretando fielmente seus desejos e aspirações, os Governos dos Estados signatários do Tratado para a Proscrição de Armas Nucleares na América Latina;

Desejosos de contribuir, na medida de suas possibilidades para pôr termo à corrida armamentista, especialmente de armas nucleares, e para consolidação da paz no mundo, baseada na igualdade soberana dos Estados, no respeito mútuo e na boa vizinhança;

Recordando que a Assembléia Geral das Nações Unidas, em sua Resolução nº 808 (IX), aprovou, por unanimidade, como um dos três pontos de um programa coordenado de desarmamento, "a proibição total do emprego e da fabricação de armas nucleares e de todos os tipos de armas de destruição em massa";

Textos fundamentais do
Direito das Relações Internacionais

Recordando que a Resolução nº 1.911 (XVIII) da Assembléia Geral das Nações Unidas, pela qual se estabeleceu que as medidas que se decida acordar para a desnuclearização da América Latina devem ser tomadas "à luz dos princípios da Carta das Nações Unidas e dos acordos regionais";

Recordando a Resolução nº 2.028 (XX) da Assembléia Geral das Nações Unidas que estabeleceu o princípio de um equilíbrio aceitável de responsabilidades e obrigações mútuas para as potências nucleares e não nucleares; e

Recordando que a Carta da Organização dos Estados Americanos estabelece, como propósito essencial da Organização, assegurar a paz e a segurança do hemisfério;

Persuadidos de que:

O incalculável poder destruidor das armas nucleares tornou imperativo seja estritamente observada, na prática, a proscrição jurídica da guerra, a fim de assegurar a sobrevivência da civilização e da própria humanidade;

As armas nucleares, cujos terríveis efeitos atingem, indistinta e inexoravelmente, tanto as forças militares como a população civil, constituem, pela persistência da radioatividade que geram, um atentado à integridade da espécie humana, e ainda podem finalmente tornar inabitável toda a Terra.

O desarmamento geral e completo, sob controle internacional eficaz é uma questão vital, reclamada, igualmente, por todos os povos do mundo.

A proliferação de armas nucleares, que parece inevitável, caso os Estados, no gozo de seus direitos soberanos, não se auto-limitem para impedi-la, dificultaria muito qualquer acordo de desarmamento, aumentando o perigo de que chegue a produzir-se uma conflagração nuclear;

O estabelecimento de zonas militarmente desnuclearizadas está intimamente vinculado à manutenção da paz e da segurança nas respectivas regiões;

A desnuclearização militar de vastas zonas geográficas, adotada por decisão soberana dos Estados nelas compreendidos, exercerá benéfica influência em favor de outras regiões onde existam condições análogas;

A situação privilegiada dos Estados signatários, cujos territórios se encontram totalmente livres de armas nucleares, lhes impõe o dever iniludível de preservar tal situação, tanto em benefício próprio como no da humanidade;

A existência de armas nucleares, em qualquer país da América Latina, convertê-lo-ia em alvo de eventuais ataques nucleares, e provocaria, fatalmente, em toda a região, uma ruinosa corrida armamentista nuclear, resultando no desvio injustificável, para fins bélicos, dos limitados recursos necessários para o desenvolvimento econômico e social;

As razões expostas e a tradicional vocação pacifista da América Latina tornam imprescindível que a energia nuclear seja usada nesta região exclusivamente para fins pacíficos, e que os países latino-americanos utilizem seu direito ao máximo e mais eqüitativo acesso possível a esta nova fonte de energia para acelerar o desenvolvimento econômico e social de seus povos.

Convencidos, finalmente, de que:

A desnuclearização militar da América Latina entendendo como tal o compromisso internacionalmente assumido no presente Tratado, de manter seus territórios livres para sempre de armas nucleares constituirá uma medida que evite, para seus povos, a dissipação de seus limitados recursos em armas nucleares e que os proteja contra eventuais ataques nucleares a seus territórios, uma significativa contribuição para impedir a Proliferação de armas nucleares, e um valioso elemento a favor do desarmamento geral completo, e de que:

A América Latina fiel à sua tradição universalista, não somente deve esforçar-se para proscrever o flagelo de uma guerra nuclear, mas também deve empenhar-se na luta pelo bem-estar e progresso de seus povos, cooperando, simultaneamente, para a realização dos ideais da humanidade, ou seja, de consolidação de uma paz permanente, baseada na igualdade de direitos, na eqüidade econômica e na justiça social para todos, em conformidade com os princípios e objetivos consagrados na Carta das Nações Unidas, e na Carta da Organização dos Estados Americanos.

Convieram o seguinte:

Art. 1 - Obrigações

1) As Partes Contratantes comprometem-se a utilizar exclusivamente com fins pacíficos os materiais e as instalações nucleares submetidos a sua jurisdição e a proscrever e a impedir nos respectivos territórios:

a) o ensaio, uso, fabricação, produção ou aquisição, por qualquer meio, de toda arma nuclear, por si mesmas, direta ou indiretamente por mandato de terceiros, ou de qualquer outra forma, e

b) a recepção, armazenamento, instalação, colocação ou qualquer forma de posse, de qualquer arma nuclear, direta ou indiretamente, por si mesmas, por mandato de terceiros, ou de qualquer outro modo.

2) As Partes Contratantes comprometem-se, igualmente, a abster-se de realizar, fomentar ou autorizar, direta ou indiretamente, o ensaio, o uso, a fabricação, a produção, a posse ou o domínio de qualquer arma nuclear ou de participar nisso por qualquer maneira.

Art. 2 - Definição de Partes Contratantes

"Para os fins deste Tratado, são Partes Contratantes aqueles para os quais o Tratado esteja em vigor".

Art. 3 - Definição de Território

"Para os efeitos do presente Tratado, dever-se-á entender que o termo 'território' inclui o mar territorial, o espaço aéreo e qualquer outro âmbito sobre o qual o Estado exerça soberania, de acordo com sua própria legislação".

Art. 4 - Área de Aplicação

1) A área de aplicação do presente Tratado é a soma dos territórios para os quais o presente instrumento esteja em vigor.

2) Ao cumpriremse as condições previstas no art. 28 § 1º, a área de aplicação do presente Tratado será aquela situada no Hemisfério Ocidental dentro dos seguintes limites (exceto a parte do território continental e águas territoriais dos Estados Unidos da América): começando em um ponto situado a 35º latitude norte e 75º longitude oeste; daí, diretamente ao sul, até um ponto a 30º latitude norte e 75º longitude oeste; daí, diretamente a leste, até um ponto a 30º latitude norte e 50º longitude oeste daí por uma linha loxodrômica, ate um ponto a 5º latitude norte e 20º longitude oeste; daí diretamente ao sul, até um ponto 60º latitude sul e 20º longitude oeste; daí, diretamente ao sul, até um ponto a 60º latitude sul e 20º longitude oeste; daí, diretamente ao oeste, até um ponto a 60º latitude sul e 115º longitude oeste; daí, diretamente ao norte, até um ponto a 0º latitude a 115º longitude oeste, daí, por uma linha loxodrômica, até um ponto a 35º latitude norte e 150º longitude oeste; daí, diretamente a leste até um ponto a 35º latitude norte e 75º longitude oeste.

Art. 5 - Definição de Armas Nucleares

Para os efeitos do presente Tratado, entende-se por "arma nuclear" qualquer artefato que seja suscetível de liberar energia nuclear de forma não controlada e que tenha um conjunto de características próprias para o seu emprego com fins bélicos. O instrumento que se possa utilizar para o transporte ou a propulsão do artefato não fica compreendido nesta definição se é separável do artefato e não parte indivisível do mesmo.

Art. 6 - Reunião Geral dos Signatários

"A pedido de qualquer dos Estados Signatários, ou por decisão da Agência que se estabelece no art. 7, poderá ser convocada uma reunião de todos os Signatários para considerar em comum questões que possam afetar a essência mesma do Tratado, inclusive sua eventual modificação. Em ambos os casos, a convocação se fará por intermédio do Secretário geral."

Art. 7 - Organização

1) A fim de assegurar o cumprimento das obrigações deste Tratado, as Partes Contratantes estabelecem um organismo internacional denomimado "Agência para Proscrição das Armas Nucleares da América Latina", que no presente Tratado, será designado como a "Agência". Suas decisões só poderão afetar as Partes Contratantes.

2) A Agência terá a incumbência de celebrar consultas periódicas ou extraordinárias entre os Estados-Membros, no que diz respeito aos propósitos, medidas e procedimentos determinados no presente Tratado, bem como a supervisão do cumprimento das obrigações dele derivadas.

3) As Partes Contratantes convêm prestar à Agência ampla e pronta colaboração, em conformidade com as disposições do presente Tratado e

dos Acordos que concluam com a Agência, bem como dos que esta última conclua com qualquer outra organização ou organismo internacional.

4) A sede da Agência será a Cidade do México.

Art. 8 - Órgãos

1) Estabelecem-se como órgãos principais da Agência uma Conferência Geral, um Conselho e uma Secretaria.

2) Poder-se-ão estabelecer, de acordo com as disposições do presente Tratado, os órgãos subsidiários que a Conferência-Geral considere necessários.

Art. 9 - Conferência-Geral

1) A Conferência-Geral, órgão supremo da Agência, estará integrada por todas as Partes Contratantes e celebrará cada dois anos reuniões ordinárias, podendo, além disso, realizar reuniões extraordinárias, cada vez que assim esteja previsto no presente Tratado, ou que as circunstâncias o aconselhem, a juízo do Conselho.

2) A Conferência-Geral:

a) Poderá considerar e resolver dentro dos limites do presente Tratado quaisquer assuntos ou questões nele compreendidos, inclusive os que se refiram aos poderes e funções de qualquer órgão previsto no mesmo Tratado;

b) Estabelecerá os procedimentos do sistema de controle para a observância do presente Tratado, em conformidade com as disposições do mesmo;

c) Elegerá os membros do Conselho e o Secretário geral;

d) Poderá remover o Secretário geral, quando assim o exija o bom funcionamento da Agência;

e) Receberá e apreciará os relatórios bienais ou especiais que lhe sejam submetidos pelo Conselho e pelo Secretário geral;

f) Promoverá e apreciará estudos para a melhor realização dos propósitos do presente Tratado, sem que isso impeça que o Secretário geral, separadamente, possa efetuar estudos semelhantes para submetê-los ao exame da Conferência;

g) Será o órgão competente para autorizar a conclusão de Acordos com Governos e outras organizações ou organismos internacionais.

3) A Conferência-Geral aprovará o orçamento da Agência e fixará a escala de contribuições financeiras dos Estados-Membros, tomando em consideração o sistema e critérios utilizados para o mesmo fim pela Organização das Nações Unidas.

4) A Conferência-Geral elegerá as suas autoridades para cada reunião e poderá criar os órgãos subsidiários que julgue necessários para o desempenho de suas funções.

5) Cada Membro da Agência terá um voto. As decisões da Conferência-Geral, em questões relativas ao sistema de controle e às medidas a que

se refira o art. 20, à admissão de novos Membros, à eleição e remoção do Secretário geral, à aprovação do orçamento e das questões relacionadas ao mesmo, serão tomadas pelo voto de uma maioria de dois terços dos Membros presentes e votantes. As decisões sobre outros assuntos, assim como as questões de processo e também a determinação das que devem resolver-se por maioria de dois terços serão resolvidas por maioria simples dos Membros presentes e votantes.

6) A Conferência-Geral adotará o seu próprio regulamento.

Art. 10 - O Conselho

1) O Conselho será composto de cinco Membros, eleitos pela Conferência-Geral dentre as Partes Contratantes, tendo na devida conta uma representação geográfica eqüitativa.

2) Os Membros do Conselho serão eleitos por um período de quatro anos. No entanto, na primeira eleição, três serão eleitos por dois anos. Os Membros que acabaram de cumprir um mandato não serão reeleitos para o período seguinte, a não ser que o número de Estados para os quais o Tratado esteja em vigor não o permitisse.

3) Cada Membro do Conselho terá um representante.

4) O Conselho será organizado de maneira que possa funcionar continuamente.

5) Além das atribuições que lhe outorgue o presente Tratado e das que lhe confira a Conferência-Geral, o Conselho, através do Secretário geral, velará pelo bom funcionamento do sistema de controle, de acordo com as disposições deste Tratado e com as decisões adotadas pela Conferência-Geral.

6) Conselho submeterá à Conferência-Geral um relatório anual das suas atividades, assim como os relatórios especiais que considere convenientes, ou que a Conferência-Geral lhe solicite.

7) O Conselho elegerá as suas autoridades para cada reunião.

8) As decisões do Conselho serão tomadas pelo voto de uma maioria simples dos seus Membros presentes e votantes.

9) O Conselho adotará seu próprio regulamento.

Art. 11 - Secretaria

1) A Secretaria será composta de um Secretário geral, que será o mais alto funcionário administrativo da Agência, e do pessoal que este necessite. O Secretário geral terá um mandato de quatro anos, podendo ser reeleito por um período único adicional. O Secretário geral não poderá ser nacional de país sede da Agência. Em caso de falta absoluta do Secretário geral, proceder-se-á a uma nova eleição, para o restante do período.

2) O pessoal da Secretaria será nomeado pelo Secretário geral, de acordo com diretrizes da Conferência-Geral.

3) Além dos encargos que lhe confere o presente Tratado e dos que lhe atribua a Conferência-Geral, o Secretário geral velará, em conformidade com o art. 10, § 5º, pelo bom funcionamento do sistema de controle estabe-

lecido no presente Tratado, de acordo com as disposições e com as decisões adotadas pela Conferência-Geral.

4) O Secretário geral atuará, nessa qualidade, em todas as sessões da Conferência-Geral e do Conselho e lhes apresentará um relatório anual sobre as atividades da Agência, assim como relatórios especiais que a Conferência-Geral ou o Conselho lhe solicitem, ou que o próprio Secretário geral considere oportunos.

5) O Secretário geral estabelecerá os métodos de distribuição, a todas as Partes Contratantes, das informações que a Agência receba de fontes governamentais ou não-governamentais sempre que as destas últimas sejam de interesse para a Agência.

6) No desempenho de suas funções, o Secretário geral e o pessoal da Secretaria não solicitarão nem receberão instruções de nenhum Governo nem de nenhuma autoridade alheia à Agência, e abster-se-ão de atuar de forma incompatível com sua condição de funcionários internacionais responsáveis unicamente ante a Agência; no que respeita a suas responsabilidades para com a Agência, não revelarão nenhum segredo de fabricação nem qualquer outro dado confidencial que chegue ao seu conhecimento em virtude do desempenho de suas funções oficiais no Organismo.

7) Cada uma das Partes Contratantes se compromete a respeitar o caráter exclusivamente internacional das funções do Secretário geral e do pessoal da Secretaria e a não procurar influenciá-los no desempenho de suas funções.

Art. 12 - Sistema de Controle

1) Com o objetivo de verificar o cumprimento das obrigações assumidas pelas Partes Contratantes, segundo as disposições do art. 1º, fica estabelecido um Sistema de Controle, que se aplicará de acordo com o estipulado nos artigos 13 e 18 do presente Tratado.

2) O Sistema de Controle terá a finalidade de verificar especialmente:

a) que os artefatos, serviços e instalações destinados ao uso pacífico da energia nuclear não sejam utilizados no ensaio e na fabricação de armas nucleares;

b) que não chegue a realizar-se, no território das Partes Contratantes, nenhuma das atividades proibidas no art. 1º deste Tratado, com materiais ou armas introduzidas do exterior.

c) que as explosões com fins pacíficos sejam compatíveis com as disposições do art. 18 do presente Tratado.

Art. 13 - Salvaguarda da A.I.E.A.

Cada Parte Contratante negociará acordos multilaterais ou bilaterais com a Agência Internacional de Energia Atômica para a aplicação das Salvaguardas desta Agência a suas atividades nucleares. Cada Parte Contratante deverá iniciar as negociações dentro do prazo de cento e oitenta dias a contar da data de depósito do seu respectivo instrumento de ratificação do presente Tratado. Estes Acordos deverão entrar em vigor, para cada uma das Partes, em prazo que não exceda dezoito meses, a contar da data de início destas negociações, salvo em caso fortuito ou de força maior.

Art. 14 - Relatório das Partes

1) As Partes Contratantes apresentarão ao Organismo e à Agência Internacional de Energia Atômica, a título informativo, relatórios semestrais, nos quais declararão que nenhuma atividade proibida pelas disposições deste Tratado ocorreu nos respectivos territórios.

2) As Partes Contratantes enviarão simultaneamente ao Organismo cópia de qualquer relatório que enviem à Agência Internacional de Energia Atômica em relação com as matérias objeto do presente Tratado e com a aplicação das Salvaguardas.

3) As Partes Contratantes também transmitirão à Organização dos Estados Americanos, a título informativo, os relatórios que possam interessar a esta, em cumprimento das obrigações estabelecidas pelo Sistema Interamericano.

Art. 15 - Relatórios Especiais Solicitados pelo Secretário geral

1) O Secretário geral, com autorização do Conselho, poderá solicitar a qualquer das Partes que proporcione ao Organismo informação complementar ou suplementar sobre qualquer fato ou circunstância relacionado com o cumprimento do Presente Tratado, explicando as razões que para isso tiver. As Partes Contratantes comprometem-se a colaborar, pronta e amplamente, com o Secretário geral.

2) O Secretário geral informará ao Conselho e às Partes sobre tais solicitações e respectivas respostas.

Art. 16 - Inspeções Especiais

1) A Agência Internacional de Energia Atômica, assim como o Conselho criado pelo presente Tratado, têm a faculdade de efetuar as inspeções especiais nos seguintes casos:

a) Agência Internacional de Energia Atômica, em conformidade com os acordos a que se refere o art. 13 deste Tratado.

b) o Conselho:

I) quando, especificando as razões em que se fundamenta, assim o solicite qualquer das Partes que suspeita que se realizou ou está em vias de realizar-se alguma atividade proibida pelo presente Tratado, tanto no território de qualquer outra Parte, como em qualquer outro lugar, por mandato desta última, determinará imediatamente que se efetue a inspeção em conformidade com o art. 10, § 5º;

II) quando o solicite qualquer das Partes que tenha sido objeto de suspeito ou de acusação de violação do presente Tratado, o Conselho determinará imediatamente que se efetue a inspeção especial solicitada, em conformidade com o disposto rio art. 10, § 5º. As solicitações anteriores serão formuladas ante o Conselho por intermédio do Secretário geral.

2) Os custos e gastos de qualquer inspeção especial, efetuada com base no § 1º, alínea *b*, subdivisões (I) e (II) deste artigo, correrão por conta da Parte

ou das Partes solicitantes, exceto, quando o Conselho conclua, com base na informação sobre a inspeção especial, que, em vista das circunstâncias do caso, tais custos e gastos correrão por conta do Organismo.

3) A Conferência-Geral determinará os procedimentos a que se sujeitará a Agência, e a execução das inspeções especiais a que se refere o § 1º, alínea *b*, subdivisões (I) e (II).

4) As Partes Contratantes concordam em permitir aos inspetores que levem a cabo tais inspeções especiais pleno e livre acesso a todos os lugares e a todos os dados necessários para o desempenho de sua comissão e que estejam direta e estreitamente vinculadas à suspeita de violação ao presente Tratado. Os inspetores designados pela Conferência-Geral serão acompanhados por representantes das autoridades da Parte Contratante em cujo território se efetue a inspeção, se estas assim o solicitem, ficando entendido que isso não atrasará nem obstruirá, de nenhuma maneira, os trabalhos dos referidos inspetores.

5) O Conselho, por intermédio do Secretário geral, enviará imediatamente a todas as Partes uma cópia de qualquer informação que resulte das inspeções especiais.

6) O Conselho, por intermédio do Secretário geral, enviará igualmente ao Secretário geral das Nações Unidas, para transmissão ao Conselho de segurança e à Assembléia geral daquela organização, e para conhecimento do Conselho da OEA, cópia de qualquer informação que resulte de inspeção especial efetuada em conformidade com o § 1º, alínea *b*, subdivisões (I) e (II) deste artigo.

7) O Conselho poderá acordar ou qualquer das Partes poderá solicitar que seja convocada uma reunião extraordinária da Conferência-Geral para apreciar os relatórios que resultem de qualquer inspeção especial. Nestes casos o Secretário geral procederá imediatamente à convocação da reunião extraordinária solicitada.

8) A Conferência-Geral, convocada a reunião extraordinária com base neste artigo, poderá fazer recomendações às Partes e apresentar também informação ao Secretário geral das Nações Unidas, para transmissão ao Conselho de segurança e à Assembléia geral dessa Organização.

Art. 17 - Uso da Energia Nuclear para Fins Pacíficos

Nenhuma disposição do presente Tratado restringe os direitos das Partes Contratantes para usar, em conformidade com este instrumento, a energia nuclear para fins pacíficos, particularmente para o seu desenvolvimento econômico e progresso social.

Art. 18 - Explosões com Fins Pacíficos

1) As Partes Contratantes poderão realizar explosões de dispositivos nucleares com fins pacíficos inclusive explosões que pressuponham artefatos similares a armamento nuclear ou prestar sua colaboração a terceiros com os mesmos fins, sempre que não violem as disposições do presente artigo e as demais do presente Tratado, em especial a dos artigos 1º e 5º.

2) As Partes Contratantes que tenham a intenção de levar a cabo uma dessas explosões, ou colaborar nelas, deverão notificar à Agência e à Agência Internacional de Energia Atômica, com a antecipação que as circunstancias o exijam, a data da explosão e apresentar, simultaneamente, as seguintes informações:

a) o caráter do dispositivo nuclear e a origem do mesmo;

b) o lugar e a finalidade da explosão em projeto;

c) os procedimentos que serão seguidos para cumprimento do § 3º deste artigo;

d) a potência que se espera que tenha o dispositivo, e

e) os dados mais completos sobre a possível precipitação radioativa, que seja conseqüência de explosão ou explosões, e as medidas que se tomarão para evitar riscos à população, flora, fauna e territórios de outra ou outras Partes.

3) O Secretário geral e o pessoal técnico designado pelo Conselho, assim como o da Agência Internacional de Energia Atômica, poderão observar todos os preparativos, inclusive a expressão do dispositivo, e terão acesso irrestrito a todas as áreas vizinhas ao lugar da explosão para assegurar-se de que o dispositivo, assim como os procedimentos seguidos na explosão, se coadunam com a informação apresentada, de acordo com o § 2º do presente Tratado.

4) As Partes Contratantes poderão receber a colaboração de terceiros para o fim do disposto no parágrafo 1º deste artigo, de acordo com as disposições dos §§ 2º e 3º do mesmo artigo.

Art. 19 - Relação com Outros Organismos Internacionais

1) A Agência poderá concluir com a Agência Internacional de Energia Atômica os Acordos que autorize a Conferência-Geral e que considere apropriados para facilitar o funcionamento eficaz do Sistema de Controle estabelecido no presente Tratado.

2) A Agência poderá, igualmente, entrar em contato com qualquer organização ou organismo internacional, especialmente com os que venham a criar-se no futuro, para supervisionar o desarmamento, ou as medidas de controle de armamento em qualquer parte do mundo.

3) As Partes Contratantes, quando julguem conveniente, poderão solicitar o assessoramento da Comissão Internacional de Energia Nuclear, em todas as questões de caráter técnico relacionadas com a aplicação do Tratado, sempre que assim o permitam as faculdades conferidas à dita Comissão pelo seu estatuto.

Art. 20 - Medidas em Caso de Violação do Tratado

1) A Conferência-Geral tomará conhecimento de todos os casos em que, a seu juízo, qualquer das Partes Contratantes não esteja cumprindo as suas obrigações derivadas do presente Tratado e chamará a atenção da mesma, fazendo-lhe as recomendações que julgue adequadas.

2) No caso em que, a seu juízo, o descumprimento em questão constitua uma violação do presente Tratado que possa chegar a pôr em perigo a paz e a segurança, a própria Conferência-Geral informará disso, simultaneamente, ao Conselho de segurança das Nações Unidas, por intermédio do Secretário geral dessa Organização, bem como ao Conselho de Organização dos Estados Americanos. A Conferência-Geral informará, igualmente, a Agência Internacional de Energia Atômica sobre o que julgar pertinente, de acordo com o Estatuto deste.

Art. 21 - Organização das Nações Unidas e Organização dos Estados Americanos

1) Nenhuma estipulação do presente Tratado será interpretada no sentido de restringir os direitos e obrigações das Partes, em conformidade com a Carta das Nações Unidas, no caso dos Estados-Membros da Organização dos Estados Americanos, de acordo com os Tratados regionais existentes.

Art. 22 - Prerrogativas e Imunidades

1) O Organismo gozará, no território de cada uma das Partes Contratantes, da capacidade jurídica e das prerrogativas e imunidades que sejam necessárias para o exercício de suas funções e a realização de seus propósitos.

2) Os Representantes das Partes Contratantes, acreditados ante o Organismo, e os funcionários deste, gozarão, igualmente, das prerrogativas e imunidades necessárias para o desempenho de suas funções.

3) O Organismo poderá concluir Acordos com as Partes Contratantes, com o objetivo de determinar os pormenores de aplicação dos §§ 1º e 2º deste artigo.

Art. 23 - Notificação de Outros Acordos

Uma vez que entre em vigor o presente Tratado, qualquer acordo internacional que conclua qualquer das Partes Contratantes será comunicado imediatamente à Secretaria, para registro e notificação às demais Partes Contratantes.

Art. 24 - Solução de Controvérsias

A não ser que as Partes interessadas convenham outro meio de solução pacífica, qualquer questão ou controvérsia sobre a interpretação ou aplicação do presente Tratado, que não tenha sido solucionada, poderá ser submetida à Corte Internacional de Justiça, com o prévio consentimento das Partes em controvérsia.

Art. 25 - Assinatura

1) O presente Tratado ficará aberto indefinidamente à assinatura de:

a) todas as Repúblicas Latino-Americanas;

b) os demais Estados Soberanos do Hemisfério Ocidental situados completamente ao *sul* do paralelo 35º latitude norte e, salvo disposto no § 2º deste artigo, os que venham a sê-lo, quando sejam admitidos pela Conferência-Geral.

2) A Conferência-Geral não adotará decisão alguma a respeito da admissão de uma entidade política cujo território esteja sujeito, total ou parcialmente e com anterioridade à data de assinatura do presente Tratado, a litígio ou a reclamação entre um país extracontinental e um ou mais Estados Latino-Americanos, enquanto não se tenha posto fim à controvérsia, mediante procedimentos pacíficos.

Art. 26 - Ratificação e Depósito

1) O presente Tratado está sujeito à ratificação dos Signatários, de acordo com os respectivos procedimentos constitucionais.

2) Tanto o presente Tratado como os instrumentos de ratificação serão entregues para depósito ao Governo dos Estados Unidos do México, que se designa como Governo Depositário.

3) O Governo Depositário enviará cópias certificadas do presente Tratado aos Governos dos Estados Signatários e notificarlhesá o depósito de cada instrumento de ratificação.

Art. 27 - Reservas

O presente Tratado não poderá ser objeto de reservas.

Art. 28 - Entrada em Vigor

1) Salvo o previsto no § 2º deste artigo, o presente Tratado entrará em vigor entre os Estados que o tiverem ratificado tão logo tenham sido cumpridos os seguintes requisitos:

a) entrega ao Governo Depositário dos instrumentos de ratificação do presente Tratado por parte dos Governos dos Estados mencionados no art. 25 que existam na data em que se abra à assinatura o presente Tratado, e que não sejam afetados pelo disposto no § 2º do próprio art. 25;

b) a assinatura e ratificação do Protocolo Adicional I, anexo ao presente Tratado, por parte de todos os Estados extracontinentais ou continentais que tenham, de *jure* ou de *facto*, responsabilidade internacional sobre territórios situados na área de aplicação do Tratado;

c) a assinatura e ratificação do Protocolo Adicional II, anexo ao presente Tratado, por parte de todas as potências que possuam armas nucleares;

d) conclusão de acordos bilaterais ou multilaterais sobre a aplicação do Sistema de Salvaguardas da Agência Internacional de Energia Atômica, em conformidade com o art. 13 do presente Tratado.

2) Será faculdade imprescritível de qualquer Estado Signatário a dispensa, total ou parcial, dos requisitos estabelecidos no parágrafo anterior, mediante declaração que figurará como anexo ao instrumento por ocasião do depósito deste, ou posteriormente. Para os Estados que façam uso desta faculdade o presente Tratado entrará em vigor com o depósito da declaração, ou tão pronto tenham sido cumpridos os requisitos cuja dispensa não haja sido expressamente declarada.

3) Tão logo o presente Tratado tenha entrado em vigor, em conformidade com o disposto no § 2º, entre onze Estados, o Governo Depositário

convocará uma reunião preliminar dos referidos Estados para que o Organismo seja constituído e realize suas atividades.

4) Depois da entrada em vigor do Tratado para todos os países da área, o aparecimento de uma nova potência detentora de armas nucleares suspenderá a aplicação do presente Tratado para os países que o ratificaram sem dispensa do § 1º, inciso *e*, deste artigo, e que assim o solicitem, até que a nova potência, por iniciativa própria ou por solicitação da Conferência-Geral, ratifique o Protocolo Adicional II anexo.

Art. 29 - Reformas

1) Qualquer Parte poderá propor reformas ao presente Tratado, entregando suas propostas ao Conselho, por intermédio do Secretário geral, que as transmitirá a todas as outras Partes Contratantes e aos demais signatários para os efeitos do art. 6. O Conselho, por intermédio do Secretário geral, convocará imediatamente, depois da reunião de Signatários, numa reunião extraordinária da Conferência Geral para examinar as propostas formuladas, para cuja aprovação se requererá a maioria de 2/3 das Partes Contratantes presentes e votantes.

2) As reformas aprovadas entrarão em vigor tão logo sejam cumpridos os requisitos mencionados no art. 28 do presente Tratado.

Art. 30 - Vigência e Denúncia

1) O presente Tratado tem caráter permanente e vigorará por tempo indefinido, mas poderá ser denunciado por qualquer das Partes, mediante notificação enviada ao Secretário geral do Organismo, se a juízo do Estado denunciante ocorreram ou podem ocorrer circunstâncias relacionadas com o conteúdo do Tratado ou dos Protocolos Adicionais anexos I e II que afetem seus interesses supremos, ou à paz ou à segurança de uma ou mais Partes Contratantes.

2) A denúncia terá efeito três meses depois da entrega da notificação, por parte do Governo do Estado signatário interessado, ao Secretário geral do Organismo. Este, por sua vez, comunicará imediatamente a dita notificação às outras Partes Contratantes. Igualmente, comunica-lo-á ao Secretário geral da Organização.

Art. 31 - Textos Autênticos e Registros

O presente Tratado, cujos textos em língua espanhola, chinesa, francesa, portuguesa e russa fazem igualmente fé, será registrado pelo Governo Depositário em conformidade com o art. 102 da Carta das Nações Unidas. Governo depositário notificará ao Secretário geral das Nações Unidas as assinaturas, ratificações e reformas de que seja objeto o presente Tratado, e as comunicará, a título informativo, ao Secretário geral da Organização dos Estados Americanos.

Artigo Transitório - A denúncia da declaração a que se refere o § 2º do art. 28 sujeitar-se-á aos mesmos procedimentos que a denúncia do presente Tratado, com a exceção de que surtirá efeito na data de entrega da respectiva notificação.

Em fé do quê, os Plenipotenciários abaixo assinados, tendo depositado seus plenos poderes, que foram achados em boa e devida forma, firmam o presente Tratado em nome de seus respectivos Governos.

Feito na Cidade do México, Distrito Federal, a 14 de fevereiro de 1967.

Protocolo Adicional I

Os Plenipotenciários abaixo assinados, providos de plenos poderes dos seus respectivos Governos,

Convencidos de que o Tratado para a Proscrição de Armas Nucleares na América Latina, negociado e assinado em cumprimento das recomendações da Assembléia geral das Nações Unidas, constante da Resolução nº 1.911 (XVIII), de 27 de novembro de 1963, representa um importante passo para assegurar a não-proliferação de armas nucleares;

Conscientes de que a não-proliferação de armas nucleares não constitui um fim em si mesma, mas um meio para atingir, em uma etapa posterior, o desarmamento geral e completo, e,

Desejosos de contribuir, na medida de suas possibilidades, para por termo à corrida armamentista, especialmente no campo das armas nucleares e a favorecer a consolidação da paz no mundo, baseada no respeito mútuo e na igualdade soberana dos Estados,

Convieram o seguinte:

Art. 1 - Comprometer-se a aplicar nos territórios que de *jure* ou de *facto* estejam sob sua responsabilidade internacional, compreendidos dentro dos limites de zona geográfica estabelecida no Tratado para a Proscrição de Armas Nucleares na América Latina, o estatuto de desnuclearização para fins bélicos que se encontra definido nos artigos 1º, 3º, 5º e 13 do mencionado Tratado.

Art. 2 - O presente Protocolo terá a mesma duração que o Tratado para a Proscrição de Armas Nucleares na América Latina, do qual é Anexo, aplicando-se a ele as cláusulas referentes à ratificação e denúncia que figuram no corpo do Tratado.

Art. 3 - O presente Protocolo entrará em vigor, para os Estados que o houverem ratificado, na data em que depositem seus respectivos instrumentos de ratificação.

Em testemunho de quê, os Plenipotenciários abaixo assinados havendo depositado seus plenos poderes, que foram achados em boa e devida forma, assinam o presente Protocolo em nome dos seus respectivos Governos.

Protocolo Adicional II

Os Plenipotenciários abaixo assinados, providos de plenos poderes dos seus respectivos Governos,

Convencidos de que o Tratado para Proscrição de Armas Nucleares na América Latina, negociado e assinado em cumprimento das recomendações da Assembléia geral das Nações Unidas, constante da Resolução nº 1.911 (XVIII), de 27 de novembro de 1963, representa um importante passo para assegurar a não-proliferação de armas nucleares,

Conscientes de que a não-proliferação de armas nucleares não constitui um fim em si mesma, mas um meio para atingir, em etapa posterior, o desarmamento geral e completo, e

Desejosos de contribuir, na medida de suas possibilidades, para pôr termo à corrida armamentista, especialmente no campo das armas nucleares, e a favorecer a consolidação da paz no mundo, baseada no respeito mútuo e na igualdade soberana dos Estados,

Convieram o seguinte:

Art. 1 - O Estatuto de desnuclearização para fins bélicos da América Latina, tal como está definido, delimitado e enunciado nas disposições do Tratado para a Proscrição de Armas Nucleares na América Latina, do qual este instrumento é Anexo, será plenamente respeitado pelas Partes do presente Protocolo em todos os seus objetivos e disposições expressas.

Art. 2 - Os Governos representados pelos Plenipotenciários abaixo assinados comprometem-se, conseqüentemente, a não contribuir de qualquer forma para que, nos territórios aos quais se aplica o Tratado em conformidade com o art. 4º, sejam praticados atos que constituam uma violação das obrigações enunciadas no art. 1º do Tratado.

Art. 3 - Os Governos representados pelos Plenipotenciários abaixo assinados se comprometem, igualmente, a não empregar armas nucleares e a não ameaçar com o seu emprego as Partes Contratantes do Tratado para a Proscrição de Armas Nucleares na América Latina.

Art. 4 - O presente Protocolo terá a mesma duração que o Tratado para a Proscrição de Armas Nucleares na América Latina, do qual é Anexo, e a ele se aplicam as definições de territórios e de armas nucleares constantes dos artigos 3º e 5º do Tratado, bem como as disposições relativas à ratificação, reservas e denúncia, textos autênticos e registros que figuram nos artigos 26, 27, 30 e 31 do próprio Tratado.

Art. 5 - O presente Protocolo entrará em vigor, para os Estados que o houverem ratificado, na data em que depositem seus respectivos instrumentos de ratificação.

Em testemunho de quê, os Plenipotenciários abaixo assinados, havendo depositado seus plenos poderes, que foram achados em boa e devida forma, assinam o presente Protocolo em nome de seus respectivos Governos.

Textos fundamentais do
Direito das Relações Internacionais

g) Convenção americana sobre direitos humanos (São José da Costa Rica, 1969)

Preâmbulo

Os Estados americanos signatários da presente Convenção,

Reafirmando seu propósito de consolidar neste Continente, dentro do quadro das instituições democráticas, um regime de liberdade pessoal e de justiça social, fundado no respeito dos direitos essenciais do homem;

Reconhecendo que os direitos essenciais do homem não derivam do fato de ser ele nacional de determinado Estado, mas sim do fato de ter como fundamento os atributos da pessoa humana, razão por que justificam uma proteção internacional, de natureza convencional, coadjuvante ou complementar da que oferece o direito interno dos Estados americanos;

Considerando que esses princípios foram consagrados na Carta da Organização dos Estados Americanos, na Declaração americana dos direitos e deveres do homem e na Declaração universal dos direitos do homem e que foram reafirmados e desenvolvidos em outros instrumentos internacionais, tanto de âmbito mundial como regional;

Reiterando que, de acordo com a Declaração universal dos direitos do homem, só pode ser realizado o ideal do ser humano livre, isento do temor e da miséria, se forem criadas condições que permitam a cada pessoa gozar dos seus direitos econômicos, sociais e culturais, bem como dos seus direitos civis e políticos; e

Considerando que a Terceira Conferência Interamericana Extraordinária (Buenos Aires, 1967) aprovou a incorporação à própria Carta da Organização de normas mais amplas sobre direitos econômicos, sociais e educacionais e resolveu que uma convenção interamericana sobre direitos humanos determinasse a estrutura, competência e processo dos órgãos encarregados dessa matéria,

Convieram no seguinte:

Parte I - Deveres dos Estados e Direitos Protegidos

Capítulo I - Enumeração de Deveres

Art. 1º - Obrigação de respeitar os direitos:

1) Os Estados Partes nesta Convenção comprometem-se a respeitar os direitos e liberdades nela reconhecidos e a garantir seu livre e pleno exercício a toda pessoa que esteja sujeito à sua jurisdição, sem discriminação alguma por motivo de raça, cor, sexo, idioma, religião, opiniões políticas ou de qualquer outra natureza, origem nacional ou social, posição econômica, nascimento ou qualquer outra condição social.

2) Para os efeitos desta Convenção, pessoa é todo ser humano.

Art. 2º - Dever de adotar disposição de direito interno.

Se o exercício dos direitos e liberdades mencionados no art. 1º ainda não estiver garantido por disposições legislativas ou de outra natureza, os

Estados Partes comprometem-se a adotar, de acordo com as suas normas constitucionais e com as disposições desta Convenção, as medidas legislativas, ou de outra natureza que forem necessárias para tornar efetivos tais direitos e liberdades.

Capítulo II - Direitos Civis e Políticos

Art. 3º - Direito ao reconhecimento da personalidade jurídica.

Toda pessoa tem direito ao reconhecimento de sua personalidade jurídica.

Art. 4º - Direito à vida.

§ 1º - Toda pessoa tem o direito de que se respeite sua vida. Esse direito deve ser protegido pela lei e, em geral, desde o momento da concepção. Ninguém pode ser privado da vida arbitrariamente.

§ 2º - Nos países que não houverem abolido a pena de morte, esta poderá ser imposta pelos delitos mais graves, em cumprimento de sentença final de tribunal competente e em conformidade com lei que estabelece tal pena, promulgada antes de haver o delito sido cometido. Tampouco se estenderá sua aplicação a delitos aos quais não se aplique atualmente.

§ 3º - Não se pode restabelecer a pena de morte nos Estados que a hajam abolido.

§ 4º - Em nenhum caso pode a pena de morte ser aplicada por delitos políticos, nem por delitos comuns conexos com delitos políticos.

§ 5º - Não se deve impor a pena de morte a pessoa que, no momento de perpetração do delito, for menor de dezoito anos, ou maior de setenta, nem aplicá-la a mulher em estado de gravidez.

§ 6º - Toda pessoa condenada à morte tem direito a solicitar anistia, indulto ou comutação da pena, os quais podem ser concedidos em todos os casos. Não se pode executar a pena de morte enquanto o pedido estiver pendente de decisão ante a autoridade competente.

Art. 5º - Direito à integridade pessoal

§ 1º - Toda pessoa tem o direito de que se respeite sua integridade física, psíquica e moral.

§ 2º - Ninguém deve ser submetido a torturas, nem a penas ou tratos cruéis, desumanos ou degradantes. Toda pessoa privada da liberdade deve ser tratada com o respeito devido à dignidade inerente ao ser humano.

§ 3º - A pena não pode passar da pessoa do delinqüente.

§ 4º - Os processados devem ficar separados dos condenados, salvo em circunstâncias excepcionais, e ser submetidos a tratamento adequado às condição de pessoas não condenadas.

§ 5º - Os menores, quando puderem ser processados, devem ser separados dos adultos e conduzidos a tribunal especializado, com a maior rapidez possível, para seu tratamento.

§ 6º - As penas privativas da liberdade devem ter por finalidade essencial a reforma e readaptação social dos condenados.

Art. 6º - Proibição da escravidão e da servidão

§ 1º - Ninguém pode ser submetido a escravidão ou a servidão, e tanto estas como o tráfico de escravos e o tráfico de mulheres são proibidos em todas as suas formas.

§ 2º - Ninguém deve ser constrangido a executar trabalho forçado ou obrigatório. Nos países em que se prescreve, para certos delitos, pena privativa da liberdade acompanhada de trabalhos forçados, esta disposição não pode ser interpretada no sentido de que proíbe o cumprimento da dita pena, imposta por juiz ou tribunal competente. O trabalho forçado não deve afetar a dignidade nem a capacidade física e intelectual do recluso.

§ 3º - Não constituem trabalhos forçados ou obrigatórios para os efeitos deste artigo:

a) os trabalhos ou serviços normalmente exigidos de pessoa reclusa em cumprimento de sentença ou resolução formal expedida pela autoridade judiciária competente. Tais trabalhos ou serviços devem ser executados sob a vigilância e controle das autoridades públicas, e os indivíduos que os executarem não devem ser postos à disposição de particulares, companhias ou pessoas jurídicas de caráter privado;

b) o serviço militar e, nos países onde se admite a isenção por motivos de consciência, o serviço nacional que a lei estabelecer em lugar daquele;

c) o serviço imposto em casos de perigo ou calamidade que ameace a existência ou o bem-estar da comunidade; e

d) o trabalho ou serviço que faça parte das obrigações cívicas normais.

Art. 7º - Direito à liberdade pessoal

§ 1º - Toda pessoa tem direito à liberdade e à segurança pessoais.

§ 2º - Ninguém pode ser privado de sua liberdade física, salvo pelas causas e nas condições previamente fixadas pelas constituições políticas dos Estados Partes ou pelas leis de acordo com elas promulgadas.

§ 3º - Ninguém pode ser submetido a detenção ou encarceramento arbitrários.

§ 4º - Toda pessoa detida ou retida deve ser informada das razões de sua detenção e notificada, sem demora, da acusação ou acusações formuladas contra ela.

§ 5º - Toda pessoa detida ou retida deve ser conduzida, sem demora, à presença de um juiz ou outra autoridade autorizada pela lei a exercer funções judiciais e tem direito a ser julgada dentro de um prazo razoável ou a ser posta em liberdade, sem prejuízo de que prossiga o processo. Sua liberdade pode ser condicionada a garantias que assegurem o seu comparecimento em juízo.

§ 6º - Toda pessoa privada da liberdade tem direito a recorrer a um juiz ou tribunal competente, a fim de que este decida, sem demora, sobre a legalidade de sua prisão ou detenção e ordene sua soltura se a prisão ou a detenção forem ilegais.

Nos Estados Partes cujas leis prevêem que toda pessoa que se vir ameaçada de ser privada de sua liberdade tem direito a recorrer a um juiz ou tribunal competente a fim de que este decida sobre a legalidade de tal ameaça, tal recurso não pode ser restringido nem abolido. O recurso pode ser interposto pela própria pessoa ou por outra pessoa.

§ 7º - Ninguém deve ser detido por dívidas. Este princípio não limita os mandados de autoridade judiciária competente expedidos em virtude de inadimplemento de obrigação alimentar.

Art. 8º - Garantias judiciais

§ 1º - Toda pessoa tem direito a ser ouvida, com as devidas garantias e dentro de um prazo razoável, por um juiz ou tribunal competente, independente e imparcial, estabelecido anteriormente por lei, na apuração de qualquer acusação penal formulada contra ela, ou para que se determinem seus direitos ou obrigações de natureza civil, trabalhista, fiscal ou de qualquer outra natureza.

§ 2º - Toda pessoa acusada de delito tem direito a que se presuma sua inocência enquanto não se comprove legalmente sua culpa. Durante o processo, toda pessoa tem direito, em plena igualdade, às seguintes garantias mínimas:

a) direito do acusado de ser assistido gratuitamente por tradutor ou intérprete, se não compreender ou não falar o idioma do juízo ou tribunal;

b) comunicação prévia e pormenorizada ao acusado da acusação formulada;

c) concessão ao acusado do tempo e dos meios adequados para a preparação de sua defesa;

d) direito do acusado de defender-se pessoalmente ou de ser assistido por um defensor de sua escolha e de comunicar-se, livremente e em particular, com seu defensor;

e) direito irrenunciável de ser assistido por um defensor proporcionado pelo Estado, remunerado ou não, segundo a legislação interna, se o acusado não se defender ele próprio nem nomear defensor dentro do prazo estabelecido pela lei;

f) direito da defesa de inquirir as testemunhas presentes no tribunal e de obter o comparecimento, como testemunhas ou peritos, de outras pessoas que possam lançar luz sobre os fatos;

g) direito de não ser obrigado a depor contra si mesma, nem a declarar-se culpada; e

h) direito de recorrer da sentença para juiz ou tribunal superior.

§ 3º - A confissão do acusado só é válida se feita sem coação de nenhuma natureza.

§ 4º - O acusado absolvido por sentença passada em julgado não poderá ser submetido a novo processo pelos mesmos fatos.

§ 5º - O processo penal deve ser público, salvo no que for necessário para preservar os interesses da justiça.

Art. 9º - Princípio da legalidade e da retroatividade

Ninguém pode ser condenado por ações ou omissões que, no momento em que forem cometidas, não sejam delituosas, de acordo com o direito aplicável. Tampouco se pode impor pena mais grave que a aplicável no momento da perpetração do delito. Se depois da perpetração do delito a lei dispuser a imposição de pena mais leve, o delinqüente será por isso beneficiado.

Art. 10 - Direito a indenização

Toda pessoa tem direito de ser indenizada conforme a lei, no caso de haver sido condenada em sentença passada em julgado, por erro judiciário.

Art. 11 - Proteção da honra e da dignidade

§ 1º - Toda pessoa tem direito ao respeito de sua honra e ao reconhecimento de sua dignidade.

§ 2º - Ninguém pode ser objeto de ingerências arbitrárias ou abusivas em sua vida privada, na de sua família, em seu domicílio ou em sua correspondência, nem de ofensas ilegais à sua honra ou reputação.

§ 3º - Toda pessoa tem direito à proteção da lei contra tais ingerências ou tais ofensas.

Art. 12 - Liberdade de consciência e de religião

§ 1º - Toda pessoa tem direito à liberdade de consciência e de religião. Esse direito implica a liberdade de conservar sua religião ou suas crenças ou de mudar de religião ou de crenças, bem como a liberdade de professar e divulgar sua religião ou suas crenças, individual ou coletivamente, tanto em público como em privado.

§ 2º - Ninguém pode ser objeto de medidas restritivas que possam limitar sua liberdade de conservar sua religião ou suas crenças, ou de mudar de religião ou de crenças.

§ 3º - A liberdade de manifestar a própria religião e as próprias crenças está sujeita unicamente às limitações prescritas pela lei e que sejam necessárias para proteger a segurança, a ordem, a saúde ou a moral públicas ou os direitos ou liberdades das demais pessoas.

§ 4º - Os pais, e quando for o caso os tutores, têm direito a que seus filhos ou pupilos recebam a educação religiosa e moral que esteja acorde com suas próprias convicções.

Art. 13 - Liberdade de pensamento e de expressão

§ 1º - Toda pessoa tem direito à liberdade de pensamento e de expressão. Esse direito compreende a liberdade de buscar, receber e difundir informações e idéias de toda natureza, sem consideração de fronteiras, verbalmente ou por escrito, ou em forma impressa ou artística, ou por qualquer outro processo de sua escolha.

§ 2º - O exercício do direito previsto no inciso precedente não pode estar sujeito a censura prévia, mas as responsabilidades ulteriores, que devem ser expressamente fixadas pela lei e ser necessárias para assegurar:

a) o respeito aos direitos ou à reputação das demais pessoas, ou

b) a proteção da segurança nacional, da ordem pública, ou da saúde ou a moral públicas.

§ 3º - Não se pode restringir o direito de expressão por vias ou meios indiretos, tais como o abuso de controles oficiais ou particulares de papel de imprensa, de freqüências radioelétricas ou de equipamentos e aparelhos usados na difusão de informação, nem por quaisquer outros meios destinados a obstar a comunicação e a circulação de idéias e opiniões.

§ 4º - A lei pode submeter os espetáculos públicos a censura prévia com o objetivo exclusivo de regular o acesso a eles, para proteção moral da infância e da adolescência, sem prejuízo do disposto no inciso 2.

§ 5º - A lei deve proibir toda propaganda a favor da guerra, bem como a apologia ao ódio nacional, racial ou religioso que constitua incitação a discriminação, a hostilidade, ao crime ou à violência.

Art. 14 - Direito de retificação ou resposta

§ 1º - Toda pessoa atingida por informações inexatas ou ofensivas emitidas em seu prejuízo por meios de difusão legalmente regulamentados e que se dirijam ao público em geral tem direito a fazer, pelo mesmo órgão de difusão, sua retificação ou resposta, nas condições que estabeleça a lei.

§ 2º - Em nenhum caso a retificação ou a resposta eximirão das outras responsabilidades legais em que se houver incorrido.

§ 3º - Para a efetiva proteção da honra e da reputação, toda publicação ou empresa jornalística, cinematográfica, de rádio ou televisão, deve ter uma pessoa responsável que não seja protegida por imunidades nem goze de foro especial.

Art. 15 - Direito de reunião

É reconhecido o direito de reunião pacífica e sem armas. O exercício de tal direito só pode estar sujeito às restrições previstas pela lei e que sejam necessárias numa sociedade democrática no interesse da segurança nacional, da segurança ou da ordem públicas, ou para proteger a saúde ou a moral públicas ou os direitos a liberdades das demais pessoas.

Art. 16 - Liberdade de associação

§ 1º - Todas as pessoas têm o direito de associar-se livremente com fins ideológicos, religiosos, políticos, econômicos, trabalhistas, sociais, culturais, desportivos ou de qualquer outra natureza.

§ 2º - O exercício de tal direito só pode estar sujeito às restrições previstas pela lei que sejam necessárias numa sociedade democrática, no interesse da segurança nacional, da segurança ou da ordem públicas, ou para proteger a saúde ou a moral públicas ou os direitos e liberdades das demais pessoas.

§ 3º - O disposto neste artigo não impede a imposição de restrições legais, e mesmo a privação do exercício do direito de associação, aos membros das forças armadas e da polícia.

Art. 17 - Proteção da família

Textos fundamentais do
Direito das Relações Internacionais

§ 1º - A família é o elemento natural e fundamental da sociedade e deve ser protegida pela sociedade e pelo Estado.

§ 2º - É reconhecido o direito do homem e da mulher de contraírem casamento e de fundarem uma família, se tiverem a idade e as condições para isso exigidas; pelas leis internas, na medida em que não afetem estas o princípio da não-discriminação estabelecido nesta Convenção.

§ 3º - O casamento não pode ser celebrado sem o livre e pleno consentimento dos contraentes.

§ 4º - Os Estados Partes devem tomar medidas apropriadas no sentido de assegurar a igualdade de direitos e a adequada equivalência de responsabilidades dos cônjuges quanto ao casamento, durante o casamento e em caso de dissolução do mesmo. Em caso de dissolução, serão adotadas disposições que assegurem a proteção necessária aos filhos, com base unicamente no interesse e conveniência dos mesmos.

§ 5º - A lei deve reconhecer iguais direitos tanto aos filhos nascidos fora do casamento como aos nascidos dentro do casamento.

Art. 18 - Direito ao nome

Toda pessoa tem direito a um prenome e aos nomes de seus pais ou ao de um destes. A lei deve regular a forma de assegurar a todos este direito, mediante nomes fictícios, se for necessário.

Art. 19 - Direitos da criança

Toda criança tem direito às medidas de proteção que a sua condição de menor requer por parte da sua família, da sociedade e do Estado.

Art. 20 - Direito à nacionalidade

§ 1º - Toda pessoa tem direito a uma nacionalidade.

§ 2º - Toda pessoa tem direito à nacionalidade do Estado em cujo território houver nascido, se não tiver direito a outra.

§ 3º - A ninguém se deve privar arbitrariamente de sua nacionalidade nem do direito de mudála.

Art. 21 - Direito à propriedade privada

§ 1º - Toda pessoa tem direito ao uso e gozo dos seus bens. A lei pode subordinar esse uso e gozo ao interesse social.

§ 2º - Nenhuma pessoa pode ser privada de seus bens, salvo mediante o pagamento de indenização justa, por motivo de utilidade pública ou de interesse social e nos casos e na forma estabelecidos pela lei.

§ 3º - Tanto a usura como qualquer outra forma de exploração do homem pelo homem devem ser reprimidas pela lei.

Art. 22 - Direito de circulação e de residência

§ 1º - Toda pessoa que se ache legalmente no território de um Estado tem direito de circular nele e de nele residir em conformidade com as disposições legais.

§ 2º - Toda pessoa tem direito de sair livremente de qualquer país, inclusive do próprio.

§ 3º - O exercício dos direitos acima mencionados não pode ser restringido senão em virtude de lei, na medida indispensável, numa sociedade democrática, para prevenir infrações penais ou para proteger a segurança nacional, a segurança ou a ordem públicas, a moral ou a saúde públicas, ou os direitos e liberdades das demais pessoas.

§ 4º - O exercício dos direitos reconhecidos no parágrafo 1 pode também ser restringido pela lei, em zonas determinadas, por motivo de interesse público.

§ 5º - Ninguém pode ser expulso do território do Estado do qual for nacional, nem ser privado do direito de nele entrar.

§ 6º - O estrangeiro que se ache legalmente no território de um Estado Parte nesta Convenção só poderá dele ser expulso em cumprimento de decisão adotada de acordo com a lei.

§ 7º - Toda pessoa tem o direito de buscar e receber asilo em território estrangeiro, em caso de perseguição por delitos políticos ou comuns conexos com delitos políticos e de acordo com a legislação de cada Estado e com os convênios internacionais.

§ 8º - Em nenhum caso o estrangeiro pode ser expulso ou entregue a outro país, seja ou não de origem, onde seu direito à vida ou a liberdade pessoal esteja em risco de violação por causa da sua raça, nacionalidade, religião, condição social ou de suas opiniões políticas.

§ 9º - É proibida a expulsão coletiva de estrangeiros.

Art. 23 - Direitos políticos

§ 1º - Todos os cidadãos devem gozar dos seguintes direitos e oportunidades:

a) de participar na direção dos assuntos públicos, diretamente ou por meio de representantes livremente eleitos;

b) de votar e ser eleitos em eleições periódicas autênticas, realizadas por sufrágio universal e igual e por voto secreto que garanta a livre expressão da vontade dos eleitores; e

c) de ter acesso, em condições gerais de igualdade, às funções públicas de seu país.

§ 2º - A lei deve regular o exercício dos direitos e oportunidades a que se refere o inciso anterior, exclusivamente por motivos de idade, nacionalidade, residência, idioma, instrução, capacidade civil ou mental, ou condenação, por juiz competente, em processo penal.

Art. 24 - Igualdade perante a lei

Todas as pessoas são iguais perante a lei. Por conseguinte, têm direito, sem discriminação, a igual proteção da lei.

Art. 25 - Proteção

§ 1º - Toda pessoa tem direito a um recurso simples e rápido ou a qualquer outro recurso efetivo, perante os juízes ou tribunais competentes que a proteja contra atos que violem seus direitos fundamentais reconheci-

Textos fundamentais do
Direito das Relações Internacionais

dos pela constituição, pela lei ou pela presente Convenção, mesmo quando tal violação seja cometida por pessoas que estejam atuando no exercício de suas funções oficiais.

§ 2º - Os Estados Partes comprometem-se:

a) a assegurar que a autoridade competente prevista pelo sistema legal do Estado decida sobre os direitos de toda pessoa que interpuser tal recurso;

b) a desenvolver as possibilidades de recurso judicial; e

c) a assegurar o cumprimento, pelas autoridades competentes, de toda decisão em que se tenha considerado procedente o recurso.

Capítulo III - Direitos Econômicos, Sociais e Culturais

Art. 26 - Desenvolvimento progressivo

Os Estados Partes comprometem-se a adotar providências, tanto no âmbito interno como mediante cooperação internacional, especialmente econômica e técnica, a fim de conseguir progressivamente a plena efetividade dos direitos que decorrem das normas econômicas, sociais e sobre educação, ciência e cultura, constantes da Carta da Organização dos Estados Americanos, reformada pelo Protocolo de Buenos Aires, na medida dos recursos disponíveis, por via legislativa ou outros meios apropriados.

Capítulo IV - Suspensão de Garantias, Interpretação e Aplicação

Art. 27 - Suspensão de garantias

§ 1º - Em caso de guerra, de perigo público, ou de outra emergência que ameace a independência ou segurança do Estado Parte, este poderá adotar disposições que, na medida e pelo tempo estritamente limitados às exigências da situação, suspendam as obrigações contraídas em virtude desta Convenção, desde que tais disposições não sejam incompatíveis com as demais obrigações que lhe impõe o Direito Internacional e não encerrem discriminação alguma fundada em motivos de raça, cor, sexo, idioma, religião ou origem social.

§ 2º - A disposição precedente não autoriza a suspensão dos direitos determinados nos seguintes artigos: 3 (Direito ao reconhecimento da personalidade jurídica), 4 (Direito à vida), 5 (Direito à integridade pessoal), 6 (Proibição da escravidão e servidão), 9 (Princípio da legalidade e da retroatividade), 12 (Liberdade de consciência e de religião), 17 (Proteção da família), 18 (Direito ao nome), 19 (Direitos da criança), 20 (Direito à nacionalidade) e 23 (Direitos políticos), nem das garantias indispensáveis para a proteção de tais direitos.

§ 3º - Todo Estado Parte que fizer uso do direito de suspensão deverá informar imediatamente os outros Estados Partes na presente Convenção por intermédio do Secretário geral da Organização dos Estados Americanos, das disposições cuja aplicação haja suspendido, dos motivos determinantes da suspensão e da data em que haja dado por terminada tal suspensão.

Art. 28 - Cláusula federal

§ 1º - Quando se tratar de um Estado Parte constituído como Estado federal, o governo nacional do aludido Estado Parte cumprirá todas as disposições da presente Convenção, relacionadas com as matérias sobre as quais exerce competência legislativa e judicial.

§ 2º - No tocante às disposições relativas às matérias que correspondem à competência das entidades componentes da federação, o governo nacional deve tomar imediatamente as medidas pertinentes, em conformidade com sua constituição e suas leis, a fim de que as autoridades competentes das referidas entidades possam adotar as disposições cabíveis para o cumprimento desta Convenção.

§ 3º - Quando dois ou mais Estados Partes decidirem constituir entre eles uma federação ou outro tipo de associação, diligenciarão no sentido de que o pacto comunitário respectivo contenha as disposições necessárias para que continuem sendo efetivas no novo Estado assim organizado as normas da presente Convenção.

Art. 29 - Normas de interpretação

Nenhuma disposição desta Convenção pode ser interpretada no sentido de:

a) permitir a qualquer dos Estados Partes, grupo ou pessoa, suprimir o gozo e exercício dos direitos e liberdades reconhecidos na Convenção ou limitálos em maior medida do que a nela prevista;

b) limitar o gozo e exercício de qualquer direito ou liberdade que possam ser reconhecidos de acordo com as leis de qualquer dos Estados Partes ou de acordo com outra convenção em que seja parte um dos referidos Estados;

c) excluir outros direitos e garantias que são inerentes ao ser humano ou que decorrem da forma democrática representativa de governo; e

d) excluir ou limitar o efeito que possam produzir a Declaração Americana dos Direitos e Deveres do Homem e outros atos internacionais da mesma natureza.

Art. 30 - Alcance das restrições

As restrições permitidas, de acordo com esta Convenção, ao gozo e exercício dos direitos e liberdades nela reconhecidos não podem ser aplicadas senão de acordo com leis que forem promulgadas por motivo de interesse geral e com o propósito para o qual houverem sido estabelecidas.

Art. 31 - Reconhecimento de outros direitos

Poderão ser incluídos no regime de proteção desta Convenção outros direitos e liberdades que forem reconhecidos de acordo com os processos estabelecidos nos artigos 69 e 70.

Capítulo V - Deveres das Pessoas

Art. 32 - Correlação entre deveres e direitos

§ 1º - Toda pessoa tem deveres para com a família, a comunidade e a humanidade.

§ 2º - Os direitos de cada pessoa são limitados pelos direitos dos demais, pela segurança de todos e pelas justas exigências do bem comum, numa sociedade democrática.

Parte II - Meios de Proteção
Capítulo VI - Órgãos Competentes
Art. 33 - São competentes para conhecer dos assuntos relacionados com o cumprimento dos compromissos assumidos pelos Estados Partes nesta Convenção;

a) a Comissão Interamericana de Direitos Humanos, doravante denominada a Comissão; e

b) a Corte Interamericana de Direitos Humanos, doravante denominada Corte.

Capítulo VII - Comissão Interamericana de Direitos Humanos
Seção I - Organização

Art. 34 - A Comissão Interamericana de Direitos Humanos compor-se-á de sete membros, que deverão ser pessoas de alta autoridade moral e de reconhecido saber em matéria de direitos humanos.

Art. 35 - A Comissão representa todos os Membros da Organização dos Estados Americanos.

Art. 36 - § 1º - Os membros da Comissão serão eleitos a título pessoal pela Assembléia-Geral da Organização, de uma lista de candidatos propostos pelos governos dos Estados Membros.

§ 2º - Cada um dos referidos governos pode propor até três candidatos, nacionais do Estado que os propuser ou de qualquer outro Estado Membro da Organização dos Estados Americanos. Quando for proposta uma lista de três candidatos, pelo menos um deles deverá ser nacional de Estado diferente do proponente.

Art. 37 - § 1º - Os membros da Comissão serão eleitos por quatro anos e só poderão ser reeleitos uma vez, porém o mandato de três dos membros designados na primeira eleição expirará ao cabo de dois anos. Logo depois da referida eleição, serão determinados por sorteio, na Assembléia-Geral, os nomes desses três membros.

§ 2º - Não pode fazer parte da Comissão mais de um nacional de um mesmo Estado.

Art. 38 - As vagas que ocorrerem na Comissão, que não se devam à expiração normal do mandato, serão preenchidas pelo Conselho Permanente da Organização, de acordo com o que dispuser o Estatuto da Comissão.

Art. 39 - A Comissão elaborará seu Estatuto e submetê-lo-á à aprovação da AssembléiaGeral e expedirá seu próprio Regulamento.

Art. 40 - Os serviços de secretaria da Comissão devem ser desempenhados pela unidade funcional especializada que faz parte da Secretaria-Geral da Organização e deve dispor dos recursos necessários para cumprir as tarefas que lhe forem confiadas pela Comissão.

Seção II - Funções

Art. 41 - A Comissão tem a função principal de promover a observância e a defesa dos direitos humanos e, no exercício do seu mandato, tem as seguintes funções e atribuições:

a) estimular a consciência dos direitos humanos nos povos da América;

b) formular recomendações aos governos dos Estados-Membros, quando o considerar conveniente, no sentido de que adotem medidas progressivas em prol dos direitos humanos no âmbito de suas leis internas e seus preceitos constitucionais, bem como disposições apropriadas para promover o devido respeito a esses direitos;

c) preparar os estudos ou relatórios que considerar convenientes para o desempenho de suas funções;

d) solicitar aos governos dos Estados-Membros que lhe proporcionem informações sobre as medidas que adotarem em matéria de direitos humanos.

e) atender às consultas que, por meio da Secretaria-Geral da Organização dos Estados Americanos, lhe formularem os Estados-Membros sobre questões relacionadas com os direitos humanos e, dentro de suas possibilidades, prestar-lhes o assessoramento que eles lhe solicitarem;

f) atuar com respeito às petições e outras comunicações, no exercício de sua autoridade, de conformidade com o disposto nos artigos 44 a 51 desta Convenção; e

g) apresentar um relatório anual à Assembléia-Geral da Organização dos Estados Americanos.

Art. 42 - Os Estados Partes devem remeter à Comissão cópia dos relatórios e estudos que, em seus respectivos campos, submetem anualmente às Comissões Executivas do Conselho Interamericano Econômico e Social e do Conselho Interamericano de Educação, Ciência e Cultura, a fim de que aquela vele por que se promovam os direitos decorrentes das normas econômicas, sociais e sobre educação, ciência e cultura, constantes da Carta da Organização dos Estados Americanos, reformada pelo Protocolo de Buenos Aires.

Art. 43 - Os Estados Partes obrigam-se a proporcionar à Comissão as informações que esta lhes solicitar sobre a maneira pela qual o seu direito interno assegura a aplicação efetiva de quaisquer disposições desta Convenção.

Seção III - Competência

Art. 44 - Qualquer pessoa ou grupo de pessoas, ou entidade não-governamental legalmente reconhecida em um ou mais Estados-Membros da Organização, pode apresentar à Comissão petições que contenham denúncias ou queixas de violação desta Convenção por um Estado Parte.

Art. 45 - § 1º - Todo Estado Parte pode, no momento do depósito do seu instrumento de ratificação desta Convenção ou de adesão a ela, ou em qualquer momento posterior, declarar que reconhece a competência da Comissão para receber e examinar as comunicações em que um Estado Parte alegue haver outro Estado Parte incorrido em violações dos direitos humanos estabelecidos nesta Convenção.

§ 2º - As comunicações feitas em virtude deste artigo só podem ser admitidas e examinadas se forem apresentadas por um Estado Parte que haja feito uma declaração pela qual reconheça a referida competência da Comissão. A Comissão não admitirá nenhuma comunicação contra um Estado Parte que não haja feito tal declaração.

§ 3º - As declarações sobre reconhecimento de competência podem ser feitas para que esta vigore por tempo indefinido, por período determinado ou para casos específicos.

§ 4º - As declarações serão depositadas na Secretaria-Geral da Organização dos Estados Americanos, a qual encaminhará cópia das mesmas aos Estados Membros da referida Organização.

Art. 46 - § 1º - Para que uma petição ou comunicação apresentada de acordo com os artigos 44 ou 45 seja admitida pela Comissão, será necessário:

a) que hajam sido interpostos e esgotados os recursos da jurisdição interna, de acordo com os princípios de direito internacional geralmente reconhecidos;

b) que seja apresentada dentro do prazo de seis meses, a partir da data em que o presumido prejudicado em seus direitos tenha sido notificado da decisão definitiva;

c) que a matéria da petição ou comunicação não esteja pendente de outro processo de solução internacional; e

d) que, no caso do art. 44, a petição contenha o nome, a nacionalidade, a profissão, o domicílio e a assinatura da pessoa ou pessoas ou do representante legal da entidade que submeter a petição ou comunicação.

§ 2º - As disposições das alíneas *a* e *b* do parágrafo 1º deste artigo não se aplicarão quando:

a) não existir, na legislação interna do Estado de que se tratar, o devido processo legal para a proteção do direito ou direitos que se alegue tenham sido violados;

b) não se houver permitido ao presumido prejudicado em seus direitos o acesso aos recursos da jurisdição interna, ou houver sido ele impedido de esgotá-los; e

c) houver demora injustificada na decisão sobre os mencionados recursos.

Art. 47 - A Comissão declarará inadmissível toda petição ou comunicação apresentada de acordo com os artigos 44 ou 45 quando:

a) não preencher algum dos requisitos estabelecidos no artigo 46;

b) não expuser fatos que caracterizem violação dos direitos garantidos para esta Convenção;

c) pela exposição do próprio peticionário, for manifestamente infundada a petição ou comunicação ou for evidente sua total improcedência; ou

d) for substancialmente reprodução de petição ou comunicação anterior, já examinada pela Comissão ou por outro organismo internacional.

Seção IV - Processo

Art. 48 - § 1º - A Comissão, ao receber uma petição ou comunicação na qual se alegue violação de qualquer dos direitos consagrados nesta Convenção, procederá da seguinte maneira:

a) se reconhecer a admissibilidade da petição ou comunicação, solicitará informações ao Governo do Estado ao qual pertença a autoridade apontada como responsável pela violação alegada e transcreverá as partes pertinentes da petição ou comunicação. As referidas informações devem ser enviadas dentro de um prazo razoável, fixado pela Comissão ao considerar as circunstâncias de cada caso;

b) recebidas as informações, ou transcorrido o prazo fixado sem que sejam elas recebidas, verificará se existem ou subsistem os motivos da petição ou comunicação. No caso de não existirem ou não subsistirem, mandará arquivar o expediente;

c) poderá também declarar a inadmissibilidade ou a improcedência da petição ou comunicação, com base em informação ou prova supervenientes;

d) se o expediente não houver sido arquivado, e com o fim de comprovar os atos, a Comissão procederá, com conhecimento das partes, a um exame do assunto exposto na petição ou comunicação. Se for necessário e conveniente, a Comissão procederá a uma investigação para cuja eficaz realização solicitará, e os Estados interessados lhe proporcionarão, todas as facilidades necessárias;

e) poderá pedir aos Estados interessados qualquer informação pertinente e receberá, se isso lhe for solicitado, as exposições verbais ou escritas que apresentarem os interessados; e

f) por-se-á à disposição das partes interessadas, a fim de chegar a uma solução amistosa do assunto, fundada no respeito aos direitos humanos reconhecidos nesta Convenção.

§ 2º - Entretanto, em casos graves e urgentes, pode ser realizada uma investigação, mediante prévio consentimento do Estado em cujo território se alegue haver sido cometida a violação, tão-somente com a apresentação de uma petição ou comunicação que reúna todos os requisitos formais de admissibilidade.

Art. 49 - Se houver chegado a uma solução amistosa de acordo com as disposições do inciso 1º, *f*, do art. 48, a Comissão redigirá um relatório que será encaminhado ao peticionário e aos Estados Partes nesta Convenção e, posteriormente, transmitido, para sua publicação, ao Secretário geral da

Organização dos Estados Americanos. O referido relatório conterá uma breve exposição dos fatos e da solução alcançada. Se qualquer das partes no caso o solicitar, ser-lhe-á proporcionada a mais ampla informação possível.

Art. 50 - § 1º - Se não se chegar a uma solução, e dentro do prazo que for fixado pelo Estatuto da Comissão, esta redigirá um relatório no qual exporá os fatos e suas conclusões. Se o relatório não representar, no todo ou em parte, o acordo unânime dos membros da Comissão, qualquer deles poderá agregar ao referido relatório seu voto em separado. Também se agregarão ao relatório as exposições verbais ou escritas que houverem sido feitas pelos interessados em virtude do parágrafo 1º, inciso *e*, do art. 48.

§ 2º - O relatório será encaminhado aos Estados interessados, aos quais não será facultado publicá-lo.

§ 3º - Ao encaminhar o relatório, a comissão pode formular as proposições e recomendações que julgar adequadas.

Art. 51 - § 1º - Se no prazo de três meses, a partir da remessa aos Estados interessados do relatório da Comissão, o assunto não houver sido solucionado ou submetido à decisão da Corte pela Comissão ou pelo Estado interessado, aceitando sua competência, a Comissão poderá emitir, pelo voto da maioria absoluta dos seus membros, sua opinião e conclusões sobre a questão submetida à sua consideração.

§ 2º - A Comissão fará as recomendações pertinentes e fixará um prazo dentro do qual o Estado deve tomar as medidas que lhe competirem para remediar a situação examinada.

§ 3º - Transcorrido o prazo fixado, a Comissão decidirá, pelo voto da maioria absoluta dos seus membros, se o Estado tomou ou não medidas adequadas e se publica ou não seu relatório.

Capítulo VIII - Corte Interamericana de Direitos Humanos
Seção I - Organização

Art. 52 - § 1º - A Corte compor-se-á de sete juízes, nacionais dos Estados-Membros da Organização, eleitos a título pessoal dentre juristas da mais alta autoridade moral, de reconhecida competência em matéria de direitos humanos, que reúnam as condições requeridas para o exercício das mais elevadas funções judiciais, de acordo com a lei do Estado do qual sejam nacionais, ou do Estado que os propuser como candidatos.

§ 2º - Não deve haver dois juízes da mesma nacionalidade.

Art. 53 - § 1º - Os juízes da Corte serão eleitos, em votação secreta e pelo voto da maioria absoluta dos Estados Partes, na Convenção, na Assembléia-Geral da Organização, de uma lista de candidatos propostos pelos mesmos Estados.

§ 2º - Cada um dos Estados Partes pode propor até três candidatos, nacionais do Estado que os propuser ou de qualquer outro Estado-Membro da Organização dos Estados Americanos. Quando se propuser uma lista de três candidatos, pelo menos um deles deverá ser nacional de Estado diferente do proponente.

Art. 54 - § 1º - Os juízes da Corte serão eleitos por um período de seis anos e só poderão ser reeleitos uma vez. O mandato de três dos juízes designados na primeira eleição expirará ao cabo de três anos. Imediatamente depois da referida eleição, determinar-se-ão por sorteio, na Assembléia-Geral, os nomes desses três juízes.

§ 2º - O juiz eleito para substituir outro, cujo mandato não haja expirado, completará o período deste.

§ 3º - Os juízes permanecerão em função até o término dos seus mandatos. Entretanto, continuarão funcionando nos casos de que já houverem tomado conhecimento e que se encontrem em fase de sentença e, para tais efeitos, não serão substituídos pelos novos juízes eleitos.

Art 55 - § 1º - O juiz que for nacional de algum dos Estados Partes no caso submetido à Corte conservará o seu direito de conhecer do mesmo.

§ 2º - Se um dos juízes chamados a conhecer do caso for de nacionalidade de um dos Estados Partes, outro Estado Parte no caso poderá designar uma pessoa de sua escolha para fazer parte da Corte na qualidade de juiz *ad hoc*.

§ 3º - Se, dentre os juízes chamados a conhecer do caso, nenhum for da nacionalidade dos Estados Partes, cada um destes poderá designar um juiz *ad hoc*.

§ 4º - O juiz *ad hoc* deve reunir os requisitos indicados no art 52.

§ 5º - Se vários Estados Partes na Convenção tiverem o mesmo interesse no caso, serão considerados como uma só parte, para os fins das disposições anteriores. Em caso de dúvida, a Corte decidirá.

Art. 56 - O *quorum* para as deliberações da Corte é constituído por cinco juízes.

Art. 57 - A Comissão comparecerá em todos os casos perante a Corte.

Art. 58 - § 1º - A Corte terá sua sede no lugar que for determinado na Assembléia-Geral da Organização, pelos Estados Partes na Convenção, mas poderá realizar reuniões no território de qualquer Estado-Membro da Organização dos Estados Americanos em que o considerar conveniente pela maioria dos seus membros e mediante prévia aquiescência do Estado respectivo.

Os Estados Partes na Convenção podem, na AssembléiaGeral, por dois terços dos seus votos, mudar a sede da Corte.

§ 2º - A Corte designará seu Secretário.

§ 3º - O Secretário residirá na sede da Corte e deverá assistir às reuniões que ela realizar fora da mesma.

Art. 59 - A Secretaria da Corte será por esta estabelecida e funcionará sob a direção do Secretário da Corte, de acordo com as normas administrativas da Secretaria-Geral da Organização em tudo o que não for incompatível com a independência da Corte. Seus funcionários serão nomeados pelo Secretário geral da Organização, em consulta com o Secretário da Corte.

Art. 60 - A Corte elaborará seu Estatuto e submetê-lo-á à aprovação da Assembléia-Geral e expedirá seu Regimento.

Seção II - Competência e Funções

Art. 61 - § 1º - Somente os Estados Partes e a Comissão têm direito de submeter caso à decisão da Corte.

§ 2º - Para que a Corte possa conhecer de qualquer caso, é necessário que sejam esgotados os processos previstos nos artigos 48 a 51.

Art. 62 - § 1º - Todo Estado Parte pode, no momento do depósito do seu instrumento de ratificação desta Convenção ou de adesão a ela, ou em qualquer momento posterior, declarar que reconhece como obrigatória, de pleno direito e sem convenção especial, a competência da Corte em todos os casos relativos à interpretação ou aplicação desta Convenção.

§ 2º - A declaração pode ser feita incondicionalmente ou sob condição de reciprocidade, por prazo determinado ou para casos específicos. Deverá ser apresentada ao Secretário geral da Organização, que encaminhara cópias da mesma aos outros Estados-Membros da Organização e ao Secretário da Corte.

§ 3º - A Corte tem competência para conhecer de qualquer caso relativo à interpretação e aplicação das disposições desta Convenção que lhe seja submetido, desde que os Estados Partes no caso tenham reconhecido ou reconheçam a referida competência, seja por declaração especial, como prevêem os parágrafos anteriores, seja por convenção especial.

Art. 63 - § 1º - Em casos de extrema gravidade e urgência, e quando se fizer necessário evitar danos irreparáveis às pessoas, a Corte, nos assuntos de que estiver conhecendo, poderá tomar as medidas provisórias que considerar pertinentes. Caso trate de assuntos que ainda não estiverem submetidos ao seu conhecimento, poderá atuar a pedido da Comissão.

§ 2º - Quando decidir que houve violação de um direito ou liberdade protegidos nesta Convenção, a Corte determinará que se assegure ao prejudicado o gozo do seu direito ou liberdade violados. Determinará também, se isso for procedente, que sejam reparadas as conseqüências da medida ou situação que haja configurado a violação desses direitos, bem como o pagamento de indenização justa à parte lesada.

Art. 64 - Os Estados-Membros da Organização poderão consultar a Corte sobre a interpretação desta Convenção ou de outros tratados concernentes à proteção dos direitos humanos nos Estados Americanos. Também poderão consultá-la, no que lhes compete, os órgãos enumerados no Capítulo X da Carta da Organização dos Estados Americanos, reformada pelo Protocolo de Buenos Aires.

A Corte, a pedido de um Estado-Membro da Organização, poderá emitir pareceres sobre a compatibilidade entre qualquer de suas leis internas e os mencionados instrumentos internacionais.

Art. 65 - A Corte submeterá à consideração da Assembléia-Geral da Organização, em cada período ordinário de sessões, um relatório sobre suas atividades no ano anterior. De maneira especial, e com as recomendações pertinentes, indicará os casos em que um Estado não tenha dado cumprimento a suas sentenças.

Seção III - Processo

Art. 66 - § 1º - A sentença da Corte deve ser fundamentada.

§ 2 - Se a sentença não expressar no todo ou em parte a opinião unânime dos juízes, qualquer deles terá direito a que se agregue à sentença o seu voto dissidente ou individual.

Art. 67 - A sentença da Corte será definitiva e inapelável. Em caso de divergência sobre o sentido ou alcance da sentença, a Corte interpretá-la-á, a pedido de qualquer das partes, desde que o pedido seja apresentado dentro de noventa dias a partir da data da notificação da sentença.

Art. 68 - § 1º - Os Estados Partes na Convenção comprometem-se a cumprir a decisão da Corte em todo caso em que forem partes.

§ 2º - A parte da sentença que determinar indenização compensatória poderá ser executada no país respectivo pelo processo interno vigente para a execução de sentenças contra o Estado.

Art. 69 - A sentença da Corte deve ser notificada às partes no caso e transmitida aos Estados Partes na Convenção.

Capítulo IX - Disposições Comuns

Art. 70 - Os juízes da Corte e os membros da Comissão gozam, desde o momento de sua eleição e enquanto durar o seu mandato, das imunidades reconhecidas aos agentes diplomáticos pelo Direito Internacional. Durante o exercício dos seus cargos gozam, além disso, dos privilégios diplomáticos necessários para o desempenho de suas funções.

Não se poderá exigir responsabilidade em tempo algum dos juízes da Corte, nem dos membros da Comissão, por votos e opiniões emitidos no exercício de suas funções.

Art. 71 - Os cargos de juiz da Corte ou de membro da Comissão são incompatíveis com outras atividades que possam afetar sua independência ou imparcialidade conforme o que for determinado nos respectivos estatutos.

Art. 72 - Os juízes da Corte e os membros da Comissão perceberão honorários e despesas de viagem na forma e nas condições que determinarem os seus estatutos, levando em conta a importância e independência de suas funções. Tais honorários e despesas de viagem serão fixados no orçamentoprograma da Organização dos Estados Americanos, no qual devem ser incluídas, além disso, as despesas da Corte e da sua Secretaria. Para tais efeitos, a Corte elaborará o seu próprio projeto de orçamento e submetê-lo-á à aprovação da Assembléia-Geral, por intermédio da Secretaria Geral. Esta última não poderá nele introduzir modificações.

Textos fundamentais do
Direito das Relações Internacionais

Art. 73 - Somente por solicitação da Comissão ou da Corte, conforme o caso, cabe à Assembléia-Geral da Organização resolver sobre as sanções aplicáveis aos membros da Comissão e aos juízes da Corte que incorrerem nos casos previstos nos respectivos estatutos. Para expedir uma resolução, será necessária maioria de 2/3 dos votos dos Estados-Membros da Organização, no caso dos membros da Comissão; e, além disso, de 2/3 dos votos dos Estados Partes na Convenção, quando se tratar dos juízes da Corte.

Parte III - Disposições Gerais e Transitórias
Capítulo X - Assinatura, Ratificação, Reserva, Emenda,
Protocolo e Denúncia

Art. 74 - § 1º - Esta Convenção fica aberta à assinatura e à ratificação ou adesão de todos os Estados-Membros da Organização dos Estados Americanos.

§ 2º - A ratificação desta Convenção ou a adesão a ela efetuar-se-á mediante depósito de um instrumento de ratificação ou de adesão na Secretaria-Geral da Organização dos Estados Americanos. Esta Convenção entrará em vigor logo que onze Estados houverem depositado os seus respectivos instrumentos de ratificação ou de adesão. Com referência a qualquer outro Estado que a ratificar ou que a ela aderir ulteriormente, a Convenção entrará em vigor na data do depósito do seu instrumento de ratificação ou de adesão.

O Secretário geral informará todos os Estados-Membros da Organização sobre a entrada em vigor da Convenção.

Art. 75 - Esta Convenção só pode ser objeto de reservas em conformidade com as disposições da Convenção de Viena sobre Direito dos Tratados, assinada em 23 de maio de 1969.

Art. 76 - § 1º - Qualquer Estado Parte, diretamente, e a Comissão ou a Corte, por intermédio do Secretário Geral, podem submeter à Assembléia-Geral, para o que julgarem conveniente, proposta de emenda a esta Convenção.

§ 2º - As emendas entrarão em vigor para os Estados que ratificarem as mesmas na data em que houver sido depositado o respectivo instrumento de ratificação que corresponda ao número de 2/3 dos Estados Partes nesta Convenção. Quanto aos outros Estados Partes, entrarão em vigor na data em que depositarem eles os seus respectivos instrumentos de ratificação.

Art. 77 - § 1º - De acordo com a faculdade estabelecida no art. 31, qualquer Estado Parte e a Comissão podem submeter à consideração dos Estados Partes reunidos por ocasião da Assembléia Geral, projetos de protocolos adicionais a esta Convenção, com a finalidade de incluir progressivamente no regime de proteção da mesma outros direitos e liberdades.

§ 2º - Cada protocolo deve estabelecer as modalidades de sua entrada em vigor e será aplicado somente entre os Estados Partes no mesmo.

Art. 78 - § 1º - Os Estados Partes poderão denunciar esta convenção depois de expirado um prazo de cinco anos, a partir da data de entrada em vigor da mesma e mediante aviso prévio de um ano, notificado o Secretário geral da Organização, o qual deve informar às outras partes.

§ 2 - Tal denúncia não terá o efeito de desligar o Estado Parte interessado das obrigações contidas nesta Convenção, no que diz respeito a qualquer ato que, podendo constituir violação dessas obrigações, houver sido cometido por ele anteriormente à data na qual a denúncia produzir efeito.

Capítulo XI - Disposições Transitórias
Seção I - Comissão Interamericana de Direitos Humanos

Art. 79 - Ao entrar em vigor esta Convenção, o Secretário geral pedirá por escrito a cada Estado-Membro da Organização que apresente, dentro de um prazo de 90 dias, seus candidatos a membro da Comissão Interamericana de Direitos Humanos. O Secretário geral preparará uma lista por ordem alfabética dos candidatos apresentados e a encaminhará aos Estados-Membros da Organização pelo menos 30 dias antes da Assembléia-Geral seguinte.

Art. 80 - A eleição dos membros da Comissão far-se-á dentre os candidatos que figurem na lista a que se refere o art. 79, por votação secreta da Assembléia-Geral, e serão declarados eleitos os candidatos que obtiverem maior número de votos e a maioria absoluta dos votos dos representantes dos Estados-Membros. Se, para eleger todos os membros da Comissão, for necessário realizar várias votações, serão eliminados sucessivamente, na forma que for determinada pela Assembléia-Geral, os candidatos que receberem menor número de votos.

Seção II - Corte Interamericana de Direitos Humanos

Art. 81 - Ao entrar em vigor esta Convenção, o Secretário geral solicitará por escrito a cada Estado Parte que apresente, dentro de um prazo de noventa dias, seus candidatos a juiz da Corte Interamericana de Direitos Humanos. O Secretário geral preparará uma lista por ordem alfabética dos candidatos apresentados e a encaminhará aos Estados Partes pelo menos trinta dias antes da Assembléia-Geral seguinte.

Art. 82 - A eleição dos juízes da Corte far-se-á entre os candidatos que figurem na lista a que se refere o art. 81, por votação secreta dos Estados-Partes, na Assembléia-Geral, e serão declarados eleitos os candidatos que obtiverem maior número de votos e a maioria absoluta dos votos dos representantes dos Estados Partes. Se, para eleger todos os juízes da Corte, for necessário realizar várias votações, serão eliminados sucessivamente, na forma que for determinada pelos Estados Partes, os candidatos que receberem menor número de votos.

Em fé do quê, os plenipotenciários abaixo assinados, cujos plenos poderes foram encontrados em boa e devida forma, assinam esta Convenção, que se denominará "Pacto de San José da Costa Rica", na cidade de São José, Costa Rica, em 22 de novembro de 1969.

h) Tratado da Bacia do Prata[5] (1969)

Os governos das Repúblicas da Argentina, Bolívia, Brasil, Paraguai e Uruguai, representados na I Reunião Extraordinária de Chanceleres dos Países da Bacia do Prata, realizada em Brasília, em 22 de abril de 1969;

Convencidos da necessidade de reunir esforços para a devida consecução dos propósitos fundamentais assinalados na Declaração Conjunta de Buenos Aires, de 27 de fevereiro de 1967, e na Ata de Santa Cruz de la Sierra, de 20 de maio de 1968, e animados de um firme espírito de cooperação e solidariedade;

Persuadidos de a ação conjugada permitirá o desenvolvimento harmônico e equilibrado assim como o ótimo aproveitamento dos grandes recursos naturais da região e assegurará sua preservação para as gerações futuras através da utilização racional dos aludidos recursos;

Considerando também que os Chanceleres aprovaram um Estatuto para o Comitê Intergovernamental Coordenador dos Países da Bacia do Prata;

Decidiram subscrever o presente Tratado para assegurar a institucionalização do sistema da Bacia do Prata e, para este fim, designaram seus Plenipotenciários, que *convieram* no seguinte:

Art. I - As partes Contratantes convêm em conjugar esforços com o objeto de promover o desenvolvimento harmônico e a integração física da Bacia do Prata e de suas áreas de influência direta e ponderável;

Parágrafo único - Para tal fim promoverão, no âmbito da Bacia, a identificação de áreas de interesse comum e a realização de estudos, programas e obras, bem como a formulação de entendimentos operativos ou instrumentos jurídicos que estimem necessárias e que propendam:

a) à facilitação e assistência em matéria de navegação;

b) à utilização racional do recurso água, especialmente através da regularização dos cursos d'água e seu aproveitamento múltiplo e eqüitativo;

c) à preservação e ao fomento da vida animal e vegetal;

d) ao aperfeiçoamento das interconexões rodoviárias, ferroviárias, fluviais, aéreas, elétricas e de telecomunicações;

e) a complementação regional mediante a promoção e estabelecimento de indústrias de interesse para o desenvolvimento da Bacia;

f) à complementação econômica de áreas limítrofes;

g) à cooperação mútua em matéria de educação, saúde e luta contra as enfermidades;

h) à promoção de outros projetos de interesse comum e em especial daqueles que se relacionem com o inventário, avaliação e o aproveitamento dos recursos naturais da área;

i) ao conhecimento integral da Bacia do Prata.

---

[5] Assinado em Brasília a 23 de abril de 1969. Ratificado a 30 de julho do mesmo ano. Promulgado pelo Decreto 67.084, de 17 de agosto de 1970.

Art. II - Os Ministros das Relações Exteriores dos Países da Bacia do Prata reunir-se-ão uma vez por ano, em data que será sugerida pelo Comitê Intergovernamental Coordenador, a fim de traçar diretrizes básicas da política comum para a consecução dos propósitos estabelecidos neste Tratado; apreciar e avaliar os resultados obtidos; celebrar consultas sobre a ação de seus respectivos Governos no âmbito do Desenvolvimento multinacional integrado da Bacia; dirigir a ação do Comitê Intergovernamental Coordenador e, em geral, adotar as providências necessárias ao cumprimento do presente Tratado através de realizações concretas por ele requeridas.

§ 1º - Os Ministros de Relações Exteriores poderão reunir-se em sessão extraordinária, mediante convocação efetuada pelo Comitê Intergovernamental Coordenador por solicitação de pelo menos três das Partes Contratantes.

§ 2º - Se excepcionalmente o Ministro das Relações Exteriores de uma das Partes Contratantes não puder comparecer a uma reunião, ordinária ou extraordinária, far-se-á representar por um Delegado Especial.

§ 3º - As decisões tomadas em reuniões efetuadas em conformidade com este artigo requererão sempre o voto unânime dos cinco países.

Art. III - Para os fins do presente Tratado, o Comitê Intergovernamental Coordenador é reconhecido como o órgão permanente da Bacia, encarregado de promover, coordenar e acompanhar o andamento das ações multinacionais, que tenham por objeto o desenvolvimento integrado da Bacia do Prata, e da assistência técnica e financeira que promova com o apoio dos organismos internacionais que estime convenientes, bem como de executar as decisões que adotem os Ministros das Relações Exteriores.

§ 1º - O Comitê Intergovernamental Coordenador se regerá pelo Estatuto aprovado na segunda Reunião de Chanceleres dos Países da Bacia do Prata, celebrada em Santa Cruz de la Sierra, Bolívia, de 18 e 20 de maio de 1968.

§ 2º - Em reunião extraordinária, para tal fim especialmente convocada, poderão os Ministros das Relações Exteriores, sempre por voto unânime dos cinco países, reformar o Estatuto do Comitê Intergovernamental Coordenador.

Art. IV - Sem prejuízo das disposições internas de cada país, serão órgãos de cooperação e assessoramento dos Governos as Comissões ou Secretarias nacionais, constituídas de conformidade com o a Declaração Conjunta de Buenos Aires. As comissões ou Secretarias poderão estabelecer contatos bilaterais, obedecendo sempre aos critérios e normas dos países interessados e disso mantendo devidamente informado, quando for o caso, o Comitê Intergovernamental Coordenador.

Art. V - A ação coletiva entre as Partes Contratantes deverá desenvolver-se sem prejuízo dos projetos e empreendimentos que decidam executar em seus respectivos territórios, dentro do respeito ao direito internacional e segundo a boa prática entre nações vizinhas e amigas.

Art. VI - O estabelecido no presente Tratado não impedirá as Partes Contratantes de concluir acordos específicos ou parciais, bilaterais ou multilaterais, destinados à consecução dos objetivos gerais de desenvolvimento da Bacia.

Art. VII - O presente Tratado denominar-se-á Tratado da Bacia do Prata e terá duração limitada.

Art. VIII - O presente Tratado será ratificado pelas Partes Contratantes e os instrumentos de ratificação serão depositados junto ao Governo da República Federativa do Brasil.

§ 1º - O presente Tratado entrará em vigor trinta dias depois de depositados os Instrumentos de Ratificação de todas as Partes Contratantes.

§ 2º - Enquanto as Partes Contratantes procedem à ratificação do presente Tratado e ao depósito dos instrumentos de Ratificação, na ação multinacional empreendida para o desenvolvimento da bacia do Prata, sujeitar-se-ão ao acordado na Declaração Conjunta de Buenos Aires e na Ata de Santa Cruz de la Sierra.

§ 3º - A intenção de denunciar o presente Tratado será comunicada por uma Parte Contratante às demais Partes Contratantes pelo menos noventa dias antes da entrega formal do Instrumento de Denúncia ao Governo da República Federativa do Brasil. Formalizada a denúncia, os efeitos do Tratado cessarão, para a Parte Contratante denunciante, no prazo de um ano.

Em fé do que, os Plenipotenciários abaixo assinados, depois de haver depositado seus plenos poderes, encontrados em boa e devida forma, firmam o presente tratado.

Feito na cidade de Brasília, a 23 de abril de 1969, em um só exemplar, nos idiomas português e espanhol, o qual ficará depositado nos arquivos do Ministério das Relações Exteriores do Brasil, que fornecerá cópias autênticas aos demais países signatários.

i) Tratado de Cooperação Amazônica[6] (1978)

As Repúblicas da Bolívia, do Brasil, da Colômbia, do Equador, da Guiana, do Peru, do Suriname e da Venezuela,

Conscientes da importância que para cada uma das Partes têm suas respectivas regiões amazônicas como parte integrante de seus territórios,

Animadas do propósito comum de conjugar os esforços que vêm empreendendo, tanto em seus respectivos territórios como entre si, para promover o desenvolvimento harmônico da Amazônia, que permita uma

---

[6] Assinado em Brasília, a 3 de julho de 1978 e aprovado no Brasil pelo Decreto Legislativo 69/78. Entrou em vigor a 3 de agosto de 1980.

distribuição eqüitativa dos benefícios desse desenvolvimento entre as Partes Contratantes, para elevar o nível de seus povos e a fim de lograr a plena incorporação de seus territórios amazônicos as respectivas economias nacionais,

Convencidas da utilidade de compartilhar as experiências nacionais em matéria de promoção do desenvolvimento regional,

Considerando que para lograr um desenvolvimento integral dos respectivos territórios da Amazônia é necessário manter o equilíbrio entre o crescimento econômico e a preservação do meio ambiente,

Cônscias de que tanto o desenvolvimento sócio-econômico como a preservação do meio-ambiente são responsabilidades inerentes à soberania de cada Estado e que a cooperação entre as Partes Contratantes servirá para facilitar o cumprimento destas responsabilidades, continuando e ampliando os esforços conjuntos que vêm realizando em matéria de conservação ecológica da Amazônia,

Seguras de que a cooperação entre as nações latino-americanas em matérias específicas que lhes são comuns contribui para avançar no caminho da integração e solidariedade de toda a América Latina,

Persuadidas de que o presente Tratado significa o início de um processo de cooperação que redundará em benefício de seus respectivos países e da Amazônia em seu conjunto,

Resolvem subscrever o presente Tratado:

Art. I - As Partes Contratantes convém em realizar esforços e ações conjuntas a fim de promover o desenvolvimento harmônico de seus respectivos territórios amazônicos, de modo a que essas ações conjuntas produzam resultados eqüitativos e mutuamente proveitosos, assim como para a preservação do meio ambiente e a conservação e utilização racional dos recursos naturais desses territórios.

Parágrafo único - Para tal fim, trocarão informações e concertarão acordos e entendimentos cooperativos, assim como os instrumentos jurídicos pertinentes que permitam o cumprimento das finalidades do presente Tratado.

Art. II - O presente Tratado se aplicará nos territórios das Partes Contratantes na Bacia Amazônica, assim como, também, em qualquer território de uma Parte Contratante que, pelas suas características geográficas, ecológicas ou econômicas, se considere estreitamente vinculado à mesma.

Art. III - De acordo com e sem detrimento dos direitos outorgados por atos unilaterais, do estabelecido nos tratados bilaterais entre as Partes e dos princípios e normas do Direito Internacional, as Partes Contratantes asseguram-se mutuamente, na base da reciprocidade, a mais ampla liberdade de navegação comercial no curso do Amazonas e demais rios amazônicos internacionais, observando os regulamentos fiscais e de polícia estabelecidos ou que se estabelecerem no território de cada uma delas. Tais regulamentos deverão, na medida do possível, favorecer a navegação e o comércio guardar entre si uniformidade.

Parágrafo único - O presente Tratado não se aplicará à navegação de cabotagem.

Art. IV - As Partes Contratantes proclamam que o uso e aproveitamento exclusivo dos recursos naturais em seus respectivos territórios é direito inerente à soberania do Estado e seu exercício não terá outras restrições senão as que resultem do Direito Internacional.

Art. V - Tendo em vista a importância e multiplicidade de funções que os rios amazônicos desempenham no processo de desenvolvimento econômico e social de região, as Partes Contratantes procurarão envidas esforços com vistas à utilização racional dos recursos hídricos.

Art. VI - Com objetivo de que os rios amazônicos constituam um vínculo eficaz de comunicação entre as Partes Contratantes e com o Oceano Atlântico, os Estados ribeirinhos interessados num determinado problema que afete a navegação livre e desimpedida empreenderão, conforme for o caso, ações nacionais, bilaterais ou multilaterais para o melhoramento e habilitação dessas vias navegáveis.

Parágrafo único - Para tal efeito, estudar-se-ão as formas de eliminar os obstáculos físicos que dificultam um impedem a referida navegação, assim como os aspectos econômicos e financeiros correspondentes, a fim de concretizar os meios operativos mais adequados.

Art. VII - Tendo em vista a necessidade de que o aproveitamento de flora e da fauna da Amazônia seja racionalmente planejado, a fim de manter o equilíbrio ecológico da região e preservar as espécies, as Partes Contratantes decidem:

a) promover a pesquisa científica e o intercâmbio de informações e de pessoal técnico entre as entidades competentes dos respectivos países, a fim de ampliar os conhecimentos sobre os recursos da flora e da fauna de seus territórios amazônicos e prevenir e controlar as enfermidades nesses territórios;

b) estabelecer um sistema regular de troca adequada de informações sobre as medidas conservacionistas que cada Estado tenha adotado ou adote em seus territórios amazônicos, as quais serão matéria de um relatório anual apresentado por cada país.

Art. VIII - As Partes Contratantes decidem promover a coordenação dos atuais serviços de saúde de seus respectivos territórios amazônicos e tomar outras medidas que sejam aconselháveis, com vistas à melhoria das condições sanitárias da região e ao aperfeiçoamento dos métodos tendentes a prevenir e combater as epidemias.

Art. IX - As Partes Contratantes concordam em estabelecer estreita colaboração nos campos da pesquisa científica e tecnológica, com o objetivo de criar condições mais adequadas à aceleração do desenvolvimento econômico e social da região.

§ 1º - Para os fins do presente Tratado, a cooperação técnica e científica a ser desenvolvida entre as Partes Contratantes poderá assumir as seguintes formas:

a) a realização conjunta ou coordenada de programas de pesquisa e desenvolvimento;

b) criação e operação de instituições de pesquisa ou de centros de aperfeiçoamento e produção experimental;

c) organização de seminário e conferências, intercâmbio de informações e documentação e organização dos meios destinados à sua difusão.

§ 2º - As Partes Contratantes poderão, sempre que julgarem necessário e conveniente, solicitar a participação de organismos internacionais na execução de estudos, programas e projetos resultantes das formas de cooperação técnica e científica definidas no parágrafo primeiro do presente artigo.

Art. X - As Partes Contratantes coincidem a conveniência de criar uma infra-estrutura física adequada entre seus respectivos países, especialmente nos aspectos de transporte e comunicações. Conseqüentemente, comprometem-se a estudar as formas mais harmônicas de estabelecer ou aperfeiçoar as interconexões rodoviárias, de transportes fluviais, aéreos e de telecomunicações, tendo em conta os planos e programas de cada país para lograr o objetivo prioritário integrar plenamente seus territórios amazônicos às suas respectivas economias nacionais.

Art. XI - Com o propósito de incrementar o emprego racional dos recursos humanos e naturais de seus respectivos territórios amazônicos, as Partes Contratantes concordam em estimular a realização de estudos e a adoção de medidas conjuntas tendentes a promover o desenvolvimento econômico e social desses territórios e a gerar formas de complementação que reforcem as ações previstas nos planos nacionais para os referidos territórios.

Art. XII - As Partes Contratantes reconhecem a utilidade de desenvolver, em condições eqüitativas e de mútuo proveito, o comércio a varejo de produtos de consumo local entre as suas respectivas populações amazônicas limítrofes, mediante acordos bilaterais ou multilaterais adequados.

Art. XIII - As Partes Contratantes cooperarão para incrementar as correntes turísticas, nacionais e de terceiros países, em seus respectivos territórios amazônicos, sem prejuízo das disposições nacionais de proteção às culturas indígenas e aos recursos naturais.

Art. XIV - As Partes Contratantes cooperarão no sentido de lograr a eficácia das medidas que se adotem para a conservação das riquezas etnológicas e arqueológicas da área amazônica.

Art. XV - As Partes Contratantes se esforçarão por manter um intercâmbio permanente de informações e colaboração entre si e com os órgãos de cooperação latino-americanos, nos campos de ação que se relacionam com as matérias que são objeto deste Tratado.

Textos fundamentais do
Direito das Relações Internacionais

Art. XVI - As decisões e compromissos adotados pelas Partes Contratantes na aplicação do presente Tratado não prejudicarão os projetos e empreendimentos que executem em seus respectivos territórios, dentro do respeito ao Direito Internacional e segundo a boa prática entre nações vizinhas e amigas.

Art. XVII - As Partes Contratantes poderão apresentar iniciativas para a realização de estudos destinados à concretização de projetos de interesse comum para o desenvolvimento de seus territórios amazônicos e, em geral, que permitam o cumprimento das ações contempladas no presente Tratado.

Parágrafo único: As Partes Contratantes acordam conceder especial atenção à consideração de iniciativas apresentadas por países de menor desenvolvimento que impliquem esforços e ações conjuntas das Partes.

Art. XVIII - O estabelecido no presente Tratado não significará qualquer limitação a que as Partes Contratantes celebrem acordos bilaterais ou multilaterais sobre temas específicos ou genéricos, desde que não sejam contrários à consecução dos objetivos comuns de cooperação da Amazônia, consagrados neste instrumento.

Art. XIX - Nem a celebração do presente Tratado, nem a sua execução terão algum efeito sobre quaisquer outros tratados ou atos internacionais vigentes entre as Partes, nem sobre quaisquer divergências sobre limites ou direitos territoriais existentes entre as Partes, nem poderá interpretar-se ou invocar-se a celebração deste Tratado ou sua execução para alegar aceitação ou renúncia, afirmação ou modificação, direta ou indireta, expressa ou tácita, das posições e interpretações que sobre estes assuntos sustente cada Parte Contratante.

Art. XX - Sem prejuízo de que posteriormente se estabeleça periodicidade mais adequada, os Ministros das Relações Exteriores das Partes Contratantes realizarão reuniões cada vez que o julguem conveniente ou oportuno, a fim de fixar as diretrizes básicas da política comum, apreciar e avaliar o andamento geral do processo de cooperação amazônica e adotar as decisões tendentes à realização dos fins propostos neste instrumento.

§ 1º - Celebrar-se-ão reuniões dos Ministros das Relações Exteriores por iniciativa de qualquer das Partes Contratantes sempre que conte com o apoio de pelo menos outros quatro Estados Membros.

§ 2º - A primeira reunião de Ministros das Relações Exteriores celebrar-se-á dentro de dois anos seguintes à data de entrada em vigor do presente Tratado. A sede e a data da primeira reunião serão fixadas mediante entendimento entre as Chancelarias das Partes Contratantes.

§ 3º - A designação do país sede das reuniões obedecerá ao critério de rodízio por ordem alfabética.

Art. XXI - Representantes diplomáticos de alto nível das Partes Contratantes reunir-se-ão, anualmente, integrando o Conselho de Cooperação Amazônica, com as seguintes atribuições:

1. Velar pelo cumprimento dos objetivos e finalidades do Tratado.

2. Velar pelo cumprimento das decisões tomadas nas reuniões de Ministros das Relações Exteriores.

3. Recomendar às Partes a conveniências ou oportunidade de celebrar reuniões de Ministros das Relações exteriores e preparar o temário correspondente.

4. Considerar as iniciativas e os projetos que apresentem as Partes e adotar as decisões pertinentes para a realização de estudos e projetos bilaterais ou multilaterais, cuja execução, quando for o caso, estará a cargo das Comissões Nacionais Permanentes.

5. Avaliar o cumprimento dos projetos de interesse bilaterais ou multilateral.

6. Adotar as normas para o seu funcionamento

§ 1º - O Conselho poderá celebrar reuniões extraordinárias por iniciativa de qualquer das Partes Contratantes, com o apoio da maioria das demais.

§ 2º - A sede das reuniões ordinárias obedecerá ao critério de rodízio, por ordem alfabética, entre as Partes Contratantes.

Art. XX - As funções da Secretaria serão desenvolvidas, *pro tempore*, pela Parte Contratante em cujo território deva celebrar-se a seguinte reunião extraordinária do Conselho de Cooperação Amazônica.

Parágrafo único - A Secretaria *pro tempore* enviará, às Partes, a documentação pertinente.

Art. XXIII - As Partes Contratantes criarão Comissões Nacionais Permanentes encarregadas da aplicação, em seus respectivos territórios, das disposições deste Tratado, assim como da execução das decisões adotadas pelas reuniões dos Ministros das relações Exteriores e pelo Conselho de Cooperação Amazônica, sem prejuízo de outras atividades que lhes sejam atribuídas por cada Estado.

Art. XXIV - Sempre que necessário, as Partes Contratantes poderão constituir comissões especiais destinadas ao estudo de problemas ou temas específicos relacionados com os fins deste Tratado.

Art. XXV - As decisões adotadas em reuniões efetuadas em conformidade com os Arts. XX e XXI, requererão sempre voto unânime dos Países Membros do presente Tratado. As decisões adotadas em reuniões efetuadas em conformidade com o Art. XXIV requererão sempre o voto unânime dos países participantes.

Art. XVI - As Partes Contratantes acordam que o presente tratado não será susceptível de reservas ou declarações interpretativas.

Art. XXVII - O presente Tratado terá duração ilimitada e não estará aberto a adesões.

Art. XXVIII - O presente Tratado será ratificado pelas Partes Contratantes e os instrumentos de ratificação serão depositados junto ao Governo da República Federativa do Brasil.

Textos fundamentais do
Direito das Relações Internacionais

97

§ 1º - O presente tratado entrará em vigor trinta dias depois de depositado o último instrumento de ratificação das Partes Contratantes.

§ 2º - A intenção de denunciar o presente Tratado será comunicada por uma Parte Contratante às demais Partes Contratantes, pelo menos noventa dias antes da entrega formal do instrumento de denúncia ao Governo da república Federativa do Brasil. Formalizada a denúncia, os efeitos do Tratado cessarão para a Parte Contratante denunciante, no prazo de um ano.

§ 3º - O presente tratado será redigido nos idiomas português, espanhol, holandês e inglês, fazendo todos igualmente fé.

Em fé do que, os Chanceleres abaixo-assinados firmaram o presente Tratado.

j) Tratado de Assunção para a constituição do Mercado Comum do Sul, Mercosul (1991)

A República Argentina, a República Federativa do Brasil, a República do Paraguai e a República Oriental do Uruguai, doravante denominados "Estados Partes";

Considerando que a ampliação das atuais dimensões de seus mercados nacionais, através da integração, constitui condição fundamental para acelerar seus processos de desenvolvimento econômico com justiça social;

Entendendo que esse objetivo deve ser alcançado mediante o aproveitamento mais eficaz dos recursos disponíveis, a preservação do meio ambiente, o melhoramento das interconexões físicas, a coordenação de políticas macroeconômica da complementação dos diferentes setores da economia, com base no princípio de gradualidade, flexibilidade e equilíbrio;

Tendo em conta a evolução dos acontecimentos internacionais, em especial a consolidação de grandes espaços econômicos, e a importância de lograr uma adequada inserção internacional para seus países;

Expressando que este processo de integração constitui uma resposta adequada a tais acontecimentos;

Conscientes de que o presente Tratado deve ser considerado como um novo avanço no esforço tendente ao desenvolvimento progressivo da integração da América Latina, conforme o objetivo do Tratado de Montevidéu de 1980;

Convencidos da necessidade de promover o desenvolvimento científico e tecnológico dos Estados Partes e de modernizar suas economias para ampliar a oferta e a qualidade dos bens de serviço disponíveis, a fim de melhorar as condições de vida de seus habitantes;

Reafirmando sua vontade política de deixar estabelecidas as bases para uma união cada vez mais estreita entre seus povos, com a finalidade de alcançar os objetivos supramencionados; *Acordam:*

Capítulo I - Propósito, Princípios e Instrumentos

Artigo 1º - Os Estados Partes decidem constituir um Mercado Comum, que deverá estar estabelecido a 31 de dezembro de 1994, e que se denominará "Mercado Comum do Sul" (MERCOSUL).

Este Mercado Comum implica:

A livre circulação de bens, serviços e fatores produtivos entre os países, através, entre outros, da eliminação dos direitos alfandegários, restrições não tarifárias à circulação de mercado de qualquer outra medida de efeito equivalente;

O estabelecimento de uma tarifa externa comum e a adoção de uma política comercial comum em relação a terceiros Estados ou agrupamentos de Estados e a coordenação de posições em foros econômico-comerciais regionais e internacionais;

A coordenação de políticas macroeconômicas e setoriais entre os Estados Partes - de comércio exterior, agrícola, industrial, fiscal, monetária, cambial e de capitais, de serviços, alfandegária, de transportes e comunicações e outras que se acordem - a fim de assegurar condições adequadas de concorrência entre os Estados Partes; e

O compromisso dos Estados Partes de harmonizar suas legislações, nas áreas pertinentes, para lograr o fortalecimento do processo de integração.

Artigo 2º - O Mercado Comum estará fundado na reciprocidade de direitos e obrigações entre os Estados Partes.

Artigo 3º - Durante o período de transição, que se estenderá desde a entrada em vigor do presente Tratado até 31 de dezembro de 1994, e a fim de facilitar a constituição do Mercado Comum, os Estados Partes adotam um Regime Geral de Origem, um Sistema de Solução de Controvérsias e Cláusulas de Salvaguarda, que constam como Anexos II, III e IV ao presente Tratado.

Artigo 4º - Nas relações com terceiros países, os Estados Partes assegurarão condições eqüitativas de comércio. Para tal fim, aplicarão suas legislações nacionais, para inibir importações cujos preços estejam influenciados por subsídios, dumping ou qualquer outra prática desleal. Paralelamente, os Estados Partes coordenarão suas respectivas políticas nacionais com o objetivo de elaborar normas comuns sobre concorrência comercial.

Artigo 5º - Durante o período de transição, os principais instrumentos para a constituição do Mercado Comum são:

a) Um Programa de Liberação Comercial, que consistirá em reduções tarifárias progressivas, lineares e automáticas, acompanhadas da eliminação de restrições não tarifárias ou medidas de efeito equivalente, assim como de outras restrições ao comércio entre os Estados Partes, para chegar a 31 de dezembro de 1994 com tarifa zero, sem barreiras não tarifárias sobre a totalidade do universo tarifário (Anexo I);

b) A coordenação de políticas macroeconômicas que se realizará gradualmente e de forma convergente com os programas de desgravação tarifária e eliminação de restrições não tarifárias, indicados na letra anterior;

Textos fundamentais do
Direito das Relações Internacionais

c) Uma tarifa externa comum, que incentiva a competitividade externa dos Estados Partes;

d) A adoção de acordos setoriais, com o fim de otimizar a utilização e mobilidade dos fatores de produção e alcançar escalas operativas eficientes.

Artigo 6º - Os Estados Partes reconhecem diferenças pontuais de ritmo para a República do Paraguai e para a República Oriental do Uruguai, que constam no Programa de Liberação Comercial (Anexo I).

Artigo 7º - Em matéria de impostos, taxas e outros gravames internos, os produtos originários do território de um Estado Parte gozarão, nos outros Estados Partes, do mesmo tratamento que se aplique ao produto nacional.

Artigo 8º - Os Estados Partes se comprometem a preservar os compromissos assumidos até a data de celebração do presente Tratado, inclusive os Acordos firmados no âmbito da Associação Latino-Americana de Integração, e a coordenar suas posições nas negociações comerciais externas que empreendam durante o período de transição. Para tanto:

a) Evitarão afetar os interesses dos Estados Partes nas negociações comerciais que realizem entre si até 31 de dezembro de 1994;

b) Evitarão afetar os interesses dos demais Estados Partes ou os objetivos do Mercado Comum nos Acordos que celebrarem com outros países membros da Associação Latino-Americana de Integração durante o período de transição;

c) Realizarão consultas entre si sempre que negociem esquemas amplos de desgravação tarifária, tendentes à formação de zonas de livre comércio com os demais países membros da Associação Latino-Americana de Integração;

d) Estenderão automaticamente aos demais Estados Partes qualquer vantagem, favor, franquia, imunidade ou privilégio que concedam a um produto originário de ou destinado a terceiros países não membros da Associação Latino-Americana de Integração.

Capítulo II - Estrutura Orgânica

Artigo 9º - A administração e execução do presente Tratado e dos Acordos específicos e decisões que adotem no quadro jurídico que o mesmo estabelece durante o período de transição estarão a cargo dos seguintes órgãos:

a) Conselho do Mercado Comum

b) Grupo do Mercado Comum

Artigo 10 - O conselho é o órgão superior do Mercado Comum, correspondendo-lhe a condução política do mesmo e a tomada de decisões para assegurar o cumprimento dos objetivos e prazos estabelecidos para a constituição definitiva do Mercado Comum.

Artigo 11 - O conselho estará integrado pelos Ministros de Relações Exteriores e os Ministros de Economia dos Estados Partes.

Reunir-se-á quantas vezes estime oportuno, e, pelo menos uma vez ao ano, o fará com a participação dos Presidentes dos Estados Partes.

Artigo 12 - A presidência do Conselho se exercerá por rotação dos Estados Partes e em ordem alfabética, por períodos de seis meses.

As reuniões do Conselho serão coordenadas pelos Ministérios das Relações Exteriores e poderão ser convidados a delas participar outros Ministros ou autoridades de nível Ministerial.

Artigo 13 - O Grupo Mercado Comum é o órgão executivo do Mercado Comum e será coordenado pelos Ministérios de Relações Exteriores. O Grupo Mercado Comum terá faculdade de iniciativa. Suas funções serão as seguintes:

a) velar pelo cumprimento do Tratado;

b) tomar as providências necessárias ao cumprimento das decisões adotadas pelo Conselho;

c) propor medidas concretas tendentes à aplicação do Programa de Liberação Comercial, à coordenação de política macroeconômica e à negociação de Acordos frente a terceiros;

d) fixar programas de trabalho que assegurem avanços para o estabelecimento do Mercado Comum.

O Grupo Mercado Comum poderá constituir os subgrupos de Trabalho que forem necessários para o cumprimento de seus objetivos. Contará inicialmente com os Subgrupos mencionados no Anexo V.

O Grupo Mercado Comum estabelecerá seu regime interno no prazo de 60 dias de sua instalação.

Artigo 14 - O Grupo Mercado Comum estará integrado por quatro membros titulares e quatro membros alternos por país, que representem os seguintes órgãos públicos:

a) Ministério das Relações Exteriores;

b) Ministério da Economia seus equivalentes (áreas de indústria, comércio exterior e ou coordenação econômica);

c) Banco Central.

Ao elaborar e propor medidas concretas no desenvolvimento de seus trabalhos, até 31 de dezembro de 1994, o Grupo Mercado Comum poderá convocar, quando julgar conveniente, representantes de outros órgãos da Administração Pública e do setor privado.

Artigo 15 - O Grupo Mercado Comum contará com uma Secretaria Administrativa cujas principais funções consistirão na guarda de documentos e comunicações de atividades do mesmo. Terá sua sede na cidade de Montevidéu.

Artigo 16 - Durante o período de transição, as decisões do Conselho do Mercado Comum e do Grupo Mercado Comum serão tomadas por consenso e com a presença de todos os Estados Partes.

Artigo 17 - Os idiomas oficiais do Mercado Comum serão o português e o espanhol e a versão oficial dos documentos de trabalho será a do idioma do país sede de cada reunião.

Textos fundamentais do
Direito das Relações Internacionais

101

Artigo 18 - Antes do estabelecimento do Mercado Comum, a 31 de dezembro de 1994, os Estados Partes convocarão uma reunião extraordinária com o objetivo de determinar a estrutura institucional definitiva dos órgãos de administração do Mercado Comum, assim como as atribuições específicas de cada um deles e seu sistema de tomada de decisões.

Capítulo III - Vigência

Artigo 19 - O presente Tratado terá duração indefinida e entrará em vigor 30 dias após a data do depósito do terceiro instrumento de ratificação. Os instrumentos de ratificação serão depositados ante o Governo da República do Paraguai, que comunicará a data do depósito aos Governos dos demais Estados Partes.

O Governo da República do Paraguai notificará ao Governo de cada um dos demais Estados Partes a data de entrada em vigor do Presente Tratado.

Capítulo IV - Adesão

Artigo 20 - O presente Tratado estará aberto à adesão, mediante negociação, dos demais países membros da Associação Latino-Americana de Integração, cujas solicitações poderão ser examinadas pelos Estados Partes depois de cinco anos de vigência deste Tratado.

Não obstante, poderão ser consideradas antes do referido prazo as solicitações apresentadas por países membros da Associação Latino-Americana de Integração que não façam parte de esquemas de integração sub-regional ou de uma associação extra-regional.

A aprovação das solicitações será objeto de decisão unânime dos Estados Partes.

Capítulo V - Denúncia

Artigo 21 - O Estado Parte que desejar desvincular-se do presente Tratado deverá comunicar essa intenção aos demais Estados Partes de maneira expressa e formal, efetuando no prazo de sessenta (60) dias a entrega do documento de denúncia ao Ministério das Relações Exteriores da República do Paraguai, que o distribuirá aos demais Estados Partes.

Artigo 22 - Formalizada a denúncia, cessarão para o Estado denunciante os direitos e obrigações que correspondam a sua condição de Estado Parte, mantendo-se os referentes ao programa de liberação do presente Tratado e outros aspectos que os Estados Partes, juntos com o Estado denunciante, acordem no prazo de sessenta (60) dias após a formalização da denúncia. Esses direitos e obrigações do Estado denunciante continuarão em vigor por um período de dois (02) anos a partir da data da mencionada formalização.

Capítulo VI - Disposições Gerais

Artigo 23 - O presente Tratado se chamará "Tratado de Assunção".

Artigo 24 - Com o objetivo de facilitar a implementação do Mercado Comum, estabelecer-se-á Comissão Parlamentar Conjunta do MERCOSUL.

Os Poderes Executivos dos Estados Partes manterão seus respectivos Poderes Legislativos informados sobre a evolução do Mercado Comum objeto do presente Tratado.

Feito na cidade de Assunção, a 26 de março de 1991, em um original, nos idiomas português e espanhol, sendo ambos os textos igualmente autênticos. O Governo da República do Paraguai será depositário do presente Tratado e enviará cópia devidamente autenticada do mesmo aos Governos dos demais Estados Partes signatários e aderentes.

k) Protocolo de Brasília sobre a solução de controvérsias no Mercosul (1991)

A República Argentina, a República Federativa do Brasil, a República do Paraguai e a República Oriental do Uruguai, doravante denominados "Estados Partes";

Em cumprimento ao disposto no Artigo 3 e no Anexo III do Tratado de Assunção, firmado em 26 de março de 1991, em virtude do qual os Estados Partes se comprometeram a adotar um Sistema de Solução de Controvérsias que vigorará durante o período de transição;

Reconhecendo a importância de dispor de um instrumento eficaz para assegurar o cumprimento do mencionado Tratado e das disposições que dele derivem;

Convencidos de que o Sistema de Solução de Controvérsias contido no presente Protocolo contribuirá para o fortalecimento das relações entre as Partes com base na justiça e na eqüidade;

Convieram no seguinte:

Capítulo I - Âmbito de aplicação

Art. 1º - As controvérsias que surgirem entre os Estados Partes sobre a interpretação, a aplicação ou o não cumprimento das disposições contidas no Tratado de Assunção, dos acordos celebrados no âmbito do mesmo, bem como das decisões do Conselho do Mercado Comum e das Resoluções do Grupo Mercado Comum, serão submetidas aos procedimentos de solução estabelecidos no presente Protocolo.

Capítulo II - Negociações diretas

Art. 2º - Os Estados Partes numa controvérsia procurarão resolvê-la, antes de tudo, mediante negociações diretas.

Art. 3º - 1. Os Estados Partes numa controvérsia informarão o Grupo Mercado Comum, por intermédio da Secretaria Administrativa, sobre as gestões que se realizarem durante as negociações e os resultados das mesmas.

2. As negociações diretas não poderão, salvo acordo entre as partes, exceder um prazo de quinze (15) dias, a partir da data em que um dos Estados Partes levantar a controvérsia.

Textos fundamentais do
Direito das Relações Internacionais

103

Capítulo III - Intervenção do Grupo Mercado Comum

Art. 4º - 1. Se mediante negociações diretas não se alcançar um acordo ou se a controvérsia for solucionada apenas parcialmente, qualquer dos Estados Partes na controvérsia poderá submetê-la à consideração do Grupo Mercado Comum.

2. O Grupo Mercado Comum avaliará a situação, dando oportunidade às partes na controvérsia para que exponham suas respectivas posições e requerendo, quando considere necessário, o assessoramento de especialistas selecionados da lista referida no Artigo 30 do presente Protocolo.

3. As despesas relativas a esse assessoramento serão custeadas em montantes iguais pelos Estados Partes na controvérsia ou na proporção que o Grupo Mercado Comum determinar.

Art. 5º - Ao término deste procedimento o Grupo Mercado Comum formulará recomendações aos Estados Partes na controvérsia, visando à solução do diferendo.

Art. 6º - O procedimento descrito no presente capítulo não poderá estender-se por um prazo superior a trinta (30) dias, a partir da data em que foi submetida a controvérsia à consideração do Grupo Mercado Comum.

Capítulo IV - Procedimento arbitral

Art. 7º - 1. Quando não tiver sido possível solucionar a controvérsia mediante a aplicação dos procedimentos referidos nos capítulos II e III, qualquer dos Estados Partes na controvérsia poderá comunicar à Secretaria Administrativa sua intenção de recorrer ao procedimento arbitral que se estabelece no presente Protocolo.

2. A Secretaria Administrativa levará, de imediato, o comunicado ao conhecimento do outro ou dos outros Estados envolvidos na controvérsia e ao Grupo Mercado Comum e se encarregará da tramitação do procedimento.

Art. 8º - Os Estados Partes declaram que reconhecem como obrigatória, *ipso facto* e sem necessidade de acordo especial, a jurisdição do Tribunal Arbitral que em cada caso se constitua para conhecer e resolver todas as controvérsias a que se refere o presente Protocolo.

Art. 9º - 1. O procedimento arbitral tramitará ante um Tribunal *ad hoc* composto de três (3) árbitros pertencentes à lista referida no Artigo 10.

2. Os árbitros serão designados da seguinte maneira:

i) cada Estado Parte na controvérsia designará um (1) árbitro. O terceiro árbitro, que não poderá ser nacional dos Estados Partes na controvérsia, será designado de comum acordo por eles e presidirá o Tribunal Arbitral. Os árbitros deverão ser nomeados no período de quinze (15) dias, a partir da data em que a Secretaria Administrativa tiver comunicado aos demais Estados Partes na controvérsia a intenção de um deles de recorrer à arbitragem;

ii) cada Estado Parte na controvérsia nomeará, ainda, um árbitro suplente, que reúna os mesmos requisitos, para substituir o árbitro titular em caso de incapacidade ou excusa deste para formar o Tribunal Arbitral, seja no momento de sua instalação ou no curso do procedimento.

Art. 10 - Cada Estado Parte designará dez (10) árbitros que integrarão uma lista que ficará registrada na Secretaria Administrativa. A lista, bem como suas sucessivas modificações, será comunicada aos Estados Partes.

Art. 11 - Se um dos Estados Partes na controvérsia não tiver nomeado seu árbitro no período indicado no Artigo 9, este será designado pela Secretaria Administrativa dentre os árbitros desse Estado, segundo a ordem estabelecida na lista respectiva.

Art. 12 - 1) Se não houver acordo entre os Estados Partes na controvérsia para escolher o terceiro árbitro no prazo estabelecido no Artigo 9, a Secretaria Administrativa, a pedido de qualquer deles, procederá a sua designação por sorteio de uma lista de dezesseis (16) árbitros elaborada pelo Grupo Mercado Comum.

2) A referida lista, que também ficará registrada na Secretaria Administrativa, estará integrada em partes iguais por nacionais dos Estados Partes e por nacionais de terceiros países.

Art. 13 - Os árbitros que integrem as listas a que fazem referência os artigos 10 e 12 deverão ser juristas de reconhecida competência nas matérias que possam ser objeto de controvérsia.

Art. 14 - Se dois ou mais Estados Partes sustentarem a mesma posição na controvérsia, unificarão sua representação ante o Tribunal Arbitral e designarão um árbitro de comum acordo no prazo estabelecido no Artigo 9.2.i).

Art. 15 - O Tribunal Arbitral fixará em cada caso sua sede em algum dos Estados Partes e adotará suas próprias regras de procedimento. Tais regras garantirão que cada uma das partes na controvérsia tenha plena oportunidade de ser escutada e de apresentar suas provas e argumentos, e também assegurarão que os processos se realizem de forma expedita.

Art. 16 - Os Estados Partes na controvérsia informarão o Tribunal Arbitral sobre as instâncias cumpridas anteriormente ao procedimento arbitral e farão uma breve exposição dos fundamentos de fato ou de direito de suas respectivas posições.

Art. 17 - Os Estados Partes na controvérsia designarão seus representantes ante o Tribunal Arbitral e poderão ainda designar assessores para a defesa de seus direitos.

Art. 18 - 1. O Tribunal Arbitral poderá, por solicitação da parte interessada e na medida em que existam presunções fundadas de que a manutenção da situação venha a ocasionar danos graves e irreparáveis a uma das partes, ditar as medidas provisionais que considere apropriadas, segundo as circunstâncias e nas condições que o próprio Tribunal estabelecer, para prevenir tais danos.

2. As partes na controvérsia cumprirão, imediatamente ou no prazo que o Tribunal Arbitral determinar, qualquer medida provisional, até que se dite o laudo a que se refere o Artigo 20.

Art. 19 - 1. O Tribunal Arbitral decidirá a controvérsia com base nas disposições do Tratado de Assunção, nos acordos celebrados no âmbito do mesmo, nas decisões do Conselho do Mercado Comum, nas Resoluções do Grupo Mercado Comum, bem como nos princípios e disposições de direito internacional aplicáveis na matéria.

2. A presente disposição não restringe a faculdade do Tribunal Arbitral de decidir uma controvérsia *ex aequo et bono*, se as partes assim o convierem.

Art. 20 - 1. O Tribunal Arbitral se pronunciará por escrito num prazo de sessenta (60) dias, prorrogáveis por um prazo máximo de trinta (30) dias, a partir da designação de seu Presidente.

2. O laudo do Tribunal Arbitral será adotado por maioria, fundamentado e firmado pelo Presidente e pelos demais árbitros. Os membros do Tribunal Arbitral não poderão fundamentar votos dissidentes e deverão manter a votação confidencial.

Art. 21 - 1. Os laudos do Tribunal Arbitral são inapeláveis, obrigatórios para os Estados Partes na controvérsia a partir do recebimento da respectiva notificação e terão relativamente a eles força de coisa julgada.

2. Os laudos deverão ser cumpridos em um prazo de quinze (15) dias, a menos que o Tribunal Arbitral fixe outro prazo.

Art. 22 - 1. Qualquer dos Estados Partes na controvérsia poderá, dentro de quinze (15) dias da notificação do laudo, solicitar um esclarecimento do mesmo ou uma interpretação sobre a forma com que deverá cumprir-se.

2. O Tribunal Arbitral disto se desincumbirá nos quinze (15) dias subseqüentes.

3. Se o Tribunal Arbitral considerar que as circunstâncias o exigirem, poderá suspender o cumprimento do laudo até que decida sobre a solicitação apresentada.

Art. 23 - Se um Estado Parte não cumprir o laudo do Tribunal Arbitral, no prazo de trinta (30) dias, os outros Estados Partes na controvérsia poderão adotar medidas compensatórias temporárias, tais como a suspensão de concessões ou outras equivalentes, visando a obter seu cumprimento.

Art. 24 - 1. Cada Estado Parte na controvérsia custeará as despesas ocasionadas pela atividade do árbitro por ele nomeado.

2. O Presidente do Tribunal Arbitral receberá uma compensação pecuniária, a qual, juntamente com as demais despesas do Tribunal Arbitral, serão custeadas em montantes iguais pelos Estados Partes na controvérsia, a menos que o Tribunal decida distribuí-los em proporção distinta.

Capítulo V - Reclamações de particulares

Art. 25 - O procedimento estabelecido no presente capítulo aplicar-se-á às reclamações efetuadas por particulares (pessoas físicas ou jurídicas) em razão da sanção ou aplicação, por qualquer dos Estados Partes, de medidas legais ou administrativas de efeito restritivo, discriminatórias ou de concorrência desleal, em violação do Tratado de Assunção, dos acordos celebrados no âmbito do mesmo, das decisões do Conselho do Mercado Comum ou das Resoluções do Grupo Mercado Comum.

Art. 26 - 1. Os particulares afetados formalizarão as reclamações ante a Seção Nacional do Grupo Mercado Comum do Estado Parte onde tenham sua residência habitual ou a sede de seus negócios.

2. Os particulares deverão fornecer elementos que permitam à referida Seção Nacional determinar a veracidade da violação e a existência ou ameaça de um prejuízo.

Art. 27 - A menos que a reclamação se refira a uma questão que tenha motivado o início de um procedimento de Solução de Controvérsias consoante os capítulos II, III e IV deste Protocolo, a Seção Nacional do Grupo Mercado Comum que tenha admitido a reclamação conforme o Artigo 26 do presente capítulo poderá, em consulta com o particular afetado:

a) Entabular contatos diretos com a Seção Nacional do Grupo Mercado Comum do Estado Parte a que se atribui a violação a fim de buscar, mediante consultas, uma solução imediata à questão levantada; ou

b) Elevar a reclamação sem mais exame ao Grupo Mercado Comum.

Art. 28 - Se a questão não tiver sido resolvida no prazo de quinze (15) dias a partir da comunicação da reclamação conforme o previsto no Artigo 27 a), a Seção Nacional que efetuou a comunicação poderá, por solicitação do particular afetado, elevá-la sem mais exame ao Grupo Mercado Comum.

Art. 29 - 1. Recebida a reclamação, o Grupo Mercado Comum, na primeira reunião subseqüente ao seu recebimento, avaliará os fundamentos sobre os quais se baseou sua admissão pela Seção Nacional. Se concluir que não estão reunidos os requisitos necessários para dar-lhe curso, recusará a reclamação sem mais exame.

2. Se o Grupo Mercado Comum não rejeitar a reclamação, procederá de imediato à convocação de um grupo de especialistas que deverá emitir um parecer sobre sua procedência no prazo improrrogável de trinta (30) dias, a partir da sua designação.

3. Nesse prazo, o grupo de especialistas dará oportunidade ao particular reclamante e ao Estado contra o qual se efetuou a reclamação de serem escutados e de apresentarem seus argumentos.

Art. 30 - 1. O grupo de especialistas a que faz referência o Artigo 29 será composto de três (3) membros designados pelo Grupo Mercado Comum ou, na falta de acordo sobre um ou mais especialistas, estes serão eleitos dentre os integrantes de uma lista de vinte e quatro (24) especialistas por votação que os Estados Partes realizarão. A Secretaria Administrativa comunicará ao Grupo Mercado Comum o nome do especialista ou dos especialistas que tiverem recebido o maior número de votos. Neste último caso, e salvo se o Grupo Mercado Comum decidir de outra maneira, um dos

Textos fundamentais do
Direito das Relações Internacionais

especialistas designados não poderá ser nacional do Estado contra o qual foi formulada a reclamação, nem do Estado no qual o particular formalizou sua reclamação, nos termos do Artigo 26.

2. Com o fim de constituir a lista dos especialistas, cada um dos Estados Partes designará seis (6) pessoas de reconhecida competência nas questões que possam ser objeto de controvérsia. Esta lista ficará registrada na Secretaria Administrativa.

Art. 31 - As despesas derivadas da atuação do grupo de especialistas serão custeadas na proporção que determinar o Grupo Mercado Comum ou, na falta de acordo, em montantes iguais pelas partes diretamente envolvidas.

Art. 32 - O grupo de especialistas elevará seu parecer ao Grupo Mercado Comum. Se nesse parecer se verificar a procedência da reclamação formulada contra um Estado Parte, qualquer outro Estado Parte poderá requerer-lhe a adoção de medidas corretivas ou a anulação das medidas questionadas. Se seu requerimento não prosperar num prazo de quinze (15) dias, o Estado Parte que o efetuou poderá recorrer diretamente ao procedimento arbitral, nas condições estabelecidas no Capítulo IV do presente Protocolo.

Capítulo VI - Disposições finais

Art. 33 - O presente Protocolo, parte integrante do Tratado de Assunção, entrará em vigor uma vez que os quatro Estados Partes tiverem depositado os respectivos instrumentos de ratificação. Tais instrumentos serão depositados junto ao Governo da República do Paraguai que comunicará a data de depósito aos Governos dos demais Estados Partes.

Art. 34 - O presente Protocolo permanecerá vigente até que entre em vigor o Sistema Permanente de Solução de Controvérsias para o Mercado Comum a que se refere o número 3 do Anexo III do Tratado de Assunção.

Art. 35 - A adesão por parte de um Estado ao Tratado de Assunção implicará *ipso jure* a adesão ao presente Protocolo.

Art. 36 - Serão idiomas oficiais em todos os procedimentos previstos no presente Protocolo o português e o espanhol, segundo resultar aplicável.

Feito na cidade de Brasília a 17 de dezembro de 1991, em um original, nos idiomas português e espanhol, sendo ambos textos igualmente autênticos. O Governo da República do Paraguai será o depositário do presente Protocolo e enviará cópia devidamente autenticada do mesmo aos Governos dos demais Estados Partes.

l) Protocolo de Ouro Preto sobre a estrutura institucional definitiva do Mercosul (1994)

A República Argentina, a República Federativa do Brasil, a República do Paraguai e a República Oriental do Uruguai, doravante denominadas "Estados Partes",

Em cumprimento ao disposto no artigo 18 do Tratado de Assunção, de 26 de março de 1991;

Conscientes da importância dos avanços alcançados e da implementação da união aduaneira como etapa para a construção do mercado comum;

Reafirmando os princípios e objetivos do Tratado de Assunção e atentos para a necessidade de uma consideração especial para países e regiões menos desenvolvidos do Mercosul;

Atentos para a dinâmica implícita em todo processo de integração e para a conseqüente necessidade de adaptar a estrutura institucional do Mercosul às mudanças ocorridas;

Reconhecendo o destacado trabalho desenvolvido pelos órgãos existentes durante o período de transição,

Acordam:

Capítulo I - Estrutura do Mercosul

Art. 1º - A estrutura institucional do Mercosul contará com os seguintes órgãos:

I. O Conselho do Mercado Comum (CMC);

II. O Grupo Mercado Comum (GMC);

III. A Comissão de Comércio do Mercosul (CCM);

IV. A Comissão Parlamentar Conjunta (CPC);

V. O Foro Consultivo Econômico-Social (FCES);

VI. A Secretaria Administrativa do Mercosul (SAM).

Parágrafo único - Poderão ser criados, nos termos do presente Protocolo, os órgãos auxiliares que se fizerem necessários à consecução dos objetivos do processo de integração.

Art. 2º - São órgãos com capacidade decisória, de natureza intergovernamental, o Conselho do Mercado Comum, o Grupo Mercado Comum e a Comissão de Comércio do Mercosul.

Seção I - Do Conselho do Mercado Comum

Art. 3º - O Conselho do Mercado Comum é o órgão superior do Mercosul ao qual incumbe a condução política do processo de integração e a tomada de decisões para assegurar o cumprimento dos objetivos estabelecidos pelo Tratado de Assunção e para lograr a constituição final do mercado comum.

Art. 4º - O Conselho do Mercado Comum será integrado pelos Ministros das Relações Exteriores; e pelos Ministros da Economia, ou seus equivalentes, dos Estados Partes.

Textos fundamentais do
Direito das Relações Internacionais

Art. 5º - A Presidência do Conselho do Mercado Comum será exercida por rotação dos Estados Partes, em ordem alfabética, pelo período de seis meses.

Art. 6º - O Conselho do Mercado Comum reunir-se-á quantas vezes estime oportuno, devendo fazê-lo pelo menos uma vez por semestre com a participação dos Presidentes dos Estados Partes.

Art. 7º - As reuniões do Conselho do Mercado Comum serão coordenadas pelos Ministérios das Relações Exteriores e poderão ser convidados a delas participar outros Ministros ou autoridades de nível ministerial.

Art. 8º - São funções e atribuições do Conselho do Mercado Comum:

I. Velar pelo cumprimento do Tratado de Assunção, de seus Protocolos e dos acordos firmados em seu âmbito;

II. Formular políticas e promover as ações necessárias à conformação do mercado comum;

III. Exercer a titularidade da personalidade jurídica do Mercosul.

IV. Negociar e firmar acordos em nome do Mercosul com terceiros países, grupos de países e organizações internacionais. Estas funções podem ser delegadas ao Grupo Mercado Comum por mandato expresso, nas condições estipuladas no inciso VII do artigo 14;

V. Manifestar-se sobre as propostas que lhe sejam elevadas pelo Grupo Mercado Comum;

VI. Criar reuniões de ministros e pronunciar-se sobre os acordos que lhe sejam remetidos pelas mesmas;

VII. Criar os órgãos que estime pertinentes, assim como modificá-los ou extingui-los;

VIII. Esclarecer, quando estime necessário, o conteúdo e o alcance de suas Decisões;

IX. Designar o Diretor da Secretaria Administrativa do Mercosul.

X. Adotar Decisões em matéria financeira e orçamentária;

XI. Homologar o Regimento Interno do Grupo Mercado Comum;

Art. 9º - O Conselho do Mercado Comum manifestar-se-á mediante Decisões, as quais serão obrigatórias para os Estados Partes.

Seção II - Do Grupo Mercado Comum

Art. 10 - O Grupo Mercado Comum é o órgão executivo do Mercosul.

Art. 11 - O Grupo Mercado Comum será integrado por quatro membros titulares e quatro membros alternos por país, designados pelos respectivos Governos, dentre os quais devem constar necessariamente representantes dos Ministérios das Relações Exteriores, dos Ministérios da Economia (ou equivalentes) e dos Bancos Centrais. O Grupo Mercado Comum será coordenado pelos Ministérios das Relações Exteriores.

Art. 12 - Ao elaborar e propor medidas concretas no desenvolvimento de seus trabalhos, o Grupo Mercado Comum poderá convocar, quando julgar conveniente, representantes de outros órgãos da Administração Pública ou da estrutura institucional do Mercosul.

Art. 13 - O Grupo Mercado Comum reunir-se-á de forma ordinária ou extraordinária, quantas vezes se fizerem necessárias, nas condições estipuladas por seu Regimento Interno.

Art. 14 - São funções e atribuições do Grupo Mercado Comum:

I. Velar, nos limites de suas competências, pelo cumprimento do Tratado de Assunção, de seus Protocolos e dos acordos firmados em seu âmbito;

II. Propor projetos de Decisão ao Conselho do Mercado Comum;

III. Tomar as medidas necessárias ao cumprimento das Decisões adotadas pelo Conselho do Mercado Comum;

IV. Fixar programas de trabalho que assegurem avanços para o estabelecimento do mercado comum;

V. Criar, modificar ou extinguir órgãos tais como subgrupos de trabalho e reuniões especializadas, para o cumprimento de seus objetivos;

VI. Manifestar-se sobre as propostas ou recomendações que lhe forem submetidas pelos demais órgãos do Mercosul no âmbito de suas competências;

VII. Negociar, com a participação de representantes de todos os Estados Partes, por delegação expressa do Conselho do Mercado Comum e dentro dos limites estabelecidos em mandatos específicos concedidos para esse fim, acordos em nome do Mercosul com terceiros países, grupos de países e organismos internacionais. O Grupo Mercado Comum, quando dispuser de mandato para tal fim, procederá à assinatura dos mencionados acordos. O Grupo Mercado Comum, quando autorizado pelo Conselho do Mercado Comum, poderá delegar os referidos poderes à Comissão de Comércio do Mercosul;

VIII. Aprovar o orçamento e a prestação de contas anual apresentada pela Secretaria Administrativa do Mercosul;

IX. Adotar Resoluções em matéria financeira e orçamentária, com base nas orientações emanadas do Conselho do Mercado Comum;

X. Submeter ao Conselho do Mercado Comum seu Regimento Interno;

XI. Organizar as reuniões do Conselho do Mercado Comum e preparar os relatórios e estudos que este lhe solicitar.

XII. Eleger o Diretor da Secretaria Administrativa do Mercosul;

XIII. Supervisionar as atividades da Secretaria Administrativa do Mercosul;

XIV. Homologar os Regimentos Internos da Comissão de Comércio e do Foro Consultivo Econômico-Social;

Art. 15 - O Grupo Mercado Comum manifestar-se-á mediante Resoluções, as quais serão obrigatórias para os Estados Partes.

Seção III - Da Comissão de Comércio do Mercosul

Art. 16 - À Comissão de Comércio do Mercosul, órgão encarregado de assistir o Grupo Mercado Comum, compete velar pela aplicação dos instrumentos de política comercial comum acordados pelos Estados Partes para o funcionamento da união aduaneira, bem como acompanhar e revisar os temas e matérias relacionados com as políticas comerciais comuns, com o comércio intra-Mercosul e com terceiros países.

Art. 17 - A Comissão de Comércio do Mercosul será integrada por quatro membros titulares e quatro membros alternos por Estado Parte e será coordenada pelos Ministérios das Relações Exteriores.

Art. 18 - A Comissão de Comércio do Mercosul reunir-se-á pelo menos uma vez por mês ou sempre que solicitado pelo Grupo Mercado Comum ou por qualquer dos Estados Partes.

Art. 19 - São funções e atribuições da Comissão de Comércio do Mercosul:

I. Velar pela aplicação dos instrumentos comuns de política comercial intra-Mercosul e com terceiros países, organismos internacionais e acordos de comércio;

II. Considerar e pronunciar-se sobre as solicitações apresentadas pelos Estados Partes com respeito à aplicação e ao cumprimento da tarifa externa comum e dos demais instrumentos de política comercial comum;

III. Acompanhar a aplicação dos instrumentos de política comercial comum nos Estados Partes;

IV. Analisar a evolução dos instrumentos de política comercial comum para o funcionamento da união aduaneira e formular Propostas a respeito ao Grupo Mercado Comum;

V. Tomar as decisões vinculadas à administração e à aplicação da tarifa externa comum e dos instrumentos de política comercial comum acordados pelos Estados Partes;

VI. Informar ao Grupo Mercado Comum sobre a evolução e a aplicação dos instrumentos de política comercial comum, sobre o trâmite das solicitações recebidas e sobre as decisões adotadas a respeito delas;

VII. Propor ao Grupo Mercado Comum novas normas ou modificações às normas existentes referentes à matéria comercial e aduaneira do Mercosul;

VIII. Propor a revisão das alíquotas tarifárias de itens específicos da tarifa externa comum, inclusive para contemplar casos referentes a novas atividades produtivas no âmbito do Mercosul;

IX. Estabelecer os comitês técnicos necessários ao adequado cumprimento de suas funções, bem como dirigir e supervisionar as atividades dos mesmos;

X. Desempenhar as tarefas vinculadas à política comercial comum que lhe solicite o Grupo Mercado Comum;

XI. Adotar o Regimento Interno, que submeterá ao Grupo Mercado Comum para sua homologação.

Art. 20 - A Comissão de Comércio do Mercosul manifestar-se-á mediante Diretrizes ou Propostas. As Diretrizes serão obrigatórias para os Estados Partes.

Art. 21 - Além das funções e atribuições estabelecidas nos artigos 16 e 19 do presente Protocolo, caberá à Comissão de Comércio do Mercosul considerar reclamações apresentadas pelas Seções Nacionais da Comissão de Comércio do Mercosul, originadas pelos Estados Partes ou em demandas de particulares - pessoas físicas ou jurídicas -, relacionadas com as situações previstas nos artigos 1 ou 25 do Protocolo de Brasília, quando estiverem em sua área de competência.

§ 1º - O exame das referidas reclamações no âmbito da Comissão de Comércio do Mercosul não obstará a ação do Estado Parte que efetuou a reclamação ao amparo do Protocolo de Brasília para Solução de Controvérsias.

§ 2º - As reclamações originadas nos casos estabelecidos no presente artigo obedecerão o procedimento previsto no Anexo deste Protocolo.

Seção IV - Da Comissão Parlamentar Conjunta

Art. 22 - A Comissão Parlamentar Conjunta é o órgão representativo dos Parlamentos dos Estados Partes no âmbito do Mercosul.

Art. 23 - A Comissão Parlamentar Conjunta será integrada por igual número de parlamentares representantes dos Estados Partes.

Art. 24 - Os integrantes da Comissão Parlamentar Conjunta serão designados pelos respectivos Parlamentos nacionais, de acordo com seus procedimentos internos.

Art. 25 - A Comissão Parlamentar Conjunta procurará acelerar os procedimentos internos correspondentes nos Estados Partes para a pronta entrada em vigor das normas emanadas dos órgãos do Mercosul previstos no Artigo 2 deste Protocolo. Da mesma forma, coadjuvará na harmonização de legislações, tal como requerido pelo avanço do processo de integração. Quando necessário, o Conselho do Mercado Comum solicitará à Comissão Parlamentar Conjunta o exame de temas prioritários.

Art. 26 - A Comissão Parlamentar Conjunta encaminhará, por intermédio do Grupo Mercado Comum, Recomendações ao Conselho do Mercado Comum.

Art. 27 - A Comissão Parlamentar Conjunta adotará o seu Regimento Interno.

Seção V - Do Foro Consultivo Econômico-Social

Art. 28 - O Foro Consultivo Econômico-Social é o órgão de representação dos setores econômicos e sociais e será integrado por igual número de representantes de cada Estado Parte.

Art. 29 - O Foro Consultivo Econômico-Social terá função consultiva e manifestar-se-á mediante Recomendações ao Grupo Mercado Comum.

Art. 30 - O Foro Consultivo Econômico-Social submeterá seu Regimento Interno ao Grupo Mercado Comum, para homologação.

Seção VI - Da Secretaria Administrativa do Mercosul

Art. 31 - O Mercosul contará com uma Secretaria Administrativa como órgão de apoio operacional. A Secretaria Administrativa do Mercosul será responsável pela prestação de serviços aos demais órgãos do Mercosul e terá sede permanente na cidade de Montevidéu.

Art. 32 - A Secretaria Administrativa do Mercosul desempenhará as seguintes atividades:

I. Servir como arquivo oficial da documentação do Mercosul;

II. Realizar a publicação e a difusão das decisões adotadas no âmbito do Mercosul. Nesse contexto, lhe corresponderá:

i) Realizar, em coordenação com os Estados Partes, as traduções autênticas para os idiomas espanhol e português de todas as decisões adotadas pelos órgãos da estrutura institucional do Mercosul, conforme previsto no artigo 39.

ii) Editar o Boletim Oficial do Mercosul.

III. Organizar os aspectos logísticos das reuniões do Conselho do Mercado Comum, do Grupo Mercado Comum e da Comissão de Comércio do Mercosul e, dentro de suas possibilidades, dos demais órgãos do Mercosul, quando as mesmas forem realizadas em sua sede permanente. No que se refere às reuniões realizadas fora de sua sede permanente, a Secretaria Administrativa do Mercosul fornecerá apoio ao Estado que sediar o evento.

IV. Informar regularmente os Estados Partes sobre as medidas implementadas por cada país para incorporar em seu ordenamento jurídico as normas emanadas dos órgãos do Mercosul previstos no Artigo 2 deste Protocolo.

V. Registrar as listas nacionais dos árbitros e especialistas, bem como desempenhar outras tarefas determinadas pelo Protocolo de Brasília, de 17 de dezembro de 1991;

VI. Desempenhar as tarefas que lhe sejam solicitadas pelo Conselho do Mercado Comum, pelo Grupo Mercado Comum e pela Comissão do Comércio do Mercosul;

VII. Elaborar seu projeto de orçamento e, uma vez aprovado pelo Grupo Mercado Comum, praticar todos os atos necessários à sua correta execução;

VIII. Apresentar anualmente ao Grupo Mercado Comum a sua prestação de contas, bem como relatório sobre suas atividades;

Art. 33 - A Secretaria Administrativa do Mercosul estará a cargo de um Diretor, o qual será nacional de um dos Estados Partes. Será eleito pelo Grupo Mercado Comum, em bases rotativas, prévia consulta aos Estados Partes, e designado pelo Conselho do Mercado Comum. Terá mandato de dois anos, vedada a reeleição.

Capítulo II - Personalidade Jurídica

Art. 34 - O Mercosul terá personalidade jurídica de Direito Internacional.

Art. 35 - O Mercosul poderá, no uso de suas atribuições, praticar todos os atos necessários à realização de seus objetivos, em especial contratar, adquirir ou alienar bens móveis e imóveis, comparecer em juízo, conservar fundos e fazer transferências.

Art. 36 - O Mercosul celebrará acordos de sede.

Capítulo III - Sistema de Tomada de Decisões

Art. 37 - As decisões dos órgãos do Mercosul serão tomadas por consenso e com a presença de todos os Estados Partes.

Capítulo IV - Aplicação Interna das Normas Emanadas dos Órgãos do Mercosul

Art. 38 - Os Estados Partes comprometem-se a adotar todas as medidas necessárias para assegurar, em seus respectivos territórios, o cumprimento das normas emanadas dos órgãos do Mercosul previstos no artigo 2 deste Protocolo.

Parágrafo único - Os Estados Partes informarão à Secretaria Administrativa do Mercosul as medidas adotadas para esse fim.

Art. 39 - Serão publicados no Boletim Oficial do Mercosul, em sua íntegra, nos idiomas espanhol e português, o teor das Decisões do Conselho do Mercado Comum, das Resoluções do Grupo Mercado Comum, das Diretrizes da Comissão de Comércio do Mercosul e dos Laudos Arbitrais de solução de controvérsias, bem como de quaisquer atos aos quais o Conselho do Mercado Comum ou o Grupo Mercado Comum entendam necessário atribuir publicidade oficial.

Art. 40 - A fim de garantir a vigência simultânea nos Estados Partes das normas emanadas dos orgãos do Mercosul previstos no Artigo 2 deste Protocolo, deverá ser observado o seguinte procedimento:

i) Uma vez aprovada a norma, os Estados Partes adotarão as medidas necessárias para a sua incorporação ao ordenamento jurídico nacional e comunicarão as mesmas à Secretaria Administrativa do Mercosul;

ii) Quando todos os Estados Partes tiverem informado sua incorporação aos respectivos ordenamentos jurídicos internos, a Secretaria Administrativa do Mercosul comunicará o fato a cada Estado Parte;

iii) As normas entrarão em vigor simultaneamente nos Estados Partes 30 dias após a data da comunicação efetuada pela Secretaria Administrativa do Mercosul, nos termos do item anterior. Com esse objetivo, os Estados Partes, dentro do prazo acima, darão publicidade do início da vigência das referidas normas por intermédio de seus respectivos diários oficiais.

Capítulo V - Fontes Jurídicas do Mercosul

Art. 41 - As fontes jurídicas do Mercosul são:

I. O Tratado de Assunção, seus protocolos e os instrumentos adicionais ou complementares;

II. Os acordos celebrados no âmbito do Tratado de Assunção e seus protocolos;

III. As Decisões do Conselho do Mercado Comum, as Resoluções do Grupo Mercado Comum e as Diretrizes da Comissão de Comércio do Mercosul, adotadas desde a entrada em vigor do Tratado de Assunção.

Art. 42 - As normas emanadas dos órgãos do Mercosul previstos no Artigo 2 deste Protocolo terão caráter obrigatório e deverão, quando necessário, ser incorporadas aos ordenamentos jurídicos nacionais mediante os procedimentos previstos pela legislação de cada país.

Capítulo VI - Sistema de Solução de Controvérsias

Art. 43 - As controvérsias que surgirem entre os Estados Partes sobre a interpretação, a aplicação ou o não cumprimento das disposições contidas no Tratado de Assunção, dos acordos celebrados no âmbito do mesmo, bem como das Decisões do Conselho do Mercado Comum, das Resoluções do Grupo Mercado Comum e das Diretrizes da Comissão de Comércio do Mercosul, serão submetidas aos procedimentos de solução estabelecidos no Protocolo de Brasília, de 17 de dezembro de 1991.

Parágrafo único - Ficam também incorporadas aos Artigos 19 e 25 do Protocolo de Brasília as Diretrizes da Comissão de Comércio do Mercosul.

Art. 44 - Antes de culminar o processo de convergência da tarifa externa comum, os Estados Partes efetuarão uma revisão do atual sistema de solução de controvérsias do Mercosul, com vistas à adoção do sistema permanente a que se referem o item 3 do Anexo III do Tratado de Assunção e o artigo 34 do Protocolo de Brasília.

Capítulo VII - Orçamento

Art. 45 - A Secretaria Administrativa do Mercosul contará com orçamento para cobrir seus gastos de funcionamento e aqueles que determine o Grupo Mercado Comum. Tal orçamento será financiado, em partes iguais, por contribuições dos Estados Partes.

Capítulo VIII - Idiomas

Art. 46 - Os idiomas oficiais do Mercosul são o espanhol e o português. A versão oficial dos documentos de trabalho será a do idioma do país sede de cada reunião.

Capítulo IX - Revisão

Art. 47 - Os Estados Partes convocarão, quando julgarem oportuno, conferência diplomática com o objetivo de revisar a estrutura institucional do Mercosul estabelecida pelo presente Protocolo, assim como as atribuições específicas de cada um de seus órgãos.

Capítulo X - Vigência

Art. 48 - O presente Protocolo, parte integrante do Tratado de Assunção, terá duração indefinida e entrará em vigor 30 dias após a data do depósito do terceiro instrumento de ratificação. O presente Protocolo e seus instrumentos de ratificação serão depositados ante o Governo da República do Paraguai.

Art. 49 - O Governo da República do Paraguai notificará aos Governos dos demais Estados Partes a data do depósito dos instrumentos de ratificação e da entrada em vigor do presente Protocolo.

Art. 50 - Em matéria de adesão ou denúncia, regerão como um todo, para o presente Protocolo, as normas estabelecidas pelo Tratado de Assunção. A adesão ou denúncia ao Tratado de Assunção ou ao presente Protocolo significam, *ipso jure*, a adesão ou denúncia ao presente Protocolo e ao Tratado de Assunção.

Capítulo XI - Disposição Transitória

Art. 51 - A estrutura institucional prevista no Tratado de Assunção, de 26 de março de 1991, assim como seus órgãos, será mantida até a data de entrada em vigor do presente Protocolo.

Capítulo XII - Disposições Gerais

Art. 52 - O presente Protocolo chamar-se-á "Protocolo de Ouro Preto".

Art. 53 - Ficam revogadas todas as disposições do Tratado de Assunção, de 26 de março de 1991, que conflitem com os termos do presente Protocolo e com o teor das Decisões aprovadas pelo Conselho do Mercado Comum durante o período de transição.

Feito na cidade de Ouro Preto, República Federativa do Brasil, a 17 de dezembro de 1994, em um original, nos idiomas português e espanhol, sendo ambos os textos igualmente autênticos. O Governo da República do Paraguai enviará cópia devidamente autenticada do presente Protocolo aos Governos dos demais Estados Partes.

Anexo

Procedimento geral para reclamações perante a Comissão de Comércio do Mercosul

Art. 1º - As reclamações apresentadas pelas Seções Nacionais da Comissão de Comércio do Mercosul, originadas pelos Estados Partes ou em reclamações de particulares - pessoas físicas ou jurídicas -, de acordo com o previsto no Artigo 21 do Protocolo de Ouro Preto, observarão o procedimento estabelecido no presente Anexo.

Art. 2º - O Estado Parte reclamante apresentará sua reclamação perante a Presidência Pro-Tempore da Comissão de Comércio do Mercosul, a qual tomará as providências necessárias para a incorporação do tema na agenda da primeira reunião subseqüente da Comissão de Comércio do Mercosul, respeitado o prazo mínimo de uma semana de antecedência. Se não for adotada decisão na referida reunião, a Comissão de Comércio do Mercosul remeterá os antecedentes, sem outro procedimento, a um Comitê Técnico.

Art. 3º - O Comitê Técnico preparará e encaminhará à Comissão de Comércio do Mercosul, no prazo máximo de 30 dias corridos, um parecer conjunto sobre a matéria. Esse parecer, bem como as conclusões dos especialistas integrantes do Comitê Técnico, quando não for adotado parecer, serão levados em consideração pela Comissão de Comércio do Mercosul, quando esta decidir sobre a reclamação.

Art. 4º - A Comissão de Comércio do Mercosul decidirá sobre a questão em sua primeira reunião ordinária posterior ao recebimento do parecer conjunto ou, na sua ausência, as conclusões dos especialistas, podendo também ser convocada uma reunião extraordinária com essa finalidade.

Art. 5º - Se não for alcançado o consenso na primeira reunião mencionada no Artigo 4, a Comissão de Comércio do Mercosul encaminhará ao Grupo Mercado Comum as diferentes alternativas propostas, assim como o parecer conjunto ou as conclusões dos especialistas do Comitê Técnico, a fim de que seja tomada uma decisão sobre a matéria. O Grupo Mercado Comum pronunciar-se-á a respeito no prazo de trinta (30) dias corridos, contados do recebimento, pela Presidência Pro-Tempore, das propostas encaminhadas pela Comissão de Comércio do Mercosul.

Art. 6º - Se houver consenso quanto à procedência da reclamação, o Estado Parte reclamado deverá tomar as medidas aprovadas na Comissão de Comércio do Mercosul ou no Grupo Mercado Comum. Em cada caso, a Comissão de Comércio do Mercosul ou, posteriormente, o Grupo Mercado Comum determinarão prazo razoável para a implementação dessas medidas. Decorrido tal prazo sem que o Estado reclamado tenha observado o disposto na decisão alcançada, seja na Comissão de Comércio do Mercosul ou no Grupo Mercado Comum, o Estado reclamante poderá recorrer diretamente ao procedimento previsto no Capítulo IV do Protocolo de Brasília.

Art. 7º - Se não for alcançado consenso na Comissão de Comércio do Mercosul e, posteriormente, no Grupo Mercado Comum, ou se o Estado reclamado não observar, no prazo previsto no Artigo 6, o disposto na decisão alcançada, o Estado reclamante poderá recorrer diretamente ao procedimento previsto no Capítulo IV do Protocolo de Brasília, fato que será comunicado à Secretaria Administrativa do Mercosul.

O Tribunal Arbitral, antes da emissão de seu Laudo, deverá, se assim solicitar o Estado reclamante, manifestar-se, no prazo de até quinze (15) dias após sua constituição, sobre as medidas provisórias que considere apropriadas, nas condições estipuladas pelo Artigo 18 do Protocolo de Brasília.

3. As Nações Unidas e os Estados

a) Carta da Organização das Nações Unidas (1945)

Nós os povos das Nações Unidas, resolvidos a preservar as gerações vindouras do flagelo da guerra, que por duas vezes, no espaço da nossa vida, trouxe sofrimentos indizíveis à humanidade, e a reafirmar a fé nos direitos fundamentais do homem, da dignidade e no valor do ser humano, na igualdade de direitos dos homens e das mulheres, assim como das nações grandes e pequenas, e estabelecer condições sob as quais a justiça e o respeito às obrigações decorrentes de tratados e de outras fontes do direito internacional possam ser mantidos, e a promover o progresso social e melhores condições de vida dentro de uma liberdade mais ampla. E, para tais fins praticar a tolerância e viver em paz, uns com outros, como bons vizinhos, e unir as nossas forças para manter a paz e a segurança internacionais, e a garantir, pela aceitação de princípios e a instituição dos métodos, que a força armada não será usada a não ser no interesse comum, a empregar um mecanismo internacional para promover o progresso econômico e social de todos os povos. Resolvemos conjugar nossos esforços para a consecução desses objetivos. Em vista disso, nossos respectivos Governos, por intermédio de representantes reunidos na cidade de São Francisco, depois de exibirem seus plenos poderes, que foram achados em boa e devida forma, concordaram com a presente Carta das Nações Unidas e estabeleceram, por meio dela, uma organização internacional que será conhecida pelo nome de Nações Unidas.

Capítulo I - Propósitos e princípios

Artigo 1 - Os propósitos das Nações Unidas são:

1. Manter a paz e a segurança internacionais e, para esse fim: tomar coletivamente, medidas efetivas para evitar ameaças à paz e reprimir os atos de agressão ou outra qualquer ruptura da paz e chegar, por meios pacíficos e de conformidade com os princípios da justiça e do direito internacional, a um ajuste ou solução das controvérsias ou situações que possam levar a uma perturbação da paz;

2. Desenvolver relações amistosas entre as nações, baseadas no respeito ao princípio de igualdade de direito e de autodeterminação dos povos, e tomar outras medidas apropriadas ao fortalecimento da paz universal;

Textos fundamentais do
Direito das Relações Internacionais

119

3. Conseguir uma cooperação internacional para resolver os problemas internacionais de caráter econômico, social, cultural ou humanitário, e para promover e estimular o respeito aos direitos humanos e às liberdades fundamentais para todos, sem distinção de raça, sexo, língua ou religião; e

4. Ser um centro destinado a harmonizar a ação das nações para a consecução desses objetivos comuns.

Artigo 2 - A Organização e seus Membros, para a realização dos propósitos mencionados no art. 1º, agirão de acordo com os seguintes Princípios:

1. A Organização é baseada no princípio da igualdade soberana de todos os seus Membros.

2. Todos os Membros a fim de assegurarem para todos em geral os direitos e vantagens resultantes de sua qualidade de Membros, deverão cumprir de boa fé as obrigações por eles assumidas de acordo com a presente Carta.

3. Todos os Membros deverão resolver suas controvérsias internacionais por meios pacíficos, de modo que não sejam ameaçadas a paz, a segurança e a justiça internacionais.

4. Todos os Membros deverão evitar em suas relações internacionais a ameaça ou o uso da força contra a integridade territorial ou a independência política de qualquer Estado, ou qualquer outra ação incompatível com os Propósitos das Nações Unidas.

5. Todos os Membros darão às Nações Unidas toda assistência em qualquer ação a que elas recorrerem de acordo com a presente Carta e se absterão de dar auxílio a qualquer Estado contra o qual as Nações Unidas agirem de modo preventivo ou coercitivo.

6. A Organização fará com que os Estados que não são Membros das Nações Unidas ajam de acordo com esses princípios em tudo quanto for necessário à manutenção da paz e da segurança internacionais.

7. Nenhum dispositivo da presente Carta autorizará as Nações Unidas a intervirem em assuntos que dependam essencialmente da jurisdição de qualquer Estado ou obrigará os Membros a submeterem tais assuntos a uma solução, nos termos da presente Carta; este princípio, porém, não prejudicará a aplicação das medidas coercitivas constantes do Capítulo VII.

Capítulo II - Dos membros

Artigo 3 - Os Membros originários das Nações Unidas serão os Estados que, tendo participado da Conferência das Nações Unidas sobre a Organização Internacional, realizada em São Francisco, ou, tendo assinado previamente a Declaração das Nações Unidas, de 1º de janeiro de 1942, assinarem a presente Carta, e a ratificarem, de acordo com o art. 110.

Artigo 4 - 1. A admissão como Membro das Nações Unidas fica aberta a todos os Estados amantes da paz que aceitarem as obrigações, contidas na presente Carta e que, a juízo da Organização, estiverem aptos e dispostos a cumprir tais obrigações.

2. A admissão de qualquer desses Estados como Membros das Nações Unidas será efetuada por decisão da Assembléia geral, mediante recomendação do Conselho de segurança.

Artigo 5 - O Membro das Nações Unidas, contra o qual for levada a efeito ação preventiva ou coercitiva por parte do Conselho de segurança poderá ser suspenso do exercício dos direitos e privilégios de Membro pela Assembléia geral, mediante recomendação do Conselho de segurança. O exercício desses direitos e privilégios poderá ser restabelecido pelo Conselho de segurança.

Artigo 6 - O Membro das Nações Unidas que houver violado persistentemente os Princípios contidos na presente Carta, poderá ser expulso das da Organização pela Assembléia geral mediante recomendação do Conselho de segurança.

Capítulo III - Órgãos

Artigo 7 - 1. Ficam estabelecidos como órgãos especiais das Nações Unidas: uma Assembléia geral, um Conselho de segurança, um Conselho econômico e social, um Conselho de tutela, uma Corte Internacional de Justiça e um Secretariado.

2. Serão estabelecidos, de acordo com a presente Carta, os órgãos subsidiários considerados de necessidade.

Artigo 8 - As Nações Unidas não farão restrições quanto à elegibilidade de homens e mulheres destinados a participar em qualquer caráter e em condições de igualdade em seus órgãos principais e subsidiários.

Capítulo IV - Assembléia geral

Artigo 9 - 1. A Assembléia geral será constituída por todos os Membros das Nações Unidas.

2. Cada Membro não deverá ter mais de cinco representantes na Assembléia geral.

Artigo 10 - A Assembléia geral poderá discutir quaisquer questões ou assuntos que estiverem dentro das finalidades da presente Carta ou que se relacionarem com as atribuições e funções de qualquer dos órgãos nela previstos e, com exceção do estipulado no art. 12, poderá fazer recomendações aos Membros das Nações Unidas ou ao Conselho de segurança, ou a este e àqueles, conjuntamente, com referência a qualquer daquelas questões ou assunto.

Artigo 11 - 1. A Assembléia geral poderá considerar os princípios gerais de cooperação na manutenção da paz e da segurança internacionais, inclusive os princípios que disponham sobre o desarmamento e a regulamentação dos armamentos, e poderá fazer recomendações relativas a tais princípios aos membros ou ao Conselho de segurança, ou a este e àqueles conjuntamente.

Textos fundamentais do
Direito das Relações Internacionais

2. A Assembléia geral poderá discutir quaisquer questões relativas à manutenção da paz e da segurança internacionais, que a ela forem submetidas por qualquer Membro das Nações Unidas, ou pelo Conselho de segurança, ou por um Estado que não seja Membro das Nações Unidas, de acordo com o art. 35, §2º, e, com exceção do que fica estipulado no art. 12, poderá fazer recomendações relativas a quaisquer destas questões ao Estado ou Estados interessados, ou ao Conselho de segurança ou a ambos. Qualquer destas questões para cuja solução for necessária uma ação, será submetida ao Conselho de segurança pela Assembléia geral, antes ou depois da discussão.

3. A Assembléia geral poderá solicitar a atenção do Conselho de segurança para situações que possam constituir ameaça à paz e à segurança internacionais.

4. As atribuições da Assembléia geral enumeradas neste artigo não limitarão a finalidade geral do art. 10.

Artigo 12 - 1. Enquanto o Conselho de segurança estiver exercendo, em relação a qualquer controvérsia ou situação, as funções que lhe são atribuídas na presente Carta, a Assembléia geral não fará nenhuma recomendação a respeito dessa controvérsia ou situação, a menos que o Conselho de segurança a solicite.

2. O Secretário Geral, com o consentimento do Conselho de segurança, comunicará à Assembléia geral, em cada sessão, quaisquer assuntos relativos à manutenção da paz e da segurança internacionais que estiverem sendo tratados pelo Conselho de segurança, e da mesma maneira dará conhecimento de tais assuntos à Assembléia geral ou aos Membros das Nações Unidas se a Assembléia geral não estiver em sessão, logo que o Conselho de segurança terminar o exame dos referidos assuntos.

Artigo 13 - 1. A Assembléia geral iniciará estudos e fará recomendações, destinados a:

a) promover cooperação internacional no terreno político e incentivar o desenvolvimento progressivo do direito internacional e a sua codificação;

b) promover cooperação internacional nos terrenos econômico, social, cultural, educacional e sanitário, e favorecer o pleno gozo dos direitos humanos e das liberdades fundamentais, por parte de todos os povos, sem distinção de raça, língua ou religião.

2. As demais responsabilidades, funções e atribuições da Assembléia geral, em relação aos assuntos mencionados no § 1º (b) acima, estão enumeradas nos capítulos IX e X.

Artigo 14 - A Assembléia geral, sujeita aos dispositivos do art. 12, poderá recomendar medidas para a solução pacífica de qualquer situação, qualquer que seja sua origem, que lhe pareça prejudicial ao bem-estar geral ou às relações amistosas entre as nações, inclusive em situações que resultem da violação dos dispositivos da presente Carta que estabelecem os Propósitos e Princípios das Nações Unidas.

122

RICARDO SEITENFUS

Artigo 15 - 1. A Assembléia geral receberá e examinará os relatórios anuais e especiais do Conselho de segurança. Esses relatórios incluirão uma relação das medidas que o Conselho de segurança tenha adotado ou aplicado a fim de manter a paz e a segurança internacionais.

2. A Assembléia geral receberá e examinará os relatórios dos outros órgãos das Nações Unidas.

Artigo 16 - Assembléia geral desempenhará, com relação ao sistema internacional de tutela, as funções a ela atribuídas nos capítulos XII e XIII, inclusive a aprovação de acordos de tutela referentes às zonas não designadas como estratégicas.

Artigo 17 - 1. A Assembléia geral considerará e aprovará o orçamento da Organização.

2. As despesas da Organização serão custeadas pelos Membros, segundo cotas fixadas pela Assembléia geral.

3. A Assembléia geral considerará e aprovará quaisquer ajustes financeiros e orçamentários com as entidades especializadas, a que se refere o art. 57, e examinará os orçamentos administrativos de tais instituições especializadas com o fim de lhes fazer recomendações.

Artigo 18 - 1. Cada Membro da Assembléia geral terá um voto.

2. As decisões da Assembléia geral, em questões importantes, serão tomadas por maioria de 2/3 dos Membros presentes e votantes. Essas questões compreenderão: recomendações relativas à manutenção da paz e da segurança internacionais, a eleição dos Membros não permanentes do Conselho de segurança, a eleição dos Membros do Conselho econômico e social, a eleição dos Membros do Conselho de tutela, de acordo com o § 1º (c) do art. 86, à admissão de novos Membros das Nações Unidas, a suspensão dos direitos e privilégios de Membros; à expulsão de Membros; questões referentes ao funcionamento do sistema de tutela e questões orçamentárias.

3. As decisões sobre outras questões, inclusive a determinação de categorias adicionais de assuntos a serem debatidos por uma maioria de 2/3, serão tomadas por maioria dos Membros presentes e que votem.

Artigo 19 - O Membro das Nações Unidas que estiver em atraso no pagamento de sua contribuição financeira à Organização não terá voto na Assembléia geral, se o total de suas contribuições atrasadas igualar ou exceder a soma das contribuições correspondentes aos dois anos anteriores completos. A Assembléia geral poderá, entretanto, permitir que o referido Membro vote, se ficar provado que a falta de pagamento é devida a condições independentes de sua vontade.

Artigo 20 - A Assembléia geral reunir-se-á em sessões anuais regulares e em sessões especiais exigidas pelas circunstâncias. As sessões especiais serão convocadas pelo Secretário geral, a pedido do Conselho de segurança ou da maioria dos Membros das Nações Unidas.

Artigo 21 - A Assembléia geral adotará suas regras de processo e elegerá seu Presidente para cada sessão.

Textos fundamentais do
Direito das Relações Internacionais

Artigo 22 - A Assembléia geral poderá estabelecer os órgãos subsidiários que julgar necessários ao desempenho de suas funções.

Capítulo V - Conselho de segurança

Artigo 23 - 1. O Conselho de segurança será composto de quinze Membros das Nações Unidas. A República da China, a França, a União das Repúblicas Socialistas Soviéticas, o Reino Unido da Grã-Bretanha e Irlanda do Norte e os Estados Unidos da América serão Membros permanentes do Conselho de segurança. A Assembléia geral elegerá dez outros Membros das Nações Unidas para Membros não-permanentes do Conselho de segurança, tendo especialmente em vista, em primeiro lugar, a contribuição dos Membros das Nações Unidas para a manutenção da paz e da segurança internacionais e para os outros propósitos da Organização e também a distribuição geográfica eqüitativa.

2. Os Membros não-permanentes do Conselho de segurança serão eleitos por um período de dois anos. Na primeira eleição dos Membros do Conselho de segurança, dois dos quatro Membros novos serão escolhidos por um período de um ano. Nenhum Membro que termine seu mandato poderá ser reeleito para o período imediato.

3. Cada Membro do Conselho de segurança terá um representante.

Artigo 24 - 1. A fim de assegurar pronta e eficaz ação por parte das Nações Unidas, seus Membros conferem ao Conselho de segurança a principal responsabilidade na manutenção da paz e da segurança internacionais, e concordam em que, no cumprimento dos deveres impostos por essa responsabilidade, o Conselho de segurança aja em nome deles.

2. No cumprimento desses deveres, o Conselho de segurança agirá de acordo com os Propósitos e Princípios das Nações Unidas. As atribuições específicas do Conselho de segurança para o cumprimento desses deveres estão enumeradas nos capítulos VI, VII, VIII e XII.

3. O Conselho de segurança submeterá relatórios anuais e, quando necessário, especiais à Assembléia geral para sua consideração.

Artigo 25 - Os Membros das Nações Unidas concordam em aceitar e executar as decisões do Conselho de segurança, de acordo com a presente Carta.

Artigo 26 - A fim de promover o estabelecimento e a manutenção da paz e da segurança internacionais, desviando para armamentos o menos possível dos recursos humanos e econômicos do mundo, o Conselho de segurança terá o encargo de formular, com a assistência da Comissão de Estado-Maior, a que se refere o art. 17, os planos a serem submetidos aos Membros das Nações Unidas, para o estabelecimento de um sistema de regulamentação dos armamentos.

Artigo 27 - 1. Cada Membro do Conselho de segurança terá um voto.

2. As decisoes do Conselho de segurança, em questões processuais, serão tomadas pelo voto afirmativo de nove Membros.

3. As decisões do Conselho de segurança, em todos os outros assuntos, serão tomadas pelo voto afirmativo de nove Membros, inclusive os votos afirmativos de todos os Membros permanentes, ficando estabelecido que, nas decisões previstas no capítulo VI e no § 3º do art. 52, aquele que for parte em uma controvérsia se absterá de votar.

Artigo 28 - 1. O Conselho de segurança será organizado de maneira que possa funcionar continuamente. Cada membro do Conselho de segurança será, para tal fim, em todos os momentos, representado na sede da Organização.

2. O Conselho de segurança terá reuniões periódicas, nas quais cada um de seus Membros poderá, se assim o desejar, ser representado por um membro do governo ou por outro representante especialmente designado.

3. O Conselho de segurança poderá reunir-se em outros lugares, fora da sede da organização, e que, a seu juízo, possam facilitar o seu trabalho.

Artigo 29 - O Conselho de segurança poderá estabelecer órgãos subsidiários que julgar necessários para o desempenho de suas funções.

Artigo 30 - O Conselho de segurança adotará seu próprio regulamento interno, que incluirá o método de escolha de seu Presidente.

Artigo 31 - Qualquer Membro das Nações Unidas, que não for Membro do Conselho de segurança, poderá participar, sem direito a voto, na discussão de qualquer questão submetida ao Conselho de segurança, sempre que este considere que os interesses do referido Membro estão especialmente em jogo.

Artigo 32 - Qualquer Membro das Nações Unidas, que não for Membro do Conselho de segurança, ou qualquer Estado que não for Membro das Nações Unidas será convidado, desde que seja parte em uma controvérsia submetida ao Conselho de segurança, a participar, sem voto, na discussão dessa controvérsia. O Conselho de segurança determinará as condições que lhe parecerem justas para a participação de um Estado que não for Membro das Nações Unidas.

Capítulo VI - Solução pacífica de controvérsias

Artigo 33 - 1. As partes em uma controvérsia, que possa vir a constituir uma ameaça à paz e à segurança internacionais, procurarão, antes de tudo, chegar a uma solução por negociação, inquérito, mediação, conciliação, arbitragem, solução judicial, recurso a entidades ou acordos regionais, ou a qualquer outro meio pacífico à sua escolha.

2. O Conselho de segurança convidará, quando julgar necessário, as referidas partes a resolver, por tais meios, suas controvérsias.

Artigo 34 - O Conselho de segurança poderá investigar sobre qualquer controvérsia ou situação suscetível de provocar atritos entre as Nações ou dar origem a uma controvérsia, a fim de determinar se a continuação de tal controvérsia ou situação pode constituir ameaça à manutenção da paz e da segurança internacionais.

Textos fundamentais do
Direito das Relações Internacionais

125

Artigo 35 - 1. Qualquer Membro das Nações Unidas poderá solicitar a atenção do Conselho de segurança ou da Assembléia geral para qualquer controvérsia, ou qualquer situação, da natureza das que se acham previstas no art. 34.

2. Um Estado que não for Membro das Nações Unidas poderá solicitar a atenção do Conselho de segurança ou da Assembléia geral para qualquer controvérsia em que seja parte, uma vez que aceite, previamente, em relação a essa controvérsia, as obrigações de solução pacífica previstas na presente Carta.

3. Os atos da Assembléia geral, a respeito dos assuntos submetidos à sua atenção, de acordo com este artigo, serão sujeitos aos dispositivos dos artigos 11 e 12.

Artigo 36 - 1. O Conselho de segurança poderá, em qualquer fase de uma controvérsia da natureza a que se refere o art. 33, ou de uma situação de natureza semelhante, recomendar procedimentos ou métodos de solução apropriados.

2. O Conselho de segurança deverá tomar em consideração quaisquer procedimentos para a solução de uma controvérsia que já tenham sido adotados pelas partes.

3. Ao fazer recomendações, de acordo com este artigo, o Conselho de segurança deverá tomar em consideração que as controvérsias de caráter jurídico devem, em regra geral, ser submetidas pelas partes à Corte Internacional de Justiça, de acordo com os dispositivos do Estatuto da Corte.

Artigo 37 - 1. No caso em que as partes em controvérsia da natureza a que se refere o art. 33 não conseguirem resolvê-la pelos meios indicados no mesmo artigo, deverão submetê-la ao Conselho de segurança.

2. O Conselho de segurança, caso julgue que a continuação dessa controvérsia poderá realmente constituir uma ameaça à manutenção da paz e da segurança internacionais, decidirá sobre a conveniência de agir de acordo com o art. 36 ou recomendar as condições que lhe parecerem apropriadas à sua solução.

Artigo 38 - Sem prejuízo dos dispositivos dos artigos 33 a 37, o Conselho de segurança poderá, se todas as partes em uma controvérsia assim o solicitarem, fazer recomendações às partes, tendo em vista uma solução pacífica da controvérsia.

Capítulo VII - Ação relativa à paz, ruptura da paz e atos de agressão

Artigo 39 - O Conselho de segurança determinará a existência de qualquer ameaça à paz, ruptura da paz ou ato de agressão, e fará recomendações ou decidirá que medidas deverão ser tomadas de acordo com os artigos 41 e 32, a fim de manter ou restabelecer a paz e a segurança internacionais.

Artigo 40 - A fim de evitar que a situação se agrave, o Conselho de segurança poderá, antes de fazer as recomendações ou decidir a respeito das medidas previstas no art. 39, convidar as partes interessadas a que aceitem as medidas provisórias não prejudicarão os direitos ou pretensões, nem a situação das partes interessadas. O Conselho de segurança tomará devida nota do não-cumprimento dessas medidas.

Artigo 41 - O Conselho de segurança decidirá sobre as medidas que, sem envolver o emprego de forças armadas, deverão ser tomadas para tornar efetivas suas decisões e poderá convidar os Membros das nações Unidas a aplicarem tais medidas. Estas poderão incluir a interrupção completa ou parcial das relações econômicas, dos meios de comunicação ferroviários, marítimos, aéreos, postais, telegráficos, radiofônicos, ou de outra qualquer espécie, e o rompimento das relações diplomáticas.

Artigo 42 - No caso de o Conselho de segurança considerar que as medidas previstas no art. 41 seriam ou demonstraram que são inadequadas, poderá levar a efeito, por meio de forças aéreas, navais ou terrestres, a ação que julgar necessária para manter ou restabelecer a paz e a segurança internacionais. Tal ação poderá compreender demonstrações, bloqueios e outras operações, por parte das forças aéreas, navais ou terrestres dos Membros das Nações Unidas.

Artigo 43 - 1. Todos os Membros das Nações Unidas, a fim de contribuir para a manutenção da paz e da segurança internacionais se comprometem a proporcionar ao Conselho de segurança, a seu pedido e de conformidade com o acordo ou acordos especiais, forças armadas, assistência e facilidades, inclusive direitos de passagem, necessários à manutenção da paz e da segurança internacionais.

2. Tal acordo ou tais acordos determinarão o número e tipo das forças, seu grau de preparação e sua localização geral, bem como a natureza das facilidades e da assistência a serem proporcionadas.

3. O acordo ou acordos serão negociados o mais cedo possível, por iniciativa do Conselho de segurança. Serão concluídos entre o Conselho de segurança e Membros da Organização ou entre o Conselho de segurança e grupos de Membros, submetidos à ratificação, pelos Estados signatários, de conformidade com seus respectivos processos constitucionais.

Artigo 44 - Quando o Conselho de segurança decidir o emprego de força, deverá, antes de solicitar a um Membro nele não representado o fornecimento de forças armadas em cumprimento das obrigações assumidas em virtude do art. 43, convidar o referido Membro, se este assim o desejar, a participar das decisões do Conselho de segurança relativas ao emprego de contingentes das forças armadas do dito Membro.

Artigo 45 - A fim de habilitar as Nações Unidas a tomar medidas militares urgentes, os Membros das Nações deverão manter, imediatamente utilizáveis, contingentes das forças aéreas nacionais para a execução combinada de uma ação coercitiva internacional. A potência e o grau de preparação desses contingentes, bem como os planos de ação combinada serão determinados pelo Conselho de segurança com a assistência da Comissão de Estado-Maior, dentro dos limites estabelecidos no acordo ou acordos especiais a que se refere o art. 43.

Artigo 46 - O Conselho de segurança, com a assistência da Comissão de Estado Maior, fará planos para a aplicação das forças armadas.

Artigo 47 - 1. Será estabelecida uma Comissão de Estado-Maior destinada a orientar e assistir o Conselho de segurança, em todas as questões relativas às exigências militares do mesmo Conselho, para a manutenção da paz e da segurança internacionais, utilização e comando das forças colocadas à sua disposição, regulamentação de armamentos e possível desarmamento.

2. A Comissão de Estado-Maior será composta dos Chefes de Estado-Maior dos Membros Permanentes do Conselho de segurança ou de seus representantes. Todo Membro das Nações Unidas que não estiver permanentemente representado na Comissão será por esta convidado a tomar parte nos seus trabalhos, sempre que a sua participação for necessária ao eficiente cumprimento das responsabilidades da Comissão.

3. A Comissão de Estado-Maior será responsável, sob a autoridade do Conselho de segurança, pela direção estratégica de todas as forças armadas postas à disposição do dito Conselho. As questões relativas ao comando dessas forças serão resolvidas ulteriormente.

4. A Comissão do Estado-Maior, com autorização do Conselho de segurança e depois de consultar os organismos regionais adequados, poderá estabelecer subcomissões regionais.

Artigo 48 - 1. A ação necessária ao cumprimento das decisões do Conselho de segurança para manutenção da paz e da segurança internacionais será levada a efeito por todos os Membros das Nações Unidas ou por alguns deles, conforme seja determinado pelo Conselho de segurança.

2. Essas decisões serão executadas pelos Membros das Nações Unidas diretamente, e, por seu intermédio, nos organismos internacionais apropriados de que façam parte.

Artigo 49 - Os Membros das Nações Unidas prestar-se-ão assistência mútua para a execução das medidas determinadas pelo Conselho de segurança.

Artigo 50 - No caso de serem tomadas medidas preventivas ou coercitivas contra um Estado pelo Conselho de segurança, qualquer outro Estado, Membro ou não das Nações Unidas, que se sinta em presença de problemas especiais de natureza econômica, resultantes da execução daquelas medidas, terá o direito de consultar o Conselho de segurança a respeito da solução de tais problemas.

Artigo 51 - Nada na presente Carta prejudicará o direito inerente de legítima defesa individual ou coletiva, no caso de ocorrer um ataque armado contra um Membro das Nações Unidas, até que o Conselho de segurança tenha tomado as medidas necessárias para a manutenção da paz e da segurança internacionais. As medidas tomadas pelos Membros no exercício desse direito de legítima defesa serão comunicadas imediatamente ao Conselho de segurança e não deverão de modo algum, atingir a autoridade e a responsabilidade que a presente Carta atribui ao Conselho para levar a efeito, em qualquer tempo, a ação que julgar necessária à manutenção ou ao restabelecimento da paz e da segurança internacionais.

Capítulo VIII - Acordos regionais

Artigo 52 - 1. Nada na presente Carta impede a existência de acordos ou de entidades regionais, destinadas a tratar dos assuntos relativos à manutenção da paz e da segurança internacionais que forem suscetíveis de uma ação regional, desde que tais acordos ou entidades regionais e suas atividades sejam compatíveis com os Propósitos e Princípios das Nações Unidas.

2. Os Membros das Nações Unidas, que forem parte em tais acordos ou que constituírem tais entidades, empregarão todos os esforços para chegar a uma solução pacífica das controvérsias locais por meio desses acordos e entidades regionais, antes de as submeter ao Conselho de segurança.

3. O Conselho de segurança estimulará o desenvolvimento da solução pacífica de controvérsias locais mediante os referidos acordos ou entidades regionais, por iniciativa dos Estados interessados ou a instância do próprio Conselho de segurança.

4. Este artigo não prejudica de modo algum a aplicação dos artigos 34 e 35.

Artigo 53 - 1. O Conselho de segurança utilizará, quando for o caso, tais acordos e entidades regionais para uma ação coercitiva sob a sua própria autoridade. Nenhuma ação coercitiva será, no entanto, levada a efeito de conformidade com acordos ou entidades regionais sem autorização do Conselho de segurança com exceção das medidas contra um Estado inimigo, como está definido no § 2º deste artigo, que forem determinadas em conseqüência do art. 107 ou em acordos regionais destinados a impedir a renovação de uma política agressiva por parte de qualquer desses Estados, até o momento em que a Organização possa, a pedido dos Governos interessados, ser incumbida de impedir toda nova agressão por parte de tal Estado.

2. O termo Estado inimigo, usado no § 1º deste artigo, aplica-se a qualquer Estado que, durante a Segunda Guerra Mundial foi inimigo de qualquer signatário da presente Carta.

Artigo 54 - O Conselho de segurança será sempre informado de toda ação compreendida ou projetada de conformidade com os acordos ou entidades regionais para manutenção da paz e da segurança internacionais.

Capítulo IX - Cooperação internacional econômica e social

Artigo 55 - Com o fim de criar condições de estabilidade e bem-estar, necessárias às relações pacíficas e amistosas entre as Nações, baseadas no respeito ao princípio da igualdade de direitos e da autodeterminação dos povos, as Nações Unidas favorecerão:

a) níveis mais altos de vida, trabalho efetivo e condições de progresso e desenvolvimento econômico e social;

b) a solução dos problemas internacionais econômicos, sociais, sanitários e conexos; a cooperação internacional, de caráter cultural e educacional; e

c) o respeito universal e efetivo dos direitos humanos e das liberdades fundamentais para todos, sem distinção de raça, sexo, língua ou religião.

Artigo 56 - Para a realização dos propósitos enumerados no art. 55, todos os Membros da Organização se comprometeram a agir em cooperação com esta, em conjunto ou separadamente.

Artigo 57 - 1. As várias entidades especializadas, criadas por acordos intergovernamentais, definidas em seus instrumentos básicos, nos campos econômicos, social, cultural, educacional, sanitário e conexos, serão vinculadas às Nações Unidas, de conformidade com as disposições do art. 63.

2. Tais entidades assim vinculadas às Nações Unidas serão designadas, daqui por diante, como entidades especializadas.

Artigo 58 - A Organização fará recomendação para coordenação dos programas e atividades das entidades especializadas.

Artigo 59 - A Organização, quando julgar conveniente, iniciará negociações entre os Estados interessados para criação de novas entidades especializadas que forem necessárias ao cumprimento dos propósitos enumerados no art. 55.

Artigo 60 - A Assembléia geral e, sob a sua autoridade, o Conselho econômico e social, que dispõe, para esse efeito, da competência que lhe é atribuída no Capítulo X, são incumbidos de exercer as funções da Organização estipuladas no presente capítulo.

Capítulo X - Conselho econômico e social

Artigo 61 - 1. O Conselho econômico e social será composto de cinqüenta e quatro Membros das Nações Unidas eleitos pela Assembléia geral.

2. De acordo com os dispositivos do § 3, dezoito membros do Conselho econômico e social serão eleitos cada ano para um período de três anos, podendo, ao terminar esse prazo, ser reeleitos para o período seguinte.

3. Na primeira eleição a realizar-se depois de elevado o número de vinte e sete para cinqüenta e quatro membros, vinte e sete membros adicionais serão eleitos, além dos membros eleitos para a substituição dos nove membros cujo mandato expira no fim daquele ano. Desses vinte e sete membros adicionais, nove serão eleitos para um mandato que expirará ao fim de dois anos, de acordo com disposições adotadas pela Assembléia geral.

4. Cada Membro do Conselho econômico e social terá nele um representante.

Artigo 62 - 1. O Conselho econômico e social fará ou iniciará estudos e relatórios a respeito de assuntos internacionais de caráter econômico, social, cultural, educacional, sanitário e conexos, e poderá fazer recomendações a respeito de tais assuntos à Assembléia geral, aos Membros das Nações Unidas e às entidades especializadas interessadas.

2. Poderá igualmente fazer recomendações destinadas a promover o respeito e a observância dos direitos humanos e das liberdades fundamentais para todos.

3. Poderá preparar projetos de convenções a serem submetidos à Assembléia geral, sobre assuntos de sua competência.

4. Poderá convocar, de acordo com as regras estipuladas pelas Nações Unidas, conferências internacionais sobre assuntos de sua competência.

Artigo 63 - 1. O Conselho econômico e social poderá estabelecer acordos com qualquer das entidades a que se refere o art. 57, a fim de determinar as condições em que a entidade interessada será vinculada às Nações Unidas. Tais acordos serão submetidos à aprovação da Assembléia geral.

2. Poderá coordenar as atividades das entidades especializadas, por meio de consultas e recomendações às mesmas e de recomendações à Assembléia geral e aos Membros das Nações Unidas.

Artigo 64 - 1. O Conselho econômico e social poderá tomar as medidas adequadas a fim de obter relatórios regulares das entidades especializadas. Poderá entrar em entendimento com os Membros das Nações Unidas e com as entidades especializadas, a fim de obter relatórios sobre as medidas tomadas para cumprimento de suas próprias recomendações e das que forem feitas pela Assembléia geral sobre assuntos da competência do Conselho.

2. Poderá comunicar à Assembléia geral suas observações a respeito desses relatórios.

Artigo 65 - O Conselho econômico e social poderá fornecer informações ao Conselho de segurança e, a pedido deste, prestar-lhe assistência.

Artigo 66 - 1. O Conselho econômico e social desempenhará as funções que forem de sua competência em relação ao cumprimento das recomendações da Assembléia geral.

2. Poderá, mediante aprovação da Assembléia geral, prestar os serviços que lhe forem solicitados pelos Membros das Nações Unidas e pelas entidades especializadas.

3. Desempenhará as demais funções especificadas em outras partes da presente Carta ou as que lhe forem atribuídas pela Assembléia geral.

Artigo 67 - 1. Cada Membro do Conselho econômico e social terá um voto.

2. As decisões do Conselho econômico e social serão tomadas por maioria dos Membros presentes e votantes.

Artigo 68 - O Conselho econômico e social criará comissões para os assuntos econômicos e sociais e a proteção dos direitos humanos assim como outras comissões que forem necessárias para o desempenho de suas funções.

Artigo 69 - O Conselho econômico e social poderá convidar qualquer Membro das Nações Unidas a tomar parte, sem voto, em suas deliberações sobre qualquer assunto que interesse particularmente a esse Membro.

Artigo 70 - O Conselho econômico e social poderá entrar em entendimentos para que representantes das entidades especializadas tomem parte, sem voto, em suas deliberações e nas das comissões por ele criadas, e para que os seus próprios representantes tomem parte nas deliberações das entidades especializadas.

Artigo 71 - O Conselho econômico e social poderá entrar nos entendimentos convenientes para a consulta com organizações não-governamentais, encarregadas de questões que estiverem dentro da sua própria competência. Tais entendimentos poderão ser feitos com organizações internacionais e, quando for o caso, como organizações nacionais, depois de efetuadas consultas com o Membro das Nações Unidas interessado no caso.

Artigo 72 - 1. O Conselho econômico e social adotará seu próprio regulamento, que incluirá o método de escolha de seu Presidente.

2. O Conselho econômico e social reunir-se-á quando for necessário, de acordo com o seu regulamento, o qual deverá incluir disposições referentes à convocação de reuniões a pedido da maioria dos Membros.

Capítulo XI - Declaração relativa a territórios sem governo próprio

Artigo 73 - Os Membros das Nações Unidas, que assumiram ou assuma responsabilidades pela administração de territórios cujos povos não tenham atingido a plena capacidade de se governarem a si mesmos, reconhecem o princípio de que os interesses dos habitantes desses territórios são da mais alta importância, e aceitam, como missão sagrada, a obrigação de promover no mais alto grau, dentro do sistema de paz e segurança internacionais estabelecido na presente Carta, o bem-estar dos habitantes desses territórios e, para tal fim, se obrigam a:

a) assegurar, com o devido respeito à cultura dos povos interessados, o seu progresso político, econômico, social e educacional, o seu tratamento eqüitativo e a sua proteção contra todo abuso;

b) desenvolver sua capacidade de governo próprio, tomar devida nota das aspirações políticas dos povos e auxiliá-los no desenvolvimento progressivo de suas instituições políticas livres, de acordo com as circunstâncias peculiares a cada território e seus habitantes, e os diferentes graus de seu adiantamento;

c) consolidar a paz e a segurança internacionais;

d) promover medidas construtivas de desenvolvimento, estimular pesquisas, cooperar uns com os outros e, quando for o caso, com entidades internacionais especializadas, com vistas à realização prática dos propósitos de ordem social, econômica ou científica enumerados neste artigo: e

e) transmitir regularmente ao Secretário geral, para fins de informação, sujeitas às reservas impostas por considerações de segurança e de ordem constitucional, informações estatísticas ou de outro caráter técnico, relativos às condições econômicas, sociais e educacionais dos territórios pelos quais são respectivamente responsáveis e que não estejam compreendidos entre aqueles a que se referem os Capítulos XII e XIII da Carta.

Artigo 74 - Os Membros das Nações Unidas concordam também em que a sua política com relação aos territórios a que se aplica o presente capítulo deve ser baseada, do mesmo modo que a política seguida nos respectivos territórios metropolitanos, no princípio geral de boa vizinhança, tendo na devida conta os interesses e o bem-estar do resto do mundo no que se refere às questões sociais, econômicas e comerciais.

Capítulo XII - Sistema internacional de tutela

Artigo 75 - As Nações Unidas estabelecerão sob sua autoridade um sistema internacional de tutela para a administração e fiscalização dos territórios que possam ser colocados sob tal sistema em conseqüência de futuros acordos individuais. Esses territórios serão, daqui em diante, mencionados como territórios tutelados.

Artigo 76 - Os objetivos básicos do sistema de tutela, de acordo com os Propósitos das Nações Unidas enumerados no art. 1º da presente Carta, são:

a) favorecer a paz e a segurança internacionais;

b) fomentar o progresso político, econômico, social e educacional dos habitantes dos territórios tutelados e o seu desenvolvimento progressivo para alcançar governo próprio ou independência, como mais convenha às circunstâncias particulares de cada território e de seus habitantes e aos desejos livremente expressos dos povos interessados, e como for previsto nos termos de cada acordo de tutela;

c) estimular o respeito aos direitos humanos e às liberdades fundamentais para todos, sem distinção de raça, sexo, língua ou religião, e favorecer o reconhecimento da interdependência de todos os povos; e

d) assegurar igualdade de tratamento nos domínios social, econômico e comercial, para todos os Membros das Nações Unidas e seus nacionais e, para estes últimos, igual tratamento na administração da justiça, sem prejuízo dos objetivos acima expostos e sob reserva das disposições do art. 80.

Artigo 77 - 1. O sistema de tutela será aplicado aos territórios das categorias seguintes, que venham a ser colocados sob tal sistema por meio de acordos de tutela:

a) territórios atualmente sob mandato;

b) territórios que possam ser separados de Estados inimigos em conseqüência da Segunda Guerra Mundial;

c) territórios voluntariamente colocados sob tal sistema por Estados responsáveis pela sua administração.

2. Será objeto de acordo ulterior a determinação dos territórios das categorias acima mencionadas a serem colocados sob o sistema de tutela e das condições em que o serão.

Textos fundamentais do
Direito das Relações Internacionais

133

Artigo 78 - O sistema de tutela não será aplicado a territórios que se tenham tornado Membros das Nações Unidas, cujas relações mútuas deverão basear-se no respeito ao princípio da igualdade soberana.

Artigo 79 - As condições de tutela em que cada território será colocado sob este sistema, bem como qualquer alteração ou emenda, serão determinadas por acordo entre os Estados diretamente interessados, inclusive a potência mandatária no caso de território sob mandato de um Membro das Nações Unidas, e serão aprovadas de conformidade com as disposições dos artigos 83 e 85.

Artigo 80 - 1. Salvo o que for estabelecido em acordos individuais de tutela, feitos de conformidade com os artigos 77, 79 e 81, pelos quais se coloque cada território sob o sistema de tutela, e até que tais acordos tenham sido concluídos, nada neste Capítulo será interpretado como alteração de qualquer espécie nos direitos de qualquer Estado ou povo ou dos termos dos atos internacionais vigentes em que os Membros das Nações Unidas forem partes.

2. O §1º deste artigo não será interpretado como motivo para demora ou adiamento da negociação e conclusão de acordos destinados a colocar territórios dentro do sistema de tutela, conforme as disposições do art. 77.

Artigo 81 - O acordo de tutela deverá em cada caso, incluir as condições sob as quais o território tutelado será administrado e designar a autoridade que exercerá essa administração. Tal autoridade daqui por diante chamada a autoridade administrativa, poderá ser um ou mais Estados ou a própria Organização.

Artigo 82 - Poderão designar-se, em qualquer acordo de tutela, uma ou várias zonas estratégicas, que compreendem parte ou a totalidade do território tutelado a que o mesmo se aplique, sem prejuízo de qualquer acordo ou acordos especiais feitos de conformidade com o art. 43.

Artigo 83 - 1. Todas as funções atribuídas às Nações Unidas relativamente às zonas estratégicas, inclusive a aprovação das condições dos acordos de tutela, assim como de sua alteração ou emendas, serão exercidas pelo Conselho de segurança.

2. Os objetivos básicos enumerados no art. 76 serão aplicados aos habitantes de cada zona estratégica.

3. O Conselho de segurança, ressalvadas as disposições dos acordos de tutela e sem prejuízo das exigências de segurança, poderá valer-se da assistência do Conselho de tutela para desempenhar as funções que cabem às Nações Unidas pelo sistema de tutela, relativamente a matérias políticas, econômicas, sociais ou educacionais dentro das zonas estratégicas.

Artigo 84 - A autoridade administradora terá o dever de assegurar que o território tutelado preste sua colaboração à manutenção da paz e da segurança internacionais. Para tal fim, a autoridade administradora poderá fazer uso de forças voluntárias, de facilidades e de ajuda do território tutelado para o desempenho das obrigações por ele assumidas a este respeito perante o Conselho de segurança, assim como para a defesa local e para a manutenção da lei e da ordem dentro do território tutelado.

Artigo 85 - 1. As funções das Nações Unidas relativas a acordos de tutela para todas as zonas não designadas como estratégicas, inclusive a aprovação das condições dos acordos de tutela e de sua alteração ou emenda, serão exercidas pela Assembléia geral.

2. O Conselho de tutela, que funcionará sob a autoridade da Assembléia geral, auxiliará esta no desempenho dessas atribuições.

Capítulo XIII - O Conselho de tutela

Artigo 86 - 1. O Conselho de tutela será composto dos seguintes Membros das Nações Unidas:

a) os Membros que administrem territórios tutelados;

b) aqueles dentre os Membros mencionados nominalmente no art. 23, que não estiverem administrando territórios tutelados; e

c) quantos outros Membros eleitos por um período de três anos, pela Assembléia geral, sejam necessários para assegurar que o número total de Membros do Conselho de tutela fique igualmente dividido entre os Membros das Nações Unidas que administrem territórios tutelados e aqueles que o não fazem.

2. Cada Membro do Conselho de tutela designará uma pessoa especialmente qualificada para representá-lo perante o Conselho.

Artigo 87 - A Assembléia geral e, sob a sua autoridade, o Conselho de tutela, no desempenho de suas funções, poderão:

a) examinar os relatórios que lhes tenham sido submetidos pela autoridade administradora;

b) aceitar petições e examiná-las, em consulta com a autoridade administradora;

c) providenciar sobre visitas periódicas aos territórios tutelados em épocas fixadas de acordo com a autoridade administradora; e

d) tomar estas e outras medidas de conformidade com os termos dos acordos de tutela.

Artigo 88 - O Conselho de tutela formulará um questionário sobre o adiantamento político, econômico, social e educacional dos habitantes de cada território tutelado e a autoridade administradora de cada um destes territórios, dentro da competência da Assembléia geral, fará um relatório anual à Assembléia, baseado no referido questionário.

Artigo 89 - 1. Cada Membro do Conselho de tutela terá um voto.

2. As decisões do Conselho de tutela serão tomadas por uma maioria dos Membros presentes e votantes.

Artigo 90 - 1. O Conselho de tutela adotará seu próprio regulamento que incluirá o método de escolha de seu Presidente.

2. O Conselho de tutela reunir-se-á quando for necessário, de acordo com o seu regulamento, que incluirá uma disposição referente à convocação de reuniões a pedido da maioria dos seus Membros.

Artigo 91 - O Conselho de tutela valer-se-á quando for necessário, da colaboração do Conselho econômico e social e das entidades especializadas, a respeito das matérias em que estas e aquele sejam respectivamente interessados.

Capítulo XIV - A Corte Internacional de Justiça

Artigo 92 - A Corte Internacional de Justiça será o principal órgão judiciário das Nações Unidas. Funcionará de acordo com o Estatuto anexo, que é baseado no Estatuto da Corte Permanente de Justiça Internacional e faz parte integrante da presente Carta.

Artigo 93 - 1. Todos os Membros das Nações Unidas são *ipso facto* partes do Estatuto da Corte Internacional de Justiça.

2. Um Estado que não for Membro das Nações Unidas poderá tornar-se parte no Estatuto da Corte Internacional de Justiça, em condições que serão determinadas, em cada caso, pela Assembléia geral, mediante recomendação do Conselho de segurança.

Artigo 94 - 1. Cada Membro das Nações Unidas se compromete a conformar-se com a decisão da Corte Internacional de Justiça em qualquer caso em que for parte.

2. Se uma das partes num caso deixar de cumprir as obrigações que lhe incumbem em virtude de sentença proferida pela Corte, a outra terá direito de recorrer ao Conselho de segurança que poderá, se julgar necessário, fazer recomendações ou decidir sobre medidas a serem tomadas para o cumprimento da sentença.

Artigo 95 - Nada na presente Carta impedirá os Membros das Nações Unidas de confiarem a solução de suas divergências a outros Tribunais, em virtude de acordos já vigentes ou que possam ser concluídos no futuro.

Artigo 96 - 1. A Assembléia geral ou o Conselho de segurança poderá solicitar parecer consultivo da Corte Internacional de Justiça, sobre qualquer questão de ordem jurídica.

2. Outros órgãos das Nações Unidas e entidades especializadas, que forem em qualquer época devidamente autorizados pela Assembléia geral, poderão também solicitar pareceres consultivos da Corte sobre questões jurídicas surgidas dentro da esfera de suas atividades.

Capítulo XV - O Secretariado

Artigo 97 - O Secretariado será composto de um Secretário geral e do pessoal exigido pela Organização. O Secretário geral será indicado pela Assembléia geral mediante a recomendação do Conselho de segurança. Será o principal funcionário administrativo da Organização.

Artigo 98 - O Secretário geral atuará neste caráter em todas as reuniões da Assembléia geral, do Conselho de segurança, do Conselho econômico e social e do Conselho de tutela, e desempenhará outras funções que lhe forem atribuídas por estes órgãos. O Secretário geral fará um relatório anual à Assembléia geral sobre os trabalhos da Organização.

Artigo 99 - O Secretário geral poderá chamar a atenção do Conselho de segurança para qualquer assunto que em sua opinião possa ameaçar a manutenção da paz e da segurança internacionais.

Artigo 100 - 1. No desempenho de seus deveres, o Secretário geral e o pessoal do Secretariado não solicitarão nem receberão instruções de qualquer Governo ou de qualquer autoridade estranha à Organização. Absterse-ão de qualquer ação que seja incompatível com a sua posição de funcionários internacionais responsáveis somente perante a Organização.

2. Cada Membro das Nações Unidas se compromete a respeitar o caráter exclusivamente internacional das atribuições do Secretário geral e do pessoal do Secretariado, e não procurará exercer qualquer influência sobre eles, no desempenho de suas funções.

Artigo 101 - 1. O pessoal do Secretariado será nomeado pelo Secretário geral, de acordo com regras estabelecidas pela Assembléia geral.

2. Será também nomeado, em caráter permanente, o pessoal adequado para o Conselho econômico e social, o Conselho de tutela e, quando for necessário, para outros órgãos das Nações Unidas. Esses funcionários farão parte do Secretariado.

3. A consideração principal que prevalecerá na escolha do pessoal e na determinação das condições de serviço será a da necessidade de assegurar o mais alto grau de eficiência, competência integridade. Deverá ser levada na devida conta a importância de ser a escolha do pessoal feita dentro do mais amplo critério geográfico possível.

Capítulo XVI - Disposições diversas

Artigo 102 - 1. Todo tratado e todo acordo internacional, concluídos por qualquer Membro das Nações Unidas depois da entrada em vigor da presente Carta, deverão, dentro do mais breve prazo possível, ser registrados e publicados pelo Secretariado.

2. Nenhuma parte em qualquer Tratado ou acordo internacional que não tenha sido registrado de conformidade com as disposições do § 1º deste artigo poderá invocar tal tratado ou acordo perante qualquer órgão das Nações Unidas.

Artigo 103 - No caso de conflito entre as obrigações dos Membros das Nações Unidas em virtude da presente Carta e as obrigações resultantes de qualquer outro acordo internacional, prevalecerão as obrigações assumidas em virtude da presente Carta.

Artigo 104 - A Organização gozará, no território de cada um de seus Membros da capacidade jurídica necessária ao exercício de suas funções e à realização de seus propósitos.

Artigo 105 - 1. A Organização gozará, no território de cada um de seus Membros, dos privilégios e imunidades necessários à realização de seus propósitos.

2. Os representantes dos Membros das Nações Unidas e os funcionários da Organização gozarão, igualmente, dos privilégios e imunidades

necessários ao exercício independente de suas funções relacionadas com a Organização.

3. A Assembléia geral poderá fazer recomendações com o fim de determinar os pormenores da aplicação dos §§ 1º e 2º deste artigo ou poderá propor aos Membros das Nações Unidas convenções nesse sentido.

Capítulo XVII - Disposições transitórias sobre segurança

Artigo 106 - Antes da entrada em vigor dos acordos especiais a que se refere o art. 43, que, a juízo do Conselho de segurança, o habilitem ao exercício de suas funções previstas no art. 42, as partes na Declaração das Quatro Nações, assinada em Moscou, a 30 de outubro de 1943, e a França, deverão, de acordo com as disposições do § 5º daquela Declaração, consultar-se entre si e, sempre que a ocasião o exija, com outros Membros das Nações Unidas, a fim de ser levada a efeito, em nome da Organização qualquer ação conjunta que se torne necessária à manutenção da paz e da segurança internacionais.

Artigo 107 - Nada na presente Carta invalidará ou impedirá qualquer ação que, em relação a um Estado inimigo de qualquer dos signatários da presente Carta durante a Segunda Guerra Mundial, for levada a efeito ou autorizada em conseqüência da dita guerra, pelos governos responsáveis por tal ação.

Capítulo XVIII - Emendas

Artigo 108 - As emendas à presente Carta entrarão em vigor para todas as Nações Unidas, quando forem adotadas pelos votos de 2/3 dos Membros da Assembléia geral e ratificada de acordo com os seus respectivos métodos constitucionais por 2/3 dos Membros das Nações Unidas inclusive todos os Membros permanentes do Conselho de segurança.

Artigo 109 - 1. Uma Conferência Geral dos Membros das Nações Unidas, destinada a rever a presente Carta, poderá reunir-se em data e lugar a serem fixados pelo voto de 2/3 dos Membros da Assembléia geral e de nove Membros quaisquer do Conselho de segurança. Cada Membro das Nações Unidas terá um voto nessa Conferência.

2. Qualquer modificação à presente Carta, que for recomendada por 2/3 dos votos da Conferência, terá efeito depois de ratificada, de acordo com os respectivos métodos constitucionais, por 2/3 dos Membros das Nações Unidas, inclusive todos os Membros permanentes do Conselho de segurança.

3. Se essa Conferência não for celebrada antes da décima sessão anual da Assembléia geral que se seguir à entrada em vigor da presente Carta, a proposta de sua convocação deverá figurar na agenda da referida sessão da Assembléia geral, e a Conferência será realizada, se assim for decidido por maioria de votos dos Membros da Assembléia geral e pelo voto de sete membros quaisquer do Conselho de segurança.

Capítulo XIX - Ratificação e assinatura

Artigo 110 - 1. A presente Carta deverá ser ratificada pelos Estados signatários, de acordo com os respectivos métodos constitucionais.

2. As ratificações serão depositadas junto ao Governo dos Estados Unidos da América, que notificará de cada depósito todos os Estados signatários, assim como o Secretário geral da Organização depois que este for escolhido.

3. A presente Carta entrará em vigor depois do depósito de ratificações pela República da China, França, União das Repúblicas Socialistas Soviéticas, Reino Unido da Grã-Bretanha e Irlanda do Norte e Estados Unidos da América, e pela maioria dos outros Estados signatários.

4. Os Estados signatários da presente Carta, que a ratificarem depois de sua entrada em vigor tornar-se-ão Membros fundadores das Nações Unidas, na data do depósito de suas respectivas ratificações.

Artigo 111 - A presente Carta, cujos textos em chinês, francês, russo, inglês e espanhol fazem igualmente fé, ficará depositada nos arquivos do Governo dos Estados Unidos da América. Cópias da mesma, devidamente autenticadas, serão transmitidas por este último Governo aos dos outros Estados signatários.

Em fé do que, os representantes dos Governos das Nações Unidas assinaram a presente Carta.

Feita na cidade de São Francisco, a 26 de junho de 1945.

b) Solução pacífica dos litígios: Estatuto da Corte Internacional de Justiça (1945)

Artigo 1º - A Corte Internacional de Justiça, estabelecida pela Carta das Nações Unidas como o principal órgão judiciário das Nações Unidas, será constituída e funcionará de acordo com as disposições do presente Estatuto.

Capítulo I - Organização da Corte

Artigo 2º - A Corte será composta de um corpo de juízes independentes, eleitos sem atenção à sua nacionalidade, dentre pessoas que gozem de alta consideração moral e possuam as condições exigidas em seus respectivos países para o desempenho das mais altas funções judiciárias ou que sejam jurisconsultos de reconhecida competência em direito internacional.

Artigo 3º - 1. A Corte será composta de quinze membros, não podendo figurar entre eles dois nacionais do mesmo Estado.

2. A pessoa que possa ser considerada nacional de mais de um Estado será, para efeito de sua inclusão como membro da Corte, considerada nacional do Estado em que exercer ordinariamente seus direitos civis e políticos.

Artigo 4º - 1. Os membros da Corte serão eleitos pela Assembléia geral e pelo Conselho de segurança de uma lista de pessoas apresentadas pelos grupos nacionais da Corte Permanente de Arbitragem, de acordo com as disposições seguintes.

2. Quando se tratar de Membros das Nações Unidas não representados na Corte Permanente de Arbitragem, os candidatos serão apresentados por grupos nacionais designados para esse fim pelos seus Governos, nas mesmas condições que as estipuladas para os Membros da Corte Permanente de Arbitragem pelo art. 44 da Convenção de Haia de 1907, referente à solução pacífica das controvérsias internacionais.

3. As condições pelas quais um Estado, que é parte do presente Estatuto, sem ser Membro das Nações Unidas, poderá participar na eleição dos membros da Corte serão, na falta de acordo especial, determinadas pela Assembléia geral mediante recomendações do Conselho de segurança.

Artigo 5º- 1. Três meses, pelo menos, antes da data da eleição, o Secretário geral das Nações Unidas convidará, por escrito, os membros da Corte Permanente de Arbitragem pertencentes a Estados que sejam partes no presente Estatuto e os membros dos grupos nacionais designados de conformidade com o art. 4º, § 2º, para que indiquem, por grupos nacionais, dentro de um prazo estabelecido, os nomes das pessoas em condições de desempenhar as funções de Membros da Corte.

2. Nenhum grupo deverá indicar mais de quatro pessoas, das quais, no máximo, duas poderão ser de sua nacionalidade. Em nenhum caso, o número dos candidatos indicados por um grupo poderá ser maior do que o dobro dos lugares a serem preenchidos.

Artigo 6º - Recomenda-se que, antes de fazer estas indicações, cada grupo nacional consulte sua mais alta corte de justiça, suas faculdades e escolas de direito, suas academias nacionais e as seções nacionais de academias internacionais dedicadas ao estudo de direito.

Artigo 7º - 1. O Secretário geral preparará uma lista, por ordem alfabética, de todas as pessoas assim indicadas. Salvo o caso previsto no art. 12, § 2º, serão elas as únicas pessoas elegíveis.

2. O Secretário geral submeterá essa lista à Assembléia geral e ao Conselho de segurança.

Artigo 8º - A Assembléia geral e o Conselho de segurança procederão, independentemente um do outro, à eleição dos membros da Corte.

Artigo 9º - Em cada eleição, os eleitores devem ter presente não só que as pessoas a serem eleitas possuam individualmente as condições exigidas, mas também que, no conjunto desse órgão judiciário, seja assegurada a representação das mais altas formas da civilização e dos principais sistemas jurídicos do mundo.

Artigo 10 - 1. Os candidatos que obtiverem maioria absoluta de votos na Assembléia geral e no Conselho de segurança serão considerados eleitos.

2. Nas votações do Conselho de segurança, quer para a eleição dos juízes, quer para a nomeação dos membros da comissão prevista no art. 12, não haverá qualquer distinção entre Membros permanentes e não-permanentes do Conselho de segurança.

3. No caso em que a maioria absoluta de votos, tanto da Assembléia geral quanto do Conselho de segurança, contemple mais de um nacional do mesmo Estado, o mais velho dos dois será considerado eleito.

Artigo 11 - Se, depois da terceira reunião convocada para fins de eleição, um ou mais lugares continuarem vagos, deverá ser realizada uma segunda e, se for necessário, uma terceira reunião.

Artigo 12 - 1. Se, depois da terceira reunião, um ou mais lugares ainda continuarem vagos, uma comissão, composta de seis Membros, três indicados pela Assembléia geral e três pelo Conselho de segurança, poderá ser formada em qualquer momento, por solicitação da Assembléia ou do Conselho de segurança, com o fim de escolher por maioria absoluta de votos, um nome para cada lugar ainda vago, o qual será submetido à Assembléia geral e ao Conselho de segurança para sua respectiva aceitação.

2. A Comissão Mista, caso concorde unanimemente com a escolha de uma pessoa que preencha as condições exigidas, poderá incluí-la em sua lista, ainda que a mesma não tenha figurado na lista de indicações a que se refere o art. 7º.

3. Se a Comissão Mista chegar à convicção de que não logrará resultados com uma eleição, os membros já eleitos da Corte deverão, dentro de um prazo a ser fixado pelo Conselho de segurança, preencher os lugares vagos, e o farão por escolha dentre os candidatos que tenham obtido votos na Assembléia geral ou no Conselho de segurança.

4. No caso de um empate na votação dos juízes, o mais velho deles terá voto decisivo.

Artigo 13 - 1. Os membros da Corte serão eleitos por nove anos e poderão ser reeleitos; fica estabelecido, entretanto, que, dos juízes eleitos na primeira eleição, cinco terminarão suas funções no fim de um período de três anos, e outros cinco no fim de um período de seis anos.

2. Os juízes cujas funções deverão terminar no fim dos referidos períodos iniciais de três e seis anos serão escolhidos por sorteio, que será efetuado pelo Secretário geral imediatamente depois de terminada a primeira eleição.

3. Os membros da Corte continuarão no desempenho de suas funções até que suas vagas tenham sido preenchidas. Ainda depois de substituídos, deverão terminar qualquer questão cujo estudo tenham começado.

4. No caso de renúncia de um membro da Corte, o pedido de demissão deverá ser dirigido ao Presidente da Corte, que o transmitirá ao Secretário geral. Esta última notificação significará a abertura de vaga.

Artigo 14 - As vagas serão preenchidas pelo método estabelecido para a primeira eleição, de acordo com a seguinte disposição: o Secretário geral,

Textos fundamentais do
Direito das Relações Internacionais

dentro de um mês a contar da abertura da vaga, expedirá os convites a que se refere o art. 5º, e a data da eleição será fixada pelo Conselho de segurança.

Artigo 15 - O membro da Corte eleito na vaga de um membro que não terminou seu mandato completará o período do mandato de seu predecessor.

Artigo 16 - 1. Nenhum membro da Corte poderá exercer qualquer função política ou administrativa, ou dedicar-se a outra ocupação de natureza profissional.

2. Qualquer dúvida a esse respeito será resolvida por decisão da Corte.

Artigo 17 - 1. Nenhum membro da Corte poderá servir como agente, consultor ou advogado em qualquer questão.

2. Nenhum membro poderá participar da decisão de qualquer questão na qual anteriormente tenha intervindo como agente consultor ou advogado de uma das partes, como membro de um tribunal nacional ou internacional, ou de uma comissão de inquérito, ou em qualquer outro caráter.

3. Qualquer dúvida a esse respeito será resolvida por decisão da Corte.

Artigo 18 - 1. Nenhum membro da Corte poderá ser demitido, a menos que na opinião unânime dos outros membros, tenha deixado de preencher as condições exigidas.

2. O Secretário geral será disso notificado, oficialmente, pelo Escrivão da Corte.

3. Essa notificação significará a abertura da vaga.

Artigo 19 - Os membros da Corte, quando no exercício de suas funções, gozarão dos privilégios e imunidades diplomáticas.

Artigo 20 - Todo membro da Corte, antes de assumir as suas funções, fará, em sessão pública, a declaração solene de que exercerá as suas atribuições imparcial e conscienciosamente.

Artigo 21 - 1. A Corte elegerá, pelo período de três anos, seu Presidente e seu Vice-Presidente, que poderão ser reeleitos.

2. A Corte nomeará seu Escrivão e providenciará sobre a nomeação de outros funcionários que sejam necessários.

Artigo 22 - 1. A sede da Corte será a cidade de Haia. Isto, entretanto, não impedirá que a Corte se reúna e exerça suas funções em qualquer outro lugar que considere conveniente.

2. O Presidente e o Escrivão residirão na sede da Corte.

Artigo 23 - 1. A Corte funcionará permanentemente, exceto durante as férias judiciárias, cuja data e duração serão por ela fixadas.

2. Os membros da Corte gozarão de licenças periódicas, cujas datas e duração serão fixadas pela Corte, sendo tomadas em consideração as distâncias entre Haia e o domicílio de cada juiz.

3. Os membros da Corte serão obrigados a ficar permanentemente à disposição da Corte, a menos que estejam em licença ou impedidos de

comparecer por motivo de doença ou outra séria razão, devidamente justificada perante o Presidente.

Artigo 24 - 1. Se, por qualquer razão especial, o membro da Corte considerar que não deve tomar parte no julgamento de uma determinada questão, deverá informar disto o Presidente.

2. Se o Presidente considerar que, por uma razão especial, um dos membros da Corte não deve funcionar numa determinada questão, deverá informá-lo disto.

3. Se, em qualquer desses casos, o membro da Corte e o Presidente não estiverem de acordo, o assunto será resolvido por decisão da Corte.

Artigo 25 - 1. A Corte funcionará em sessão plenária, exceto nos casos previstos em contrário no presente capítulo.

2. O regulamento da Corte poderá permitir que um ou mais juízes, de acordo com as circunstâncias e rotativamente, sejam dispensados das sessões, contanto que o número de juízes disponíveis para constituir a Corte não seja reduzido a menos de onze.

3. O *quorum* de nove juízes será suficiente para constituir a Corte.

Artigo 26 - 1. A Corte poderá periodicamente formar uma ou mais Câmaras, compostas de três ou mais juízes, conforme ela mesma determinar, a fim de tratar de questões de caráter especial, como por exemplo, questões trabalhistas e assuntos referentes a trânsito e comunicações.

2. A Corte poderá, em qualquer tempo, formar uma Câmara para tratar de uma determinada questão. O número de juízes que constituirão essa Câmara será determinado pela Corte, com a aprovação das partes.

3. As questões serão consideradas e resolvidas pelas Câmaras a que se refere o presente artigo, se as partes assim o solicitarem.

Artigo 27 - Uma sentença proferida por qualquer das Câmaras, a que se referem os artigos 26 e 29, será considerada como sentença emanada da Corte.

Artigo 28 - As Câmaras, a que se referem os artigos 26 e 29, poderão, com o consentimento das partes, reunir-se e exercer suas funções fora da cidade de Haia.

Artigo 29 - Com o fim de apressar a solução dos assuntos, a Corte formará anualmente uma Câmara, composta de cinco juízes, a qual, a pedido das partes, poderá considerar e resolver sumariamente as questões. Além dos cinco juízes, serão escolhidos outros dois, que atuarão como substitutos, no impedimento de um daqueles.

Artigo 30 - 1. A Corte estabelecerá regras para o desempenho de suas funções, especialmente as que se refiram aos métodos processuais.

2. O Regulamento da Corte disporá sobre a nomeação de assessores para a Corte ou para qualquer de suas Câmaras, os quais não terão direito a voto.

Artigo 31 - 1. Os juízes da mesma nacionalidade de qualquer das partes conservam o direito de funcionar numa questão julgada pela Corte.

Textos fundamentais do
Direito das Relações Internacionais

2. Se a Corte incluir entre os seus membros um juiz de nacionalidade de uma das partes, qualquer outra parte poderá escolher uma pessoa para funcionar como juiz. Essa pessoa deverá, de preferência, ser escolhida dentre os que figuram entre os candidatos a que se referem os artigos 4º e 5º.

3. Se a Corte não incluir entre os seus membros nenhum juiz de nacionalidade das partes, cada uma destas poderá proceder à escolha de um juiz, de conformidade com o § 2º deste artigo.

4. As disposições deste artigo serão aplicadas aos casos previstos nos artigos 26 e 29. Em tais casos, o Presidente solicitará a um ou, se necessário, a dois dos membros da Corte integrantes da Câmara, que cedam seu lugar aos Membros da Corte de nacionalidade das partes interessadas, e, na falta ou impedimento destes, aos juízes especialmente escolhidos pelas partes.

5. No caso de haver diversas partes interessadas na mesma questão, elas serão, para os fins das disposições precedentes, consideradas como uma só parte. Qualquer dúvida sobre este ponto será resolvida por decisão da Corte.

6. Os juízes escolhidos de conformidade com os §§ 2º, 3º e 4º deste artigo deverão preencher as condições exigidas pelos artigos 2º, 17 (§ 2º), 20 e 24, do presente Estatuto. Tomarão parte nas decisões em condições de completa igualdade com seus colegas.

Artigo 31 - 1. Os membros da Corte perceberão vencimentos anuais.

2. O Presidente receberá, por ano, um subsídio especial.

3. O Vice-Presidente receberá um subsídio especial, correspondente a cada dia em que funcionar como Presidente.

4. Os juízes escolhidos de conformidade com o art. 31, que não sejam membros da Corte, receberão uma remuneração correspondente a cada dia em que exerçam suas funções.

5. Esses vencimentos, subsídios e remunerações serão fixados pela Assembléia geral e não poderão ser diminuídos enquanto durarem os mandatos.

6. Os vencimentos do Escrivão serão fixados pela Assembléia geral, por proposta da Corte.

7. O Regulamento elaborado pela Assembléia geral fixará as condições pelas quais serão concedidas pensões aos membros da Corte e ao Escrivão, e as condições pelas quais os Membros serão reembolsados de suas despesas de viagem.

8. Os vencimentos, subsídios e remuneração, acima mencionados, estarão livres de qualquer imposto.

Artigo 33 - As despesas da Corte serão custeadas pelas Nações Unidas da maneira que for decidida pela Assembléia geral.

Capítulo II - Competência da Corte

Artigo 34 - 1. Só os Estados poderão ser partes em questão perante a Corte.

2. Sobre as questões que lhe forem submetidas, a Corte, nas condições prescritas por seu Regulamento poderá solicitar informação, de organizações públicas internacionais, e receberá as informações que lhe forem prestadas, por iniciativa própria, pelas referidas organizações.

3. Sempre que, no julgamento de uma questão perante a Corte, for discutida a interpretação do instrumento constitutivo de uma organização pública internacional ou de uma convenção internacional adotada em virtude do mesmo, o Escrivão dará conhecimento disso à organização pública internacional interessada e lhe encaminhará cópias de todo o expediente escrito.

Artigo 35 - 1. A Corte estará aberta aos Estados que são partes do presente Estatuto.

2. As condições pelas quais a Corte estará aberta a outros Estados serão determinadas pelo Conselho de segurança, ressalvadas as disposições especiais dos tratados vigentes; em nenhum caso, porém, tais condições colocarão as partes em posições de desigualdade perante a Corte.

3. Quando um Estado que não é Membro das Nações Unidas for parte numa questão, a Corte fixará a importância com que ele deverá contribuir para as despesas da Corte. Esta disposição não será aplicada, se tal Estado já contribuir para as referidas despesas.

Artigo 36 - 1. A competência da Corte abrange todas as questões que as partes lhe submetam, bem como todos os assuntos especialmente previstos na Carta das Nações Unidas ou em tratados e convenções em vigor.

2. Os Estados partes do presente Estatuto poderão, em qualquer momento, declarar que reconhecem como obrigatória, *ipso facto* e sem acordo especial, em relação a qualquer outro Estado que aceite a mesma obrigação, a jurisdição da Corte em todas as controvérsias de ordem jurídica que tenham por objeto:

a) a interpretação de um tratado;

b) qualquer ponto de direito internacional;

c) a existência de qualquer fato que, se verificado, constituiria violação de um compromisso internacional;

d) a natureza ou extensão da reparação devida pela ruptura de um compromisso internacional.

3. As declarações acima mencionadas poderão ser feitas pura e simplesmente ou sob condição de reciprocidade da parte de vários ou de certos Estados, ou por prazo determinado.

4. Tais declarações serão depositadas junto ao Secretário geral das Nações Unidas que as transmitirá, por cópia, às partes contratantes do presente Estatuto e ao Escrivão da Corte.

5. Nas relações entre as partes contratantes do presente Estatuto, as declarações feitas de acordo com o art. 36 do Estatuto da Corte Permanente de Justiça Internacional e que ainda estejam em vigor serão consideradas como importando na aceitação da jurisdição obrigatória da Corte Interna-

Textos fundamentais do
Direito das Relações Internacionais

cional de Justiça, pelo período em que ainda devem vigorar e de conformidade com os seus termos.

6. Qualquer controvérsia sobre a jurisdição da Corte será resolvida por decisão da própria Corte.

Artigo 37 - Sempre que um tratado ou convenção em vigor disponha que em assunto deva ser submetido a uma jurisdição a ser instituída pela Liga das Nações ou à Corte Permanente de Justiça Internacional, o assunto deverá, no que respeita às partes contratantes do presente Estatuto, ser submetido à Corte Internacional de Justiça.

Artigo 38 - 1. A Corte, cuja função é decidir de acordo com o direito internacional as controvérsias que lhe forem submetidas, aplicará:

a) as convenções internacionais, quer gerais, quer especiais, que estabeleçam regras expressamente reconhecidas pelos Estados litigantes;

b) o costume internacional, como prova de uma prática geral aceita como sendo o direito;

c) os princípios gerais de direito, reconhecidos pelas nações civilizadas;

d) sob ressalva da disposição do art. 59, as decisões judiciárias e a doutrina dos juristas mais qualificados das diferentes nações, como meio auxiliar para a determinação das regras de direito.

2. A presente disposição não prejudicará a faculdade da Corte de decidir uma questão *ex aequo et bono*, se as partes com isto concordarem.

Capítulo III - Processo

Artigo 39 - 1. As línguas oficiais da Corte serão o francês e o inglês. Se as partes concordarem em que todo o processo se efetue em francês, a sentença será proferida em francês. Se as partes concordarem em que todo o processo se efetue em inglês, a sentença será proferida em inglês.

2. Na ausência de acordo a respeito da língua que deverá ser empregada, cada parte deverá, em suas alegações, usar língua que preferir; a sentença da Corte será proferida em francês e inglês. Neste caso, a Corte determinará ao mesmo tempo qual dos dois textos fará fé.

3. A pedido de uma das partes, a Corte poderá autorizá-la a usar uma língua que não seja o francês ou o inglês.

Artigo 40 - 1. As questões serão submetidas à Corte, conforme o caso, por notificação do acordo especial ou por uma petição escrita dirigida ao Escrivão. Em qualquer dos casos, o objeto da controvérsia e as partes deverão ser indicados.

2. O Escrivão comunicará imediatamente a petição a todos os interessados.

3. Notificará também os Membros das Nações Unidas por intermédio do Secretário geral e quaisquer outros Estados com direito a comparecer perante a Corte.

Artigo 41 - 1. A Corte terá a faculdade de indicar, se julgar que as circunstâncias o exigem, quaisquer medidas provisórias que devam ser tomadas para preservar os direitos de cada parte.

2. Antes que a sentença seja proferida, as partes e o Conselho de segurança deverão ser informados imediatamente das medidas sugeridas.

Artigo 42 - 1. As partes serão representadas por agentes.

2. Estes terão a assistência de consultores ou advogados, perante a Corte.

3. Os agentes, os consultores e os advogados das partes perante a Corte gozarão dos privilégios e imunidades necessários ao livre exercício de suas atribuições.

Artigo 43 - 1. O processo constará de duas fases: uma escrita e outra oral.

2. O processo escrito compreenderá a comunicação à Corte e às partes de memórias, contra-memórias e, se necessário, réplicas assim como quaisquer peças e documentos em apoio das mesmas.

3. Essas comunicações serão feitas por intermédio do Escrivão na ordem e dentro do prazo fixados pela Corte.

4. Uma cópia autenticada de cada documento apresentado por uma das partes será comunicada à outra parte.

5. O processo oral consistirá na audiência, pela Corte, de testemunhas, peritos, agentes, consultores e advogados.

Artigo 44 - 1. Para citação de outras pessoas que não sejam os agentes, os consultores ou advogados, a Corte dirigir-se-á diretamente ao Governo do Estado em cujo território deva ser feita a citação.

2. O mesmo processo será usado sempre que for necessário providenciar para obter quaisquer meios de prova, no lugar do fato.

Artigo 45 - Os debates serão dirigidos pelo Presidente, ou, no impedimento deste, pelo Vice-Presidente; se ambos estiverem impossibilitados de presidir, o mais antigo dos juízes presentes ocupará a presidência.

Artigo 46 - As audiências da Corte serão públicas, a menos que a Corte decida de outra maneira ou que as partes solicitem a não-admissão do público.

Artigo 47 - 1. Será lavrada ata de cada audiência, assinada pelo Escrivão e pelo Presidente.

2. Só essa ata fará fé.

Artigo 48 - A Corte proferirá decisões sobre o andamento do processo, a forma e o tempo em que cada parte terminará suas alegações, e tomará todas as medidas relacionadas com a apresentação das provas.

Artigo 49 - A Corte poderá, ainda antes do início da audiência, intimar os agentes a apresentarem qualquer documento ou a fornecerem quaisquer explicações. Qualquer recusa deverá constar da ata.

Textos fundamentais do
Direito das Relações Internacionais

147

Artigo 50 - A Corte poderá, em qualquer momento, confiar a qualquer indivíduo, companhia, repartição, comissão ou outra organização, à sua escolha, a tarefa de proceder a um inquérito ou a uma perícia.

Artigo 51 - Durante os debates, todas as perguntas de interesse serão feitas às testemunhas e peritos de conformidade com as condições determinadas pela Corte no Regulamento a que se refere o art. 30.

Artigo 52 - Depois de receber as provas e depoimentos dentro do prazo fixado para esse fim, a Corte poderá recusar-se a aceitar qualquer novo depoimento oral ou escrito que uma das partes deseje apresentar, a menos que as outras partes com isso concordem.

Artigo 53 - 1. Se uma das partes deixar de comparecer perante a Corte ou de apresentar a sua defesa, a outra parte poderá solicitar à Corte que decida a favor de sua pretensão.

2. A Corte, antes de decidir nesse sentido, deve certificar-se não só de que o assunto é de sua competência, de conformidade com os artigos 36 e 37, mas também de que a pretensão é bem fundada, de fato e de direito.

Artigo 54 - 1. Quando os agentes, consultores e advogados tiverem concluído, sob a fiscalização da Corte, a apresentação de sua causa, o Presidente declarará encerrados os debates.

2. A Corte retirar-se-á para deliberar.

3. As deliberações da Corte serão tomadas privativamente e permanecerão secretas.

Artigo 55 - 1. Todas as questões serão decididas por maioria dos juízes presentes.

2. No caso de empate na votação, o Presidente ou o juiz que funcionar em seu lugar decidirá com o seu voto.

Artigo 56 - 1. A sentença deverá declarar as razões em que se funda.

2. Deverá mencionar os nomes dos juízes que tomaram parte na decisão.

Artigo 57 - Se a sentença não representar no todo ou em parte opinião unânime dos juízes, qualquer deles terá direito de lhe juntar a exposição de sua opinião individual.

Artigo 58 - A sentença será assinada pelo Presidente e pelo Escrivão. Deverá ser lida em sessão pública, depois de notificados, devidamente, os agentes.

Artigo 59 - A decisão da Corte só será obrigatória para as partes litigantes e a respeito do caso em questão.

Artigo 60 - A sentença é definitiva e inapelável. Em caso de controvérsia quanto ao sentido e ao alcance da sentença, caberá à Corte interpretá-la a pedido de qualquer das partes.

Artigo 61 - 1. O pedido de revisão de uma sentença só poderá ser feito em razão do descobrimento de algum fato suscetível de exercer influência decisiva, o qual, na ocasião de ser proferida a sentença, era desconhecido da

Corte e também da parte que solicita a revisão, contanto que tal desconhecimento não tenha sido devido a negligência.

2. O processo de revisão será aberto por uma sentença da Corte, na qual se consignará expressamente a existência do fato novo, com o reconhecimento do caráter que determina a abertura da revisão e a declaração de que é cabível a solicitação nesse sentido.

3. A Corte poderá subordinar a abertura do processo de revisão à prévia execução da sentença.

4. O pedido de revisão deverá ser feito no prazo máximo de seis meses a partir do descobrimento do fato novo.

5. Nenhum pedido de revisão poderá ser feito depois de transcorridos 10 anos da data da sentença.

Artigo 62 - 1. Quando um Estado entender que a decisão de uma causa é suscetível de comprometer um interesse seu de ordem jurídica, esse Estado poderá solicitar à Corte permissão para intervir em tal causa.

2. A Corte decidirá sobre esse pedido.

Artigo 63 - 1. Quando se tratar da interpretação de uma convenção, da qual forem partes outros Estados, além dos litigantes, o Escrivão notificará imediatamente todos os Estados interessados.

2. Cada Estado assim notificado terá o direito de intervir no processo; mas, se usar deste direito, a interpretação dada pela sentença será igualmente obrigatória para ele.

Artigo 64 - A menos que seja decidido em contrário pela Corte, cada parte pagará suas custas no processo.

Capítulo IV - Pareceres consultivos

Artigo 65 - 1. A Corte poderá dar parecer consultivo sobre qualquer questão jurídica a pedido do órgão que, de acordo com a Carta das Nações Unidas ou por ela autorizado, estiver em condições de fazer tal pedido.

2. As questões sobre as quais for pedido o parecer consultivo da Corte serão submetidas a ela por meio de petição, escrita, que deverá conter uma exposição do assunto sobre o qual é solicitado o parecer e será acompanhada de todos os documentos que possam elucidar a questão.

Artigo 66 - 1. O Escrivão notificará imediatamente todos os Estados, com direito a comparecer perante a Corte, do pedido de parecer consultivo.

2. Além disto, a todo Estado admitido a comparecer perante a Corte e a qualquer organização internacional, que, a juízo da Corte ou de seu Presidente, se a Corte não estiver reunida, forem suscetíveis de fornecer informações sobre a questão, - o Escrivão fará saber, por comunicação especial e direta, que a Corte estará disposta a receber exposições escritas, dentro de um prazo a ser fixado pelo Presidente, ou ouvir exposições orais, durante uma audiência pública realizada para tal fim.

3. Se qualquer Estado com direito a comparecer perante a Corte deixar de receber a comunicação especial a que se refere o § 2º deste artigo, tal

Estado poderá manifestar o desejo de submeter a ela uma exposição escrita ou oral. A Corte decidirá.

4. Os Estados e organizações que tenham apresentado exposição escrita ou ora, ou ambas, terão a facilidade de discutir as exposições feitas por outros Estados ou organizações, na forma, extensão ou limite de tempo, que a Corte, ou se ela não estiver reunida, o seu Presidente determinar, em cada caso particular. Para esse efeito o Escrivão deverá, no devido tempo, comunicar qualquer dessas exposições escritas aos Estados e organizações que submeterem exposições semelhantes.

Artigo 67 - A Corte dará seus pareceres consultivos em sessão pública, depois de terem sido notificados o Secretário geral, os representantes dos Membros das Nações Unidas, bem como de outros Estados e das organizações internacionais diretamente interessados.

Artigo 68 - No exercício de suas funções consultivas, a Corte deverá guiar-se, além disso, pelas disposições do presente Estatuto, que se aplicam em casos contenciosos, na medida em que, na sua opinião, tais disposições forem aplicáveis.

Capítulo V - Emendas

Artigo 69 - As emendas ao presente Estatuto serão efetuadas pelo mesmo processo estabelecido pela Carta das Nações Unidas para emendas à Carta, ressalvadas, entretanto, quaisquer disposições que a Assembléia geral, por determinação do Conselho de segurança, possa adotar a respeito da participação de Estados que, tendo aceito o presente Estatuto, não são Membros das Nações Unidas.

Artigo 70 - A Corte terá a faculdade de propor por escrito ao Secretário geral quaisquer emendas ao presente Estatuto que julgar necessárias, a fim de que as mesmas sejam consideradas de conformidade com as disposições do art. 69.

c) Manutenção da paz: Resolução 377 da Assembléia Geral das Nações Unidas (1950)

A Assembléia Geral,

Reconhecendo que os dois primeiros objetivos das Nações Unidas enunciados pela Carta são os seguintes:

"Manter a paz e a segurança internacionais e, para esse fim: tomar coletivamente, medidas efetivas para evitar ameaças à paz e reprimir os atos de agressão ou outra qualquer ruptura da paz e chegar, por meios pacíficos e de conformidade com os princípios da justiça e do direito internacional, a um ajuste ou solução das controvérsias ou situações que possam levar a uma perturbação da paz;

Desenvolver relações amistosas entre as nações, baseadas no respeito ao princípio de igualdade de direito e de autodeterminação dos povos, e tomar outras medidas apropriadas ao fortalecimento da paz universal",

Reafirmando que, quando eles são parte à um litígio internacional todos os membros da organização das Nações Unidas são obrigados antes de mais nada a buscar a solução através dos meios pacíficos, utilizando os procedimentos enunciados no Capítulo VI da Carta, e lembrando os sucessos que a Organização já obteve muitas vezes neste campo,

Constatando a existência de um estado de tensão internacional que apresenta um caráter alarmante,

Lembrando sua resolução 290 (IV) intitulada "Elementos essenciais da paz", segundo a qual é a não observação dos princípios da Carta das Nações Unidas que provoca, em primeiro lugar, a prolongação da tensão internacional, e desejando favorecer ainda mais a realização dos objetivos enunciados nesta resolução,

Reafirmando que é importante que o Conselho de Segurança desempenhe sua responsabilidade principal para a manutenção da paz e da segurança internacionais, e é dever dos membros permanentes de tentar encontrar a unanimidade e de recorrer ao veto com moderação,

Reafirmando que a iniciativa em matéria de negociação de acordos relativos às forças armadas previstas no artigo 43 da Carta pertence ao Conselho de Segurança, e desejando assegurar, na expectativa da conclusão destes acordos, a colocação à disposição da Organização dos meios para a manutenção da paz e da segurança internacionais,

Persuadida que, caso o Conselho de Segurança falte às obrigações das funções que são suas em nome de todos os Estados, e notadamente aquelas que são visadas nos dois parágrafos precedentes, não tem como resultante que os estados membros sejam desprovidos de suas obrigações nem a Organização de sua responsabilidade nos termos da Carta no que tange a manutenção da paz e segurança internacionais,

Reconhecendo, em particular, que uma tal carência não priva a Assembléia Geral dos direitos, e não a livra de suas responsabilidades, que lhe são conferidas na Carta com vistas à manutenção da paz e da segurança internacionais,

Reconhecendo que a realização pela Assembléia Geral de seus deveres nesta questão demanda meios de observação permanente permitindo constatar os fatos e a desmascarar os agressores, a existência de forças armadas suscetíveis de serem utilizadas coletivamente, e a possibilidade para a Assembléia Geral de apresentar em momento oportuno aos membros as recomendações com vistas à uma ação coletiva que, par ser eficaz, deve ser rápida,

1. *Decide* que, em todo caso onde parece existir uma ameaça contra a paz, uma ruptura da paz ou um ato de agressão e onde, em razão da ausência de unanimidade entre os membros permanentes, ó Conselho de Segurança

falta à sua responsabilidade principal para a manutenção da paz e segurança internacionais, a Assembléia Geral examinará imediatamente a questão a fim de dirigir aos membros as recomendações apropriadas sobre as medidas coletivas a serem tomadas, inclusive, caso tratar-se de uma ruptura da paz ou de um ato de agressão, a utilização da força armada em caso de necessidade, para manter ou restabelecer a paz e a segurança internacionais. Caso a Assembléia Geral não esteja reunida naquele momento, ela poderá reunir-se em sessão extraordinária de urgência em 24 horas que seguem ao pedido apresentado com este fim. Tal sessão extraordinária de urgência será convocada por solicitação seja do Conselho de Segurança por um voto afirmativo de sete de quaisquer de seus membros seja pela maioria dos membros da Organização;

2. *Adota* com este objetivo as emendas a seu regulamento interno reproduzidos em anexo à presente resolução;

3. *Cria* uma Comissão de observação para a paz que, para os anos civis de 1951 e 1952, será composta de 14 membros, a saber: China, Colômbia, Estados Unidos da América, França, Índia, Iraque, Israel, Nova Zelândia, Paquistão, Reino Unido da Grã-Bretanha e da Irlanda do Norte, Suécia, Tchecoslováquia, União das Repúblicas Socialistas Soviéticas e Uruguai, e que poderá observar a situação em toda região onde exista um estado de tensão internacional cuja prolongação poria em perigo a paz e a segurança internacionais; esta Comissão fará um relatório sobre este assunto. Por convite ou com o assentimento do Estado sobre o território do qual irá a Comissão, a Assembléia Geral, ou quando esta não encontra-se em sessão, a Comissão por ínterim, poderá recorrer à Comissão, caso o Conselho de Segurança não exerça as funções que são suas em virtude da Carta no que diz respeito ao assunto considerado. A decisão de recorrer à Comissão será tomada pelo voto afirmativo de 2/3 dos membros presentes e votantes. O Conselho de Segurança poderá igualmente recorrer à Comissão em conformidade com os poderes que lhe confere a Carta;

4. *Decide* que a Comissão terá autoridade para nomear, se ela julga conveniente, sub-comissões e utilizar os serviços de observadores a fim de lhe auxiliar no exercício de suas funções;

5. *Recomenda* a todos os governos e a todas as autoridades para cooperar com a Comissão e de ajudá-la no exercício de suas funções;

6. *Convida* o Secretário Geral a colocar a disposição o pessoal e os meios necessários e a utilizar, quando assim decidir a Comissão, do quadro de observadores das Nações Unidas previsto na resolução 297 B(IV) da Assembléia Geral;

7. *Convida* cada membro a examinar os recursos que ele dispõe a fim de determinar a natureza e a importância da assistência que ele será capaz de fornecer para tornar efetiva qualquer recomendação do Conselho de Segurança ou da Assembléia Geral com vistas ao restabelecimento da paz e segurança internacionais;

8. *Recomenda* a cada um dos Estados membros de manter em suas forças armadas nacionais, elementos treinados, organizados e equipados que possam servir imediatamente, em conformidade às regras constitucionais próprias de cada Estado, como unidade ou unidades da Organização das Nações Unidas, seguindo recomendação do Conselho de Segurança ou da Assembléia Geral, sem prejuízo da utilização destes elementos no exercício do direito de legítima defesa, individual ou coletiva, reconhecido pelo artigo 51 da Carta;

9. *Convida* os membros a comunicar o mais rapidamente possível à Comissão encarregada das medidas coletivas previstas no parágrafo 11, as medidas que terão tomado em aplicação do parágrafo precedente;

10. *Convida* o Secretário Geral a designar, com a aprovação da Comissão prevista no parágrafo 11, um quadro de especialistas militares que poderiam ser colocados à disposição dos Estados membros que solicitarem e que desejam obter conselhos técnicos sobre a organização, o treinamento, o equipamento, com vistas da utilização rápida na condição de unidades da organização das Nações Unidas, dos elementos mencionados no parágrafo 8;

11. *Cria* uma Comissão encarregada de medidas coletivas, que será composta de 14 membros, a saber: Austrália, Bélgica, Birmânia, Brasil, Canadá, Egito, Estados Unidos da América, Filipinas, França, Iugoslávia, México, Reino Unido da Grã-Bretanha e da Irlanda do Norte, Turquia e Venezuela, e lhe confere como tarefa estudar, em acordo com o Secretário Geral e com os Estados membros que ela julgar conveniente, os métodos, inclusive os previstos no final da presente resolução, que poderia utilizar para manter e consolidar a paz e a segurança internacionais em conformidade com os objetivos e princípios da Carta, levando em conta as medidas coletivas de legítima defesa e os acordos regionais (artigos 51 e 52 da Carta), e redigir relatório ao Conselho de Segurança e à Assembléia Geral o mais tardar em 1º de setembro de 1951;

12. *Recomenda* a todos os membros de cooperar com a Comissão e assisti-la no exercício de suas funções;

13. *Convida* o Secretário Geral a fornecer o pessoal e os meios indispensáveis para atingir efetivamente os objetivos definidos na presente resolução;

14. *Está convencida*, adotando as propostas apresentadas acima, que não é suficiente, para assegurar uma paz duradoura, a conclusão de acordos de segurança coletiva contra as rupturas da paz internacional ou os atos de agressão, mas que a manutenção da paz real e duradoura depende também da observação de todos os objetivos e princípios enunciados na Carta das Nações Unidas, a aplicação das resoluções adotadas pelo Conselho de Segurança, pela Assembléia Geral e pelos outros órgãos principais das nações Unidas para assegurar a manutenção da paz e segurança internacionais; e que depende, em particular, do respeito efetivo dos direitos do

homem e das liberdades fundamentais para todos, bem como a criação e a manutenção de condições favoráveis para o bem-estar econômico e social em todos os países; e, por conseguinte,

15. *Convida insistentemente* os Estados membros a conformar-se plenamente à ação conjugada e a intensificar esta ação em cooperação com a Organização das Nações Unidas, a desenvolver e a encorajar o respeito universal e efetivo dos direitos do homem e das liberdades fundamentais, e a intensificar seus esforços individuais e coletivos com vistas a assegurar as condições de estabilidade econômica e de progresso social, em particular através da valorização dos países e regiões insuficientemente desenvolvidas.

Com vistas a manter a paz e a segurança internacionais, em conformidade com os termos da Carta das Nações Unidas e, em particular, os capítulos V, VI e VII desta Carta,

A Assembléia Geral recomenda ao Conselho de Segurança

Tomar as disposições necessárias a fim de assegurar a aplicação das medidas previstas pela Carta relativamente a qualquer ameaça contra a paz, a toda ruptura da paz ou a todo ato de agressão bem como à solução pacífica dos litígios ou de situações suscetíveis de ameaçar a manutenção da paz e da segurança internacionais;

Elaborar as medidas com vistas à aplicação, o mais cedo possível, as disposições dos artigos 43, 45, 46 e 47 da Carta das Nações unidas referentes a colocação à disposição do Conselho de Segurança de forças armadas pelos Estados membros da Organização e o funcionamento eficaz do Comitê do Estado Maior;

As disposições precedentes em caso algum comprometem a Assembléia Geral de responder as funções objeto da resolução 377 A (V).

A Assembléia Geral,

Reconhecendo que a Organização das Nações Unidas tem como função essencial manter e defender a paz, a segurança e a justiça entre todas as nações,

Reconhecendo que todos os estados membros tem o dever de servir a causa da paz internacional em conformidade às obrigações que lhes impõe a Carta,

Reconhecendo que a Carta confere ao Conselho de Segurança a responsabilidade principal da manutenção da paz e da segurança internacionais,

Reafirmando a importância da unanimidade dos membros permanentes do Conselho de Segurança sobre todos os problemas que poderiam ameaçar a paz mundial,

Lembrando a resolução 190 (III) da Assembléia Geral, intitulada "Apelo dirigido às grandes potências para que elas renovem os esforços com vistas a conciliar seus desacordos e estabelecer uma paz duradoura",

Recomenda aos membros permanentes do Conselho de Segurança:

a) De reunir-se e examinar, coletivamente ou de qualquer outra maneira, e caso necessário, com os Estados interessados, todos os problemas que poderiam ameaçar a paz internacional e entravar a ação da organização das

Nações Unidas com vistas a fazer desaparecer os desacordos essenciais e chegar a um acordo conforme ao espírito e à letra da Carta;

b) Levar ao conhecimento da Assembléia Geral e, quando esta não está reunida, aos membros, assim que obtidos, os resultados de suas consultas.

d) Descolonização: Resolução 1514 da Assembléia Geral da ONU (1960)

A Assembléia Geral,

Consciente que os povos do mundo, na Carta das Nações Unidas, declararam-se decididos a proclamar novamente sua fé nos direitos fundamentais do homem, na dignidade e valor da pessoa humana, na igualdade de direitos dos homens e mulheres, bem como das nações, grandes e pequenas, e favorecer o progresso social e instaurar melhores condições de vida com uma mais ampla liberdade,

Consciente da necessidade de criar condições de estabilidade e de bem estar e de relações pacíficas e amistosas fundadas no respeito dos princípios de igualdade de direitos e da livre determinação de todos os povos, e assegurar o respeito universal e efetivo dos direitos do homem e das liberdades fundamentais para todos sem distinção de raça, sexo, língua ou religião,

Reconhecendo o desejo apaixonado de liberdade de todos os povos dependentes e o papel decisivo desempenhado por eles para aceder à independência,

Consciente dos crescentes conflitos provocados pela recusa da liberdade ou dos obstáculos colocados a estes povos que constituem uma grave ameaça à paz mundial,

Considerando o papel importante da Organização das Nações Unidas como meio de ajudar o movimento para a independência nos territórios sob tutela e nos territórios não autônomos,

Reconhecendo que os povos do mundo desejam ardentemente o fim do colonialismo em todas as suas formas,

Convencida que a manutenção do colonialismo impede o desenvolvimento da cooperação econômica internacional, freia o desenvolvimento social, cultural e econômico dos povos dependentes e contraria o ideal de paz universal das Nações Unidas,

Afirmando que os povos podem, por seus próprios meios, dispor livremente de suas riquezas e recursos naturais sem prejuízo das obrigações que decorreriam da cooperação econômica internacional, fundada no princípio da vantagem mútua e do direito internacional,

Persuadida que o processo de libertação é irresistível e irreversível e que, para evitar graves crises, é necessário colocar um fim ao colonialismo e a todas as práticas de segregação e de discriminação que os acompanham,

Felicita-se que um grande número de territórios dependentes acederam à liberdade e a independência ao longo dos últimos anos, e reconhecendo as tendências cada vez mais fortes em direção da liberdade que se manifesta nos territórios que ainda não independentes,

Convencida que todos os povos possuem um direito inalienável à plena liberdade, ao exercício de sua soberania e à integridade de seu território nacional,

Proclama solenemente a necessidade de colocar rapidamente e incondicionalmente fim ao colonialismo sob todas suas formas e manifestações.

E, a este fim, *Declara* o que segue:

1. A sujeição dos povos à subjugação, dominação e exploração estrangeiras, constitui uma negação dos direitos fundamentais do homem, é contrária à Carta das Nações Unidas e compromete a causa da paz e da cooperação mundiais.

2. Todos os povos têm o direito de livre determinação; em virtude deste direito, eles determinam livremente seu estatuto político e perseguem livremente seu desenvolvimento econômico, social e cultural.

3. A falta de preparo nos campos político, econômico ou social ou no ensino não deve jamais ser usado como pretexto para retardar a independência.

4. Será colocado um fim a toda ação armada e a todas as medidas de repressão, de qualquer tipo, dirigidas contra os povos dependentes, para permitir que estes povos exerçam pacificamente e livremente o direito à independência completa, e a integridade de seu território nacional será respeitada.

5. Medidas imediatas serão tomadas, nos territórios sob tutela, nos territórios não autônomos e em todos os outros territórios que ainda não acederam à independência, para transferir todos os poderes aos povos destes territórios, sem nenhuma condição nem reserva, conforme à sua vontade e aos desejos livremente expressos, sem nenhuma distinção de raça, de credo, de cor, afim de permitir o gozo de uma independência e uma liberdade completas.

6. Toda tentativa objetivando destruir parcial ou totalmente a unidade nacional e a integridade territorial de um país é incompatível com os objetivos e princípios da Carta das Nações Unidas.

7. Todos os Estados devem observar fiel e estritamente os dispositivos da Carta das Nações Unidas, da Declaração universal dos direitos humanos e a presente Declaração na base da igualdade, da não-ingerência nos assuntos internos dos Estados e no respeito aos direitos soberanos e da integridade territorial de todos os povos.

e) Coexistência pacífica: Resolução 2625 da Assembléia Geral da ONU (1970)

A Assembléia Geral,

Lembrando suas Resoluções 1815 (XVII) de 18/12/1962, 1966 (XVII) de 16/12/1963, 2103 (XX) de 20/12/1965, 2181 (XXI) de 12/12/1966, 2327 (XXII) de 18/12/1967, 2463 (XXIII) de 20/12/1968 e 2533 (XXIV) de 8/12/1969, nas quais ela afirmou a importância do desenvolvimento progressivo e da codificação dos princípios do direito internacional relativos as relações amistosas e a cooperação entre os Estados,

Tendo examinado o relatório do Comitê especial dos princípios do direito internacional relativos as relações amistosas e a cooperação entre os Estados, que reuniu-se em Genebra de 31 de março a 1º de maio de 1970,

Sublinhando a importância capital da Carta das Nações Unidas para a manutenção da paz e da segurança internacionais e para o desenvolvimento das relações amistosas e da cooperação entre os Estados,

Profundamente convencida que a adoção da Declaração referente aos princípios do direito internacional relativos as relações amistosas e a cooperação entre os Estados em conformidade à Carta das Nações Unidas quando da celebração do vigésimo quinto aniversário da Organização das Nações Unidas contribuiria ao reforço da paz mundial e constituiria um acontecimento marcante para o desenvolvimento do direito internacional e das relações entre os Estados, favorecendo o reinado do direito entre as nações e notadamente a aplicação universal dos princípios consagrados na Carta,

Considerando que é desejável de assegurar uma ampla difusão do texto da Declaração.

Aprova a Declaração relativa aos princípios do direito internacional referentes as relações amistosas e a cooperação entre os estados em conformidade com a Carta das Nações Unidas, cujo texto encontra-se anexado à presente resolução;

Expressa seus agradecimentos ao Comitê especial dos princípios do direito internacional referentes as relações amistosas e a cooperação entre os Estados por seu trabalho que resultou na elaboração da Declaração;

Recomenda que nenhum esforço seja poupado para assegurar o conhecimento generalizado da Declaração.

Anexo: Declaração relativa aos princípios do direito internacional referentes as relações amistosas e a cooperação entre os Estados em conformidade com a Carta das Nações Unidas

Preâmbulo

A Assembléia Geral,

Reafirmando, nos termos da Carta das Nações Unidas, que a manutenção da paz e da segurança internacionais e o desenvolvimento das relações amistosas e da cooperação entre as nações fazem parte dos objetivos fundamentais das Nações Unidas,

Lembrando que os povos das Nações Unidas estão determinados a praticar a tolerância e viver em paz uns com os outros num espírito de boa vizinhança,

Tendo presente que é importante manter e reforçar a paz internacional fundada na liberdade, igualdade, justiça e no respeito aos direitos fundamentais do homem e de desenvolver as relações amistosas entre as nações independentemente das diferenças de seus sistemas políticos, econômicos e sociais ou de seus níveis de desenvolvimento,

Tendo presente igualmente a importância essencial da carta das Nações Unidas para favorecer o reinado do direito entre as nações,

Considerando que o respeito rigoroso dos princípios do direito internacional referente as relações amistosas e a cooperação entre os estados e a execução de boa fé das obrigações assumidas pelos Estados, em conformidade com a Carta, é da mais alta importância para a manutenção da paz e da segurança internacionais e para a realização dos outros objetivos das Nações Unidas,

Constatando que as grandes mudanças de ordem política, econômica e social e os progressos científicos que aconteceram no mundo desde a adoção da Carta conferem uma maior importância a estes princípios e a à necessidade de assegurar-se a aplicação mais eficiente à condução dos Estados, onde quer que ela seja exercida,

Lembrando o princípio estabelecido segundo o qual o espaço extra-atmosférico, a Lua e os outros corpos celestes, não podem ser objeto de apropriação nacional pela proclamação de soberania, nem através da utilização ou ocupação ou qualquer outro meio, e consciente do fato que a Organização das Nações Unidas examina atualmente a questão da elaboração de outras disposições apropriadas inspiradas no mesmo espírito,

Convencida que o respeito rigoroso pelos Estados da obrigação de abster-se de intervir nos assuntos dos outros Estados é uma condição essencial para que todas as nações possam viver em paz, já que a prática da intervenção, sob qualquer forma, não somente constitui uma violação do espírito e da letra da carta, mas ainda tende a criar situações que colocam em perigo a paz e a segurança internacionais,

Lembrando o dever dos Estados de abster-se, em suas relações internacionais, de usar o constrangimento militar, político, econômico ou outro, dirigido contra a independência política ou a integridade territorial de qualquer Estado,

Considerando que é essencial que todos os Estados abstenham-se, em suas relações internacionais, de recorrer à ameaça ou ao emprego da força, seja contra a integridade territorial ou a independência política de qualquer Estado, seja de todas outras maneiras incompatíveis com os objetivos das Nações Unidas,

Considerando que é igualmente essencial que todos os Estados resolvam seus litígios internacionais através de meios pacíficos em conformidade com a Carta,

Reafirmando, conforme a Carta, a importância fundamental da igualdade soberana e sublinhando que os objetivos das Nações Unidas não podem ser alcançados sem que os Estados desfrutem de uma igualdade soberana e se submetam plenamente às exigências deste princípio em suas relações internacionais,

Convencida que a sujeição dos povos a um domínio e a uma exploração estrangeiras constitui um obstáculo primordial à realização da paz e da segurança internacionais,

Convencida que o princípio da igualdade de direito dos povos e do direito de dispor deles mesmo constitui uma contribuição significativa ao direito internacional contemporâneo e que sua aplicação efetiva é de suma importância para promover as relações amistosas entre os estados fundadas no respeito do princípio da igualdade soberana,

Convencida por conseguinte que toda tentativa visando romper parcialmente ou totalmente a unidade nacional e a integridade territorial de um Estado ou de um país ou a atentar contra sua independência política é incompatível com os objetivos e princípios da Carta,

Considerando as disposições da Carta em seu conjunto e levando em consideração o papel das resoluções pertinentes adotadas pelos órgãos competentes da Organização das Nações Unidas que se referem ao conteúdo destes princípios,

Considerando que o desenvolvimento progressivo e a codificação dos princípios a seguir:

a) O princípio que os Estados abstenham-se, em suas relações internacionais, de recorrer à ameaça ou ao emprego da força, seja contra a integridade territorial ou a independência política de qualquer Estado, seja de qualquer outra maneira incompatível com os objetivos das Nações Unidas,

b) O princípio que os Estados resolvam seus litígios internacionais através de meios pacíficos, de tal sorte que a paz e a segurança internacionais bem como a justiça não corram perigo,

c) O dever de não intervir nos assuntos dependentes da competência nacional de um Estado, em conformidade com a Carta,

d) O dever dos Estados de cooperar uns com os outros em conformidade com a Carta,

e) O princípio da igualdade dos direitos dos povos e de seu direito de dispor de si mesmo,

f) O princípio da igualdade soberana dos Estados,

g) O princípio que os Estados sujeitem-se de boa fé às obrigações que eles assumiram em conformidade com a Carta, com vistas de assegurar sua aplicação mais eficiente na comunidade internacional, contribuindo à consecução dos objetivos das Nações Unidas,

Tendo levado em consideração os princípios do direito internacional relativos às relações amistosas e à cooperação entre Estados,

1. *Proclama solenemente* os seguintes princípios:

O princípio que os Estados abstenham-se, em suas relações internacionais, de recorrer à ameaça ou à utilização da força, seja contra a integridade territorial ou a independência política de qualquer Estado, seja de qualquer outra maneira incompatível com os objetivos das Nações Unidas

Todo Estado tem o dever de abster-se, em suas relações internacionais, de recorrer a ameaça ou à utilização da força, seja contra a integridade territorial ou a independência política de qualquer Estado, seja de qualquer outra maneira incompatível com os objetivos das Nações Unidas. Recorrer à ameaça ou à utilização da força constitui violação do direito internacional e da Carta das Nações Unidas e não deve jamais ser empregado como meio de solução dos problemas internacionais.

Uma guerra de agressão constitui um crime contra a paz, que compromete a responsabilidade em razão do direito internacional. Em conformidade com os objetivos e princípios das Nações Unidas, os Estados têm o dever de abster-se de toda propaganda em favor das guerras de agressão.

Todo Estado tem o dever de abster-se de recorrer à ameaça ou ao emprego da força para violar as fronteiras internacionais de um outro Estado ou como meio de solucionar os litígios internacionais, inclusive os litígios territoriais e as questões relativas as fronteiras dos Estados.

Da mesma forma, todo Estado tem o dever de abster-se de recorrer à ameaça ou à utilização da força para violar as linhas internacionais de demarcação, como as linhas de armistício, estabelecidas por um acordo internacional no qual participa este Estado ou que ele é obrigado a respeitar por outras razões, ou em conformidade com o acordo referido. A disposição precedente não será interpretada como atentatória à posição das partes interessadas ao estatuto e dos efeitos destas linhas tais como definidos nos regimes especiais que lhes são aplicáveis, tampouco afetando seu caráter provisório.

Os Estados têm o dever de abster-se de atos de represálias implicando a utilização da força.

Todo Estado tem o dever de abster-se de recorrer a qualquer medida de coerção que privaria de seu direito à autodeterminação, à liberdade e à independência os povos mencionados na formulação do princípio da igualdade de direitos e de seus direito de dispor de si mesmo.

Cada Estado tem o dever de abster-se de organizar ou encorajar a organização de forças irregulares ou de bandos armados, notadamente os bandos de mercenários, com o objetivo de fazer incursões sobre o território de um outro Estado.

Cada Estado tem o dever de abster-se de organizar ou encorajar os atos de guerra civil ou atos de terrorismo sobre o território de um outro Estado, de ajudar ou participar, ou tolerar em seu território atividades organizadas com o objetivo de perpetrar tais atos, quando os atos mencionados no presente parágrafo impliquem uma ameaça ou a utilização da força.

O território de um Estado não pode ser objeto de uma ocupação militar resultante da utilização da força contrariando as disposições da Carta. O território de um Estado não pode ser objeto de um aquisição por um outro Estado como conseqüência do recurso à ameaça ou à utilização da força. Nenhuma aquisição territorial obtida pela ameaça ou emprego da força não será reconhecida como legal. Nenhuma das disposições precedentes não será interpretada como um atentado:

a) Aos dispositivos da carta ou de qualquer acordo internacional anterior ao regime da Carta e válido em razão do direito internacional; ou

b) Aos poderes do Conselho de Segurança em virtude da Carta.

Todos os Estados devem perseguir de boa fé as negociações para que seja efetivado rapidamente um tratado universal de desarmamento geral e completo sob controle internacional eficaz e esforçar-se para adotar as medidas apropriadas para reduzir a tensão internacional e reforçar a confiança entre os Estados.

Todos os Estados devem submeter-se de boa fé às obrigações que são suas em razão dos princípios reconhecidos do direito internacional no que diz respeito a manutenção da paz e da segurança internacionais, e esforçar-se para tornar mais eficaz o sistema de segurança das Nações Unidas fundamentado sobre a Carta.

Nenhuma disposição dos parágrafos precedentes não será interpretada para ampliar ou diminuir, sob qualquer aspecto, o alcance das disposições da Carta referentes aos casos nos quais a utilização da força é lícita.

O princípio que os Estados resolvem seus litígios internacionais através de meios pacíficos, de tal maneira que a paz e a segurança internacionais bem como a justiça não sejam colocadas em perigo.

Todos os Estados devem resolver seus litígios internacionais com os outros Estados através dos meios pacíficos, de tal maneira que a paz e a segurança internacionais bem como a justiça não sejam colocadas em perigo.

Os Estados devem, portanto, buscar rapidamente uma solução eqüitativa para seus litígios internacionais pela via da negociação, da investigação, da mediação, da conciliação, da arbitragem, da solução judiciária, do recurso a organismos ou acordos regionais, ou por outros meios pacíficos de sua escolha. Buscando esta solução, as partes acordam meios pacíficos que são apropriados às circunstâncias e a natureza do litígio.

As partes a um litígio têm o dever, caso elas não cheguem a uma solução através dos meios pacíficos mencionados acima, de continuar a busca de uma solução para o litígio através de outros meios pacíficos conveniados.

Os Estados partes a um litígio internacional, assim que os outros Estados, devem abster-se de qualquer ato suscetível de agravar a situação ao ponto de colocar em perigo a manutenção da paz e da segurança inter-

Textos fundamentais do
Direito das Relações Internacionais

161

nacionais, e devem agir em conformidade com os objetivos e princípios das Nações Unidas.

Os litígios internacionais devem ser solucionadas com base na igualdade soberana dos Estados e em conformidade com a livre escolha dos meios. O recurso à um procedimento de solução ou a aceitação de tal procedimento livremente consentida pelos Estados frente à um litígio em que eles são partes ou à um litígio no qual eles poderão ser partes no futuro, não pode ser considerado como incompatível com a igualdade soberana.

Nenhuma disposição dos parágrafos precedentes não atenta nem derroga as disposições aplicáveis da carta, notadamente aquelas que referem-se à solução pacífica dos litígios internacionais.

O princípio relativo ao dever de não intervir nos assuntos de competência nacional de um Estado, em conformidade com a Carta.

Nenhum Estado ou grupo de Estados tem o direito de intervir, diretamente ou indiretamente, por toda e qualquer razão, nos assuntos internos ou externos de um outro Estado. Por conseguinte, não somente a intervenção armada, mas também toda outra forma de ingerência ou toda ameaça, dirigida contra a personalidade de um Estado ou contra seus elementos políticos, econômicos e culturais, são contrárias ao direito internacional.

Nenhum Estado pode aplicar ou encorajar a utilização de medidas econômicas, políticas ou de qualquer outra natureza para constranger um outro Estado a subordinar o exercício de seus direitos soberanos e para obter dele as vantagens de qualquer natureza. Todos os Estados devem também abster-se organizar, ajudar, fomentar, financiar, encorajar ou tolerar atividades armadas subversivas ou terroristas destinadas a mudar pela violência o regime de um outro Estado bem como intervir nas lutas internas de um outro Estado.

O uso da força para privar os povos de sua identidade nacional constitui uma violação de seus direitos inalienáveis e do princípio de não-intervenção.

Todo Estado tem o direito inalienável de escolher seu sistema político, econômico, social e cultural sem nenhuma forma de ingerência por parte de um outro Estado.

Nada nos parágrafos precedentes deverá ser interpretado como afetando as disposições da Carta relativas à manutenção da paz e da segurança internacionais.

O dever dos Estados de cooperar uns com os outros em conformidade com a Carta.

Os Estados têm o dever de cooperar uns com os outros, independentemente das diferenças entre seus sistemas políticos, econômicos e sociais, nos variados campos das relações internacionais, afim de manter a paz e a segurança internacionais e de favorecer o progresso e a estabilidade econômica internacionais, bem como o bem-estar geral das nações e uma cooperação internacional isenta da discriminação fundada nestas diferenças.

A este fim:

a) Os Estados devem cooperar com os outros Estados para a manutenção da paz e da segurança internacionais;

b) Os Estados devem cooperar para assegurar o respeito universal e a implementação dos direitos do homem e das liberdades fundamentais para todos, bem como a eliminação da discriminação racial e da intolerância religiosa sob todas suas formas;

c) Os Estados devem conduzir suas relações internacionais nos campos econômico, social, cultural, técnico e comercial em conformidade com os princípios da igualdade soberana e da não-intervenção;

d) Os Estados membros da Organização das Nações Unidas têm o dever de agir conjuntamente e individualmente em cooperação com a Organização das Nações Unidas, em conformidade com as disposições pertinentes da Carta.

Os Estados devem cooperar nos campos econômico, social e cultural, bem como nos da ciência e técnica, e favorecer o progresso da cultura e do ensino no mundo. Os Estados devem conjugar seus esforços para promover o crescimento econômico no mundo inteiro, particularmente nos países em vias de desenvolvimento.

O princípio da igualdade dos povos e de seu direito de dispor de si mesmo.

Em virtude do princípio da igualdade de direito do povos e de seu direito de dispor de si mesmo, princípio consagrado na Carta das Nações Unidas, todos os povos têm o direito de determinar seu estatuto político, em total liberdade e sem ingerência externa, e perseguir seu desenvolvimento econômico, social e cultural, e todo Estado tem o dever de respeitar este direito em conformidade com as disposições da Carta.

Todo Estado tem o dever de favorecer, conjuntamente com outros Estados ou separadamente, a consecução do princípio da igualdade de direitos dos povos e de seu direito a dispor de si mesmo, em conformidade com os dispositivos da Carta, e ajudar a Organização das Nações Unidas a cumprir as responsabilidades conferidas pela Carta no que diz respeito a aplicação deste princípio, afim de:

a) Favorecer as relações amistosas e a cooperação entre os Estados; e

b) Colocar rapidamente fim ao colonialismo tendo em conta a vontade livremente exprimida dos povos interessados e tendo presente que submeter os povos à subjugação, à dominação ou à exploração estrangeiras constitui uma violação deste princípio, bem como uma negação dos direitos fundamentais do homem, e é contrária à Carta.

Todo Estado tem o dever de favorecer, conjuntamente com outros Estados ou separadamente, o respeito universal e efetivo dos direitos do homem e das liberdades fundamentais, em conformidade com a Carta.

Textos fundamentais do
Direito das Relações Internacionais

A criação de um Estado soberano e independente, a livre associação ou a integração com um Estado independente ou a aquisição de qualquer outro estatuto político livremente decidido por um povo, constituem para esse povo os meios de exercer seu direito de dispor de si mesmo.

Todo Estado tem o dever de abster-se de recorrer a qualquer medida de coerção que privaria os povos mencionados acima na formulação do presente princípio de seu direito a dispor de si mesmo, de sua liberdade e de sua independência. Quando eles reagem e resistem à tal medida de coerção no exercício de seu direito de dispor de si mesmo, estes povos estão no direito de buscar e de receber um apoio em conformidade com os objetivos e princípios da Carta.

O território de uma colônia ou de um outro território não autônomo possui, em virtude da Carta, um estatuto separado e distinto do território do Estado que o administra; este estatuto separado e distinto em virtude da Carta existe tanto que o povo da colônia ou do território não autônomo não tenha exercido o seu direito de dispor de si mesmo em conformidade com a Carta e, mais particularmente, aos seus objetivos e princípios.

Nada nos parágrafos precedentes será interpretado como autorizando ou encorajando uma ação, qualquer que seja, que desmembraria ou ameaçaria, total ou parcialmente, a integridade territorial ou a unidade política de qualquer estado soberano e independente que se conduza em conformidade com o princípio da igualdade de direitos e do direito dos povos de dispor de si mesmo enunciados acima e dotado assim de um governo representante o conjunto do povo pertencente ao território sem distinção de raça, credo ou cor.

Todo Estado deve abster-se de qualquer ação objetivando romper parcial ou totalmente a unidade nacional e a integridade territorial de um outro Estado ou de um outro país.

O princípio da igualdade soberana dos Estados

Todos os Estados desfrutam da igualdade soberana. Eles têm direitos e deveres iguais e são membros iguais da comunidade internacional, não obstante as diferenças de ordem econômica, social, política ou de outra natureza.

Em particular, a igualdade soberana contém os seguintes elementos:

a) Os Estados são juridicamente iguais;

b) Cada Estado desfruta de direitos inerentes à plena soberania;

c) Cada Estado tem o dever de respeitar personalidade dos outros Estados;

d) A integridade territorial e a independência política do Estado são invioláveis;

e) Cada estado tem o direito de escolher e de desenvolver livremente seu sistema político, social, econômico e cultural;

f) Cada Estado tem o dever de desempenhar-se plenamente e de boa fé de suas obrigações internacionais e de viver em paz com os outros Estados.

O princípio que os Estados devem realizar de boa fé as obrigações que eles assumiram em conformidade com a Carta.

Cada Estado tem o dever de realizar de boa fé as obrigações que eles assumiram em conformidade com a Carta das Nações Unidas.

Cada Estado tem o dever de realizar de boa fé as obrigações que lhes incumbe em virtude dos princípios e regras geralmente reconhecidas do direito internacional.

Cada Estado tem o dever de realizar de boa fé as obrigações que lhes incumbe em virtude dos acordos internacionais em conformidade com os princípios e regras geralmente reconhecidos do direito internacional.

Em caso de conflito entre as obrigações oriundas dos acordos internacionais e as obrigações dos membros da Organização das Nações Unidas em virtude da Carta, estas últimas prevalecerão.

Disposições gerais.

2. *Declara* que:

Em sua interpretação e sua aplicação, os princípios precedentes são vinculados entre si e cada princípio deve ser interpretado no contexto dos outros princípios.

Nada na presente Declaração não deve ser interpretado como afetando de qualquer maneira as disposições da Carta ou os direito e deveres impostos aos Estados Membros pela carta ou os direitos conferidos aos povos pela Carta, tendo em conta a formulação destes direitos na presente Declaração.

3. *Declara além disso* que:

Os princípios da Carta que estão inscritos na presente Declaração constituem princípios fundamentais do direito internacional, e solicita por conseguinte a todos os Estados que inspirem-se neles para orientar sua ação internacional e desenvolver suas relações mútuas na base do respeito rigoroso dos ditos princípios.

f) Definição da agressão: Resolução 3314 da Assembléia Geral da ONU (1974)

A Assembléia geral,

Tendo examinado o relatório do Comitê especial para a questão da definição da agressão, criado em aplicação de sua resolução 2330 (XXII) de 18/12/1967, dos trabalhos da sétima sessão do Comitê especial, realizada de 11 de março a 12 de abril de 1974, e que compreende o projeto de definição de agressão adotado por consenso pelo Comitê especial e recomendado para adoção à Assembléia geral,

Profundamente convencida que a adoção da definição de agressão contribuiria a reforçar a paz e a segurança internacionais,

1. *Aprova* a definição de agressão cujo texto encontra-se anexado à presente resolução;

2. *Exprime* sua satisfação ao Comitê especial para a questão da definição da agressão dos trabalhos que resultaram na elaboração da definição da agressão;

3. *Solicita* a todos os Estados que abstenham-se de qualquer ato de agressão e utilização da força contrários à Carta das Nações Unidas e à declaração relativa aos princípios do direito internacional referente as relações amistosas e a cooperação entre os estados em conformidade com a Carta das Nações Unidas;

4. *Chama a atenção* do Conselho de segurança sobre a definição da agressão transcrita a seguir e recomenda-lhe levar em consideração esta definição, como lhe for conveniente, como guia para determinar, em conformidade com a Carta, a existência de um ato de agressão.

Anexo: Definição da agressão

A Assembléia Geral,

Fundando-se sobre o fato que um dos objetivos essenciais da organização das Nações Unidas é manter a paz e a segurança internacionais e de tomar as medidas coletivas eficazes com vistas a prevenir e descartar as ameaças à paz e a reprimir todo ato de agressão ou outra ruptura da paz,

Lembrando que o Conselho de segurança, em conformidade com o artigo 39 da Carta das Nações Unidas, constata a existência de uma ameaça contra a paz, de uma ruptura da paz ou de um ato de agressão e faz recomendações ou decide quais medidas serão tomadas em conformidade com os artigos 41 e 42 para manter ou restabelecer a paz e a segurança internacionais,

Lembrando igualmente o dever que têm os Estados, nos termos da Carta, de resolver seus litígios internacionais através de meios pacíficos a fim de não colocar em perigo a paz, a segurança e a justiça internacionais,

Tendo presente que nada, na presente definição, não será interpretado como afetando de qualquer maneira o alcance das disposições da Carta no que tange as funções e poderes dos órgãos da Organização das Nações Unidas,

Estimando igualmente que a agressão é a forma mais grave e a mais perigosa de uso ilícito da força, que implica, face à existência de todos os tipos de arma de destruição em massa, a ameaça possível de um conflito mundial com todas suas catastróficas conseqüências, sendo conveniente, portanto, no atual estágio, dar uma definição da agressão,

Reafirmando o dever dos Estados de não recorrer ao uso da força armada para privar os povos de seu direito à autodeterminação, à liberdade e à independência, ou atingir à integridade territorial,

Reafirmando igualmente que o território de um Estado é inviolável e não pode ser objeto, mesmo temporariamente, de uma ocupação militar ou de outras medidas de força tomadas por um outro Estado em violação da Carta, e que ele não será objeto, da parte de outro Estado, de uma aquisição resultante de tais medidas ou da ameaça de recorre a elas,

Reafirmando igualmente as disposições da Declaração relativa aos princípios do direito internacional referentes as relações amistosas e a cooperação entre os Estados em conformidade com a Carta das Nações Unidas.

Convencida que a adoção de uma definição da agressão deveria ter como efeito desencorajar um eventual agressor, facilitaria a constatação dos atos de agressão e a execução de medidas próprias para reprimi-los e permitiria salvaguardar os direitos e interesses legítimos da vítima e auxiliá-la,

Estimando que, bem que a questão de saber se houve um ato de agressão deve ser examinado levando em conta as circunstâncias próprias a cada caso, é no entanto desejável formular os princípios fundamentais que servirão de guia para o determinar,

Adota a definição de agressão seguinte:

Art. 1 - A agressão é a utilização da força armada por um Estado contra a soberania, a integridade territorial ou a independência política de um outro Estado, ou de qualquer outra maneira incompatível com a Carta das Nações Unidas, como extrai-se da presente Definição.[7]

Art. 2 - A utilização da força armada em violação da carta por um Estado agindo em primeiro constitui a prova suficiente à primeira vista de um ato de agressão, bem que o Conselho de Segurança possa concluir, em conformidade com a Carta, que estabelecer que um ato de agressão foi cometido não seria justificado levando em consideração outras circunstâncias pertinentes, inclusive o fato que os atos em causa ou suas conseqüências não são de uma gravidade suficiente.

Art. 3 - Um dos quaisquer atos listados a seguir, tendo ou não havido declaração de guerra, reúne, sob reserva das disposições do artigo 2 e em conformidade com elas, as condições de um ato de agressão:

a) A invasão ou o ataque do território de um Estado por forças armadas de um outro Estado, ou qualquer ocupação militar, mesmo temporária, resultante de uma invasão ou de um ataque, ou qualquer anexação através do uso da força do território ou de parte do território de um outro Estado;

b) O bombardeio pelas forças armadas de um Estado, do território de outro Estado, ou a utilização de qualquer arma por um Estado contra o território de outro Estado;

c) O bloqueio dos portos ou das costas de um Estado por forças armadas de outro Estado;

---

[7] Nota explicativa - Na presente definição o termo "Estado":
a) É utilizado sem prejulgar a questão do reconhecimento ou de saber se um Estado é membro da Organização das Nações Unidas;
b) Inclui, caso necessário, o conceito de "grupo de Estados".

d) O ataque por forças armadas de um Estado contra as forças armadas terrestres, navais ou aéreas, ou a marinha e a aviação civil de um outro Estado;

e) O ataque pelas forças armadas de um Estado que estão estacionadas sobre o território de um outro Estado com o acordo do Estado de acolhida, contrariamente às condições previstas no acordo ou qualquer prolongação de sua presença sobre o território além do término do acordo.

f) O fato para um Estado admitir que seu território que ele colocou à disposição de um outro Estado, seja utilizado por este para perpetrar um ato de agressão contra um terceiro Estado;

g) O envio por um Estado ou em seu nome de bandos ou de grupos armados, de forças irregulares ou de mercenários que praticam atos de força armada contra um outro Estado de tamanha gravidade que eles equivalem aos atos enumerados acima, ou o fato de engajar-se de maneira substancial em tal operação.

Art. 4 - A enumeração dos atos acima não é limitativa e o Conselho de segurança pode qualificar outros atos de agressão em conformidade com os dispositivos da Carta.

Art. 5 - 1. Nenhuma consideração de qualquer natureza que seja, política, econômica, militar ou outra, não justifica uma agressão.

2. Uma guerra de agressão é um crime contra a paz internacional. A agressão implica na responsabilidade internacional.

3. Nenhuma aquisição territorial tampouco alguma vantagem especial resultante de uma agressão não são lícitas nem serão reconhecidas como tal.

Art. 6 - Nada na presente definição será interpretado para ampliar ou diminuir de qualquer forma o alcance da carta, incluindo seus dispositivos referentes aos casos nos quais a utilização da força é legítima.

Art. 7 - Nada na presente definição, e particularmente o artigo 3, não poderá em hipótese alguma trazer prejuízo ao direito à autodeterminação, à liberdade e à independência, tal como decorre da Carta, dos povos privados pela força deste direito e aos quais refere-se a Declaração relativa aos princípios do direito internacional referente as relações amistosas e a cooperação entre os Estados em conformidade com a Carta das Nações Unidas, notadamente os povos que são submissos à regimes coloniais ou racistas ou à outras formas de dominação estrangeira, bem como ao direito destes povos de lutar, de buscar e receber apoio, em conformidade com os princípios da Carta e à Declaração mencionada.

Art. 8 - Em sua interpretação e aplicação, as disposições que precedem são vinculadas entre elas e cada disposição deve ser interpretada no contexto das outras disposições.

g) Direito penal internacional: Estatuto do Tribunal Penal Internacional (1998)[8]

Preâmbulo

Os Estados Partes no presente Estatuto.

Conscientes de que todos os povos estão unidos por laços comuns e de que suas culturas foram construídas sobre uma herança que partilham, e preocupados com o fato deste delicado mosaico poder vir a quebrar-se a qualquer instante,

Tendo presente que, no decurso deste século, milhões de crianças, homens e mulheres têm sido vítimas de atrocidades inimagináveis que chocam profundamente a consciência da humanidade,

Reconhecendo que crimes de uma tal gravidade constituem uma ameaça à paz, à segurança e ao bemestar da humanidade,

Afirmando que os crimes de maior gravidade, que afetam a comunidade internacional no seu conjunto, não devem ficar impunes e que a sua repressão deve ser efetivamente assegurada através da adoção de medidas em nível nacional e do reforço da cooperação internacional,

Decididos a pôr fim à impunidade dos autores desses crimes e a contribuir assim para a prevenção de tais crimes,

Relembrando que é dever de cada Estado exercer a respectiva jurisdição penal sobre os responsáveis por crimes internacionais,

Reafirmando os Objetivos e Princípios consignados na Carta das Nações Unidas e, em particular, que todos os Estados se devem abster de recorrer à ameaça ou ao uso da força, contra a integridade territorial ou a independência política de qualquer Estado, ou de atuar por qualquer outra forma incompatível com os Objetivos das Nações Unidas,

Salientando, a este propósito, que nada no presente Estatuto deverá ser entendido como autorizando qualquer Estado Parte a intervir em um conflito armado ou nos assuntos internos de qualquer Estado,

Determinados em perseguir este objetivo e no interesse das gerações presentes e vindouras, a criar um Tribunal Penal Internacional com caráter permanente e independente, no âmbito do sistema das Nações Unidas, e com jurisdição sobre os crimes de maior gravidade que afetem a comunidade internacional no seu conjunto,

Sublinhando que o Tribunal Penal Internacional, criado pelo presente Estatuto, será complementar às jurisdições penais nacionais,

Decididos a garantir o respeito duradouro pela efetivação da justiça internacional,

---

[8] Versão atualizada em 13/07/2001. Firmado por 139 Estados, entre os quais o Brasil (fevereiro/2000). O Executivo encaminhou mensagem ao Congresso Nacional em 10/10/2001 solicitando aprovação da adesão. Até esta data 42 Estados haviam apresentado sua notificação de adesão ou ratificação.

Convieram no seguinte:

Capítulo I - Criação do Tribunal

Art. 1º - O Tribunal

É criado, pelo presente instrumento, um Tribunal Penal Internacional ("o Tribunal"). O Tribunal será uma instituição permanente, com jurisdição sobre as pessoas responsáveis pelos crimes de maior gravidade com alcance internacional, de acordo com o presente Estatuto, e será complementar às jurisdições penais nacionais. A competência e o funcionamento do Tribunal reger-se-ão pelo presente Estatuto.

Art. 2º - Relação do Tribunal com as Nações Unidas

A relação entre o Tribunal e as Nações Unidas será estabelecida através de um acordo a ser aprovado pela Assembléia dos Estados Partes no presente Estatuto e, em seguida, concluído pelo Presidente do Tribunal em nome deste.

Art. 3º - Sede do Tribunal

1. A sede do Tribunal será na Haia, Países Baixos ("o Estado anfitrião").

2. O Tribunal estabelecerá um acordo de sede com o Estado anfitrião, a ser aprovado pela Assembléia dos Estados Partes e em seguida concluído pelo Presidente do Tribunal em nome deste.

3. Sempre que entender conveniente, o Tribunal poderá funcionar em outro local, nos termos do presente Estatuto.

Art. 4º - Regime jurídico e poderes do Tribunal

1. O Tribunal terá personalidade jurídica internacional. Possuirá, igualmente, a capacidade jurídica necessária ao desempenho das suas funções e à prossecução dos seus objetivos.

2. O Tribunal poderá exercer os seus poderes e funções nos termos do Presente Estatuto, no território de qualquer Estado Parte e, por acordo especial, no território de qualquer outro Estado.

Capítulo II - Competência, Admissibilidade e Direito Aplicável

Art. 5º - Crimes da competência do Tribunal

1. A competência do Tribunal restringir-se-á aos crimes mais graves, que afetam a comunidade internacional no seu conjunto. Nos termos do presente Estatuto, o Tribunal terá competência para julgar os seguintes crimes:

a) O crime de genocídio;

b) Crimes contra a humanidade;

c) Crimes de guerra;

d) O crime de agressão.

2. O Tribunal poderá exercer a sua competência em relação ao crime de agressão desde que, nos termos dos artigos 121 e 123, seja aprovada uma disposição em que se defina o crime e se enunciem as condições em que o Tribunal terá competência relativamente a este crime. Tal disposição deve ser compatível com as disposições pertinentes da Carta das Nações Unidas.

Art. 6º - Crime de genocídio

Para os efeitos do presente Estatuto, entende-se por "genocídio", qualquer um dos atos que a seguir se enumeram, praticado com intenção de destruir, no todo ou em parte, um grupo nacional, étnico, racial ou religioso, enquanto tal:

a) Homicídio de membros do grupo;

b) Ofensas graves à integridade física ou mental de membros do grupo;

c) Sujeição intencional do grupo a condições de vida com vista a provocar a sua destruição física, total ou parcial;

d) Imposição de medidas destinadas a impedir nascimentos no seio do grupo;

e) Transferência, à força, de crianças do grupo para outro grupo.

Art. 7º - Crimes contra a humanidade

1. Para os efeitos do presente Estatuto, entende-se por "crime contra a humanidade", qualquer um dos atos seguintes, quando cometido no quadro de um ataque, generalizado ou sistemático, contra qualquer população civil, havendo conhecimento desse ataque:

a) Homicídio;

b) Extermínio;

c) Escravidão;

d) Deportação ou transferência forçada de uma população;

e) Prisão ou outra forma de privação da liberdade física grave, em violação das normas fundamentais de direito internacional;

f) Tortura;

g) Agressão sexual, escravatura sexual, prostituição forçada, gravidez forçada, esterilização forçada ou qualquer outra forma de violência no campo sexual de gravidade comparável;

h) Perseguição de um grupo ou coletividade que possa ser identificado, por motivos políticos, raciais, nacionais, étnicos, culturais, religiosos ou de gênero, tal como definido no § 3º, ou em função de outros critérios universalmente reconhecidos como inaceitáveis no direito internacional, relacionados com qualquer ato referido neste § ou com qualquer crime da competência do Tribunal;

i) Desaparecimento forçado de pessoas;

j) Crime de *apartheid*;

k) Outros atos desumanos de caráter semelhante, que causem intencionalmente grande sofrimento, ou afetem gravemente a integridade física ou a saúde física ou mental.

2. Para efeitos do § 1º:

a) Por "ataque contra uma população civil" entende-se qualquer conduta que envolva a prática múltipla de atos referidos no § 1º contra uma população civil, de acordo com a política de um Estado ou de uma organização de praticar esses atos ou tendo em vista a prossecução dessa política;

Textos fundamentais do
Direito das Relações Internacionais

b) O "extermínio" compreende a sujeição intencional a condições de vida, tais como a privação do acesso a alimentos ou medicamentos, com vista a causar a destruição de uma parte da população;

c) Por "escravidão" entende-se o exercício, relativamente a uma pessoa, de um poder ou de um conjunto de poderes que traduzam um direito de propriedade sobre uma pessoa, incluindo o exercício desse poder no âmbito do tráfico de pessoas, em particular mulheres e crianças;

d) Por "deportação ou transferência à força de uma população" entende-se o deslocamento forçado de pessoas, através da expulsão ou outro ato coercivo, da zona em que se encontram legalmente, sem qualquer motivo reconhecido no direito internacional;

e) Por "tortura" entende-se o ato por meio do qual uma dor ou sofrimentos agudos, físicos ou mentais, são intencionalmente causados a uma pessoa que esteja sob a custódia ou o controle do acusado; este termo não compreende a dor ou os sofrimentos resultantes unicamente de sanções legais, inerentes a essas sanções ou por elas ocasionadas;

f) Por "gravidez à força" entende-se a privação ilegal de liberdade de uma mulher que foi engravidada à força, com o propósito de alterar a composição étnica de uma população ou de cometer outras violações graves do direito internacional. Esta definição não pode, de modo algum, ser interpretada como afetando as disposições de direito interno relativas à gravidez;

g) Por "perseguição" entende-se a privação intencional e grave de direitos fundamentais em violação do direito internacional, por motivos relacionados com a identidade do grupo ou da coletividade em causa;

h) Por "crime de *apartheid*" entende-se qualquer ato desumano análogo aos referidos no § 1º, praticado no contexto de um regime institucionalizado de opressão e domínio sistemático de um grupo racial sobre um ou outros grupos nacionais e com a intenção de manter esse regime;

i) Por "desaparecimento forçado de pessoas" entende-se a detenção, a prisão ou o seqüestro de pessoas por um Estado ou uma organização política ou com a autorização, o apoio ou a concordância destes, seguidos de recusa a reconhecer tal estado de privação de liberdade ou a prestar qualquer informação sobre a situação ou localização dessas pessoas, com o propósito de lhes negar a proteção da lei por um prolongado período de tempo.

3. Para efeitos do presente Estatuto, entende-se que o termo "gênero" abrange os sexos masculino e feminino, dentro do contexto da sociedade, não lhe devendo ser atribuído qualquer outro significado.

Art.8º - Crimes de guerra

1. O Tribunal terá competência para julgar os crimes de guerra, em particular quando cometidos como parte integrante de um plano ou de uma política ou como parte de uma prática em larga escala desse tipo de crimes.

2. Para os efeitos do presente Estatuto, entende-se por "crimes de guerra":

a) As violações graves às Convenções de Genebra, de 12 de Agosto de 1949, a saber, qualquer um dos seguintes atos, dirigidos contra pessoas ou bens protegidos nos termos da Convenção de Genebra que for pertinente:

i) Homicídio doloso;

ii) Tortura ou outros tratamentos desumanos, incluindo as experiências biológicas;

iii) O ato de causar intencionalmente grande sofrimento ou ofensas graves à integridade física ou à saúde;

iv) Destruição ou a apropriação de bens em larga escala, quando não justificadas por quaisquer necessidades militares e executadas de forma ilegal e arbitrária;

v) O ato de compelir um prisioneiro de guerra ou outra pessoa sob proteção a servir nas forças armadas de uma potência inimiga;

vi) Privação intencional de um prisioneiro de guerra ou de outra pessoa sob proteção do seu direito a um julgamento justo e imparcial;

vii) Deportação ou transferência ilegais, ou a privação ilegal de liberdade;

viii) Tomada de reféns.

b) Outras violações graves das leis e costumes aplicáveis em conflitos armados internacionais no âmbito do direito internacional, a saber, qualquer um dos seguintes atos:

i) Dirigir intencionalmente ataques à população civil em geral ou civis que não participem diretamente nas hostilidades; ii)Dirigir intencionalmente ataques a bens civis, ou seja bens que não sejam objetivos militares;

iii) Dirigir intencionalmente ataques ao pessoal, instalações, material, unidades ou veículos que participem numa missão de manutenção da paz ou de assistência humanitária, de acordo com a Carta das Nações Unidas, sempre que estes tenham direito à proteção conferida aos civis ou aos bens civis pelo direito internacional aplicável aos conflitos armados;

iv) Lançar intencionalmente um ataque, sabendo que o mesmo causará perdas acidentais de vidas humanas ou ferimentos na população civil, danos em bens de caráter civil ou prejuízos extensos, duradouros e graves no meio ambiente que se revelem claramente excessivos em relação à vantagem militar global concreta e direta que se previa;

v) Atacar ou bombardear, por qualquer meio, cidades, vilarejos, habitações ou edifícios que não estejam defendidos e que não sejam objetivos militares;

vi) Matar ou ferir um combatente que tenha deposto armas ou que, não tendo mais meios para se defender, se tenha incondicionalmente rendido;

vii) Utilizar indevidamente uma bandeira de trégua, a bandeira nacional, as insígnias militares ou o uniforme do inimigo ou das Nações Unidas, assim como os emblemas distintivos das Convenções de Genebra, causando deste modo a morte ou ferimentos graves;

Textos fundamentais do
Direito das Relações Internacionais

viii) A transferência, direta ou indireta, por uma potência ocupante de parte da sua população civil para o território que ocupa ou a deportação ou transferência da totalidade ou de parte da população do território ocupado, dentro ou para fora desse território;

ix) Dirigir intencionalmente ataques a edifícios consagrados ao culto religioso, à educação, às artes, às ciências ou à beneficência, monumentos históricos, hospitais e lugares onde se agrupem doentes e feridos, sempre que não se trate de objetivos militares;

x) Submeter pessoas que se encontrem sob o domínio de uma parte beligerante a mutilações físicas ou a qualquer tipo de experiências médicas ou científicas que não sejam motivadas por um tratamento médico, dentário ou hospitalar, nem sejam efetuadas no interesse dessas pessoas, e que causem a morte ou coloquem seriamente em perigo a sua saúde;

xi) Matar ou ferir à traição pessoas pertencentes à nação ou ao exército inimigo;

xii) Declarar que não será dado quartel;

xiii) Destruir ou apreender bens do inimigo, a menos que tais destruições ou apreensões sejam imperativamente determinadas pelas necessidades da guerra;

xiv) Declarar abolidos, suspensos ou não admissíveis em tribunal os direitos e ações dos nacionais da parte inimiga;

xv) Obrigar os nacionais da parte inimiga a participar em operações bélicas dirigidas contra o seu próprio país, ainda que eles tenham estado ao serviço daquela parte beligerante antes do início da guerra;

xvi) Saquear uma cidade ou uma localidade, mesmo quando tomada de assalto;

xvii) Utilizar veneno ou armas envenenadas;

xviii) Utilizar gases asfixiantes, tóxicos ou outros gases ou qualquer líquido, material ou dispositivo análogo;

xix) Utilizar balas que se expandem ou achatam facilmente no interior do corpo humano, tais como balas de revestimento duro que não cobre totalmente o interior ou possui incisões;

xx)Utilizar armas, projéteis; materiais e métodos de combate que, pela sua própria natureza, causem ferimentos supérfluos ou sofrimentos desnecessários ou que surtam efeitos indiscriminados, em violação do direito internacional aplicável aos conflitos armados, na medida em que tais armas, projéteis, materiais e métodos de combate sejam objeto de uma proibição geral e estejam incluídos em um anexo ao presente Estatuto, em virtude de uma alteração aprovada em conformidade com o disposto nos artigos 121 e 123;

xxi) Ultrajar a dignidade da pessoa, em particular por meio de tratamentos humilhantes e degradantes;

xxii) Cometer atos de violação, escravidão sexual, prostituição forçada, gravidez à força, tal como definida na alínea f) do § 2º do artigo 7º, esterilização à força e qualquer outra forma de violência sexual que constitua também um desrespeito grave às Convenções de Genebra;

xxiii) Utilizar a presença de civis ou de outras pessoas protegidas para evitar que determinados pontos, zonas ou forças militares sejam alvo de operações militares;

xxiv) Dirigir intencionalmente ataques a edifícios, material, unidades e veículos sanitários, assim como o pessoal que esteja usando os emblemas distintivos das Convenções de Genebra, em conformidade com o direito internacional;

xxv) Provocar deliberadamente a inanição da população civil como método de guerra, privandoa dos bens indispensáveis à sua sobrevivência, impedindo, inclusive, o envio de socorros, tal como previsto nas Convenções de Genebra;

xxvi) Recrutar ou alistar menores de 15 anos nas forças armadas nacionais ou utilizá-los para participar ativamente nas hostilidades;

c) Em caso de conflito armado que não seja de índole internacional, as violações graves do artigo 3º comum às quatro Convenções de Genebra, de 12 de Agosto de 1949, a saber, qualquer um dos atos que a seguir se indicam, cometidos contra pessoas que não participem diretamente nas hostilidades, incluindo os membros das forças armadas que tenham deposto armas e os que tenham ficado impedidos de continuar a combater devido a doença, lesões, prisão ou qualquer outro motivo:

i) Atos de violência contra a vida e contra a pessoa, em particular o homicídio sob todas as suas formas, as mutilações, os tratamentos cruéis e a tortura;

ii) Ultrajes à dignidade da pessoa, em particular por meio de tratamentos humilhantes e degradantes;

iii) A tomada de reféns;

iv) As condenações proferidas e as execuções efetuadas sem julgamento prévio por um tribunal regularmente constituído e que ofereça todas as garantias judiciais geralmente reconhecidas como indispensáveis.

d) A alínea c) do § 2º do presente artigo aplica-se aos conflitos armados que não tenham caráter internacional e, por conseguinte, não se aplica a situações de distúrbio e de tensão internas, tais como motins, atos de violência esporádicos ou isolados ou outros de caráter semelhante;

e) As outras violações graves das leis e costumes aplicáveis aos conflitos armados que não têm caráter internacional, no quadro do direito internacional, a saber qualquer um dos seguintes atos:

i) Dirigir intencionalmente ataques à população civil em geral ou civis que não participem diretamente nas hostilidades;

ii) Dirigir intencionalmente ataques a edifícios, material, unidades e veículos sanitários, bem como ao pessoal que esteja usando os emblemas distintivos das Convenções de Genebra, em conformidade com o direito internacional;

iii) Dirigir intencionalmente ataques ao pessoal, instalações, material, unidades ou veículos que participem numa missão de manutenção da paz ou de assistência humanitária, de acordo com a Carta das Nações Unidas, sempre que estes tenham direito à proteção conferida pelo direito internacional dos conflitos armados aos civis e aos bens civis;

iv) Atacar intencionalmente edifícios consagrados ao culto religioso, à educação, às artes, às ciências ou à beneficência, monumentos históricos, hospitais e lugares onde se agrupem doentes e feridos, sempre que não se trate de objetivos militares;

v) Saquear um aglomerado populacional ou um local, mesmo quando tomado de assalto;

vi) Cometer atos de agressão sexual, escravidão sexual, prostituição forçada, gravidez à força, tal como definida na alínea f do § 2º do artigo 7º; esterilização à força ou qualquer outra forma de violência sexual que constitua uma violação grave do artigo 3º comum às quatro Convenções de Genebra;

vii) Recrutar ou alistar menores de 15 anos nas forças armadas nacionais ou em grupos, ou utilizá-los para participar ativamente nas hostilidades;

viii) Ordenar a deslocação da população civil por razões relacionadas com o conflito, salvo se assim o exigirem a segurança dos civis em questão ou razões militares imperiosas;

ix) Matar ou ferir à traição um combatente de uma parte beligerante;

x) Declarar que não será dado quartel;

xi) Submeter pessoas que se encontrem sob o domínio de outra parte beligerante a mutilações físicas ou a qualquer tipo de experiências médicas ou científicas que não sejam motivadas por um tratamento médico, dentário ou hospitalar nem sejam efetuadas no interesse dessa pessoa, e que causem a morte ou ponham seriamente a sua saúde em perigo;

xii) Destruir ou apreender bens do inimigo, a menos que as necessidades da guerra assim o exijam;

f) A alínea e) do § 2º do presente artigo aplicar-se-á aos conflitos armados que não tenham caráter internacional e, por conseguinte, não se aplicará a situações de distúrbio e de tensão internas, tais como motins, atos de violência esporádicos ou isolados ou outros de caráter semelhante; aplicar-se-á, ainda, a conflitos armados que tenham lugar no território de um Estado, quando exista um conflito armado prolongado entre as autoridades governamentais e grupos armados organizados ou entre estes grupos.

3. O disposto nas alíneas c) e e) do § 2º, em nada afetará a responsabilidade que incumbe a todo o Governo de manter e de restabelecer a ordem pública no Estado, e de defender a unidade e a integridade territorial do Estado por qualquer meio legítimo.

Art. 9º - Elementos constitutivos dos crimes

1. Os elementos constitutivos dos crimes que auxiliarão o Tribunal a interpretar e a aplicar os artigos 6º, 7º e 8º do presente Estatuto, deverão ser

adotados por uma maioria de dois terços dos membros da Assembléia dos Estados Partes.

2. As alterações aos elementos constitutivos dos crimes poderão ser propostas por:

a) Qualquer Estado Parte;

b) Os juízes, através de deliberação tomada por maioria absoluta;

c) O Procurador.

As referidas alterações entram em vigor depois de aprovadas por uma maioria de dois terços dos membros da Assembléia dos Estados Partes.

3. Os elementos constitutivos dos crimes e respectivas alterações deverão ser compatíveis com as disposições contidas no presente Estatuto.

Art. 10 - Nada no presente capítulo deverá ser interpretado como limitando ou afetando, de alguma maneira, as normas existentes ou em desenvolvimento de direito internacional com fins distintos dos do presente Estatuto.

Art. 11 - Competência *ratione temporis*

1. O Tribunal só terá competência relativamente aos crimes cometidos após a entrada em vigor do presente Estatuto.

2. Se um Estado se tornar Parte no presente Estatuto depois da sua entrada em vigor, o Tribunal só poderá exercer a sua competência em relação a crimes cometidos depois da entrada em vigor do presente Estatuto relativamente a esse Estado, a menos que este tenha feito uma declaração nos termos do § 3º do artigo 12.

Art. 12 - Condições prévias ao exercício da jurisdição

1. O Estado que se torne Parte no presente Estatuto, aceitará a jurisdição do Tribunal relativamente aos crimes a que se refere o artigo 5º.

2. Nos casos referidos nos §§ a) ou c) do artigo 13, o Tribunal poderá exercer a sua jurisdição se um ou mais Estados a seguir identificados forem Partes no presente Estatuto ou aceitarem a competência do Tribunal de acordo com o disposto no § 3º:

a) Estado em cujo território tenha tido lugar a conduta em causa, ou, se o crime tiver sido cometido a bordo de um navio ou de uma aeronave, o Estado de matrícula do navio ou aeronave;

b) Estado de que seja nacional a pessoa a quem é imputado um crime.

3. Se a aceitação da competência do Tribunal por um Estado que não seja Parte no presente Estatuto for necessária nos termos do § 2º, pode o referido Estado, mediante declaração depositada junto do Secretário, consentir em que o Tribunal exerça a sua competência em relação ao crime em questão. O Estado que tiver aceito a competência do Tribunal colaborará com este, sem qualquer demora ou exceção, de acordo com o disposto no Capítulo IX.

Art. 13 - Exercício da jurisdição

Textos fundamentais do
Direito das Relações Internacionais

O Tribunal poderá exercer a sua jurisdição em relação a qualquer um dos crimes a que se refere o artigo 5º, de acordo com o disposto no presente Estatuto, se:

a) Um Estado Parte denunciar ao Procurador, nos termos do artigo 14, qualquer situação em que haja indícios de ter ocorrido a prática de um ou vários desses crimes;

b) O Conselho de Segurança, agindo nos termos do Capítulo VII da Carta das Nações Unidas, denunciar ao Procurador qualquer situação em que haja indícios de ter ocorrido a prática de um ou vários desses crimes; ou

c) O Procurador tiver dado início a um inquérito sobre tal crime, nos termos do disposto no artigo 15.

Art. 14 - Denúncia por um Estado Parte

1. Qualquer Estado Parte poderá denunciar ao Procurador uma situação em que haja indícios de ter ocorrido a prática de um ou vários crimes da competência do Tribunal e solicitar ao Procurador que a investigue, com vista a determinar se uma ou mais pessoas identificadas deverão ser acusadas da prática desses crimes.

2. O Estado que proceder à denúncia deverá, tanto quanto possível, especificar as circunstâncias relevantes do caso e anexar toda a documentação de que disponha.

Art. - 15 - Procurador

1. O Procurador poderá, por sua própria iniciativa, abrir um inquérito com base em informações sobre a prática de crimes da competência do Tribunal.

2. O Procurador apreciará a seriedade da informação recebida. Para tal, poderá recolher informações suplementares junto aos Estados, aos órgãos da Organização das Nações Unidas, às Organizações Intergovernamentais ou Não Governamentais ou outras fontes fidedignas que considere apropriadas, bem como recolher depoimentos escritos ou orais na sede do Tribunal.

3. Se concluir que existe fundamento suficiente para abrir um inquérito, o Procurador apresentará um pedido de autorização nesse sentido ao Juízo de Instrução, acompanhado da documentação de apoio que tiver reunido. As vítimas poderão apresentar representações no Juízo de Instrução, de acordo com o Regulamento Processual.

4. Se, após examinar o pedido e a documentação que o acompanha, o Juízo de Instrução considerar que há fundamento suficiente para abrir um Inquérito e que o caso parece caber na jurisdição do Tribunal, autorizará a abertura do inquérito, sem prejuízo das decisões que o Tribunal vier a tomar posteriormente em matéria de competência e de admissibilidade.

5. A recusa do Juízo de Instrução em autorizar a abertura do inquérito não impedirá o Procurador de formular ulteriormente outro pedido com base em novos fatos ou provas respeitantes à mesma situação.

6. Se, depois da análise preliminar a que se referem os §§ 1º e 2º, o Procurador concluir que a informação apresentada não constitui fundamento suficiente para um inquérito, o Procurador informará quem a tiver apresentado de tal entendimento. Tal não impede que o Procurador examine, à luz de novos fatos ou provas, qualquer outra informação que lhe venha a ser comunicada sobre o mesmo caso.

Art. 16 - Adiamento do inquérito e do procedimento criminal.

Nenhum inquérito ou procedimento crime poderá ter início ou prosseguir os seus termos, com base no presente Estatuto, por um período de doze meses a contar da data em que o Conselho de segurança assim o tiver solicitado em resolução aprovada nos termos do disposto no Capítulo VII da Carta das Nações Unidas; o pedido poderá ser renovado pelo Conselho de segurança nas mesmas condições.

Art. 17 - Questões relativas à admissibilidade

1. Tendo em consideração o décimo § do Preâmbulo e o artigo 1º, o Tribunal decidirá sobre a não admissibilidade de um caso se:

a) O caso for objeto de inquérito ou de procedimento criminal por parte de um Estado que tenha jurisdição sobre o mesmo, salvo se este não tiver vontade de levar a cabo o inquérito ou o procedimento ou, não tenha capacidade para o fazer;

b) O caso tiver sido objeto de inquérito por um Estado com jurisdição sobre ele e tal Estado tenha decidido não dar seguimento ao procedimento criminal contra a pessoa em causa, a menos que esta decisão resulte do fato de esse Estado não ter vontade de proceder criminalmente ou da sua incapacidade real para o fazer;

c) A pessoa em causa já tiver sido julgada pela conduta a que se refere a denúncia, e não puder ser julgada pelo Tribunal em virtude do disposto no § 3º do artigo 20;

d) O caso não for suficientemente grave para justificar a ulterior intervenção do Tribunal.

2. A fim de determinar se há ou não vontade de agir num determinado caso, o Tribunal, tendo em consideração as garantias de um processo eqüitativo reconhecidas pelo direito internacional, verificará a existência de uma ou mais das seguintes circunstâncias:

a) O processo ter sido instaurado ou estar pendente ou a decisão ter sido proferida no Estado com o propósito de subtrair a pessoa em causa à sua responsabilidade criminal por crimes da competência do Tribunal, nos termos do disposto no artigo 5º;

b) Ter havido demora injustificada no processamento, a qual, dadas as circunstâncias, se mostra incompatível com a intenção de fazer responder a pessoa em causa perante a justiça;

c) O processo não ter sido ou não estar sendo conduzido de maneira independente ou imparcial, e ter estado ou estar sendo conduzido de uma

Textos fundamentais do
Direito das Relações Internacionais

179

maneira que, dadas as circunstâncias, seja incompatível com a intenção de levar a pessoa em causa perante a justiça;

3. A fim de determinar se há incapacidade de agir num determinado caso, o Tribunal verificará se o Estado, por colapso total ou substancial da respectiva administração da justiça ou por indisponibilidade desta, não estará em condições de fazer comparecer o acusado, de reunir os meios de prova e depoimentos necessários ou não estará, por outros motivos, em condições de concluir o processo.

Ar.18 - Decisões preliminares sobre admissibilidade

1. Se uma situação for denunciada ao Tribunal nos termos do artigo 13, § a), e o Procurador determinar que existem fundamentos para abrir um inquérito ou der início a um inquérito de acordo com os artigos 13, § c) e 15, deverá notificar todos os Estados Partes e os Estados que, de acordo com a informação disponível, teriam jurisdição sobre esses crimes. O Procurador poderá proceder à notificação a título confidencial e, sempre que o considere necessário com vista a proteger pessoas, impedir a destruição de provas ou a fuga de pessoas, poderá limitar o âmbito da informação a transmitir aos Estados.

2. No prazo de um mês após a recepção da referida notificação, qualquer Estado poderá informar o Tribunal de que está procedendo, ou já procedeu, a um inquérito sobre nacionais seus ou outras pessoas sob a sua jurisdição, por atos que possam constituir crimes a que se refere o artigo 5º e digam respeito à informação constante na respectiva notificação. A pedido desse Estado, o Procurador transferirá para ele o inquérito sobre essas pessoas, a menos que, a pedido do Procurador, o Juízo de Instrução decida autorizar o inquérito.

3. A transferência do inquérito poderá ser reexaminada pelo Procurador seis meses após a data em que tiver sido decidida ou, a todo o momento, quando tenha ocorrido uma alteração significativa de circunstâncias, decorrente da falta de vontade ou da incapacidade efetiva do Estado de levar a cabo o inquérito.

4. O Estado interessado ou o Procurador poderão interpor recurso para o Juízo de Recursos da decisão proferida por um Juízo de Instrução, tal como previsto no artigo 82. Este recurso poderá seguir uma forma sumária.

5. Se o Procurador transferir o inquérito, nos termos do § 2º, poderá solicitar ao Estado interessado que o informe periodicamente do andamento do mesmo e de qualquer outro procedimento subsequente. Os Estados Partes responderão a estes pedidos sem atrasos injustificados.

6. O Procurador poderá, enquanto aguardar uma decisão a proferir no Juízo de Instrução, ou a todo o momento se tiver transferido o inquérito nos termos do presente artigo, solicitar ao tribunal de instrução, a título excepcional, que o autorize a efetuar as investigações que considere necessárias para preservar elementos de prova, quando exista uma oportunidade única

de obter provas relevantes ou um risco significativo de que essas provas possam não estar disponíveis numa fase ulterior.

7. O Estado que tenha recorrido de uma decisão do Juízo de Instrução nos termos do presente artigo poderá impugnar a admissibilidade de um caso nos termos do artigo 19, invocando fatos novos relevantes ou uma alteração significativa de circunstâncias.

Art. 19 - Impugnação da jurisdição do Tribunal ou da admissibilidade do caso

1. O Tribunal deverá certificar-se de que detém jurisdição sobre todos os casos que lhe sejam submetidos. O Tribunal poderá pronunciar-se de ofício sobre a admissibilidade do caso em conformidade com o artigo 17.

2. Poderão impugnar a admissibilidade do caso, por um dos motivos referidos no artigo 17, ou impugnar a jurisdição do Tribunal:

a) O acusado ou a pessoa contra a qual tenha sido emitido um mandado ou ordem de detenção ou de comparecimento, nos termos do artigo 58;

b) Um Estado que detenha o poder de jurisdição sobre um caso, pelo fato de o estar investigando ou julgando, ou por já o ter feito antes; ou

c) Um Estado cuja aceitação da competência do Tribunal seja exigida, de acordo com o artigo 12.

3. O Procurador poderá solicitar ao Tribunal que se pronuncie sobre questões de jurisdição ou admissibilidade. Nas ações relativas a jurisdição ou admissibilidade, aqueles que tiverem denunciado um caso ao abrigo do artigo 13, bem como as vítimas, poderão também apresentar as suas observações ao Tribunal.

4. A admissibilidade de um caso ou a jurisdição do Tribunal só poderão ser impugnadas uma única vez por qualquer pessoa ou Estado a que se faz referência no § 2º. A impugnação deverá ser feita antes do julgamento ou no seu início. Em circunstâncias excepcionais, o Tribunal poderá autorizar que a impugnação se faça mais de uma vez ou depois do início do julgamento. As impugnações à admissibilidade de um caso feitas no inicio do julgamento, ou posteriormente com a autorização do Tribunal, só poderão fundamentar-se no disposto no § 1º, alínea c) do artigo 17.

5. Os Estados a que se referem as alíneas b) e c) do § 2º do presente artigo deverão deduzir impugnação logo que possível.

6. Antes da confirmação da acusação, a impugnação da admissibilidade de um caso ou da jurisdição do Tribunal será submetida ao Juízo de Instrução e, após confirmação, ao Juízo de Julgamento em Primeira Instância. Das decisões relativas à jurisdição ou admissibilidade caberá recurso para o Juízo de Recursos, de acordo com o artigo 82.

7. Se a impugnação for feita pelo Estado referido nas alíneas b) e c) do § 2º, o Procurador suspenderá o inquérito até que o Tribunal decida em conformidade com o artigo 17.

8. Enquanto aguardar uma decisão, o Procurador poderá solicitar ao Tribunal autorização para:

Textos fundamentais do
Direito das Relações Internacionais

a) Proceder às investigações necessárias previstas no § 6º do artigo 18;

b) Recolher declarações ou o depoimento de uma testemunha ou completar o recolhimento e o exame das provas que tenha iniciado antes da impugnação; e

c) Impedir, em colaboração com os Estados interessados, a fuga de pessoas em relação às quais já tenha solicitado um mandado de detenção, nos termos do artigo 58.

9. A impugnação não afetará a validade de nenhum ato realizado pelo Procurador, nem de nenhuma decisão ou mandado anteriormente emitido pelo Tribunal.

10. Se o Tribunal tiver declarado que um caso não é admissível, de acordo com o artigo 17, o Procurador poderá pedir a revisão dessa decisão, após se ter certificado de que surgiram novos fatos que invalidam os motivos pelos quais o caso havia sido considerado inadmissível nos termos do artigo 17.

11. Se o Procurador, tendo em consideração as questões referidas no artigo 17, decidir transferir um inquérito, poderá pedir ao Estado em questão que o mantenha informado do seguimento do processo. Esta informação deverá, se esse Estado o solicitar, ser mantida confidencial. Se o Procurador decidir, posteriormente, abrir um inquérito, comunicará a sua decisão ao Estado para o qual foi transferido o processo.

Art. 20 - *Ne bis in idem*

1. Salvo disposição contrária do presente Estatuto, nenhuma pessoa poderá ser julgada pelo Tribunal por atos constitutivos de crimes pelos quais este já a tenha condenado ou absolvido.

2. Nenhuma pessoa poderá ser julgada por outro tribunal por um crime mencionado no artigo 5º, relativamente ao qual já tenha sido condenada ou absolvida pelo Tribunal.

3. O Tribunal não poderá julgar uma pessoa que já tenha sido julgada por outro tribunal, por atos também punidos pelos artigos 6º, 7º ou 8º, a menos que o processo nesse outro tribunal:

a) Tenha tido por objetivo subtrair o acusado à sua responsabilidade criminal por crimes da competência do Tribunal; ou

b) Não tenha sido conduzido de forma independente ou imparcial, em conformidade com as garantias de um processo eqüitativo reconhecidas pelo direito internacional, ou tenha sido conduzido de uma maneira que, no caso concreto, se revele incompatível com a intenção de submeter a pessoa à ação da justiça.

Art. 21 - Direito aplicável

1. O Tribunal aplicará:

a) Em primeiro lugar, o presente Estatuto, os Elementos Constitutivos do Crime e o Regulamento Processual;

b) Em segundo lugar, se for o caso, os tratados e os princípios e normas de direito internacional aplicáveis, incluindo os princípios estabelecidos no direito internacional dos conflitos armados;

c) Na falta destes, os princípios gerais do direito que o Tribunal retire do direito interno dos diferentes sistemas jurídicos existentes, incluindo, se for o caso, o direito interno dos Estados que exerceriam normalmente a sua jurisdição relativamente ao crime, sempre que esses princípios não sejam incompatíveis com o presente Estatuto, com o direito internacional, nem com as normas e padrões internacionalmente reconhecidos.

2. O Tribunal poderá aplicar princípios e normas de direito tal como já tenham sido por si interpretados em decisões anteriores.

3. A aplicação e interpretação do direito, nos termos do presente artigo, deverá ser compatível com os direitos humanos internacionalmente reconhecidos, sem discriminação alguma baseada em motivos tais como o gênero, definido no § 3º do artigo 7º, a idade, a raça, a cor, a religião ou o credo, a opinião política ou outra, a origem nacional, étnica ou social, a situação econômica, o nascimento ou outra condição.

Capítulo III - Princípios Gerais de Direito Penal

Art. 22 - *Nullum crimen sine lege*

1. Nenhuma pessoa será considerada criminalmente responsável, nos termos do presente Estatuto, a menos que a sua conduta constitua, no momento em que tiver lugar, um crime da competência do Tribunal.

2. A previsão de um crime será estabelecida de forma precisa e não será permitido o recurso à analogia. Em caso de ambigüidade, será interpretada a favor da pessoa objeto de inquérito, acusada ou condenada.

3. O disposto no presente artigo em nada afetará a tipificação de uma conduta como crime nos termos do direito internacional, independentemente do presente Estatuto.

Art. 23 - *Nulla poena sine lege*

Qualquer pessoa condenada pelo Tribunal só poderá ser punida em conformidade com as disposições do presente Estatuto.

Art. 24 - Não retroatividade *ratione personae*

1. Nenhuma pessoa será considerada criminalmente responsável, de acordo com o presente Estatuto, por uma conduta anterior à entrada em vigor do presente Estatuto.

2. Se o direito aplicável a um caso for modificado antes de proferida sentença definitiva, aplicarseá o direito mais favorável à pessoa objeto de inquérito, acusada ou condenada.

Art. 25 - Responsabilidade criminal individual

1. De acordo com o presente Estatuto, o Tribunal será competente para julgar as pessoas físicas.

2. Quem cometer um crime da competência do Tribunal será considerado individualmente responsável e poderá ser punido de acordo com o presente Estatuto.

3. Nos termos do presente Estatuto, será considerado criminalmente responsável e poderá ser punido pela prática de um crime da competência do Tribunal quem:

Textos fundamentais do
Direito das Relações Internacionais

a) Cometer esse crime individualmente ou em conjunto ou por intermédio de outrem, quer essa pessoa seja, ou não, criminalmente responsável;

b) Ordenar, solicitar ou instigar à prática desse crime, sob forma consumada ou sob a forma de tentativa;

c) Com o propósito de facilitar a prática desse crime, for cúmplice ou encobridor, ou colaborar de algum modo na prática ou na tentativa de prática do crime, nomeadamente pelo fornecimento dos meios para a sua prática;

d) Contribuir de alguma outra forma para a prática ou tentativa de prática do crime por um grupo de pessoas que tenha um objetivo comum. Esta contribuição deverá ser intencional e ocorrer, conforme o caso:

i) Com o propósito de levar a cabo a atividade ou o objetivo criminal do grupo, quando um ou outro impliquem a prática de um crime da competência do Tribunal; ou

ii) Com o conhecimento da intenção do grupo de cometer o crime;

e) No caso de crime de genocídio, incitar, direta e publicamente, à sua prática;

f) Tentar cometer o crime mediante atos que contribuam substancialmente para a sua execução, ainda que não se venha a consumar devido a circunstâncias alheias à sua vontade. Porém, quem desistir da prática do crime, ou impedir de outra forma que este se consuma, não poderá ser punido em conformidade com o presente Estatuto pela tentativa, se renunciar total e voluntariamente ao propósito delituoso.

4. O disposto no presente Estatuto sobre a responsabilidade criminal das pessoas físicas em nada afetará a responsabilidade do Estado, de acordo com o direito internacional.

Art. 26 - Exclusão da jurisdição relativamente a menores de 18 anos

O Tribunal não terá jurisdição sobre pessoas que, à data da alegada prática do crime, não tenham ainda completado 18 anos de idade.

Art. 27 - Irrelevância da qualidade oficial

1. O presente Estatuto será aplicável de forma igual a todas as pessoas sem distinção alguma baseada na qualidade oficial. Em particular, a qualidade oficial de Chefe de Estado ou de Governo, de membro de Governo ou do Parlamento, de representante eleito ou de funcionário público, em caso algum eximirá a pessoa em causa de responsabilidade criminal nos termos do presente Estatuto, nem constituirá de per se motivo de redução da pena.

2. As imunidades ou normas de procedimento especiais decorrentes da qualidade oficial de uma pessoa; nos termos do direito interno ou do direito internacional, não deverão obstar a que o Tribunal exerça a sua jurisdição sobre essa pessoa.

Art. 28 - Responsabilidade dos chefes militares e outros superiores hierárquicos

Além de outras fontes de responsabilidade criminal previstas no presente Estatuto, por crimes da competência do Tribunal:

a) O chefe militar, ou a pessoa que atue efetivamente como chefe militar, será criminalmente responsável por crimes da competência do Tribunal que tenham sido cometidos por forças sob o seu comando e controle efetivos ou sob a sua autoridade e controle efetivos, conforme o caso, pelo fato de não exercer um controle apropriado sobre essas forças quando:

i) Esse chefe militar ou essa pessoa tinha conhecimento ou, em virtude das circunstâncias do momento, deveria ter tido conhecimento de que essas forças estavam a cometer ou preparavam-se para cometer esses crimes; e

ii) Esse chefe militar ou essa pessoa não tenha adotado todas as medidas necessárias e adequadas ao seu alcance para prevenir ou reprimir a sua prática, ou para levar o assunto ao conhecimento das autoridades competentes, para efeitos de inquérito e procedimento criminal.

b) Nas relações entre superiores hierárquicos e subordinados, não referidos na alínea a), o superior hierárquico será criminalmente responsável pelos crimes da competência do Tribunal que tiverem sido cometidos por subordinados sob a sua autoridade e controle efetivos, pelo fato de não ter exercido um controle apropriado sobre esses subordinados, quando:

a) O superior hierárquico teve conhecimento ou deliberadamente não levou em consideração a informação que indicava claramente que os subordinados estavam a cometer ou se preparavam para cometer esses crimes;

b) Esses crimes estavam relacionados com atividades sob a sua responsabilidade e controle efetivos; e

c) O superior hierárquico não adotou todas as medidas necessárias e adequadas ao seu alcance para prevenir ou reprimir a sua prática ou para levar o assunto ao conhecimento das autoridades competentes, para efeitos de inquérito e procedimento criminal.

Art. 29 - Imprescritibilidade

Os crimes da competência do Tribunal não prescrevem.

Art. 30 - Elementos psicológicos

1. Salvo disposição em contrário, nenhuma pessoa poderá ser criminalmente responsável e punida por um crime da competência do Tribunal, a menos que atue com vontade de o cometer e conhecimento dos seus elementos materiais.

2. Para os efeitos do presente artigo, entendese que atua intencionalmente quem:

a) Relativamente a uma conduta, se propuser adotá-la;

b) Relativamente a um efeito do crime, se propuser causá-lo ou estiver ciente de que ele terá lugar em uma ordem normal dos acontecimentos .

3. Nos termos do presente artigo, entende-se por "conhecimento" a consciência de que existe uma circunstância ou de que um efeito irá ter lugar, em uma ordem normal dos acontecimentos. As expressões "ter conhecimento" e "com conhecimento" deverão ser entendidas em conformidade.

Art. 31 - Causas de exclusão da responsabilidade criminal

Textos fundamentais do
Direito das Relações Internacionais

Sem prejuízo de outros fundamentos para a exclusão de responsabilidade criminal previstos no presente Estatuto, não será considerada criminalmente responsável a pessoa que, no momento da prática de determinada conduta:

a) Sofrer de enfermidade ou deficiência mental que a prive da capacidade para avaliar a ilicitude ou a natureza da sua conduta, ou da capacidade para controlar essa conduta a fim de não violar a lei;

b) Estiver em estado de intoxicação que a prive da capacidade para avaliar a ilicitude ou a natureza da sua conduta, ou da capacidade para controlar essa conduta a fim de não transgredir a lei, a menos que se tenha intoxicado voluntariamente em circunstâncias que lhe permitiam ter conhecimento de que, em conseqüência da intoxicação, poderia incorrer numa conduta tipificada como crime da competência do Tribunal, ou, de que haveria o risco de tal suceder;

c) Agir em defesa própria ou de terceiro com razoabilidade ou, em caso de crimes de guerra, em defesa de um bem que seja essencial para a sua sobrevivência ou de terceiro ou de um bem que seja essencial à realização de uma missão militar, contra o uso iminente e ilegal da força, de forma proporcional ao grau de perigo para si, para terceiro ou para os bens protegidos. O fato de participar em uma força que realize uma operação de defesa não será causa bastante de exclusão de responsabilidade criminal, nos termos desta alínea;

d) Tiver incorrido numa conduta que presumivelmente constitui crime da competência do Tribunal, em conseqüência de coação decorrente de uma ameaça iminente de morte ou ofensas corporais graves para si ou para outrem, e em que se veja compelida a atuar de forma necessária e razoável para evitar essa ameaça, desde que não tenha a intenção de causar um dano maior que aquele que se propunha evitar. Essa ameaça tanto poderá:

i) Ter sido feita por outras pessoas; ou

ii) Ser constituída por outras circunstâncias alheias à sua vontade.

2. O Tribunal determinará se os fundamentos de exclusão da responsabilidade criminal previstos no presente Estatuto serão aplicáveis no caso em apreço.

3. No julgamento, o Tribunal poderá levar em consideração outros fundamentos de exclusão da responsabilidade criminal; distintos dos referidos no § 1º, sempre que esses fundamentos resultem do direito aplicável em conformidade com o artigo 21. O processo de exame de um fundamento de exclusão deste tipo será definido no Regulamento Processual.

Art. 32 - Erro de fato ou erro de direito

1. O erro de fato só excluirá a responsabilidade criminal se eliminar o dolo requerido pelo crime.

2. O erro de direito sobre se determinado tipo de conduta constitui crime da competência do Tribunal não será considerado fundamento de exclusão de responsabilidade criminal. No entanto, o erro de direito poderá

ser considerado fundamento de exclusão de responsabilidade criminal se eliminar o dolo requerido pelo crime ou se decorrer do artigo 33 do presente Estatuto.

Art. 33 - Decisão hierárquica e disposições legais

1. Quem tiver cometido um crime da competência do Tribunal, em cumprimento de uma decisão emanada de um Governo ou de um superior hierárquico, quer seja militar ou civil, não será isento de responsabilidade criminal, a menos que:

a) Estivesse obrigado por lei a obedecer a decisões emanadas do Governo ou superior hierárquico em questão;

b) Não tivesse conhecimento de que a decisão era ilegal; e

c) A decisão não fosse manifestamente ilegal.

2. Para os efeitos do presente artigo, qualquer decisão de cometer genocídio ou crimes contra a humanidade será considerada como manifestamente ilegal.

Capítulo IV - Composição e Administração do Tribunal

Art. 34 - Órgãos do Tribunal

O Tribunal será composto pelos seguintes órgãos:

a) A Presidência;

b) Uma Seção de Recursos, uma Seção de Julgamento em Primeira Instância e uma Seção de Instrução;

c) O Gabinete do Procurador;

d) A Secretaria.

Art. 35 - Exercício das funções de juiz

1. Os juízes serão eleitos membros do Tribunal para exercer funções em regime de exclusividade e deverão estar disponíveis para desempenhar o respectivo cargo desde o início do seu mandato.

2. Os juízes que comporão a Presidência desempenharão as suas funções em regime de exclusividade desde a sua eleição.

3. A Presidência poderá, em função do volume de trabalho do Tribunal, e após consulta dos seus membros, decidir periodicamente em que medida é que será necessário que os restantes juízes desempenhem as suas funções em regime de exclusividade. Estas decisões não prejudicarão o disposto no artigo 40.

4. Os ajustes de ordem financeira relativos aos juízes que não tenham de exercer os respectivos cargos em regime de exclusividade serão adotadas em conformidade com o disposto no artigo 49.

Art. 36 - Qualificações, candidatura e eleição dos juízes

1. Sob reserva do disposto no § 2º, o Tribunal será composto por 18 juízes.

2. a) A Presidência, agindo em nome do Tribunal, poderá propor o aumento do número de juízes referido no § 1º fundamentando as razões

Textos fundamentais do
Direito das Relações Internacionais

pelas quais considera necessária e apropriada tal medida. O Secretário comunicará imediatamente a proposta a todos os Estados Partes;

b) A proposta será seguidamente apreciada em sessão da Assembléia dos Estados Partes convocada nos termos do artigo 112 e deverá ser considerada adotada se for aprovada na sessão por maioria de dois terços dos membros da Assembléia dos Estados Partes; a proposta entrará em vigor na data fixada pela Assembléia dos Estados Partes;

c) i) Logo que seja aprovada a proposta de aumento do número de juízes, de acordo com o disposto na alínea b), a eleição dos juízes adicionais terá lugar no período seguinte de sessões da Assembléia dos Estados Partes, nos termos dos §§ 3º a 8º do presente artigo e do § 2º do artigo 37;

ii) Após a aprovação e a entrada em vigor de uma proposta de aumento do número de juízes, de acordo com o disposto nas alíneas b) e c) i), a Presidência poderá, a qualquer momento, se o volume de trabalho do Tribunal assim o justificar, propor que o número de juízes seja reduzido, mas nunca para um número inferior ao fixado no § 1º. A proposta será apreciada de acordo com o procedimento definido nas alíneas a) e b). Caso a proposta seja aprovada, o número de juízes será progressivamente reduzido, à medida que expirem os mandatos e até que se alcance o número previsto.

3. a) Os juízes serão eleitos dentre pessoas de elevada idoneidade moral, imparcialidade e integridade, que reúnam os requisitos para o exercício das mais altas funções judiciais nos seus respectivos países.

b) Os candidatos a juízes deverão possuir:

i) Reconhecida competência em direito penal e direito processual penal e a necessária experiência em processos penais na qualidade de juiz, procurador, advogado ou outra função semelhante; ou

ii) Reconhecida competência em matérias relevantes de direito internacional, tais como o direito internacional humanitário e os direitos humanos, assim como vasta experiência em profissões jurídicas com relevância para a função judicial do Tribunal;

c) Os candidatos a juízes deverão possuir um excelente conhecimento e serem fluentes em, pelo menos, uma das línguas de trabalho do Tribunal.

4. a) Qualquer Estado Parte no presente Estatuto poderá propor candidatos às eleições para juiz do Tribunal mediante:

i) O procedimento previsto para propor candidatos aos mais altos cargos judiciais do país; ou

ii) O procedimento previsto no Estatuto da Corte Internacional de Justiça para propor candidatos a esse Tribunal.

As propostas de candidatura deverão ser acompanhadas de uma exposição detalhada comprovativa de que o candidato possui os requisitos enunciados no § 3º;

b) Qualquer Estado Parte poderá apresentar uma candidatura de uma pessoa que não tenha necessariamente a sua nacionalidade, mas que seja nacional de um Estado Parte;

c) A Assembléia dos Estados Partes poderá decidir constituir, se apropriado, uma Comissão consultiva para o exame das candidaturas, Neste caso, a Assembléia dos Estados Partes determinará a composição e o mandato da Comissão.

5. Para efeitos da eleição, serão estabelecidas duas listas de candidatos:

A lista A, com os nomes dos candidatos que reúnam os requisitos enunciados na alínea b) i) do § 3º; e

A lista B, com os nomes dos candidatos que reúnam os requisitos enunciados na alínea b) ii) do § 3º.

O candidato que reúna os requisitos constantes de ambas as listas, poderá escolher em qual delas deseja figurar. Na primeira eleição de membros do Tribunal, pelo menos nove juízes serão eleitos entre os candidatos da lista A e pelo menos cinco entre os candidatos da lista B. As eleições subseqüentes serão organizadas por forma a que se mantenha no Tribunal uma proporção equivalente de juízes de ambas as listas.

6. a) Os juízes serão eleitos por escrutínio secreto, em sessão da Assembléia dos Estados Partes convocada para esse efeito, nos termos do artigo 112. Sob reserva do disposto no § 7, serão eleitos os 18 candidatos que obtenham o maior número de votos e uma maioria de dois terços dos Estados Partes presentes e votantes;

b) No caso em que da primeira votação não resulte eleito um número suficiente de juízes, proceder-se-á a nova votação, de acordo com os procedimentos estabelecidos na alínea a), até provimento dos lugares restantes.

7. O Tribunal não poderá ter mais de um juiz nacional do mesmo Estado. Para este efeito, a pessoa que for considerada nacional de mais de um Estado será considerada nacional do Estado onde exerce habitualmente os seus direitos civis e políticos.

8. a) Na seleção dos juízes, os Estados Partes ponderarão sobre a necessidade de assegurar que a composição do Tribunal inclua:

i) A representação dos principais sistemas jurídicos do mundo;

ii) Uma representação geográfica eqüitativa; e

iii) Uma representação justa de juízes do sexo feminino e do sexo masculino;

b) Os Estados Partes levarão igualmente em consideração a necessidade de assegurar a presença de juízes especializados em determinadas matérias incluindo, entre outras, a violência contra mulheres ou crianças.

9. a) Salvo o disposto na alínea b), os juízes serão eleitos por um mandato de nove anos e não poderão ser reeleitos, salvo o disposto na alínea c) e no § 2º do artigo 37;

b) Na primeira eleição, um terço dos juízes eleitos será selecionado por sorteio para exercer um mandato de três anos; outro terço será selecionado, também por sorteio, para exercer um mandato de seis anos; e os restantes exercerão um mandato de nove anos;

Textos fundamentais do
Direito das Relações Internacionais

189

c) Um juiz selecionado para exercer um mandato de três anos, em conformidade com a alínea b), poderá ser reeleito para um mandato completo.

10. Não obstante o disposto no § 9, um juiz afeto a um Juízo de Julgamento em Primeira Instância ou de Recurso, em conformidade com o artigo 39, permanecerá em funções até a conclusão do julgamento ou do recurso dos casos que tiver a seu cargo.

Art. 37 - Vagas

1. Caso ocorra uma vaga, realizar-se-á uma eleição para o seu provimento, de acordo com o artigo 36.

2. O juiz eleito para prover uma vaga, concluirá o mandato do seu antecessor e, se esse período for igual ou inferior a três anos, poderá ser reeleito para um mandato completo, nos termos do artigo 36.

Art. 38 - A Presidência

1. O Presidente, o Primeiro Vice-Presidente e o Segundo Vice-Presidente serão eleitos por maioria absoluta dos juízes. Cada um desempenhará o respectivo cargo por um período de três anos ou até ao termo do seu mandato como juiz, conforme o que expirar em primeiro lugar. Poderão ser reeleitos uma única vez.

2. O Primeiro Vice-Presidente substituirá o Presidente em caso de impossibilidade ou recusa deste. O Segundo Vice-Presidente substituirá o Presidente em caso de impedimento ou recusa deste ou do Primeiro Vice-Presidente.

3. O Presidente, o Primeiro Vice-Presidente e o Segundo Vice-Presidente constituirão a Presidência, que ficará encarregada:

a) Da adequada administração do Tribunal, com exceção do Gabinete do Procurador; e

b) Das restantes funções que lhe forem conferidas de acordo com o presente Estatuto.

4. Embora eximindo-se da sua responsabilidade nos termos do § 3º a), a Presidência atuará em coordenação com o Gabinete do Procurador e deverá obter a aprovação deste em todos os assuntos de interesse comum.

Art. 39 - Juízos

1. Após a eleição dos juízes e logo que possível, o Tribunal deverá organizar-se nas seções referidas no artigo 34 b). A Seção de Recursos será composta pelo Presidente e quatro juízes, a Seção de Julgamento em Primeira Instância por, pelo menos, seis juizes e a Seção de Instrução por, pelo menos, seis juízes. Os juízes serão adstritos às Seções de acordo com a natureza das funções que corresponderem a cada um e com as respectivas qualificações e experiência, por forma que cada Seção disponha de um conjunto adequado de especialistas em direito penal e processual penal e em direito internacional. A Seção de Julgamento em Primeira Instância e a Seção de Instrução serão predominantemente compostas por juízes com experiência em processo penal.

2. a) As funções judiciais do Tribunal serão desempenhadas em cada Seção pelos juízos.

b) i) O Juízo de Recursos será composto por todos os juízes da Seção de Recursos;

ii) As funções do Juízo de Julgamento em Primeira Instância serão desempenhadas por três juízes da Seção de Julgamento em Primeira Instância;

iii) As funções do Juízo de Instrução serão desempenhadas por três juízes da Seção de Instrução ou por um só juiz da referida Seção, em conformidade com o presente Estatuto e com o Regulamento Processual;

c) Nada no presente número obstará a que se constituam simultaneamente mais de um Juízo de Julgamento em Primeira Instância ou Juízo de Instrução, sempre que a gestão eficiente do trabalho do Tribunal assim o exigir.

3. a) Os juízes adstritos às Seções de Julgamento em Primeira Instância e de Instrução desempenharão o cargo nessas Seções por um período de três anos ou, decorrido esse período, até a conclusão dos casos que lhes tenham sido cometidos pela respectiva Seção;

b) Os juízes adstritos à Seção de Recursos desempenharão o cargo nessa Seção durante todo o seu mandato.

4. Os juízes adstritos à Seção de Recursos desempenharão o cargo unicamente nessa Seção. Nada no presente artigo obstará a que sejam adstritos temporariamente juízes da Seção de Julgamento em Primeira Instância à Seção de Instrução, ou inversamente, se a Presidência entender que a gestão eficiente do trabalho do Tribunal assim o exige; porém, o juiz que tenha participado na fase instrutória não poderá, em caso algum, fazer parte do Juízo de Julgamento em Primeira Instância encarregado do caso.

Art. 40 - Independência dos juízes

1. Os juízes serão independentes no desempenho das suas funções.

2. Os juízes não desenvolverão qualquer atividade que possa ser incompatível com o exercício das suas funções judiciais ou prejudicar a confiança na sua independência.

3. Os juízes que devam desempenhar os seus cargos em regime de exclusividade na sede do Tribunal não poderão ter qualquer outra ocupação de natureza profissional.

4. As questões relativas à aplicação dos §§ 2º e 3º serão decididas por maioria absoluta dos juízes. Nenhum juiz participará na decisão de uma questão que lhe diga respeito.

Art. 41 - Impedimento e Desqualificação de juízes

1. A Presidência poderá, a pedido de um juiz, declarar seu impedimento para o exercício de alguma das funções que lhe confere o presente Estatuto, em conformidade com o Regulamento Processual.

2. a) Nenhum juiz pode participar num caso em que, por qualquer motivo, seja posta em dúvida a sua imparcialidade. Será desqualificado, em

Textos fundamentais do
Direito das Relações Internacionais

conformidade com o disposto neste número, entre outras razões, se tiver intervindo anteriormente, a qualquer título, em um caso submetido ao Tribunal ou em um procedimento criminal conexo em nível nacional que envolva a pessoa objeto de inquérito ou procedimento criminal. Pode ser igualmente desqualificado por qualquer outro dos motivos definidos no Regulamento Processual;

b) O Procurador ou a pessoa objeto de inquérito ou procedimento criminal poderá solicitar a desqualificação de um juiz em virtude do disposto no presente número;

c) As questões relativas à desqualificação de juízes serão decididas por maioria absoluta dos juízes. O juiz cuja desqualificação for solicitada, poderá pronunciar-se sobre a questão, mas não poderá tomar parte na decisão.

Art. 42 - O Gabinete do Procurador

1. O Gabinete do Procurador atuará de forma independente, enquanto órgão autônomo do Tribunal. Competir-lhe-á recolher comunicações e qualquer outro tipo de informação, devidamente fundamentada, sobre crimes da competência do Tribunal, a fim de os examinar e investigar e de exercer a ação penal junto ao Tribunal. Os membros do Gabinete do Procurador não solicitarão nem cumprirão ordens de fontes externas ao Tribunal.

2. O Gabinete do Procurador será presidido pelo Procurador, que terá plena autoridade para dirigir e administrar o Gabinete do Procurador, incluindo o pessoal, as instalações e outros recursos. O Procurador será coadjuvado por um ou mais Procuradores-Adjuntos, que poderão desempenhar qualquer uma das funções que incumbam àquele, em conformidade com o disposto no presente Estatuto. O Procurador e os Procuradores-Adjuntos terão nacionalidades diferentes e desempenharão o respectivo cargo em regime de exclusividade.

3. O Procurador e os Procuradores-Adjuntos deverão ter elevada idoneidade moral, elevado nível de competência e vasta experiência prática em matéria de processo penal. Deverão possuir um excelente conhecimento e serem fluentes em, pelo menos, uma das línguas de trabalho do Tribunal.

4. O Procurador será eleito por escrutínio secreto e por maioria absoluta de votos dos membros da Assembléia dos Estados Partes. Os Procuradores-Adjuntos serão eleitos da mesma forma, de entre uma lista de candidatos apresentada pelo Procurador. O Procurador proporá três candidatos para cada cargo de Procurador-Adjunto a prover. A menos que, ao tempo da eleição, seja fixado um período mais curto, o Procurador e os Procuradores-Adjuntos exercerão os respectivos cargos por um período de nove anos e não poderão ser reeleitos.

5. O Procurador e os Procuradores-Adjuntos não deverão desenvolver qualquer atividade que possa interferir com o exercício das suas funções ou afetar a confiança na sua independência e não poderão desempenhar qualquer outra função de caráter profissional.

6. A Presidência poderá, a pedido do Procurador ou de um Procurador-Adjunto, escusá-lo de intervir num determinado caso.

7. O Procurador e os Procuradores-Adjuntos não poderão participar em qualquer processo em que, por qualquer motivo, a sua imparcialidade possa ser posta em causa. Serão recusados, em conformidade com o disposto no presente número, entre outras razões, se tiverem intervindo anteriormente, a qualquer título, num caso submetido ao Tribunal ou num procedimento crime conexo em nível nacional, que envolva a pessoa objeto de inquérito ou procedimento criminal.

8. As questões relativas à recusa do Procurador ou de um Procurador-Adjunto serão decididas pelo Juízo de Recursos.

a) A pessoa objeto de inquérito ou procedimento criminal poderá solicitar, a todo o momento, a recusa do Procurador ou de um Procurador-Adjunto, pelos motivos previstos no presente artigo;

b) O Procurador ou o Procurador-Adjunto, segundo o caso, poderão pronunciar-se sobre a questão.

9. O Procurador nomeará assessores jurídicos especializados em determinadas áreas incluindo, entre outras, as da violência sexual ou violência por motivos relacionados com a pertença a um determinado gênero e da violência contra as crianças.

Art. 43 - A Secretaria

1. A Secretaria será responsável pelos aspectos não judiciais da administração e do funcionamento do Tribunal, sem prejuízo das funções e atribuições do Procurador definidas no artigo 42.

2. A Secretaria será dirigida pelo Secretário, principal responsável administrativo do Tribunal. O Secretário exercerá as suas funções na dependência do Presidente do Tribunal.

3. O Secretário e o Secretário-Adjunto deverão ser pessoas de elevada idoneidade moral e possuir um elevado nível de competência e um excelente conhecimento e domínio de, pelo menos, uma das línguas de trabalho do Tribunal.

4. Os juízes elegerão o Secretário em escrutínio secreto, por maioria absoluta, tendo em consideração as recomendações da Assembléia dos Estados Partes. Se necessário, elegerão um Secretário-Adjunto, por recomendação do Secretário e pela mesma forma.

5. O Secretário será eleito por um período de cinco anos para exercer funções em regime de exclusividade e só poderá ser reeleito uma vez. O Secretário-Adjunto será eleito por um período de cinco anos, ou por um período mais curto se assim o decidirem os juízes por deliberação tomada por maioria absoluta, e exercerá as suas funções de acordo com as exigências de serviço.

6. O Secretário criará, no âmbito da Secretaria, uma Unidade de Apoio às Vítimas e Testemunhas. Esta Unidade, em conjunto com o Gabinete do Procurador, adotará medidas de proteção e dispositivos de segurança e

prestará assessoria e outro tipo de assistência às testemunhas e vítimas que compareçam perante o Tribunal e a outras pessoas ameaçadas em virtude do testemunho prestado por aquelas. A Unidade incluirá pessoal especializado para atender as vítimas de traumas, nomeadamente os relacionados com crimes de violência sexual.

Art. 44 - O Pessoal

1. O Procurador e o Secretário nomearão o pessoal qualificado necessário aos respectivos serviços, nomeadamente, no caso do Procurador, o pessoal encarregado de efetuar diligências no âmbito do inquérito.

2. No tocante ao recrutamento de pessoal, o Procurador e o Secretário assegurarão os mais altos padrões de eficiência, competência e integridade, tendo em consideração, *mutatis mutandis*, os critérios estabelecidos no § 8 do artigo 36.

3. O Secretário, com o acordo da Presidência e do Procurador, proporá o Estatuto do Pessoal, que fixará as condições de nomeação, remuneração e cessação de funções do pessoal do Tribunal. O Estatuto do Pessoal será aprovado pela Assembléia dos Estados Partes.

4. O Tribunal poderá, em circunstâncias excepcionais, recorrer aos serviços de pessoal colocado à sua disposição, a título gratuito, pelos Estados Partes, organizações intergovernamentais e organizações não governamentais, com vista a colaborar com qualquer um dos órgãos do Tribunal. O Procurador poderá anuir a tal eventualidade em nome do Gabinete do Procurador. A utilização do pessoal disponibilizado a título gratuito ficará sujeita às diretivas estabelecidas pela Assembléia dos Estados Partes.

Art. 45 - Compromisso solene

Antes de assumir as funções previstas no presente Estatuto, os juízes, o Procurador, os Procuradores-Adjuntos, o Secretário e o Secretário-Adjunto declararão solenemente, em sessão pública, que exercerão as suas funções imparcial e conscienciosamente.

Art. 46 - Cessação de funções

1. Um Juiz, o Procurador, um Procurador-Adjunto, o Secretário ou o Secretário-Adjunto cessará as respectivas funções, por decisão adotada de acordo com o disposto no § 2º, nos casos em que:

a) Se conclua que a pessoa em causa incorreu em falta grave ou incumprimento grave das funções conferidas pelo presente Estatuto, de acordo com o previsto no Regulamento Processual; ou

b) A pessoa em causa se encontre impossibilitada de desempenhar as funções definidas no presente Estatuto.

2. A decisão relativa à cessação de funções de um juiz, do Procurador ou de um Procurador-Adjunto, de acordo com o § 1º, será adotada pela Assembléia dos Estados Partes em escrutínio secreto:

a) No caso de um juiz, por maioria de dois terços dos Estados Partes, com base em recomendação adotada por maioria de dois terços dos restantes juízes;

b) No caso do Procurador, por maioria absoluta dos Estados Partes;

c) No caso de um Procurador-Adjunto, por maioria absoluta dos Estados Partes, com base na recomendação do Procurador.

3. A decisão relativa à cessação de funções do Secretário ou do Secretário-Adjunto, será adotada por maioria absoluta de votos dos juízes.

4. Os juízes, o Procurador, os Procuradores-Adjuntos, o Secretário ou o Secretário-Adjunto, cuja conduta ou idoneidade para o exercício das funções inerentes ao cargo em conformidade com o presente Estatuto tiver sido contestada ao abrigo do presente artigo, terão plena possibilidade de apresentar e obter meios de prova e produzir alegações de acordo com o Regulamento Processual; não poderão, no entanto, participar, de qualquer outra forma, na apreciação do caso.

Art. 47 - Medidas disciplinares

Os juízes, o Procurador, os Procuradores-Adjuntos, o Secretário ou o Secretário-Adjunto que tiverem cometido uma falta menos grave que a prevista no § 1º do artigo 46 incorrerão em responsabilidade disciplinar nos termos do Regulamento Processual.

Art. 48 - Privilégios e Imunidades

1. O Tribunal gozará, no território dos Estados Partes, dos privilégios e imunidades que se mostrem necessários ao cumprimento das suas funções.

2. Os juízes, o Procurador, os Procuradores-Adjuntos e o Secretário gozarão, no exercício das suas funções ou em relação a estas, dos mesmos privilégios e imunidades reconhecidos aos chefes das missões diplomáticas, continuando a usufruir de absoluta imunidade judicial relativamente às suas declarações, orais ou escritas, e aos atos que pratiquem no desempenho de funções oficiais após o termo do respectivo mandato.

3. O SecretárioAdjunto, o pessoal do Gabinete do Procurador e o pessoal da Secretaria gozarão dos mesmos privilégios e imunidades e das facilidades necessárias ao cumprimento das respectivas funções, nos termos do acordo sobre os privilégios e imunidades do Tribunal.

4. Os advogados, peritos, testemunhas e outras pessoas, cuja presença seja requerida na sede do Tribunal, beneficiarão do tratamento que se mostre necessário ao funcionamento adequado deste, nos termos do acordo sobre os privilégios e imunidades do Tribunal.

5. Os privilégios e imunidades poderão ser levantados:

a) No caso de um juiz ou do Procurador, por decisão adotada por maioria absoluta dos juízes;

b) No caso do Secretário, pela Presidência;

c) No caso dos Procuradores-Adjuntos e do pessoal do Gabinete do Procurador, pelo Procurador;

d) No caso do Secretário-Adjunto e do pessoal da Secretaria, pelo Secretário.

Art. 49 - Vencimentos, subsídios e despesas

Os juízes, o Procurador, os Procuradores-Adjuntos, o Secretário e o Secretário-adjunto auferirão os vencimentos e terão direito aos subsídios e ao reembolso de despesas que forem estabelecidos em Assembléia dos Estados Partes. Estes vencimentos e subsídios não serão reduzidos no decurso do mandato.

Art. 50 - Línguas oficiais e línguas de trabalho

1. As línguas árabe, chinesa, espanhola, francesa, inglesa e russa serão as línguas oficiais do Tribunal. As sentenças proferidas pelo Tribunal, bem como outras decisões sobre questões fundamentais submetidas ao Tribunal, serão publicadas nas línguas oficiais. A Presidência, de acordo com os critérios definidos no Regulamento Processual, determinará quais as decisões que poderão ser consideradas como decisões sobre questões fundamentais, para os efeitos do presente §.

2. As línguas francesa e inglesa serão as línguas de trabalho do Tribunal. O Regulamento Processual definirá os casos em que outras línguas oficiais poderão ser usadas como línguas de trabalho.

3. A pedido de qualquer Parte ou qualquer Estado que tenha sido admitido a intervir num processo, o Tribunal autorizará o uso de uma língua que não seja a francesa ou a inglesa, sempre que considere que tal autorização se justifica.

Art. 51 - Regulamento Processual

1. O Regulamento Processual entrará em vigor mediante a sua aprovação por uma maioria de dois terços dos votos dos membros da Assembléia dos Estados Partes.

2. Poderão propor alterações ao Regulamento Processual:

a) Qualquer Estado Parte;

b) Os juízes, por maioria absoluta; ou

c) O Procurador.

Estas alterações entrarão em vigor mediante a aprovação por uma maioria de dois terços dos votos dos membros da Assembléia dos Estados partes.

3. Após a aprovação do Regulamento Processual, em casos urgentes em que a situação concreta suscitada em Tribunal não se encontre prevista no Regulamento Processual, os juízes poderão, por maioria de dois terços, estabelecer normas provisórias a serem aplicadas até que a Assembléia dos Estados Partes as aprove, altere ou rejeite na sessão ordinária ou extraordinária seguinte.

4. O Regulamento Processual, e respectivas alterações, bem como quaisquer normas provisórias, deverão estar em consonância com o presente Estatuto. As alterações ao Regulamento Processual, assim como as normas provisórias aprovadas em conformidade com o § 3º, não serão aplicadas com caráter retroativo em detrimento de qualquer pessoa que seja objeto de inquérito ou de procedimento criminal, ou que tenha sido condenada.

5. Em caso de conflito entre as disposições do Estatuto e as do Regulamento Processual, o Estatuto prevalecerá.

Art. 52 - Regimento do Tribunal

1. De acordo com o presente Estatuto e com o Regulamento Processual, os juízes aprovarão, por maioria absoluta, o Regimento necessário ao normal funcionamento do Tribunal.

2. O Procurador e o Secretário serão consultados sobre a elaboração do Regimento ou sobre qualquer alteração que lhe seja introduzida.

3. O Regimento do Tribunal e qualquer alteração posterior entrarão em vigor mediante a sua aprovação, salvo decisão em contrário dos juízes. Imediatamente após a adoção, serão circulados pelos Estados Partes para observações e continuarão em vigor se, dentro de seis meses, não forem formuladas objeções pela maioria dos Estados Partes.

Capítulo V - Inquérito e Procedimento Criminal

Art. 53 - Abertura do inquérito

1. O Procurador, após examinar a informação de que dispõe, abrirá um inquérito, a menos que considere que, nos termos do presente Estatuto, não existe fundamento razoável para proceder ao mesmo. Na sua decisão, o Procurador terá em conta se:

a) A informação de que dispõe constitui fundamento razoável para crer que foi, ou está sendo, cometido um crime da competência do Tribunal;

b) O caso é ou seria admissível nos termos do artigo 17; e

c) Tendo em consideração a gravidade do crime e os interesses das vítimas, não existirão, contudo, razões substanciais para crer que o inquérito não serve os interesses da justiça.

Se decidir que não há motivo razoável para abrir um inquérito e se esta decisão se basear unicamente no disposto na alínea c), o Procurador informará o Juízo de Instrução.

2. Se, concluído o inquérito, o Procurador chegar à conclusão de que não há fundamento suficiente para proceder criminalmente, na medida em que:

a) Não existam elementos suficientes, de fato ou de direito, para requerer a emissão de um mandado de detenção ou notificação para comparência, de acordo com o artigo 58;

b) O caso seja inadmissível, de acordo com o artigo 17; ou

c) O procedimento não serviria o interesse da justiça, consideradas todas as circunstâncias, tais como a gravidade do crime, os interesses das vítimas e a idade ou o estado de saúde do presumível autor e o grau de participação no alegado crime, comunicará a sua decisão, devidamente fundamentada, ao Juízo de Instrução e ao Estado que lhe submeteu o caso, de acordo com o artigo 14, ou ao Conselho de Segurança, se se tratar de um caso previsto no § b) do artigo 13.

3. a) A pedido do Estado que tiver submetido o caso, nos termos do artigo 14, ou do Conselho de Segurança, nos termos do § b) do artigo 13, o

Textos fundamentais do
Direito das Relações Internacionais

197

Juízo de Instrução poderá examinar a decisão do Procurador de não proceder criminalmente em conformidade com os §§ 1º ou 2º e solicitar-lhe que reconsidere essa decisão;

b) Além disso, o Juízo de Instrução poderá, oficiosamente, examinar a decisão do Procurador de não proceder criminalmente, se essa decisão se basear unicamente no disposto no § 1º, alínea c), e no § 2º, alínea c). Nesse caso, a decisão do Procurador só produzirá efeitos se confirmada pelo Juízo de Instrução.

4. O Procurador poderá, a todo o momento, reconsiderar a sua decisão de abrir um inquérito ou proceder criminalmente, com base em novos fatos ou novas informações.

Art. 54 - Funções e poderes do Procurador em matéria de inquérito

1. O Procurador deverá:

a) A fim de estabelecer a verdade dos fatos, alargar o inquérito a todos os fatos e provas pertinentes para a determinação da responsabilidade criminal, em conformidade com o presente Estatuto e, para esse efeito, investigar, de igual modo, as circunstâncias que interessam quer à acusação, quer à defesa;

b) Adotar as medidas adequadas para assegurar a eficácia do inquérito e do procedimento criminal relativamente aos crimes da jurisdição do Tribunal e, na sua atuação, o Procurador terá em conta os interesses e a situação pessoal das vítimas e testemunhas, incluindo a idade, o gênero tal como definido no § 3º do artigo 7º, e o estado de saúde; terá igualmente em conta a natureza do crime, em particular quando envolva violência sexual, violência por motivos relacionados com a pertença a um determinado gênero e violência contra as crianças; e

c) Respeitar plenamente os direitos conferidos às pessoas pelo presente Estatuto.

2. O Procurador poderá realizar investigações no âmbito de um inquérito no território de um Estado:

a) De acordo com o disposto na Parte IX; ou

b) Mediante autorização do Juízo de Instrução, dada nos termos do § 3º, alínea d), do artigo 57.

3. O Procurador poderá:

a) Reunir e examinar provas;

b) Convocar e interrogar pessoas objeto de inquérito e convocar e tomar o depoimento de vítimas e testemunhas;

c) Procurar obter a cooperação de qualquer Estado ou organização intergovernamental ou instrumento intergovernamental, de acordo com a respectiva competência e/ou mandato;

d) Celebrar acordos ou convênios compatíveis com o presente Estatuto, que se mostrem necessários para facilitar a cooperação de um Estado, de uma organização intergovernamental ou de uma pessoa;

e) Concordar em não divulgar, em qualquer fase do processo, documentos ou informação que tiver obtido, com a condição de preservar o seu caráter confidencial e com o objetivo único de obter novas provas, a menos que quem tiver facilitado a informação consinta na sua divulgação; e

f) Adotar ou requerer que se adotem as medidas necessárias para assegurar o caráter confidencial da informação, a proteção de pessoas ou a preservação da prova.

Art. 55 - Direitos das pessoas no decurso do inquérito

1. No decurso de um inquérito aberto nos termos do presente Estatuto:

a) Nenhuma pessoa poderá ser obrigada a depor contra si própria ou a declarar-se culpada;

b) Nenhuma pessoa poderá ser submetida a qualquer forma de coação, intimidação ou ameaça, tortura ou outras formas de penas ou tratamentos cruéis, desumanos ou degradantes; e

c) Qualquer pessoa que for interrogada numa língua que não compreenda ou não fale fluentemente, será assistida, gratuitamente, por um intérprete competente e disporá das traduções que são necessárias às exigências de equidade;

d) Nenhuma pessoa poderá ser presa ou detida arbitrariamente, nem ser privada da sua liberdade, salvo pelos motivos previstos no presente Estatuto e em conformidade com os procedimentos nele estabelecidos.

2. Sempre que existam motivos para crer que uma pessoa cometeu um crime da competência do Tribunal e que deve ser interrogada pelo Procurador ou pelas autoridades nacionais, em virtude de um pedido feito em conformidade com o disposto na Parte IX do presente Estatuto, essa pessoa será informada, antes do interrogatório, de que goza ainda dos seguintes direitos:

a) A ser informada antes de ser interrogada de que existem indícios de que cometeu um crime da competência do Tribunal;

b) A guardar silêncio, sem que tal seja tido em consideração para efeitos de determinação da sua culpa ou inocência;

c) A ser assistida por um advogado da sua escolha ou, se não o tiver, a solicitar que lhe seja designado um defensor dativo, em todas as situações em que o interesse da justiça assim o exija e sem qualquer encargo se não possuir meios suficientes para lhe pagar; e

d) A ser interrogada na presença do seu advogado, a menos que tenha renunciado voluntariamente ao direito de ser assistida por um advogado.

Art. 56 - Intervenção do Juízo de Instrução em caso de oportunidade única de proceder a um inquérito

1. a) Sempre que considere que um inquérito oferece uma oportunidade única de recolher depoimentos ou declarações de uma testemunha ou de examinar, reunir ou verificar provas, o Procurador comunicará esse fato ao Juízo de Instrução;

b) Nesse caso, o Juízo de Instrução, a pedido do Procurador, poderá adotar as medidas que entender necessárias para assegurar a eficácia e a integridade do processo e, em particular, para proteger os direitos de defesa;

Textos fundamentais do
Direito das Relações Internacionais

199

c) Salvo decisão em contrário do Juízo de Instrução, o Procurador transmitirá a informação relevante à pessoa que tenha sido detida, ou que tenha comparecido na seqüência de notificação emitida no âmbito do inquérito a que se refere a alínea a), para que possa ser ouvida sobre a matéria em causa.

2. As medidas a que se faz referência na alínea b) do § 1º poderão consistir em:

a) Fazer recomendações ou proferir despachos sobre o procedimento a seguir;

b) Ordenar que seja lavrado o processo;

c) Nomear um perito;

d) Autorizar o advogado de defesa do detido, ou de quem tiver comparecido no Tribunal na seqüência de notificação, a participar no processo ou, no caso dessa detenção ou comparecimento não se ter ainda verificado ou não tiver ainda sido designado advogado, a nomear outro defensor que se encarregará dos interesses da defesa e os representará;

e) Encarregar um dos seus membros ou, se necessário, outro juiz disponível da Seção de Instrução ou da Seção de Julgamento em Primeira Instância, de formular recomendações ou proferir despachos sobre o recolhimento e a preservação de meios de prova e a inquirição de pessoas;

f) Adotar todas as medidas necessárias para reunir ou preservar meios de prova.

3. a) Se o Procurador não tiver solicitado as medidas previstas no presente artigo mas o Juízo de Instrução considerar que tais medidas serão necessárias para preservar meios de prova que lhe pareçam essenciais para a defesa no julgamento, o Juízo consultará o Procurador a fim de saber se existem motivos poderosos para este não requerer as referidas medidas. Se, após consulta, o Juízo concluir que a omissão de requerimento de tais medidas é injustificada, poderá adotar essas medidas de ofício.

b) O Procurador poderá recorrer da decisão do Juízo de Instrução de ofício, nos termos do presente número. O recurso seguirá uma forma sumária.

4. A admissibilidade dos meios de prova preservados ou recolhidos para efeitos do processo ou o respectivo registro, em conformidade com o presente artigo, regerseão, em julgamento, pelo disposto no artigo 69, e terão o valor que lhes for atribuído pelo Juízo de Julgamento em Primeira Instância.

Art. 57 - Funções e poderes do Juízo de Instrução

1. Salvo disposição em contrário contida no presente Estatuto, o Juízo de Instrução exercerá as suas funções em conformidade com o presente artigo;

2. a) Para os despachos do Juízo de Instrução proferidos ao abrigo dos artigos 15, 18, 19, 54, § 2º, 61, § 7, e 72, deve concorrer maioria de votos dos juízes que o compõem;

b) Em todos os outros casos, um único juiz do Juízo de Instrução poderá exercer as funções definidas no presente Estatuto, salvo disposição em contrário contida no Regulamento Processual ou decisão em contrário do Juízo de Instrução tomada por maioria de votos.

3. Independentemente das outras funções conferidas pelo presente Estatuto, o Juízo de Instrução poderá:

a) A pedido do Procurador, proferir os despachos e emitir os mandados que se revelem necessários para um inquérito;

b) A pedido de qualquer pessoa que tenha sido detida ou tenha comparecido na seqüência de notificação expedida nos termos do artigo 58, proferir despachos, incluindo medidas tais como as indicadas no artigo 56, ou procurar obter, nos termos do disposto na Parte IX, a cooperação necessária para auxiliar essa pessoa a preparar a sua defesa;

c) Sempre que necessário, assegurar a proteção e o respeito pela privacidade de vítimas e testemunhas, a preservação da prova, a proteção de pessoas detidas ou que tenham comparecido na seqüência de notificação para comparecimento, assim como a proteção de informação que afete a segurança nacional;

d) Autorizar o Procurador a adotar medidas específicas no âmbito de um inquérito, no território de um Estado Parte sem ter obtido a cooperação deste nos termos do disposto na Parte IX, caso o Juízo de Instrução determine que, tendo em consideração, na medida do possível, a posição do referido Estado, este último não está manifestamente em condições de satisfazer um pedido de cooperação face à incapacidade de todas as autoridades ou órgãos do seu sistema judiciário com competência para dar seguimento a um pedido de cooperação formulado nos termos do disposto na Parte IX.

e) Quando tiver emitido um mandado de detenção ou uma notificação para comparecimento nos termos do artigo 58, e levando em consideração o valor das provas e os direitos das partes em questão, em conformidade com o disposto no presente Estatuto e no Regulamento Processual, procurar obter a cooperação dos Estados, nos termos do § 1º, alínea k) do artigo 93, para adoção de medidas cautelares que visem à apreensão, em particular no interesse superior das vítimas.

Art. 58 - Mandado de detenção e notificação para comparecimento do Juízo de Instrução

1. A todo o momento após a abertura do inquérito, o Juízo de Instrução poderá, a pedido do Procurador, emitir um mandado de detenção contra uma pessoa se, após examinar o pedido e as provas ou outras informações submetidas pelo Procurador, considerar que:

a) Existem motivos suficientes para crer que essa pessoa cometeu um crime da competência do Tribunal; e

b) A detenção dessa pessoa se mostra necessária para:

i) Garantir o seu comparecimento em tribunal;

Textos fundamentais do
Direito das Relações Internacionais

ii) Garantir que não obstruirá, nem porá em perigo, o inquérito ou a ação do Tribunal; ou

iii) Se for o caso, impedir que a pessoa continue a cometer esse crime ou um crime conexo que seja da competência do Tribunal e tenha a sua origem nas mesmas circunstâncias.

2. Do requerimento do Procurador deverão constar os seguintes elementos:

a) O nome da pessoa em causa e qualquer outro elemento útil de identificação;

b) A referência precisa do crime da competência do Tribunal que a pessoa tenha presumivelmente cometido;

c) Uma descrição sucinta dos fatos que alegadamente constituem o crime;

d) Um resumo das provas e de qualquer outra informação que constitua motivo suficiente para crer que a pessoa cometeu o crime; e

e) Os motivos pelos quais o Procurador considere necessário proceder à detenção daquela pessoa.

3. Do mandado de detenção deverão constar os seguintes elementos:

a) O nome da pessoa em causa e qualquer outro elemento útil de identificação;

b) A referência precisa do crime da competência do Tribunal que justifique o pedido de detenção;

c) Uma descrição sucinta dos fatos que alegadamente constituem o crime.

4. O mandado de detenção manter-se-á válido até decisão em contrário do Tribunal.

5. Com base no mandado de detenção, o Tribunal poderá solicitar a prisão preventiva ou a detenção e entrega da pessoa em conformidade com o disposto na Parte IX do presente Estatuto.

6. O Procurador poderá solicitar ao Juízo de Instrução que altere o mandado de detenção no sentido de requalificar os crimes aí indicados ou de adicionar outros. O Juízo de Instrução alterará o mandado de detenção se considerar que existem motivos suficientes para crer que a pessoa cometeu quer os crimes na forma que se indica nessa requalificação, quer os novos crimes.

7. O Procurador poderá solicitar ao Juízo de Instrução que, em vez de um mandado de detenção, emita uma notificação para comparecimento. Se o Juízo considerar que existem motivos suficientes para crer que a pessoa cometeu o crime que lhe é imputado e que uma notificação para comparecimento será suficiente para garantir a sua presença efetiva em tribunal, emitirá uma notificação para que a pessoa compareça, com ou sem a imposição de medidas restritivas de liberdade (distintas da detenção) se previstas no direito interno. Da notificação para comparecimento deverão constar os seguintes elementos:

a) O nome da pessoa em causa e qualquer outro elemento útil de identificação;

b) A data de comparecimento;

c) A referência precisa ao crime da competência do Tribunal que a pessoa alegadamente tenha cometido;

d) Uma descrição sucinta dos fatos que alegadamente constituem o crime. Esta notificação será diretamente feita à pessoa em causa.

Art. 59 - Procedimento de detenção no Estado da detenção

1. O Estado Parte que receber um pedido de prisão preventiva ou de detenção e entrega, adotará imediatamente as medidas necessárias para proceder à detenção, em conformidade com o respectivo direito interno e com o disposto na Parte IX.

2. O detido será imediatamente levado à presença da autoridade judiciária competente do Estado da detenção que determinará se, de acordo com a legislação desse Estado:

a) O mandado de detenção é aplicável à pessoa em causa;

b) A detenção foi executada de acordo com a lei;

c) Os direitos do detido foram respeitados.

3. O detido terá direito a solicitar à autoridade competente do Estado da detenção autorização para aguardar a sua entrega em liberdade.

4. Ao decidir sobre o pedido, a autoridade competente do Estado da detenção determinará se, em face da gravidade dos crimes imputados, se verificam circunstâncias urgentes e excepcionais que justifiquem a liberdade provisória e se existem as garantias necessárias para que o Estado de detenção possa cumprir a sua obrigação de entregar a pessoa ao Tribunal. Essa autoridade não terá competência para examinar se o mandado de detenção foi regularmente emitido, nos termos das alíneas a) e b) do § 1º do artigo 58.

5. O pedido de liberdade provisória será notificado ao Juízo de Instrução, o qual fará recomendações à autoridade competente do Estado da detenção. Antes de tomar uma decisão, a autoridade competente do Estado da detenção terá em conta essas recomendações, incluindo as relativas a medidas adequadas para impedir a fuga da pessoa.

6. Se a liberdade provisória for concedida, o Juízo de Instrução poderá solicitar informações periódicas sobre a situação de liberdade provisória.

7. Uma vez que o Estado da detenção tenha ordenado a entrega, o detido será colocado, o mais rapidamente possível, à disposição do Tribunal.

Art. 60 - Início da fase instrutória

1. Logo que uma pessoa seja entregue ao Tribunal ou nele compareça voluntariamente em cumprimento de uma notificação para comparecimento, o Juízo de Instrução deverá assegurar-se de que essa pessoa foi informada dos crimes que lhe são imputados e dos direitos que o presente Estatuto lhe

confere, incluindo o direito de solicitar autorização para aguardar o julgamento em liberdade.

2. A pessoa objeto de um mandado de detenção poderá solicitar autorização para aguardar julgamento em liberdade. Se o Juízo de Instrução considerar verificadas as condições enunciadas no § 1º do artigo 58, a detenção será mantida. Caso contrário, a pessoa será posta em liberdade, com ou sem condições.

3. O Juízo de Instrução reexaminará periodicamente a sua decisão quanto à liberdade provisória ou à detenção, podendo fazê-lo a todo o momento, a pedido do Procurador ou do interessado. Ao tempo da revisão, o Juízo poderá modificar a sua decisão quanto à detenção, à liberdade provisória ou às condições desta, se considerar que a alteração das circunstâncias o justifica.

4. O Juízo de Instrução certificar-se-á de que a detenção não será prolongada por período não razoável devido a demora injustificada por parte do Procurador. Caso se produza a referida demora, o Tribunal considerará a possibilidade de por o interessado em liberdade, com ou sem condições.

5. Se necessário, o Juízo de Instrução poderá emitir um mandado de detenção para garantir o comparecimento de uma pessoa que tenha sido posta em liberdade.

Art. 61 - Apreciação da acusação antes do julgamento

1. Salvo o disposto no § 2º, e em um prazo razoável após a entrega da pessoa ao Tribunal ou ao seu comparecimento voluntário perante este, o Juízo de Instrução realizará uma audiência para apreciar os fatos constantes da acusação com base nos quais o Procurador pretende requerer o julgamento. A audiência ocorrerá lugar na presença do Procurador e do acusado, assim como do defensor deste.

2. O Juízo de Instrução, de ofício ou a pedido do Procurador, poderá realizar a audiência na ausência do acusado, a fim de apreciar os fatos constantes da acusação com base nos quais o Procurador pretende requerer o julgamento, se o acusado:

a) Tiver renunciado ao seu direito a estar presente; ou

b) Tiver fugido ou não for possível encontrá-lo, tendo sido tomadas todas as medidas razoáveis para assegurar o seu comparecimento em Tribunal e para o informar dos fatos constantes da acusação e da realização de uma audiência para apreciação dos mesmos.

Neste caso, o acusado será representado por um defensor, se o Juízo de Instrução decidir que tal servirá os interesses da justiça.

3. Num prazo razoável antes da audiência, o acusado:

a) Receberá uma cópia do documento especificando os fatos constantes da acusação com base nos quais o Procurador pretende requerer o julgamento; e

b) Será informado das provas que o Procurador pretende apresentar em audiência.

O Juízo de Instrução poderá proferir despacho sobre a divulgação de informação para efeitos da audiência.

4. Antes da audiência, o Procurador poderá reabrir o inquérito e alterar ou retirar parte dos fatos constantes da acusação. O acusado será notificado de qualquer alteração ou retirada em tempo razoável, antes da realização da audiência. No caso de retirada de parte dos fatos constantes da acusação, o Procurador informará o Juízo de Instrução dos motivos da mesma.

5. Na audiência, o Procurador produzirá provas satisfatórias dos fatos constantes da acusação, nos quais baseou a sua convicção de que o acusado cometeu o crime que lhe é imputado. O Procurador poderá basear-se em provas documentais ou um resumo das provas, não sendo obrigado a chamar as testemunhas que irão depor no julgamento.

6. Na audiência, o acusado poderá:

a) Contestar as acusações;

b) Impugnar as provas apresentadas pelo Procurador; e

c) Apresentar provas.

7. Com base nos fatos apreciados durante a audiência, o Juízo de Instrução decidirá se existem provas suficientes de que o acusado cometeu os crimes que lhe são imputados. De acordo com essa decisão, o Juízo de Instrução:

a) Declarará procedente a acusação na parte relativamente à qual considerou terem sido reunidas provas suficientes e remeterá o acusado para o juízo de Julgamento em Primeira Instância, a fim de aí ser julgado pelos fatos confirmados;

b) Não declarará procedente a acusação na parte relativamente à qual considerou não terem sido reunidas provas suficientes;

c) Adiará a audiência e solicitará ao Procurador que considere a possibilidade de:

i) Apresentar novas provas ou efetuar novo inquérito relativamente a um determinado fato constante da acusação; ou

ii) Modificar parte da acusação, se as provas reunidas parecerem indicar que um crime distinto, da competência do Tribunal, foi cometido.

8. A declaração de não procedência relativamente a parte de uma acusação, proferida pelo Juízo de Instrução, não obstará a que o Procurador solicite novamente a sua apreciação, na condição de apresentar provas adicionais.

9. Tendo os fatos constantes da acusação sido declarados procedentes, e antes do início do julgamento, o Procurador poderá, mediante autorização do Juízo de Instrução e notificação prévia do acusado, alterar alguns fatos constantes da acusação. Se o Procurador pretender acrescentar novos fatos ou substituí-los por outros de natureza mais grave, deverá, nos termos do preserve artigo, requerer uma audiência para a respectiva apreciação. Após o início do julgamento, o Procurador poderá retirar a acusação, com autorização do Juízo de Instrução.

Textos fundamentais do
Direito das Relações Internacionais

205

10. Qualquer mandado emitido deixará de ser válido relativamente aos fatos constantes da acusação que tenham sido declarados não procedentes pelo Juízo de Instrução ou que tenham sido retirados pelo Procurador.

11. Tendo a acusação sido declarada procedente nos termos do presente artigo, a Presidência designará um Juízo de Julgamento em Primeira Instância que, sob reserva do disposto no § 9 do presente artigo e no § 4º do artigo 64, se encarregará da fase seguinte do processo e poderá exercer as funções do Juízo de Instrução que se mostrem pertinentes e apropriadas nessa fase do processo.

Capítulo VI - O Julgamento

Art. 62 - Local do julgamento

Salvo decisão em contrário, o julgamento terá lugar na sede do Tribunal.

Art. 63 - Presença do acusado em julgamento

1. O acusado estará presente durante o julgamento.

2. Se o acusado, presente em tribunal, perturbar persistentemente a audiência, o Juízo de Julgamento em Primeira Instância poderá ordenar a sua remoção da sala e providenciar para que acompanhe o processo e dê instruções ao seu defensor a partir do exterior da mesma, utilizando, se necessário, meios técnicos de comunicação. Estas medidas só serão adotadas em circunstâncias excepcionais e pelo período estritamente necessário, após se terem esgotado outras possibilidades razoáveis.

Art. 64 - Funções e poderes do Juízo de Julgamento em Primeira Instância

1. As funções e poderes do Juízo de Julgamento em Primeira Instância, enunciadas no presente artigo, deverão ser exercidas em conformidade com o presente Estatuto e o Regulamento Processual.

2. O Juízo de Julgamento em Primeira Instância zelará para que o julgamento seja conduzido de maneira eqüitativa e célere, com total respeito dos direitos do acusado e tendo em devida conta a proteção das vítimas e testemunhas.

3. O Juízo de Julgamento em Primeira Instância a que seja submetido um caso nos termos do presente Estatuto:

a) Consultará as partes e adotará as medidas necessárias para que o processo se desenrole de maneira eqüitativa e célere;

b) Determinará qual a língua, ou quais as línguas, a utilizar no julgamento; e

c) Sob reserva de qualquer outra disposição pertinente do presente Estatuto, providenciará pela revelação de quaisquer documentos ou da informação que não tenha sido divulgada anteriormente, com suficiente antecedência relativamente ao início do julgamento, a fim de permitir a sua preparação adequada para o julgamento.

4. O Juízo de Julgamento em Primeira Instância poderá, se se mostrar necessário para o seu funcionamento eficaz e imparcial, remeter questões preliminares ao Juízo de Instrução ou, se necessário, a um outro juiz disponível da Seção de Instrução.

5. Mediante notificação às partes, o Juízo de Julgamento em Primeira Instância poderá, conforme se lhe afigure mais adequado, ordenar que as acusações contra mais de um acusado sejam deduzidas conjunta ou separadamente.

6. No desempenho das suas funções, antes ou no decurso de um julgamento, o Juízo de Julgamento em Primeira Instância poderá, se necessário:

a) Exercer qualquer uma das funções do Juízo de Instrução consignadas no § 11 do artigo 61;

b) Ordenar a comparência e a audição de testemunhas e a apresentação de documentos e outras provas, obtendo para tal, se necessário, o auxílio de outros Estados, conforme previsto no presente Estatuto;

c) Adotar medidas para a proteção da informação confidencial;

d) Ordenar a apresentação de provas adicionais às reunidas antes do julgamento ou às apresentadas no decurso do julgamento pelas partes;

e) Adotar medidas para a proteção do acusado, testemunhas e vítimas; e

f) Decidir sobre qualquer outra questão pertinente.

7. A audiência de julgamento será pública. No entanto, o Juízo de Julgamento em Primeira Instância poderá decidir que determinadas diligências se efetuem à porta fechada, em conformidade com os objetivos enunciados no artigo 68 ou com vista a proteger informação de caráter confidencial ou restrita que venha a ser apresentada como prova.

8. a) No início da audiência de julgamento, o Juízo de Julgamento em Primeira Instância ordenará a leitura ao acusado, dos fatos constantes da acusação previamente confirmados pelo Juízo de Instrução. O Juízo de Julgamento em Primeira Instância deverá certificarse de que o acusado compreende a natureza dos fatos que lhe são imputados e darlhe a oportunidade de os confessar, de acordo com o disposto no artigo 65, ou de se declarar inocente;

b) Durante o julgamento, o juiz presidente poderá dar instruções sobre a condução da audiência, nomeadamente para assegurar que esta se desenrole de maneira eqüitativa e imparcial. Salvo qualquer orientação do juiz presidente, as partes poderão apresentar provas em conformidade com as disposições do presente Estatuto.

9. O Juízo de Julgamento em Primeira Instância poderá, inclusive, de ofício ou a pedido de uma das partes, a saber:

a) Decidir sobre a admissibilidade ou pertinência das provas; e

b) Tomar todas as medidas necessárias para manter a ordem na audiência.

Textos fundamentais do
Direito das Relações Internacionais

10. O Juízo de Julgamento em Primeira Instância providenciará para que o Secretário proceda a um registro completo da audiência de julgamento onde sejam fielmente relatadas todas as diligências efetuadas, registro que deverá manter e preservar.

Art. 65 - Procedimento em caso de confissão

1. Se o acusado confessar nos termos do § 8, alínea a), do artigo 64, o Juízo de Julgamento em Primeira Instância apurará:

a) Se o acusado compreende a natureza e as conseqüências da sua confissão;

b) Se essa confissão foi feita livremente, após devida consulta ao seu advogado de defesa; e

c) Se a confissão é corroborada pelos fatos que resultam:

i) Da acusação deduzida pelo Procurador e aceita pelo acusado;

ii) De quaisquer meios de prova que confirmam os fatos constantes da acusação deduzida pelo Procurador e aceita pelo acusado; e

iii) De quaisquer outros meios de prova, tais como depoimentos de testemunhas, apresentados pelo Procurador ou pelo acusado.

2. Se o Juízo de Julgamento em Primeira Instância estimar que estão reunidas as condições referidas no § 1º, considerará que a confissão, juntamente com quaisquer provas adicionais produzidas, constitui um reconhecimento de todos os elementos essenciais constitutivos do crime pelo qual o acusado se declarou culpado e poderá condená-lo por esse crime.

3. Se o Juízo de Julgamento em Primeira Instância estimar que não estão reunidas as condições referidas no § 1º, considerará a confissão como não tendo tido lugar e, nesse caso, ordenará que o julgamento prossiga de acordo com o procedimento comum estipulado no presente Estatuto, podendo transmitir o processo a outro Juízo de Julgamento em Primeira Instância.4. Se o Juízo de Julgamento em Primeira Instância considerar necessária, no interesse da justiça, e em particular no interesse das vítimas, uma explanação mais detalhada dos fatos integrantes do caso, poderá:

a) Solicitar ao Procurador que apresente provas adicionais, incluindo depoimentos de testemunhas; ou

b) Ordenar que o processo prossiga de acordo com o procedimento comum estipulado no presente Estatuto, caso em que considerará a confissão como não tendo tido lugar e poderá transmitir o processo a outro Juízo de Julgamento em Primeira Instância.

5. Quaisquer consultas entre o Procurador e a defesa, no que diz respeito à alteração dos fatos constantes da acusação, à confissão ou à pena a ser imposta, não vincularão o Tribunal.

Art. 66 - Presunção de inocência

1. Toda a pessoa se presume inocente até prova da sua culpa perante o Tribunal, de acordo com o direito aplicável.

2. Incumbe ao Procurador o ônus da prova da culpa do acusado.

3. Para proferir sentença condenatória, o Tribunal deve estar convencido de que o acusado é culpado, além de qualquer dúvida razoável.

Art. 67 - Direitos do acusado

1. Durante a apreciação de quaisquer fatos constantes da acusação, o acusado tem direito a ser ouvido em audiência pública, levando em conta o disposto no presente Estatuto, a uma audiência conduzida de forma eqüitativa e imparcial e às seguintes garantias mínimas, em situação de plena igualdade:

a) A ser informado, sem demora e de forma detalhada, numa língua que compreenda e fale fluentemente, da natureza, motivo e conteúdo dos fatos que lhe são imputados;

b) A dispor de tempo e de meios adequados para a preparação da sua defesa e a comunicar-se livre e confidencialmente com um defensor da sua escolha;

c) A ser julgado sem atrasos indevidos;

d) Salvo o disposto no § 2º do artigo 63, o acusado terá direito a estar presente na audiência de julgamento e a defenderse a si próprio ou a ser assistido por um defensor da sua escolha; se não o tiver, a ser informado do direito de o tribunal lhe nomear um defensor sempre que o interesse da justiça o exija, sendo tal assistência gratuita se o acusado carecer de meios suficientes para remunerar o defensor assim nomeado;

e) A inquirir ou a fazer inquirir as testemunhas de acusação e a obter o comparecimento das testemunhas de defesa e a inquirição destas nas mesmas condições que as testemunhas de acusação. O acusado terá também direito a apresentar defesa e a oferecer qualquer outra prova admissível, de acordo com o presente Estatuto;

f) A ser assistido gratuitamente por um intérprete competente e a seremlhe facultadas as traduções necessárias que a equidade exija, se não compreender perfeitamente ou não falar a língua utilizada em qualquer ato processual ou documento produzido em tribunal;

g) A não ser obrigado a depor contra si próprio, nem a declarar-se culpado, e a guardar silêncio, sem que este seja levado em conta na determinação da sua culpa ou inocência;

h) A prestar declarações não ajuramentadas, oralmente ou por escrito, em sua defesa; e

i) A que não lhe seja imposta quer a inversão do ônus da prova, quer a impugnação.

2. Além de qualquer outra revelação de informação prevista no presente Estatuto, o Procurador comunicará à defesa, logo que possível, as provas que tenha em seu poder ou sob o seu controle e que, no seu entender, revelem ou tendam a revelar a inocência do acusado, ou a atenuar a sua culpa, ou que possam afetar a credibilidade das provas de acusação. Em caso de dúvida relativamente à aplicação do presente número, cabe ao Tribunal decidir.

Art. 68 - Proteção das vítimas e das testemunhas e sua participação no processo

1. O Tribunal adotará as medidas adequadas para garantir a segurança, o bem-estar físico e psicológico, a dignidade e a vida privada das vítimas e testemunhas. Para tal, o Tribunal levará em conta todos os fatores pertinentes, incluindo a idade, o gênero tal como definido no § 3º do artigo 7º, e o estado de saúde, assim como a natureza do crime, em particular, mas não apenas quando este envolva elementos de agressão sexual, de violência relacionada com a pertença a um determinado gênero ou de violência contra crianças. O Procurador adotará estas medidas, nomeadamente durante o inquérito e o procedimento criminal. Tais medidas não poderão prejudicar nem ser incompatíveis com os direitos do acusado ou com a realização de um julgamento eqüitativo e imparcial.

2. Enquanto excepção ao princípio do caráter público das audiências estabelecido no artigo 67, qualquer um dos Juízos que compõem o Tribunal poderá, a fim de proteger as vítimas e as testemunhas ou o acusado, decretar que um ato processual se realize, no todo ou em parte, à porta fechada ou permitir a produção de prova por meios eletrônicos ou outros meios especiais. Estas medidas aplicar-se-ão, nomeadamente, no caso de uma vítima de violência sexual ou de um menor que seja vítima ou testemunha, salvo decisão em contrário adotada pelo Tribunal, ponderadas todas as circunstâncias, particularmente a opinião da vítima ou da testemunha.

3. Se os interesses pessoais das vítimas forem afetados, o Tribunal permitir-lhes-á que expressem as suas opiniões e preocupações em fase processual que entenda apropriada e por forma a não prejudicar os direitos do acusado nem a ser incompatível com estes ou com a realização de um julgamento eqüitativo e imparcial. Os representantes legais das vítimas poderão apresentar as referidas opiniões e preocupações quando o Tribunal o considerar oportuno e em conformidade com o Regulamento Processual.

4. A Unidade de Apoio às Vítimas e Testemunhas poderá aconselhar o Procurador e o Tribunal relativamente a medidas adequadas de proteção, mecanismos de segurança, assessoria e assistência a que se faz referência no § 6 do artigo 43.

5. Quando a divulgação de provas ou de informação, de acordo com o presente Estatuto, representar um grave perigo para a segurança de uma testemunha ou da sua família, o Procurador poderá, para efeitos de qualquer diligência anterior ao julgamento, não apresentar as referidas provas ou informação, mas antes um resumo das mesmas. As medidas desta natureza deverão ser postas em prática de uma forma que não seja prejudicial aos direitos do acusado ou incompatível com estes e com a realização de um julgamento eqüitativo e imparcial.

6. Qualquer Estado poderá solicitar que sejam tomadas as medidas necessárias para assegurar a proteção dos seus funcionários ou agentes, bem como a proteção de toda a informação de caráter confidencial ou restrito.

Art. 69 - Prova

1. Em conformidade com o Regulamento Processual e antes de depor, qualquer testemunha se comprometerá a fazer o seu depoimento com verdade.

2. A prova testemunhal deverá ser prestada pela própria pessoa no decurso do julgamento, salvo quando se apliquem as medidas estabelecidas no artigo 68 ou no Regulamento Processual. De igual modo, o Tribunal poderá permitir que uma testemunha preste declarações oralmente ou por meio de gravação em vídeo ou áudio, ou que sejam apresentados documentos ou transcrições escritas, nos termos do presente Estatuto e de acordo com o Regulamento Processual. Estas medidas não poderão prejudicar os direitos do acusado, nem ser incompatíveis com eles.

3. As partes poderão apresentar provas que interessem ao caso, nos termos do artigo 64. O Tribunal será competente para solicitar de ofício a produção de todas as provas que entender necessárias para determinar a veracidade dos fatos.

4. O Tribunal poderá decidir sobre a relevância ou admissibilidade de qualquer prova, tendo em conta, entre outras coisas, o seu valor probatório e qualquer prejuízo que possa acarretar para a realização de um julgamento eqüitativo ou para a avaliação eqüitativa dos depoimentos de uma testemunha, em conformidade com o Regulamento Processual.

5. O Tribunal respeitará e atenderá aos privilégios de confidencialidade estabelecidos no Regulamento Processual.

6. O Tribunal não exigirá prova dos fatos do domínio público, mas poderá fazê-los constar dos autos.

7. Não serão admissíveis as provas obtidas com violação do presente Estatuto ou das normas de direitos humanos internacionalmente reconhecidas quando:

a) Essa violação suscite sérias dúvidas sobre a fiabilidade das provas; ou

b) A sua admissão atente contra a integridade do processo ou resulte em grave prejuízo deste.

8. O Tribunal, ao decidir sobre a relevância ou admissibilidade das provas apresentadas por um Estado, não poderá pronunciar-se sobre a aplicação do direito interno desse Estado.

Art. 70 - Infrações contra a administração da justiça

1. O Tribunal terá competência para conhecer das seguintes infrações contra a sua administração da justiça, quando cometidas intencionalmente:

a) Prestação de falso testemunho, quando há a obrigação de dizer a verdade, de acordo com o § 1º do artigo 69;

b) Apresentação de provas, tendo a parte conhecimento de que são falsas ou que foram falsificadas;

c) Suborno de uma testemunha, impedimento ou interferência no seu comparecimento ou depoimento, represálias contra uma testemunha por

Textos fundamentais do
Direito das Relações Internacionais

211

esta ter prestado depoimento, destruição ou alteração de provas ou interferência nas diligências de obtenção de prova;

d) Entrave, intimidação ou corrupção de um funcionário do Tribunal, com a finalidade de o obrigar ou o induzir a não cumprir as suas funções ou a fazê-lo de maneira indevida;

e) Represálias contra um funcionário do Tribunal, em virtude das funções que ele ou outro funcionário tenham desempenhado; e

f) Solicitação ou aceitação de suborno na qualidade de funcionário do Tribunal, e em relação com o desempenho das respectivas funções oficiais.

2. O Regulamento Processual estabelecerá os princípios e procedimentos que regularão o exercício da competência do Tribunal relativamente às infrações a que se faz referência no presente artigo. As condições de cooperação internacional com o Tribunal, relativamente ao procedimento que adote de acordo com o presente artigo, regerseão pelo direito interno do Estado requerido.

3. Em caso de decisão condenatória, o Tribunal poderá impor uma pena de prisão não superior a cinco anos, ou de multa, de acordo com o Regulamento Processual, ou ambas.

4. a) Cada Estado Parte tornará extensivas as normas penais de direito interno que punem as infrações contra a realização da justiça às infrações contra a administração da justiça a que se faz referência no presente artigo, e que sejam cometidas no seu território ou por um dos seus nacionais;

b) A pedido do Tribunal, qualquer Estado Parte submeterá, sempre que o entender necessário, o caso à apreciação das suas autoridades competentes para fins de procedimento criminal. Essas autoridades conhecerão do caso com diligência e acionarão os meios necessários para a sua eficaz condução.

Art. 71 - Sanções por desrespeito ao Tribunal

1. Em caso de atitudes de desrespeito ao Tribunal, tal como perturbar a audiência ou recusar-se deliberadamente a cumprir as suas instruções, o Tribunal poderá impor sanções administrativas que não impliquem privação de liberdade, como, por exemplo, a expulsão temporária ou permanente da sala de audiências, a multa ou outra medida similar prevista no Regulamento Processual.

2. O processo de imposição das medidas a que se refere o número anterior reger-se-á pelo Regulamento Processual.

Art. 72 - Proteção de informação relativa à segurança nacional

1. O presente artigo aplicarseá a todos os casos em que a divulgação de informação ou de documentos de um Estado possa, no entender deste, afetar os interesses da sua segurança nacional. Tais casos incluem os abrangidos pelas disposições constantes dos §§ 2º e 3º do artigo 56, § 3º do artigo 61, § 3º do artigo 64, § 2º do artigo 67, § 6 do artigo 68, § 6º do artigo 87 e do artigo 93, assim como os que se apresentem em qualquer outra fase do processo em que uma tal divulgação possa estar em causa.

2. O presente artigo aplicar-se-á igualmente aos casos em que uma pessoa a quem tenha sido solicitada a prestação de informação ou provas, se tenha recusado a apresentá-las ou tenha entregue a questão ao Estado, invocando que tal divulgação afetaria os interesses da segurança nacional do Estado, e o Estado em causa confirme que, no seu entender, essa divulgação afetaria os interesses da sua segurança nacional.

3. Nada no presente artigo afetará os requisitos de confidencialidade a que se referem as alíneas e) e f) do § 3º do artigo 54, nem a aplicação do artigo 73.

4. Se um Estado tiver conhecimento de que informações ou documentos do Estado estão a ser, ou poderão vir a ser, divulgados em qualquer fase do processo, e considerar que essa divulgação afetaria os seus interesses de segurança nacional, tal Estado terá o direito de intervir com vista a ver alcançada a resolução desta questão em conformidade com o presente artigo.

5. O Estado que considere que a divulgação de determinada informação poderá afetar os seus interesses de segurança nacional adotará, em conjunto com o Procurador, a defesa, o Juízo de Instrução ou o Juízo de Julgamento em Primeira Instância, conforme o caso, todas as medidas razoavelmente possíveis para encontrar uma solução através da concertação. Estas medidas poderão incluir:

a) A alteração ou o esclarecimento dos motivos do pedido;

b) Uma decisão do Tribunal relativa à relevância das informações ou dos elementos de prova solicitados, ou uma decisão sobre se as provas, ainda que relevantes, não poderiam ser ou ter sido obtidas junto de fonte distinta do Estado requerido;

c) A obtenção da informação ou de provas de fonte distinta ou em uma forma diferente; ou

d) Um acordo sobre as condições em que a assistência poderá ser prestada, incluindo, entre outras, a disponibilização de resumos ou exposições, restrições à divulgação, recurso ao procedimento à porta fechada ou à revelia de uma das partes, ou aplicação de outras medidas de proteção permitidas pelo Estatuto ou pelas Regulamento Processual.

6. Realizadas todas as diligências razoavelmente possíveis com vista a resolver a questão por meio de concertação, e se o Estado considerar não haver meios nem condições para que as informações ou os documentos possam ser fornecidos ou revelados sem prejuízo dos seus interesses de segurança nacional, notificará o Procurador ou o Tribunal nesse sentido, indicando as razões precisas que fundamentaram a sua decisão, a menos que a descrição específica dessas razões prejudique, necessariamente, os interesses de segurança nacional do Estado.

7. Posteriormente, se decidir que a prova é relevante e necessária para a determinação da culpa ou inocência do acusado, o Tribunal poderá adotar as seguintes medidas:

Textos fundamentais do
Direito das Relações Internacionais

213

a) Quando a divulgação da informação ou do documento for solicitada no âmbito de um pedido de cooperação, nos termos da Parte IX do presente Estatuto ou nas circunstâncias a que se refere o § 2º do presente artigo, e o Estado invocar o motivo de recusa estatuído no § 4º do artigo 93:

i) O Tribunal poderá, antes de chegar a qualquer uma das conclusões a que se refere o ponto ii) da alínea a) do § 7º, solicitar consultas suplementares com o fim de ouvir o Estado, incluindo, se for caso disso, a sua realização à porta fechada ou à revelia de uma das partes;

ii) Se o Tribunal concluir que, ao invocar o motivo de recusa estatuído no § 4º do artigo 93, dadas as circunstâncias do caso, o Estado requerido não está a atuar de harmonia com as obrigações impostas pelo presente Estatuto, poderá remeter a questão nos termos do § 7º do artigo 87, especificando as razões da sua conclusão; e

iii) O Tribunal poderá tirar as conclusões, que entender apropriadas, em razão das circunstâncias, ao julgar o acusado, quanto à existência ou inexistência de um fato; ou

b) Em todas as restantes circunstâncias:

i) Ordenar a revelação; ou

ii) Se não ordenar a revelação, inferir, no julgamento do acusado, quanto à existência ou inexistência de um fato, conforme se mostrar apropriado.

Art. 73 - Informação ou documentos disponibilizados por terceiros

Se um Estado Parte receber um pedido do Tribunal para que lhe forneça uma informação ou um documento que esteja sob sua custódia, posse ou controle, e que lhe tenha sido comunicado a título confidencial por um Estado, uma organização intergovernamental ou uma organização internacional, tal Estado Parte deverá obter o consentimento do seu autor para a divulgação dessa informação ou documento. Se o autor for um Estado Parte, este poderá consentir em divulgar a referida informação ou documento ou comprometer-se a resolver a questão com o Tribunal, salvaguardando-se o disposto no artigo 72. Se o autor não for um Estado Parte e não consentir em divulgar a informação ou o documento, o Estado requerido comunicará ao Tribunal que não lhe será possível fornecer a informação ou o documento em causa, devido à obrigação previamente assumida com o respectivo autor de preservar o seu caráter confidencial.

Art. 74 - Requisitos para a decisão

1. Todos os juízes do Juízo de Julgamento em Primeira Instância estarão presentes em cada uma das fases do julgamento e nas deliberações. A Presidência poderá designar, conforme o caso, um ou vários juízes substitutos, em função das disponibilidades, para estarem presentes em todas as fases do julgamento, bem como para substituírem qualquer membro do Juízo de Julgamento em Primeira Instância que se encontre impossibilitado de continuar a participar no julgamento.

2. O Juízo de Julgamento em Primeira Instância fundamentará a sua decisão com base na apreciação das provas e do processo no seu conjunto. A decisão não exorbitará dos fatos e circunstâncias descritos na acusação ou nas alterações que lhe tenham sido feitas. O Tribunal fundamentará a sua decisão exclusivamente nas provas produzidas ou examinadas em audiência de julgamento.

3. Os juízes procurarão tomar uma decisão por unanimidade e, não sendo possível, por maioria.

4. As deliberações do Juízo de Julgamento em Primeira Instância serão e permanecerão secretas.

5. A decisão será proferida por escrito e conterá uma exposição completa e fundamentada da apreciação das provas e as conclusões do Juízo de Julgamento em Primeira Instância. Será proferida uma só decisão pelo Juízo de Julgamento em Primeira Instância. Se não houver unanimidade, a decisão do Juízo de Julgamento em Primeira Instância conterá as opiniões tanto da maioria como da minoria dos juízes. A leitura da decisão ou de uma sua súmula far-se-á em audiência pública.

Art. 75 - Reparação em favor das vítimas

1. O Tribunal estabelecerá princípios aplicáveis às formas de reparação, tais como a restituição, a indenização ou a reabilitação, que hajam de ser atribuídas às vítimas ou aos titulares desse direito. Nesta base, o Tribunal poderá, de ofício ou por requerimento, em circunstâncias excepcionais, determinar a extensão e o nível dos danos, da perda ou do prejuízo causados às vítimas ou aos titulares do direito à reparação, com a indicação dos princípios nos quais fundamentou a sua decisão.

2. O Tribunal poderá lavrar despacho contra a pessoa condenada, no qual determinará a reparação adequada a ser atribuída às vítimas ou aos titulares de tal direito. Esta reparação poderá, nomeadamente, assumir a forma de restituição, indenização ou reabilitação. Se for caso disso, o Tribunal poderá ordenar que a indenização atribuída a título de reparação seja paga por intermédio do Fundo previsto no artigo 79.

3. Antes de lavrar qualquer despacho ao abrigo do presente artigo, o Tribunal poderá solicitar e levar em consideração as pretensões formuladas pela pessoa condenada, pelas vítimas, por outras pessoas interessadas ou por outros Estados interessados, bem como as observações formuladas em nome dessas pessoas ou desses Estados.

4. Ao exercer os poderes conferidos pelo presente artigo, o Tribunal poderá, após a condenação por crime que seja da sua competência, determinar se, para fins de aplicação dos despachos que lavrar ao abrigo do presente artigo, será necessário tomar quaisquer medidas em conformidade com o § 1º do artigo 93.

5. Os Estados Partes observarão as decisões proferidas nos termos deste artigo como se as disposições do artigo 109 se aplicassem ao presente artigo.

Textos fundamentais do
Direito das Relações Internacionais

215

6. Nada no presente artigo será interpretado como prejudicando os direitos reconhecidos às vítimas pelo direito interno ou internacional.

Art. 76 - Aplicação da pena

1. Em caso de condenação, o Juízo de Julgamento em Primeira Instância determinará a pena a aplicar tendo em conta os elementos de prova e as exposições relevantes produzidos no decurso do julgamento,

2. Salvo nos casos em que seja aplicado o artigo 65 e antes de concluído o julgamento, o Juízo de Julgamento em Primeira Instância poderá, oficiosamente, e deverá, a requerimento do Procurador ou do acusado, convocar uma audiência suplementar, a fim de conhecer de quaisquer novos elementos de prova ou exposições relevantes para a determinação da pena, de harmonia com o Regulamento Processual.

3. Sempre que o § 2º for aplicável, as pretensões previstas no artigo 75 serão ouvidas pelo Juízo de Julgamento em Primeira Instância no decorrer da audiência suplementar referida no § 2º e, se necessário, no decorrer de qualquer nova audiência.

4. A sentença será proferida em audiência pública e, sempre que possível, na presença do acusado.

Capítulo VII - As Penas

Art. 77 - Penas aplicáveis

1. Sem prejuízo do disposto no artigo 110, o Tribunal pode impor à pessoa condenada por um dos crimes previstos no artigo 5º do presente Estatuto uma das seguintes penas:

a) Pena de prisão por um número determinado de anos, até ao limite máximo de 30 anos; ou

b) Pena de prisão perpétua, se o elevado grau de ilicitude do fato e as condições pessoais do condenado o justificarem,

2. Além da pena de prisão, o Tribunal poderá aplicar:

a) Uma multa, de acordo com os critérios previstos no Regulamento Processual;

b) A perda de produtos, bens e haveres provenientes, direta ou indiretamente, do crime, sem prejuízo dos direitos de terceiros que tenham agido de boa fé.

Art. 78 - Determinação da pena

1. Na determinação da pena, o Tribunal atenderá, em harmonia com o Regulamento Processual, a fatores tais como a gravidade do crime e as condições pessoais do condenado.

2. O Tribunal descontará, na pena de prisão que vier a aplicar, o período durante o qual o acusado esteve sob detenção por ordem daquele. O Tribunal poderá ainda descontar qualquer outro período de detenção que tenha sido cumprido em razão de uma conduta constitutiva do crime.

3. Se uma pessoa for condenada pela prática de vários crimes, o Tribunal aplicará penas de prisão parcelares relativamente a cada um dos crimes

e uma pena única, na qual será especificada a duração total da pena de prisão. Esta duração não poderá ser inferior à da pena parcelar mais elevada e não poderá ser superior a 30 anos de prisão ou ir além da pena de prisão perpétua prevista no artigo 77, § 1º, alínea b).

Art. 79 - Fundo em favor das vítimas

1. Por decisão da Assembléia dos Estados Partes, será criado um Fundo a favor das vítimas de crimes da competência do Tribunal, bem como das respectivas famílias.

2. O Tribunal poderá ordenar que o produto das multas e quaisquer outros bens declarados perdidos revertam para o Fundo.

3. O Fundo será gerido em harmonia com os critérios a serem adotados pela Assembléia dos Estados Partes.

Art. 80 - Não interferência no regime de aplicarão de penas nacionais e nos direitos internos

Nada no presente Capítulo prejudicará a aplicação, pelos Estados, das penas previstas nos respectivos direitos internos, ou a aplicação da legislação de Estados que não preveja as penas referidas neste capítulo.

Capítulo VIII - Recurso e Revisão

Art. 81 - Recurso da sentença condenatória ou absolutória ou da pena

1. A sentença proferida nos termos do artigo 74 é recorrível em conformidade com o disposto no Regulamento Processual nos seguintes termos:

a) O Procurador poderá interpor recurso com base num dos seguintes fundamentos:

i) Vício processual;

ii) Erro de fato; ou

iii) Erro de direito;

b) O condenado ou o Procurador, no interesse daquele; poderá interpor recurso com base num dos seguintes fundamentos:

i) Vício processual;

ii) Erro de fato;

iii) Erro de direito; ou

iv) Qualquer outro motivo suscetível de afetar a eqüidade ou a regularidade do processo ou da sentença.

2. a) O Procurador ou o condenado poderá, em conformidade com o Regulamento Processual, interpor recurso da pena decretada invocando desproporção entre esta e o crime;

b) Se, ao conhecer de recurso interposto da pena decretada, o Tribunal considerar que há fundamentos suscetíveis de justificar a anulação, no todo ou em parte, da sentença condenatória, poderá convidar o Procurador e o condenado a motivarem a sua posição nos termos da alínea a) ou b) do § 1º do artigo 81, após o que poderá pronunciarse sobre a sentença condenatória nos termos do artigo 83;

c) O mesmo procedimento será aplicado sempre que o Tribunal, ao conhecer de recurso interposto unicamente da sentença condenatória, considerar haver fundamentos comprovativos de uma redução da pena nos termos da alínea a) do § 2º.

3. a) Salvo decisão em contrário do Juízo de Julgamento em Primeira Instância, o condenado permanecerá sob prisão preventiva durante a tramitação do recurso;

b) Se o período de prisão preventiva ultrapassar a duração da pena decretada, o condenado será posto em liberdade; todavia, se o Procurador também interpuser recurso, a libertação ficará sujeita às condições enunciadas na alínea c) infra;

c) Em caso de absolvição, o acusado será imediatamente posto em liberdade, sem prejuízo das seguintes condições:

i) Em circunstâncias excepcionais e tendo em conta, nomeadamente, o risco de fuga, a gravidade da infração e as probabilidades de o recurso ser julgado procedente, o Juízo de Julgamento em Primeira Instância poderá, a requerimento do Procurador, ordenar que o acusado seja mantido em regime de prisão preventiva durante a tramitação do recurso;

ii) A decisão proferida pelo juízo de julgamento em primeira instância nos termos da subalínea i), será recorrível em harmonia com as Regulamento Processual.

4. Sem prejuízo do disposto nas alíneas a) e b) do § 3º, a execução da sentença condenatória ou da pena ficará suspensa pelo período fixado para a interposição do recurso, bem como durante a fase de tramitação do recurso.

Art. 82 - Recurso de outras decisões

1. Em conformidade com o Regulamento Processual, qualquer uma das Partes poderá recorrer das seguintes decisões:

a) Decisão sobre a competência ou a admissibilidade do caso;

b) Decisão que autorize ou recuse a libertação da pessoa objeto de inquérito ou de procedimento criminal;

c) Decisão do Juízo de Instrução de agir por iniciativa própria, nos termos do § 3º do artigo 56;

d) Decisão relativa a uma questão suscetível de afetar significativamente a tramitação eqüitativa e célere do processo ou o resultado do julgamento, e cuja resolução imediata pelo Juízo de Recursos poderia, no entender do Juízo de Instrução ou do Juízo de Julgamento em Primeira Instância, acelerar a marcha do processo.

2. Quer o Estado interessado quer o Procurador poderão recorrer da decisão proferida pelo Juízo de Instrução, mediante autorização deste, nos termos do artigo 57, § 3º, alínea d). Este recurso adotará uma forma sumária.

3. O recurso só terá efeito suspensivo se o Juízo de Recursos assim o ordenar, mediante requerimento, em conformidade com o Regulamento Processual.

4. O representante legal das vítimas, o condenado ou o proprietário de boa fé de bens que hajam sido afetados por um despacho proferido ao abrigo do artigo 75 poderá recorrer de tal despacho, em conformidade com o Regulamento Processual.

Art. 83 - Processo sujeito a recurso

1. Para os fins do procedimentos referido no artigo 81 e no presente artigo, o Juízo de Recursos terá todos os poderes conferidos ao Juízo de Julgamento em Primeira Instância.

2. Se o Juízo de Recursos concluir que o processo sujeito a recurso padece de vícios tais que afetem a regularidade da decisão ou da sentença, ou que a decisão ou a sentença recorridas estão materialmente afetadas por erros de fato ou de direito, ou vício processual, ela poderá:

a) Anular ou modificar a decisão ou a pena; ou

b) Ordenar um novo julgamento perante um outro Juízo de Julgamento em Primeira Instância.

Para os fins mencionados, poderá o Juízo de Recursos reenviar uma questão de fato para o Juízo de Julgamento em Primeira Instância à qual foi submetida originariamente, a fim de que esta decida a questão e lhe apresente um relatório, ou pedir, ela própria, elementos de prova para decidir. Tendo o recurso da decisão ou da pena sido interposto somente pelo condenado, ou pelo Procurador no interesse daquele, não poderão aquelas ser modificadas em prejuízo do condenado.

3. Se, ao conhecer, do recurso de uma pena, o Juízo de Recursos considerar que a pena é desproporcionada relativamente ao crime, poderá modificá-la nos termos do Capítulo VII.

4. O acórdão do Juízo de Recursos será tirado por maioria dos juízes e proferido em audiência pública. O acórdão será sempre fundamentado. Não havendo unanimidade, deverá conter as opiniões da parte maioria e da minoria de juízes; contudo, qualquer juiz poderá exprimir uma opinião separada ou discordante sobre uma questão de direito.

5. O Juízo de Recursos poderá emitir o seu acórdão na ausência da pessoa absolvida ou condenada.

Art. 84 - Revisão da sentença condenatória ou da pena

1. O condenado ou, se este tiver falecido, o cônjuge sobrevivo, os filhos, os pais ou qualquer pessoa que, em vida do condenado, dele tenha recebido incumbência expressa, por escrito, nesse sentido, ou o Procurador no seu interesse, poderá submeter ao Juízo de Recursos um requerimento solicitando a revisão da sentença condenatória ou da pena pelos seguintes motivos:

a) A descoberta de novos elementos de prova:

i) De que não dispunha ao tempo do julgamento, sem que essa circunstância pudesse ser imputada, no todo ou em parte, ao requerente; e

ii) De tal forma importantes que, se tivessem ficado provados no julgamento, teriam provavelmente conduzido a um veredicto diferente;

Textos fundamentais do
Direito das Relações Internacionais

b) A descoberta de que elementos de prova, apreciados no julgamento e decisivos para a determinação da culpa, eram falsos ou tinham sido objeto de contrafação ou falsificação;

c) Um ou vários dos juízes que intervieram na sentença condenatória ou confirmaram a acusação hajam praticado atos de conduta reprovável ou de incumprimento dos respectivos deveres de tal forma graves que justifiquem a sua cessação de funções nos termos do artigo 46.

2. O Juízo de Recursos rejeitará o pedido se o considerar manifestamente infundado. Caso contrário, poderá o Juízo, se julgar oportuno:

a) Convocar de novo o Juízo de Julgamento em Primeira Instância que proferiu a sentença inicial;

b) Constituir um novo Juízo de Julgamento em Primeira Instância; ou

c) Manter a sua competência para conhecer da causa, a fim de determinar se, após a audição das partes nos termos do Regulamento Processual, haverá lugar à revisão da sentença.

Art. 85 - Indenização do detido ou condenado

1. Quem tiver sido objeto de detenção ou prisão ilegal terá direito a reparação.

2. Sempre que uma decisão final seja posteriormente anulada em razão de fatos novos ou recentemente descobertos que apontem inequivocamente para um erro judiciário, a pessoa que tiver cumprido pena em resultado de tal sentença condenatória será indenizada, em conformidade com a lei, a menos que fique provado que a não revelação, em tempo útil, do fato desconhecido lhe seja imputável, no todo ou em parte.

3. Em circunstâncias excepcionais e em face de fatos que conclusivamente demonstrem a existência de erro judiciário grave e manifesto, o Tribunal poderá, no uso do seu poder discricionário, atribuir uma indenização, de acordo com os critérios enunciados no Regulamento Processual, à pessoa que, em virtude de sentença absolutória ou de extinção da instância por tal motivo, haja sido posta em liberdade.

Capítulo IX - Cooperação Internacional e Auxílio Judiciário

Art. 86 - Obrigação geral de cooperar

Os Estados Partes deverão, em conformidade com o disposto no presente Estatuto, cooperar plenamente com o Tribunal no inquérito e no procedimento contra crimes da competência deste.

Art. 87 - Pedidos de cooperação: disposições gerais

1. a) O Tribunal estará habilitado a dirigir pedidos de cooperação aos Estados Partes. Estes pedidos serão transmitidos pela via diplomática ou por qualquer outra via apropriada escolhida pelo Estado Parte no momento de ratificação, aceitação, aprovação ou adesão ao presente Estatuto.

Qualquer Estado Parte poderá alterar posteriormente a escolha feita nos termos do Regulamento Processual.

b) Se for caso disso, e sem prejuízo do disposto na alínea a), os pedidos poderão ser igualmente transmitidos pela Organização internacional de Polícia Criminal (INTERPOL) ou por qualquer outra organização regional competente.

2. Os pedidos de cooperação e os documentos comprovativos que os instruam serão redigidos na língua oficial do Estado requerido ou acompanhados de uma tradução nessa língua, ou numa das línguas de trabalho do Tribunal ou acompanhados de uma tradução numa dessas línguas, de acordo com a escolha feita pelo Estado requerido no momento da ratificação, aceitação, aprovação ou adesão ao presente Estatuto.

Qualquer alteração posterior será feita de harmonia com o Regulamento Processual.

3. O Estado requerido manterá a confidencialidade dos pedidos de cooperação e dos documentos comprovativos que os instruam, salvo quando a sua revelação for necessária para a execução do pedido.

4. Relativamente aos pedidos de auxílio formulados ao abrigo do presente Capítulo, o Tribunal poderá, nomeadamente em matéria de proteção da informação, tomar as medidas necessárias à garantia da segurança e do bemestar físico ou psicológico das vítimas, das potenciais testemunhas e dos seus familiares. O Tribunal poderá solicitar que as informações fornecidas ao abrigo do presente Capítulo sejam comunicadas e tratadas por forma a que a segurança e o bemestar físico ou psicológico das vítimas, das potenciais testemunhas e dos seus familiares sejam devidamente preservados.

5. a) O Tribunal poderá convidar qualquer Estado que não seja Parte no presente Estatuto a prestar auxílio ao abrigo do presente Capítulo com base num convênio *ad hoc*, num acordo celebrado com esse Estado ou por qualquer outro modo apropriado.

b) Se, após a celebração de um convênio *ad hoc* ou de um acordo com o Tribunal, um Estado que não seja Parte no presente Estatuto se recusar a cooperar nos termos de tal convênio ou acordo, o Tribunal dará conhecimento desse fato à Assembléia dos Estados Parles ou ao Conselho de Segurança, quando tiver sido este a referenciar o fato ao Tribunal.

6. O Tribunal poderá solicitar informações ou documentos a qualquer organização intergovernamental. Poderá igualmente requerer outras formas de cooperação e auxílio a serem acordadas com tal organização e que estejam em conformidade com a sua competência ou o seu mandato.

7. Se, contrariamente ao disposto no presente Estatuto, um Estado Parte recusar um pedido de cooperação formulado pelo Tribunal, impedindoo assim de exercer os seus poderes e funções nos termos do presente Estatuto, o Tribunal poderá elaborar um relatório e remeter a questão à Assembléia dos Estados Partes ou ao Conselho de Segurança, quando tiver sido este a submeter o fato ao Tribunal.

Art. 88 - Procedimentos previstos no direito interno.

Os Estados Partes deverão assegurarse de que o seu direito interno prevê procedimentos que permitam responder a todas as formas de cooperação especificadas neste Capítulo.

Art. 89 - Entrega de pessoas ao Tribunal

1. Tribunal poderá dirigir um pedido de detenção e entrega de uma pessoa, instruído com os documentos comprovativos referidos no artigo 91, a qualquer Estado em cujo território essa pessoa se possa encontrar, e solicitar a cooperação desse Estado na detenção e entrega da pessoa em causa. Os Estados Partes darão satisfação aos pedidos de detenção e de entrega em conformidade com o presente Capítulo e com os procedimentos previstos nos respectivos direitos internos.

2. Sempre que a pessoa cuja entrega é solicitada impugnar a sua entrega perante um tribunal nacional com, base no princípio *ne bis in idem* previsto no artigo 20, o Estado requerido consultará, de imediato, o Tribunal para determinar se houve uma decisão relevante sobre a admissibilidade. Se o caso for considerado admissível, o Estado requerido dará seguimento ao pedido. Se estiver pendente decisão sobre a admissibilidade, o Estado requerido poderá diferir a execução do pedido até que o Tribunal se pronuncie.

3. a) Os Estados Partes autorizarão, de acordo com os procedimentos previstos na respectiva legislação nacional, o trânsito, pelo seu território, de uma pessoa entregue ao Tribunal por um outro Estado, salvo quando o trânsito por esse Estado impedir ou retardar a entrega.

b) Um pedido de trânsito formulado pelo Tribunal será transmitido em conformidade com o artigo 87. Do pedido de trânsito constarão:

i) A identificação da pessoa transportada;

ii) Um resumo dos fatos e da respectiva qualificação jurídica;

iii) O mandado de detenção e entrega.

c) A pessoa transportada será mantida sob custódia no decurso do trânsito.

d) Nenhuma autorização será necessária se a pessoa for transportada por via aérea e não esteja prevista qualquer aterrissagem no território do Estado de trânsito.

e) Se ocorrer, uma aterrissagem imprevista no território do Estado de trânsito, poderá este exigir ao Tribunal a apresentação de um pedido de trânsito nos termos previstos na alínea b). O Estado de trânsito manterá a pessoa sob detenção até a recepção do pedido de trânsito e a efetivação do trânsito. Todavia, a detenção ao abrigo da presente alínea não poderá prolongarse para além das 96 horas subseqüentes à aterrissagem imprevista se o pedido não for recebido dentro desse prazo.

4. Se a pessoa reclamada for objeto de procedimento criminal ou estiver cumprindo uma pena no Estado requerido por crime diverso do que motivou o pedido de entrega ao Tribunal, este Estado consultará o Tribunal após ter decidido anuir ao pedido

Art. 90 - Pedidos concorrentes

1. Um Estado Parte que, nos termos do artigo 89, receba um pedido de entrega de uma pessoa formulado pelo Tribunal, e receba igualmente, de qualquer outro Estado, um pedido de extradição relativo à mesma pessoa, pelos mesmos fatos que motivaram o pedido de entrega por parte do Tribunal, deverá notificar o Tribunal e o Estado requerente de tal fato.

2. Se o Estado requerente for um Estado Parte, o Estado requerido dará prioridade ao pedido do Tribunal:

a) Se o Tribunal tiver decidido, nos termos do artigo 18 ou 19, da admissibilidade do caso a que respeita o pedido de entrega, e tal determinação tiver levado em conta o inquérito ou o procedimento criminal conduzido pelo Estado requerente relativamente ao pedido de extradição por este formulado; ou

b) Se o Tribunal tiver tomado a decisão referida na alínea a) em conformidade com a notificação feita pelo Estado requerido, em aplicação do § 1º.

3. Se o Tribunal não tiver tomado uma decisão nos termos da alínea a) do § 2º, o Estado requerido poderá, se assim o entender, estando pendente a determinação do Tribunal nos termos da alínea b) do § 2º, dar seguimento ao pedido de extradição formulado pelo Estado requerente sem, contudo, extraditar a pessoa até que o Tribunal decida sobre a admissibilidade do caso. A decisão do Tribunal seguirá a forma sumária.

4. Se o Estado requerente não for Parte no presente Estatuto, o Estado requerido, desde que não esteja obrigado por uma norma internacional a extraditar o acusado para o Estado requerente, dará prioridade ao pedido de entrega formulado pelo Tribunal, no caso de este se ter decidido pela admissibilidade do caso.

5. Quando um caso previsto no § 4º não tiver sido declarado admissível pelo Tribunal, o Estado requerido poderá, se assim o entender, dar seguimento ao pedido de extradição formulado pelo Estado requerente.

6. Relativamente aos casos em que o disposto no § 4º seja aplicável, mas o Estado requerido se veja obrigado, por força de uma norma internacional, a extraditar a pessoa para o Estado requerente que não seja Parte no presente Estatuto, o Estado requerido decidirá se procederá à entrega da pessoa em causa ao Tribunal ou se a extraditará para o Estado requerente. Na sua decisão, o Estado requerido terá em conta todos os fatores relevantes, incluindo, entre outros;

a) A ordem cronológica dos pedidos;

b) Os interesses do Estado requerente, incluindo, se relevante, se o crime foi cometido no seu território bem como a nacionalidade das vítimas e da pessoa reclamada; e

c) A possibilidade de o Estado requerente vir a proceder posteriormente à entrega da pessoa ao Tribunal.

7. Se um Estado Parte receber um pedido de entrega de uma pessoa formulado pelo Tribunal e um pedido de extradição formulado por um outro Estado Parte relativamente à mesma pessoa, por fatos diferentes dos que constituem o crime objeto do pedido de entrega:

a) O Estado requerido dará prioridade ao pedido do Tribunal, se não estiver obrigado por uma norma internacional a extraditar a pessoa para o Estado requerente;

b) O Estado requerido terá de decidir se entrega a pessoa ao Tribunal ou a extradita para o Estado requerente, se estiver obrigado por uma norma internacional a extraditar a pessoa para o Estado requerente. Na sua decisão, o Estado requerido considerará todos os fatores relevantes, incluindo, entre outros, os constantes do § 6º; todavia, deverá dar especial atenção à natureza e à gravidade dos fatos em causa.

8. Se, em conformidade com a notificação prevista no presente artigo, o Tribunal se tiver pronunciado pela inadmissibilidade do caso e, posteriormente, a extradição para o Estado requerente for recusada, o Estado requerido notificará o Tribunal dessa decisão.

Art. 91 - Conteúdo do pedido de detenção e de entrega

1. O pedido de detenção e de entrega será formulado por escrito. Em caso de urgência, o pedido poderá ser feito através de qualquer outro meio de que fique registro escrito, devendo, no entanto, ser confirmado através dos canais previstos na alínea a) do § 1º do artigo 87,

2. O pedido de detenção e entrega de uma pessoa relativamente à qual o Juízo de Instrução tiver emitido um mandado de detenção ao abrigo do artigo 58, deverá conter ou ser acompanhado dos seguintes documentos:

a) Uma descrição da pessoa procurada, contendo informação suficiente que permita a sua identificação, bem como informação sobre a sua provável localização;

b) Uma cópia do mandado de detenção; e

c) Os documentos, declarações e informações necessários para satisfazer os requisitos do processo de entrega pelo Estado requerido; contudo, tais requisitos não deverão ser mais rigorosos dos que os que devem ser observados em caso de um pedido de extradição em conformidade com tratados ou convênios celebrados entre o Estado requerido e outros Estados, devendo, se possível, ser menos rigorosos face à natureza específica de que se reveste o Tribunal.

3. Se o pedido respeitar à detenção e à entrega de uma pessoa já condenada, deverá conter ou ser acompanhado dos seguintes documentos:

a) Uma cópia do mandado de detenção dessa pessoa;

b) Uma cópia da sentença condenatória;

c) Elementos que demonstrem que a pessoa procurada é a mesma a que se refere a sentença condenatória; e

d) Se a pessoa já tiver sido condenada, uma cópia da sentença e, em caso de pena de prisão, a indicação do período que já tiver cumprido, bem como o período que ainda lhe falte cumprir.

4. Mediante requerimento do Tribunal, um Estado Parte manterá, no que respeite a questões genéricas ou a uma questão específica, consultas com o Tribunal sobre quaisquer requisitos previstos no seu direito interno que possam ser aplicados nos termos da alínea c) do § 2º. No decurso de tais consultas, o Estado Parte informará o Tribunal dos requisitos específicos constantes do seu direito interno.

Art. 92 - Prisão preventiva

1. Em caso de urgência, o Tribunal poderá solicitar a prisão preventiva da pessoa procurada até a apresentação do pedido de entrega e os documentos de apoio referidos no artigo 91.

2. O pedido de prisão preventiva será transmitido por qualquer meio de que fique registro escrito e conterá:

a) Uma descrição da pessoa procurada, contendo informação suficiente que permita a sua identificação, bem como informação sobre a sua provável localização;

b) Uma exposição sucinta dos crimes pelos quais a pessoa é procurada, bem como dos fatos alegadamente constitutivos de tais crimes incluindo, se possível, a data e o local da sua prática;

c) Uma declaração que certifique a existência de um mandado de detenção ou de uma decisão condenatória contra a pessoa procurada; e

d) Uma declaração de que o pedido de entrega relativo à pessoa procurada será enviado posteriormente.

3. Qualquer pessoa mantida sob prisão preventiva poderá ser posta em liberdade se o Estado requerido não tiver recebido, em conformidade com o artigo 91, o pedido de entrega e os respectivos documentos no prazo fixado pelo Regulamento Processual. Todavia, essa pessoa poderá consentir na sua entrega antes do termo do período se a legislação do Estado requerido o permitir. Nesse caso, o Estado requerido procede à entrega da pessoa reclamada ao Tribunal, o mais rapidamente possível.

4. O fato de a pessoa reclamada ter sido posta em liberdade em conformidade com o § 3º não obstará a que seja de novo detida e entregue se o pedido de entrega e os documentos em apoio, vierem a ser apresentados posteriormente.

Art. 93 - Outras formas de cooperação

1. Em conformidade com o disposto no presente Capítulo e nos termos dos procedimentos previstos nos respectivos direitos internos, os Estados Partes darão seguimento aos pedidos formulados pelo Tribunal para concessão de auxílio, no âmbito de inquéritos ou procedimentos criminais, no que se refere a:

a) Identificar uma pessoa e o local onde se encontra, ou localizar objetos;

b) Reunir elementos de prova, incluindo os depoimentos prestados sob juramento, bem como produzir elementos de prova, incluindo perícias e relatórios de que o Tribunal necessita;

Textos fundamentais do
Direito das Relações Internacionais

c) Interrogar qualquer pessoa que seja objeto de inquérito ou de procedimento criminal;

d) Notificar documentos, nomeadamente documentos judiciários;

e) Facilitar o comparecimento voluntária, perante o Tribunal, de pessoas que deponham na qualidade de testemunhas ou de peritos;

f) Proceder à transferência temporária de pessoas, em conformidade com o § 7º;

g) Realizar inspeções, nomeadamente a exumação e o exame de cadáveres enterrados em fossas comuns;

h) Realizar buscas e apreensões;

i) Transmitir registros e documentos, nomeadamente registros e documentos oficiais;

j) Proteger vítimas e testemunhas, bem como preservar elementos de prova;

k) Identificar, localizar e bloquear ou apreender o produto de crimes, bens, haveres e instrumentos ligados aos crimes, com vista à sua eventual declaração de perda, sem prejuízo dos direitos de terceiros de boa fé; e

l) Prestar qualquer outra forma de auxílio não proibida pela legislação do Estado requerido, destinada a facilitar o inquérito e o julgamento por crimes da competência do Tribunal.

2. O Tribunal tem poderes para garantir à testemunha ou ao perito que perante ele compareça de que não serão perseguidos, detidos ou sujeitos a qualquer outra restrição da sua liberdade pessoal, por fato ou omissão anteriores à sua saída do território do Estado requerido.

3. Se a execução de uma determinada medida de auxílio constante de um pedido apresentado ao abrigo do § 1º não for permitida no Estado requerido em virtude de um princípio jurídico fundamental de aplicação geral, o Estado em causa iniciará sem demora consultas com o Tribunal com vista à solução dessa questão. No decurso das consultas, serão consideradas outras formas de auxílio, bem como as condições da sua realização. Se, concluídas as consultas, a questão não estiver resolvida, o Tribunal alterará o conteúdo do pedido conforme se mostrar necessário.

4. Nos termos do disposto no artigo 72, um Estado Parte só poderá recusar, no todo ou em parte, um pedido de auxílio formulado pelo Tribunal se tal pedido se reportar unicamente à produção de documentos ou à divulgação de elementos de prova que atentem contra a sua segurança nacional.

5. Antes de denegar o pedido de auxílio previsto na alínea l) do § 1º, o Estado requerido considerará se o auxílio poderá ser concedido sob determinadas condições ou se poderá sê-lo em data ulterior ou sob uma outra forma, com a ressalva de que, se o Tribunal ou o Procurador aceitarem tais condições, deverão observálas.

6. O Estado requerido que recusar um pedido de auxílio comunicará, sem demora, os motivos ao Tribunal ou ao Procurador.

7. a) O Tribunal poderá pedir a transferência temporária de uma pessoa detida para fins de identificação ou para obter um depoimento ou outras forma de auxílio. A transferência realizar-se-á sempre que:

i) A pessoa der o seu consentimento, livremente e com conhecimento de causa; e

ii) O Estado requerido concordar com a transferência, sem prejuízo das condições que esse Estado e o Tribunal possam acordar;

b) A pessoa transferida permanecerá detida. Esgotado o fim que determinou a transferência, o Tribunal reenviá-la-á imediatamente para o Estado requerido.

8. a) O Tribunal garantirá a confidencialidade dos documentos e das informações recolhidas, exceto se necessários para o inquérito e os procedimentos descritos no pedido;

b) O Estado requerido poderá, se necessário, comunicar os documentos ou as informações ao Procurador a título confidencial. O Procurador só poderá utilizálos para recolher novos elementos de prova;

c) O Estado requerido poderá, de ofício ou a pedido do Procurador, autorizar a divulgação posterior de tais documentos ou informações; os quais poderão ser utilizados como meios de prova, nos termos do disposto nos Capítulos V e VI e no Regulamento Processual.

9. a) i) Se um Estado Parte receber pedidos concorrentes formulados pelo Tribunal e por um outro Estado, no âmbito de uma obrigação internacional, e cujo objeto não seja nem a entrega nem a extradição, esforçar-se-á, mediante consultas com o Tribunal e esse outro Estado, por dar satisfação a ambos os pedidos adiando ou estabelecendo determinadas condições a um ou outro pedido, se necessário.

ii) Não sendo possível, os pedidos concorrentes observarão os princípios fixados no artigo 90.

b) Todavia, sempre que o pedido formulado pelo Tribunal respeitar a informações, bens ou pessoas que estejam sob o controle de um Estado terceiro ou de uma organização internacional ao abrigo de um acordo internacional, os Estados requeridos informarão o Tribunal em conformidade, este dirigirá o seu pedido ao Estado terceiro ou à organização internacional.

10. a) Mediante pedido, o Tribunal cooperará com um Estado Parte e prestarlheá auxílio na condução de um inquérito ou julgamento relacionado com fatos que constituam um crime da jurisdição do Tribunal ou que constituam um crime grave à luz do direito interno do Estado requerente.

b) i) O auxílio previsto na alínea a) deve compreender, a saber:

a. A transmissão de depoimentos, documentos e outros elementos de prova recolhidos no decurso do inquérito ou do julgamento conduzidos pelo Tribunal; e

b. O interrogatório de qualquer pessoa detida por ordem do Tribunal;

ii) No caso previsto na alínea b), i), a;

Textos fundamentais do
Direito das Relações Internacionais

a. A transmissão dos documentos e de outros elementos de prova obtidos com o auxílio de um Estado necessita do consentimento desse Estado;

b. A transmissão de depoimentos, documentos e outros elementos de prova fornecidos quer por uma testemunha, quer por um perito, será feita em conformidade com o disposto no artigo 68.

c) O Tribunal poderá, em conformidade com as condições enunciadas neste número, deferir um pedido de auxílio formulado por um Estado que não seja parte no presente Estatuto.

Art. 94 - Suspensão da execução de um pedido relativamente a um inquérito ou a procedimento criminal em curso

1. Se a imediata execução de um pedido prejudicar o desenrolar de um inquérito ou de um procedimento criminal relativos a um caso diferente daquele a que se reporta o pedido, o Estado requerido poderá suspender a execução do pedido por tempo determinado, acordado com o Tribunal. Contudo, a suspensão não deve prolongar-se além do necessário para que o inquérito ou o procedimento criminal em causa sejam efetuados no Estado requerido. Este, antes de decidir suspender a execução do pedido, verificará se o auxílio não poderá ser concedido de imediato sob determinadas condições.

2. Se for decidida a suspensão de execução do pedido em conformidade com o § 1º, o Procurador poderá, no entanto, solicitar que sejam adotadas medidas para preservar os elementos de prova, nos termos da alínea j) do § 1º do artigo 93.

Art. 95 - Suspensão da execução de um pedido por impugnação de admissibilidade

Se o Tribunal estiver apreciando uma impugnação de admissibilidade, de acordo com os artigos 18 ou 19, o Estado requerido poderá suspender a execução de um pedido formulado ao abrigo do presente Capítulo enquanto aguarda que o Tribunal se pronuncie, a menos que o Tribunal tenha especificamente ordenado que o Procurador continue a reunir elementos de prova, nos termos dos artigos 18 ou 19.

Art. 96 - Conteúdo do pedido sob outras formas de cooperarão previstas no artigo 93

1. Todo o pedido relativo a outras formas de cooperação previstas no artigo 93 será formulado por escrito. Em caso de urgência, o pedido poderá ser feito por qualquer meio que permita manter um registro escrito, desde que seja confirmado através dos canais indicados na alínea a) do § 1º do artigo 87.

2. O pedido deverá conter, ou ser instruído com, os seguintes documentos:

a) Um resumo do objeto do pedido, bem como da natureza do auxílio solicitado, incluindo os fundamentos jurídicos e os motivos do pedido;

b) Informações tão completas quanto possível sobre a pessoa ou o lugar a identificar ou a localizar, por forma a que o auxílio solicitado possa ser prestado;

c) Um exposição sucinta dos fatos essenciais que fundamentam o pedido;

d) A exposição dos motivos e a explicação pormenorizada dos procedimentos ou das condições a respeitar;

e) Toda a informação que o Estado requerido possa exigir de acordo com o seu direito interno para dar seguimento ao pedido; e

f) Toda a informação útil para que o auxílio possa ser concedido.

3. A requerimento do Tribunal, um Estado Parte manterá, no que respeita a questões genéricas ou a uma questão específica, consultas com o Tribunal sobre as disposições aplicáveis do seu direito interno, susceptíveis de serem aplicadas em conformidade com a alínea e) do § 2º. No decurso de tais consultas, o Estado Parte informará o Tribunal das disposições específicas constantes do seu direito interno.

4. O presente artigo aplicar-se-á, se for caso disso, a qualquer pedido de auxílio dirigido ao Tribunal.

Art. 97 - Consultas

Sempre que, ao abrigo do presente Capítulo, um Estado Parte receba um pedido e verifique que este suscita dificuldades que possam obviar à sua execução ou impedi-la, o Estado em causa iniciará, sem demora, as consultas com o Tribunal com vista à solução desta questão. Tais dificuldades podem revestir as seguintes formas:

a) Informações insuficientes para dar seguimento ao pedido;

b) No caso de um pedido de entrega, o paradeiro da pessoa reclamada continuar desconhecido a despeito de todos os esforços ou a investigação realizada permitiu determinar que a pessoa que se encontra no Estado Requerido não é manifestamente a pessoa identificada no mandado; ou

c) O Estado requerido verseia compelido, para cumprimento do pedido na sua forma atual, a violar uma obrigação constante de um tratado anteriormente celebrado com outro Estado.

Art. 98 - Cooperação relativa à renúncia, à imunidade e ao consentimento na entrega

1. O Tribunal pode não dar seguimento a um pedido de entrega ou de auxílio por força do qual o Estado requerido devesse atuar de forma incompatível com as obrigações que lhe incumbem à luz do direito internacional em matéria de imunidade dos Estados ou de imunidade diplomática de pessoa ou de bens de um Estado terceiro, a menos que obtenha, previamente a cooperação desse Estado terceiro com vista ao levantamento da imunidade.

2. O Tribunal pode não dar seguimento à execução de um pedido de entrega por força do qual o Estado requerido devesse atuar de forma incompatível com as obrigações que lhe incumbem em virtude de acordos internacionais à luz dos quais o consentimento do Estado de envio é necessário

Textos fundamentais do
Direito das Relações Internacionais

229

para que uma pessoa pertencente a esse Estado seja entregue ao Tribunal, a menos que o Tribunal consiga, previamente, obter a cooperação do Estado de envio para consentir na entrega.

Art. 99 - Execução dos pedidos apresentados ao abrigo dos artigos 93 e 96.

1. Os pedidos de auxílio serão executados de harmonia com os procedimentos previstos na legislação interna do Estado requerido e, a menos que o seu direito interno o proíba, na forma especificada no pedido, aplicando qualquer procedimento nele indicado ou autorizando as pessoas nele indicadas a estarem presentes e a participarem na execução do pedido.

2. Em caso de pedido urgente, os documentos e os elementos de prova produzidos na resposta serão, a requerimento do Tribunal, enviados com urgência.

3. As respostas do Estado requerido serão transmitidas na sua língua e forma originais.

4. Sem prejuízo dos demais artigos do presente Capítulo, sempre que for necessário para a execução com sucesso de um pedido, e não haja que recorrer a medidas coercitivas, nomeadamente quando se trate de ouvir ou levar uma pessoa a depor de sua livre vontade, mesmo sem a presença das autoridades do Estado Parte requerido se tal for determinante para a execução do pedido, ou quando se trate de examinar, sem proceder a alterações, um lugar público ou um outro local público, o Procurador poderá dar cumprimento ao pedido diretamente no território de um Estado, de acordo com as seguintes modalidades:

a) Quando o Estado requerido for o Estado em cujo território haja indícios de ter sido cometido o crime e existir uma decisão sobre a admissibilidade tal como previsto nos artigos 18 e 19, o Procurador poderá executar diretamente o pedido, depois de ter levado a cabo consultas tão amplas quanto possível com o Estado requerido;

b) Em outros casos, o Procurador poderá executar o pedido após consultas com o Estado Parte requerido e tendo em conta as condições ou as preocupações razoáveis que esse Estado tenha eventualmente argumentado. Sempre que o Estado requerido verificar que a execução de um pedido nos termos da presente alínea suscita dificuldades, consultará de imediato o Tribunal para resolver a questão.

5. As disposições que autorizam a pessoa ouvida ou interrogada pelo Tribunal ao abrigo do artigo 72, a invocar as restrições previstas para impedir a divulgação de informações confidenciais relacionadas com a segurança nacional, aplicarseão de igual modo à execução dos pedidos de auxílio referidos no presente artigo.

Art. 100 - Despesas

1. As despesas ordinárias decorrentes da execução dos pedidos no território do Estado requerido serão por este suportadas, com exceção das seguintes, que correrão a cargo do Tribunal:

a) As despesas relacionadas com as viagens e a proteção das testemunhas e dos peritos ou com a transferência de detidos ao abrigo do artigo 93;

b) As despesas de tradução, de interpretação e de transcrição;

c) As despesas de deslocação e de estada dos juízes, do Procurador, dos Procuradoresadjuntos, do Secretário, do SecretárioAdjunto e dos membros do pessoal de todos os órgãos do Tribunal;

d) Os custos das perícias ou dos relatórios periciais solicitados pelo Tribunal;

e) As despesas decorrentes do transporte das pessoas entregues ao Tribunal pelo Estado de detenção; e

f) Após consulta, quaisquer despesas extraordinárias decorrentes da execução de um pedido.

2. O disposto no § 1º aplicar-se-á, sempre que necessário, aos pedidos dirigidos pelos Estados Partes ao Tribunal. Neste caso, o Tribunal tomará a seu cargo as despesas ordinárias decorrentes da execução.

Art. 101 - Regra da especialidade

1. Nenhuma pessoa entregue ao Tribunal nos termos do presente Estatuto poderá ser perseguida, condenada ou detida por condutas anteriores à sua entrega, salvo quando estas constituam crimes que tenham fundamentado a sua entrega.

2. O Tribunal poderá solicitar uma derrogação dos requisitos estabelecidos no § 1º ao Estado que lhe tenha entregue uma pessoa e, se necessário, facultarlheá, em conformidade com o artigo 91, informações complementares. Os Estados Partes estarão habilitados a conceder uma derrogação ao Tribunal e deverão envidar esforços nesse sentido.

Art. 102 - Termos usados

Para os fins do presente Estatuto:

a) Por "entrega", entende-se a entrega de uma pessoa por um Estado ao Tribunal nos termos do presente Estatuto.

b) Por "extradição", entende-se a entrega de uma pessoa por um Estado a outro Estado conforme previsto em um tratado, em uma convenção ou no direito interno.

Capítulo X - Execução da Pena

Art. 103 - Função dos Estados na execução das penas privativas de liberdade

1. a) As penas privativas de liberdade serão cumpridas num Estado indicado pelo Tribunal a partir de uma lista de Estados que lhe tenham manifestado a sua disponibilidade para receber pessoas condenadas.

b) Ao declarar a sua disponibilidade para receber pessoas condenadas, um Estado poderá formular condições acordadas com o Tribunal e em conformidade com o presente Capítulo.

c) O Estado indicado no âmbito de um determinado caso dará prontamente a conhecer se aceita ou não a indicação do Tribunal.

2. a) O Estado da execução informará o Tribunal de qualquer circunstância, incluindo o cumprimento de quaisquer condições acordadas nos termos do § 1º, que possam afetar materialmente as condições ou a duração da detenção. O Tribunal será informado com, pelo menos, 45 dias de antecedência sobre qualquer circunstância dessa natureza, conhecida ou previsível. Durante este período, o Estado da execução não tomará qualquer medida que possa ser contrária às suas obrigações ao abrigo do artigo 110.

b) Se o Tribunal não puder aceitar as circunstâncias referidas na alínea *a*, deverá informar o Estado da execução e proceder em harmonia com o § 1º do artigo 104.

3. Sempre que exercer o seu poder de indicação em conformidade com o § 1º, o Tribunal levará em consideração:

a) O princípio segundo o qual os Estados Partes devem partilhar da responsabilidade na execução das penas privativas de liberdade, em conformidade com os princípios de distribuição eqüitativa estabelecidos no Regulamento Processual;

b) A aplicação de normas convencionais do direito internacional amplamente aceitas, que regulam o tratamento dos reclusos;

c)A opinião da pessoa condenada; e

d) A nacionalidade da pessoa condenada;

e) Outros fatores relativos às circunstâncias do crime, às condições pessoais da pessoa condenada ou à execução efetiva da pena, adequadas à indicação do Estado da execução.

4. Se nenhum Estado for designado nos termos do § 1º, a pena privativa de liberdade será cumprida num estabelecimento prisional designado pelo Estado anfitrião, em conformidade com as condições estipuladas no acordo que determinou o local da sede previsto no § 2º do artigo 3º. Neste caso, as despesas relacionadas com a execução da pena ficarão a cargo do Tribunal.

Art. 104 - Alteração da indicação do Estado da execução

1. O Tribunal poderá, a qualquer momento, decidir transferir um condenado para uma prisão de um outro Estado.

2. A pessoa condenada pelo Tribunal poderá, a qualquer momento, solicitarlhe que a transfira do Estado encarregado da execução.

Art. 105 - Execução da pena

1. Sem prejuízo das condições que um Estado haja estabelecido nos termos do artigo 103, § 1º, alínea b), a pena privativa de liberdade é vinculativa para os Estados Partes, não podendo estes modificála em caso algum.

2. Será da exclusiva competência do Tribunal pronunciarse sobre qualquer pedido de revisão ou recurso. O Estado da execução não obstará a que o condenado apresente um tal pedido.

Art. 106 - Controle da execução da pena e das condições de detenção.

1. A execução de uma pena privativa de liberdade será submetida ao controle do Tribunal e observará as regras convencionais internacionais amplamente aceitas em matéria de tratamento dos reclusos.

2. As condições de detenção serão reguladas pela legislação do Estado da execução e observarão as regras convencionais internacionais amplamente aceitas em matéria de tratamento dos reclusos. Em caso algum devem ser menos ou mais favoráveis do que as aplicáveis aos reclusos condenados no Estado da execução por infrações análogas.

3. As comunicações entre o condenado e o Tribunal serão livres e terão caráter confidencial.

Art. 107 - Transferência do condenado depois de cumprida a pena

1. Cumprida a pena, a pessoa que não seja nacional do Estado da execução poderá, de acordo com a legislação desse mesmo Estado, ser transferida para um outro Estado obrigado a aceitála ou ainda para um outro Estado que aceite acolhê-la tendo em conta a vontade expressa pela pessoa em ser transferida para esse Estado; a menos que o Estado da execução autorize essa pessoa a permanecer no seu território.

2. As despesas relativas à transferência do condenado para um outro Estado nos termos do § 1º serão suportadas pelo Tribunal se nenhum Estado as tomar a seu cargo.

3. Sem prejuízo do disposto no artigo 108, o Estado da execução poderá igualmente, em harmonia com o seu direito interno, extraditar ou entregar por qualquer outro modo a pessoa a um Estado que tenha solicitado a sua extradição ou a sua entrega para fins de julgamento ou de cumprimento de uma pena.

Art. 108 - Restrições ao procedimento criminal ou à condenação por outras infrações

1. A pessoa condenada que esteja detida no Estado da execução não poderá ser objeto de procedimento criminal, condenação ou extradição para um Estado terceiro em virtude de uma conduta anterior à sua transferência para o Estado da execução, a menos que a Tribunal tenha dado a sua aprovação a tal procedimento, condenação ou extradição, a pedido do Estado da execução.

2. Ouvido o condenado, o Tribunal pronunciarseá sobre a questão.

3. O § 1º deixará de ser aplicável se o condenado permanecer voluntariamente no território do Estado da execução por um período superior a 30 dias após o cumprimento integral da pena proferida pelo Tribunal, ou se regressar ao território desse Estado após dele ter saído.

Art. 109 - Execução das penas de multa e das medidas de perda

1. Os Estados Partes aplicarão as penas de multa, bem como as medidas de perda ordenadas pelo Tribunal ao abrigo do Capítulo VII, sem prejuízo dos direitos de terceiros de boa fé e em conformidade com os procedimentos previstos no respectivo direito interno.

2. Sempre que um Estado Parte não possa tornar efetiva a declaração de perda, deverá tomar medidas para recuperar o valor do produto, dos bens ou dos haveres cuja perda tenha sido declarada pelo Tribunal, sem prejuízo dos direitos de terceiros de boa fé.

Textos fundamentais do
Direito das Relações Internacionais

3. Os bens, ou o produto da venda de bens imóveis ou, se for caso disso, da venda de outros bens, obtidos por um Estado Parte por força da execução de uma decisão do Tribunal, serão transferidos para o Tribunal.

Art. 110 - Reexame pelo Tribunal da questão de redução de pena

1. O Estado da execução não poderá libertar o recluso antes de cumprida a totalidade da pena proferida pelo Tribunal.

2. Somente o Tribunal terá a faculdade de decidir sobre qualquer redução da pena e, ouvido o condenado, pronunciar-se-á a tal respeito,

3. Quando a pessoa já tiver cumprido dois terços da pena, ou 25 anos de prisão em caso de pena de prisão perpétua, o Tribunal reexaminará a pena para determinar se haverá lugar a sua redução. Tal reexame só será efetuado transcorrido o período acima referido.

4. No reexame a que se refere o § 3º, o Tribunal poderá reduzir a pena se constatar que se verificam uma ou várias das condições seguintes:

a) A pessoa tiver manifestado, desde o início e de forma contínua, a sua vontade em cooperar com o Tribunal no inquérito e no procedimento;

b) A pessoa tiver, voluntariamente, facilitado a execução das decisões e despachos do Tribunal em outros casos, nomeadamente ajudando-o a localizar bens sobre os quais recaíam decisões de perda, de multa ou de reparação que poderão ser usados em benefício das vítimas; ou

c) Outros fatores que conduzam a uma clara e significativa alteração das circunstâncias suficiente para justificar a redução da pena, conforme previsto no Regulamento Processual;

5. Se, no reexame inicial a que se refere o § 3º, o Tribunal considerar não haver motivo para redução da pena, ele reexaminará subseqüentemente a questão da redução da pena com a periodicidade e nos termos previstos no Regulamento Processual.

Art. 111 - Evasão

Se um condenado se evadir do seu local de detenção e fugir do território do Estado da execução, este poderá, depois de ter consultado o Tribunal, pedir ao Estado no qual se encontra localizado o condenado que o entregue em conformidade com os acordos bilaterais ou multilaterais em vigor, ou requerer ao Tribunal que solicite a entrega dessa pessoa ao abrigo do Capítulo IX. O Tribunal poderá, ao solicitar a entrega da pessoa, determinar que esta seja entregue ao Estado no qual se encontrava a cumprir a sua pena, ou a outro Estado por ele indicado.

Capítulo XI - Assembléia dos Estados Partes

Art. 112 - Assembléia dos Estados Partes

1. É constituída, pelo presente instrumento, uma Assembléia dos Estados Partes. Cada um dos Estados Partes nela disporá de um representante, que poderá ser coadjuvado por substitutos e assessores. Outros Estados signatários do Estatuto ou da Ata Final poderão participar nos trabalhos da Assembléia na qualidade de observadores.

2. A Assembléia:

a) Examinará e adotará, se adequado, as recomendações da Comissão Preparatória;

b) Promoverá junto à Presidência, ao Procurador e ao Secretário as linhas orientadoras gerais no que toca à administração do Tribunal;

c) Examinará os relatórios e as atividades da Mesa estabelecido nos termos do § 3º e tomará as medidas apropriadas;

d) Examinará e aprovará o orçamento do Tribunal;

e) Decidirá, se for caso disso, alterar o número de juízes nos termos do artigo 36;

f) Examinará, em harmonia com os §§ 5 e 7 do artigo 87, qualquer questão relativa à não cooperação dos Estados;

g) Desempenhará qualquer outra função compatível com as disposições do presente Estatuto ou do Regulamento Processual;

3. a) A Assembléia será dotada de uma Mesa composta por um presidente, dois vicepresidentes e 18 membros por ela eleitos por períodos de três anos;

b) A Mesa terá um caráter representativo, atendendo nomeadamente ao princípio da distribuição geográfica eqüitativa e à necessidade de assegurar uma representação adequada dos principais sistemas jurídicos do mundo;

c) A Mesa reunir-se-á as vezes que forem necessárias, mas, pelo menos, uma vez por ano. Assistirá a Assembléia no desempenho das suas funções.

4. A Assembléia poderá criar outros órgãos subsidiários que julgue necessários, nomeadamente um mecanismo de controle independente que proceda a inspeções, avaliações e inquéritos em ordem a melhorar a eficiência e economia da administração do Tribunal.

5. O Presidente do Tribunal, o Procurador e o Secretário ou os respectivos representantes poderão participar, sempre que julguem oportuno, nas reuniões da Assembléia e da Mesa.

6. A Assembléia reunir-se-á na sede do Tribunal ou na sede da Organização das Nações Unidas uma vez por ano e, sempre que as circunstâncias o exigirem, reunir-se-á em sessão extraordinária. A menos que o presente Estatuto estabeleça em contrário, as sessões extraordinárias são convocadas pela Mesa, de ofício ou a pedido de um terço dos Estados Partes.

7. Cada um dos Estados Partes disporá de um voto. Todos os esforços deverão ser envidados para que as decisões da Assembléia e da Mesa sejam adotadas por consenso. Se tal não for possível, e a menos que o Estatuto estabeleça em contrário:

a) As decisões sobre as questões de fundo serão tomadas por maioria de dois terços dos membros presentes e votantes, sob a condição que a maioria absoluta dos Estados Partes constitua quorum para o escrutínio;

b) As decisões sobre as questões de procedimento serão tomadas por maioria simples dos Estados Partes presentes e votantes.

Textos fundamentais do
Direito das Relações Internacionais

8. O Estado Parte em atraso no pagamento da sua contribuição financeira para as despesas do Tribunal não poderá votar nem na Assembléia nem na Mesa se o total das suas contribuições em atraso igualar ou exceder a soma das contribuições correspondentes aos dois anos anteriores completos por ele devidos. A Assembléia geral poderá, no entanto, autorizar o Estado em causa a votar na Assembléia ou na Mesa se ficar provado que a falta de pagamento é devida a circunstâncias alheias ao controle do Estado Parte.

9. A Assembléia adotará o seu próprio Regimento.

10. As línguas oficiais e de trabalho da Assembléia dos Estados Partes serão as línguas oficiais e de trabalho da Assembléia geral da Organização das Nações Unidas.

Capítulo XII - Financiamento

Art. 113 - Regulamento financeiro

Salvo disposição expressa em contrário, todas as questões financeiras atinentes ao Tribunal e às reuniões da Assembléia dos Estados Partes, incluindo a sua Mesa e os seus órgãos subsidiários, serão reguladas pelo presente Estatuto, pelo Regulamento Financeiro e pelas normas de gestão financeira adotados pela Assembléia dos Estados Partes.

Art. 114 - Pagamento de despesas

As despesas do Tribunal e da Assembléia dos Estados Partes, incluindo a sua Mesa e os seus órgãos subsidiários, serão pagas pelos fundos do Tribunal.

Art. 115 - Fundos do Tribunal e da Assembléia dos Estados Partes

As despesas do Tribunal e da Assembléia dos Estados Partes, incluindo a sua Mesa e os seus órgãos subsidiários, inscritas no orçamento aprovado pela Assembléia dos Estados Partes, serão financiadas:

a) Pelas quotas dos Estados Partes;

b) Pelos fundos provenientes da Organização das Nações Unidas, sujeitos à aprovação da Assembléia geral, nomeadamente no que diz respeito às despesas relativas a questões remetidas para o Tribunal pelo Conselho de segurança.

Art. 116 - Contribuições voluntárias

Sem prejuízo do artigo 115, o Tribunal poderá receber e utilizar, a título de fundos adicionais, as contribuições voluntárias dos Governos, das organizações internacionais, dos particulares, das empresas e demais entidades, de acordo com os critérios estabelecidos pela Assembléia dos Estados Partes nesta matéria.

Art. 117 - Cálculo das quotas

As quotas dos Estados Partes serão calculadas em conformidade com uma tabela de quotas que tenha sido acordada, com base na tabela adotada pela Organização das Nações Unidas para o seu orçamento ordinário, e adaptada de harmonia com os princípios nos quais se baseia tal tabela.

Art. 118 - Verificação anual de contas

Os relatórios, livros e contas do Tribunal, incluindo os balanços financeiros anuais, serão verificados anualmente por um revisor de contas independente.

Capítulo XIII - Cláusulas Finais

Art. 119 - Resolução de diferendos

1. Qualquer diferendo relativo às funções judiciais do Tribunal será resolvido por decisão do Tribunal.

2. Quaisquer diferendos entre dois ou mais Estados Partes relativos à interpretação ou à aplicação do presente Estatuto, que não forem resolvidos pela via negocial num período de três meses após o seu início, serão submetidos à Assembléia dos Estados Partes. A Assembléia poderá procurar resolver o diferendo ou fazer recomendações relativas a outros métodos de resolução, incluindo a submissão do diferendo à Corte Internacional de Justiça, em conformidade com o Estatuto dessa Corte.

Art. 120 - Reservas

Não são admitidas reservas a este Estatuto.

Art. 121 - Alterações

1. Expirado o período de sete anos após a entrada em vigor do presente Estatuto, qualquer Estado Parte poderá propor alterações ao Estatuto. O texto das propostas de alterações será submetido ao Secretário geral da Organização das Nações Unidas, que o comunicará sem demora a todos os Estados Partes.

2. Decorridos pelo menos três meses após a data desta notificação, a Assembléia dos Estados Partes decidirá na reunião seguinte, por maioria dos seus membros presentes e votantes, se deverá examinar a proposta. A Assembléia poderá tratar desta proposta, ou convocar uma Conferência de Revisão se a questão suscitada o justificar.

3. A adoção de uma alteração numa reunião da Assembléia dos Estados Partes ou numa Conferência de Revisão exigirá a maioria de dois terços dos Estados Partes, quando não for possível chegar a um consenso.

4. Sem prejuízo do disposto no § 5, qualquer alteração entrará em vigor, para todos os Estados Partes, um ano depois que sete oitavos de entre eles tenham depositado os respectivos instrumentos de ratificação ou de aceitação junto do Secretário geral da Organização das Nações Unidas.

5. Qualquer alteração ao artigo 5º, 6º, 7º e 8º do presente Estatuto entrará em vigor, para todos os Estados Partes que a tenham aceitado, um ano após o depósito dos seus instrumentos de ratificação ou de aceitação. O Tribunal não exercerá a sua competência relativamente a um crime abrangido pela alteração sempre que este tiver sido cometido por nacionais de um Estado Parte que não tenha aceitado a alteração, ou no território desse Estado Parte.

6. Se uma alteração tiver sido aceita por sete oitavos dos Estados Partes nos termos do § 4º, qualquer Estado Parte que não a tenha aceito poderá

retirarse do Estatuto com efeito imediato, não obstante o disposto no § 1º do artigo 127, mas sem prejuízo do disposto no § 2º do artigo 127, mediante notificação da sua retirada o mais tardar um ano após a entrada em vigor desta alteração.

7. O Secretário geral da Organização das Nações Unidas comunicará a todos os Estados Partes quaisquer alterações que tenham sido adotadas em reunião da Assembléia dos Estados Partes ou numa Conferência de Revisão.

Art. 122 - Alteração de disposições de caráter institucional

1. Não obstante o artigo 121, § 1º, qualquer Estado Parte poderá, em qualquer momento, propor alterações às disposições do Estatuto, de caráter exclusivamente institucional, a saber, artigos 35, 36, §§ 8 e 9, artigos 37, 38, 39, §§ 1º (as primeiras duas frases), 2º e 4º, artigo 42, §§ 4 a 9, artigo 43, §§ 2º e 3º e artigos 44, 46, 47 é 49. O texto de qualquer proposta será submetido ao Secretário geral da Organização das Nações Unidas ou a qualquer outra pessoa designada pela Assembléia dos Estados Partes, que o comunicará sem demora a todos os Estados Partes e aos outros participantes na Assembléia.

2. As alterações apresentadas nos termos deste artigo, sobre as quais não seja possível chegar a um consenso, serão adotadas pela Assembléia dos Estados Partes ou por uma Conferência de Revisão ,por uma maioria de dois terços dos Estados Partes. Tais alterações entrarão em vigor, para todos os Estados Partes, seis meses após a sua adoção pela Assembléia ou, conforme o caso, pela Conferência de Revisão.

Art. 123 - Revisão do Estatuto

1. Sete anos após a entrada em vigor do presente Estatuto, o Secretário geral da Organização das Nações Unidas convocará uma Conferência de Revisão para examinar qualquer alteração ao presente Estatuto. A revisão poderá incidir nomeadamente, mas não exclusivamente, sobre a lista de crimes que figura no artigo 5º. A Conferência estará aberta aos participantes na Assembléia dos Estados Partes, nas mesmas condições.

2. A todo o momento ulterior, a requerimento de um Estado Parte e para os fins enunciados no § 1º, o Secretário geral da Organização das Nações Unidas, mediante aprovação da maioria dos Estados Partes, convocará uma Conferência de Revisão.

3. A adoção e a entrada em vigor de qualquer alteração ao Estatuto examinada numa Conferência de Revisão serão reguladas pelas disposições do artigo 121, §§ 3º a 7º.

Art. 124 - Disposição transitória

Não obstante o disposto nos §§ 1º e 2º do artigo 12, um Estado que se torne Parte no presente Estatuto, poderá declarar que, durante um período de sete anos a contar da data da entrada em vigor do Estatuto no seu território, não aceitará a competência do Tribunal relativamente à categoria de crimes referidos no artigo 8º, quando haja indícios de que um crime tenha sido praticado por nacionais seus ou no seu território. A declaração formulada ao abrigo deste artigo poderá ser retirada a qualquer momento. O disposto neste artigo será reexaminado na Conferência de Revisão a convocar em conformidade com o § 1º do artigo 123.

Art. 125 - Assinatura, ratificação, aceitação, aprovação ou adesão

1. O presente Estatuto estará aberto à assinatura de todos os Estados na sede da Organização das Nações Unidas para a Alimentação e a Agricultura, em Roma, a 17 de Julho de 1998, continuando aberto à assinatura no Ministério dos Negócios Estrangeiros de Itália, em Roma, até 17 de Outubro de 1998. Após esta data, o Estatuto continuará aberto na sede da Organização das Nações Unidas, em Nova Iorque, até 31 de Dezembro de 2000.

2. O presente Estatuto ficará sujeito a ratificação, aceitação ou aprovação dos Estados signatários. Os instrumentos de ratificação, aceitação ou aprovação serão depositados junto do Secretário geral da Organização das Nações Unidas.

3. O presente Estatuto ficará aberto à adesão de qualquer Estado. Os instrumentos de adesão serão depositados junto do Secretário geral da Organização das Nações Unidas.

Art. 126 - Entrada em vigor

1. O presente Estatuto entrará em vigor no primeiro dia do mês seguinte ao termo de um período de 60 dias após a data do depósito do sexagésimo instrumento de ratificação, de aceitação, de aprovação ou de adesão junto do Secretário geral da Organização das Nações Unidas.

2. Em relação ao Estado que ratifique, aceite ou aprove o Estatuto, ou a ele adira após o depósito do sexagésimo instrumento de ratificação, de aceitação, de aprovação ou de adesão, o Estatuto entrará em vigor no primeiro dia do mês seguinte ao termo de um período de 60 dias após a data do depósito do respectivo instrumento de ratificação, de aceitação, de aprovação ou de adesão.

Art. 127 - Retirada

1. Qualquer Estado Parte poderá, mediante notificação escrita e dirigida ao Secretário geral da Organização das Nações Unidas, retirar-se do presente Estatuto. A retirada produzirá efeitos um ano após a data de recepção da notificação, salvo se esta indicar uma data ulterior.

2. A retirada não isentará o Estado das obrigações que lhe incumbem em virtude do presente Estatuto enquanto Parte do mesmo, incluindo as obrigações financeiras que tiver assumido, não afetando também a cooperação com o Tribunal no âmbito de inquéritos e de procedimentos criminais relativamente aos quais o Estado tinha o dever de cooperar e que se iniciaram antes da data em que a retirada começou a produzir efeitos; a retirada em nada afetará a prossecução da apreciação das causas que o Tribunal já tivesse começado a apreciar antes da data em que a retirada começou a produzir efeitos.

Art. 128 - Textos autênticos

Textos fundamentais do
Direito das Relações Internacionais

239

O original do presente Estatuto, cujos textos em árabe, chinês, espanhol, francês, inglês e russo fazem igualmente fé, será depositado junto do Secretário geral das Nações Unidas, que enviará cópia autenticada a todos os Estados.

EM FÉ DO QUE, os abaixo assinados, devidamente autorizados pelos respectivos Governos, assinaram o presente Estatuto.

FEITO EM ROMA, a 17 de julho de 1998.

h) Combate ao terrorismo: Resolução 1373 do Conselho de segurança (2001)

O Conselho de segurança,

Reafirmando suas resoluções 1269 (19/10/99) e 1368 (12/09/01),

Reafirmando igualmente sua condenação sem equívoco dos ataques terroristas cometidos a 11 de setembro de 2001 em Nova Iorque, Washington e Pensilvânia, e expressando sua *determinação* para prevenir todos atos deste tipo,

Reafirmando também que tais atos, como todo ato de terrorismo internacional, constituem uma ameaça à paz e à segurança internacionais,

Reafirmando o direito natural de legítima defesa, individual ou coletiva, consagrado na carta das Nações Unidas e reafirmado em sua resolução 1368,

Reafirmando a necessidade de lutar através de todos os meios, em conformidade com a Carta das Nações Unidas, contra as ameaças à paz e à segurança internacionais que fazem pesar os atos de terrorismo,

Profundamente preocupado pela multiplicação, em várias regiões do mundo, dos atos de terrorismo motivados pela intolerância ou o extremismo,

Solicitando aos Estados que colaborem urgentemente para prevenir e reprimir os atos de terrorismo, notadamente através de um aumento da cooperação e a aplicação integral das convenções internacionais relativas ao terrorismo,

Considerando que os Estados devem completar complementar a cooperação internacional tomando medidas suplementares para prevenir e reprimir sobre seu território, através de todos os meios lícitos, o financiamento e a preparação de qualquer ato de terrorismo,

Reafirmando o princípio que a Assembléia geral estabeleceu em sua decisão de outubro de 1970 (2625) e que o Conselho de segurança reafirmou em sua resolução 1189 (1998), ou seja que cada Estado tem o dever de abster-se de organizar e encorajar atos de terrorismo sobre o território de um outro Estado, de ajudar ou participar, ou tolerar sobre seu território, atividades organizadas com vistas a perpetrar tais atos,

Agindo em virtude do Capítulo VII da Carta das Nações Unidas,

1. *Decide* que todos os Estados:

a) Previnam e reprimam o financiamento dos atos de terrorismo;

b) Erijam em crime o fornecimento ou a coleta deliberada por seus nacionais ou sobre seu território, através de quaisquer meios, direta ou indiretamente, de fundos que pode-se prever que serão utilizados ou que se saiba que eles serão utilizados para perpetrar atos de terrorismo;

c) Gelem sem espera os fundos e outros haveres financeiros ou recursos econômicos de pessoas que cometem, ou tentem cometer, atos de terrorismo, os facilitem ou participem, das entidades pertencentes a estas pessoas ou controladas, direta ou indiretamente, por elas, e das pessoas e entidades agindo em nome, ou seguindo suas instruções, destas pessoas e entidades, inclusive os fundos provenientes de bens pertencentes a estas pessoas, e às pessoas e entidades que lhe são associadas, ou controladas, direta ou indiretamente, por elas;

d) Proíbam a seus nacionais ou a qualquer pessoa ou entidade que encontra-se sobre seu território de colocar fundos, haveres financeiros ou recursos econômicos ou serviços financeiros ou outros serviços conexos à disposição, direta ou indiretamente, de pessoas que cometem ou tentem cometer atos de terrorismo, os facilitem ou participem, de entidades pertencentes à estas pessoas ou controladas, direta ou indiretamente, por elas e por pessoas e entidades agindo em seu nome ou seguindo instruções destas pessoas;

2. *Decide igualmente* que todos os Estados:

a) Abstenham-se de propiciar qualquer forma de apoio qualquer que seja, ativo ou passivo, às entidades ou pessoas implicadas nos atos de terrorismo, notadamente reprimindo o recrutamento de membros de grupos terroristas e colocando um fim o aprovisionamento em armas dos terroristas;

b) Tomem as medidas desejadas para impedir que atos de terrorismo não sejam perpetrados, notadamente assegurando-se o alerta rápido dos outros Estados através do intercâmbio de informações;

c) Recusando conceder asilo aos que financiam, organizam, apóiam ou cometam atos de terrorismo ou receptam os autores;

d) Impeçam que os que financiam, organizam, facilitam ou cometem atos de terrorismo utilizem seus territórios respectivos para cometer tais atos contra outros Estados ou contra os cidadãos destes Estados;

e) Velem para que todas as pessoas que participam ao financiamento, à organização, à preparação ou à perpetração de atos de terrorismo ou que os apóiam sejam levados à justiça, inclusive além das medidas que poderiam ser tomadas contra estas pessoas, estes atos de terrorismo sejam erigidos em crimes graves na legislação e na regulamentação nacional e que a pena a ser imposta esteja à altura da gravidade destes atos;

f) Prestam a mais ampla assistência mútua quando dos inquéritos criminais e outros processos sobre o financiamento dos atos de terrorismo ou o apoio que estes atos se beneficiaram, inclusive a assistência com vistas à obtenção de elementos de prova que seriam em sua posse e que seriam necessários ao processo;

g) Impeçam os movimentos de terroristas ou de grupos de terroristas instaurando controles eficazes nas fronteiras, bem como controles quando conceder documentos de identidade e documentos de viagem tomando as medidas para impedir a contrafação, a falsificação ou a utilização fraudulenta de papéis de identidade e de documentos de viagem;

3. *Solicita* a todos os Estados:

a) Que encontrem os meios para intensificar e acelerar o intercâmbio de informações operacionais, concernentes em particular as ações ou os movimentos de terroristas ou de redes de terroristas, os documentos de viagem contrafeitos ou falsificados, o tráfico de armas, de explosivos ou de matérias sensíveis, a utilização de tecnologias de comunicação por grupos terroristas, e a ameaça que constituem as armas de destruição maciça que detém os grupos terroristas;

b) Intercambiar informações em conformidade com o direito internacional e nacional e cooperar nos planos administrativo e judiciário afim de prevenir os atos de terrorismo;

c) Cooperar, em particular no âmbito dos acordos e arranjos bilaterais e multilaterais, afim de prevenir e reprimir os atos de terrorismo e tomar as medidas contra os autores de tais atos;

d) De tornar-se, assim que possível, parte das convenções e protocolos internacionais relativos ao terrorismo, inclusive a Convenção internacional para a repressão do financiamento do terrorismo de 9 de dezembro de 1999.

e) De cooperar ainda mais e aplicar integralmente as convenções e os protocolos internacionais relativos ao terrorismo bem como as resoluções 1269 (1999) e 1368 (2001) do Conselho de segurança;

f) De tomar as medidas apropriadas, em conformidade com as disposições pertinentes de sua legislação nacional e do direito internacional, inclusive as normas internacionais relativas aos direitos do homem, afim de assegurar-se, antes de conceder o estatuto de refugiado, que os solicitantes de asilo não organizaram ou facilitaram a perpetração de atos de terrorismo e deles não participaram;

g) De velar, em conformidade com o direito internacional, que os autores ou os organizadores dos atos de terrorismo ou aqueles que facilitaram tais atos, não desviem em seu benefício o estatuto de refugiado, e que a reivindicação de motivações políticas não sejam consideradas como podendo justificar a recusa de demandas de extradição de presumidos terroristas.

4. *Nota com preocupação* os laços estreitos existentes entre o terrorismo internacional e a criminalidade transnacional organizada, a droga ilícita, a lavagem de dinheiro, o tráfico de armas, a transferência ilegal de matérias nucleares, químicas, biológicas e outras apresentando um perigo mortal e,

sublinha a conveniência de reforçar a coordenação dos esforços feitos em escala nacional, sub-regional, regional e internacional afim de reforçar uma ação mundial frente a este grave problema e a pesada ameaça que ela faz pesar sobre a segurança internacional;

5. *Declara* que os atos, métodos e práticas do terrorismo são contrárias aos objetivos e princípios da Organização das Nações Unidas e que o financiamento e a organização de atos de terrorismo ou a incitação a tais atos em conhecimento de causa são igualmente contrários aos objetivos e princípios da Organização das Nações Unidas;

6. *Decide* criar, em aplicação do artigo 28 de se Regulamento interno provisório, um Comitê do Conselho de segurança composto de todos os membros do Conselho encarregado de acompanhar a amplicação da presente resolução com o auxílio de peritos necessários, e solicita à todos os Estados de redigir um relatório ao Comitê, no mais tardar 90 dias após a adoção da presente resolução e em seguido segundo o calendário proposto pelo Comitê, sobre as medidas que eles terão tomado para dar seguimento à presente resolução.

7. *Fornece como instruções* ao Comitê definir suas tarefas, apresentar um programa de trabalho no mais tardar 30 dias após a adoção da presente resolução e refletir sobre o apoio que ele necessitará, em consultas com o Secretário geral;

8. *Declara-se* resoluto a tomar todas as medidas necessárias para assegurar a plena aplicação da presente resolução, em conformidade com as responsabilidades que lhe incumbem em virtude da Carta;

9. *Decide manter a questão sob sua competência.*

4. Proteção Universal dos Direitos do Homem

a) Declaração universal dos direitos do homem (1948)

Preâmbulo

Considerando que o reconhecimento da dignidade inerente a todos os membros da família humana e de seus direitos iguais e inalienáveis é o fundamento da liberdade, da justiça e da paz no mundo;

Considerando que o desprezo e o desrespeito pelos direitos do homem resultaram em atos bárbaros que ultrajaram a consciência da Humanidade e que o advento de um mundo em que os homens gozem da liberdade de palavra, de crença e da liberdade de viverem a salvo do temor e da necessidade foi proclamado como a mais alta aspiração do homem comum;

Considerando ser essencial que os direitos do homem sejam protegidos pelo império da lei, para que o homem não seja compelido, como último recurso, à rebelião contra a tirania e a opressão;

Considerando ser essencial promover o desenvolvimento de relações amistosas entre as nações;

Considerando que os povos das Nações Unidas reafirmaram, na Carta, sua fé nos direitos fundamentais do homem, na dignidade e no valor da pessoa humana e na igualdade de direitos do homem e da mulher, e que decidiram promover o progresso social e melhores condições de vida em uma liberdade mais ampla;

Considerando que os Estados-Membros se comprometeram a promover, em cooperação com as Nações Unidas, o respeito universal aos direitos e liberdades fundamentais do homem e a observância desses direitos e liberdades;

Considerando que uma compreensão comum desses direitos e liberdades é da mais alta importância para o pleno cumprimento desse compromisso,

A Assembléia geral proclama

A presente Declaração universal dos direitos do homem como o ideal comum a ser atingido por todos os povos e todas as nações e como o objetivo de cada indivíduo e cada órgão da sociedade, que, tendo sempre em mente esta Declaração, se esforce, através do ensino e da educação, por promover o respeito a esses direitos e liberdades, e pela adoção de medidas progressivas de caráter nacional e internacional, por assegurar o seu reconhecimento e a sua observância universais e efetivos, tanto entre os povos dos próprios Estados-Membros quanto entre os povos dos territórios sob sua jurisdição.

Art. I - Todos os homens nascem livres e iguais em dignidade e direitos. São dotados de razão e consciência e devem agir em relação uns aos outros com espírito de fraternidade.

Art. II - 1) Todo homem tem capacidade para gozar os direitos e as liberdades estabelecidos nesta Declaração, sem distinção de qualquer espécie, seja de raça, cor, sexo, língua, religião, opinião política ou de outra natureza, origem nacional ou social, riqueza, nascimento, ou qualquer outra condição.

2) Não será também feita nenhuma distinção fundada na condição política, jurídica ou internacional do país ou território a que pertença uma pessoa, quer se trate de um território independente sob tutela, sem governo próprio, quer sujeito a qualquer outra limitação de soberania.

Art. III - Todo homem tem direito à vida, à liberdade e à segurança pessoal.

Art. IV - Ninguém será mantido em escravidão ou servidão; a escravidão e o tráfico de escravo serão proibidos em todas as suas formas.

Art. V - Ninguém será submetido a tortura, nem a tratamento ou castigo cruel, desumano ou degradante.

Art. VI - Todo homem tem direito de ser, em todos os lugares, reconhecido como pessoa perante a lei.

Art. VII - Todos são iguais perante a lei e têm direito, sem qualquer distinção, a igual proteção da lei. Todos têm direito a igual proteção contra qualquer discriminação que viole a presente Declaração e contra qualquer incitamento a tal discriminação.

Art. VIII - Todo homem tem direito a receber dos tribunais nacionais competentes remédio efetivo para os atos que violem os direitos fundamentais que lhe sejam reconhecidos pela constituição ou pela lei.

Art. IX - Ninguém será arbitrariamente preso, detido ou exilado.

Art. X - Todo homem tem direito, em plena igualdade, a uma justa e pública audiência por parte de um tribunal independente e imparcial, para decidir de seus direitos e deveres ou do fundamento de qualquer acusação criminal contra ele.

Art. XI - 1) Todo homem acusado de um ato delituoso tem o direito de ser presumido inocente até que a sua culpabilidade tenha sido provada de acordo com a lei, em julgamento público no qual lhe tenham sido asseguradas todas as garantias necessárias a sua defesa.

2) Ninguém poderá ser culpado por qualquer ação ou omissão que, no momento, não constituam delito perante o direito nacional ou internacional. Também não será imposta pena mais forte do que aquela que no momento da prática era aplicável ao ato delituoso.

Art. XII - Ninguém será sujeito a interferências na sua vida privada, na de sua família, no seu lar ou na sua correspondência, nem a ataques à sua honra e reputação. Todo homem tem direito à proteção da lei contra tais interferências ou ataques.

Art. XIII - 1) Todo homem tem direito a liberdade de locomoção e residência dentro das fronteiras de cada Estado.

2) Todo homem tem o direito de deixar qualquer país, inclusive o próprio, e a este regressar.

Art. XIV - 1) Todo homem, vítima de perseguição, tem o direito de procurar e de gozar asilo em outros países.

2) Este direito não pode ser invocado em caso de perseguição legitimamente motivada por crime de direito comum ou por atos contrários aos objetivos e princípios das Nações Unidas.

Art. XV - 1) Todo homem tem direito a uma nacionalidade.

2) Ninguém será arbitrariamente privado de sua nacionalidade, nem do direito de mudar de nacionalidade.

Art. XVI - 1) Os homens e mulheres de maior idade, sem qualquer restrição de raça, nacionalidade ou religião, têm o direito de contrair matrimônio e fundar uma família. Gozam de iguais direitos em relação ao casamento, sua duração e sua dissolução.

2) O casamento não será válido senão com o livre e pleno consentimento dos nubentes.

3) A família é o núcleo natural e fundamental da sociedade e tem direito à proteção da sociedade e do Estado.

Art. XVII - 1) Todo homem tem direito à propriedade, só ou em sociedade com outros.

2) Ninguém será arbitrariamente privado de sua propriedade.

Art. XVIII - Todo homem tem direito à liberdade de pensamento, consciência e religião; este direito inclui a liberdade de mudar de religião ou crença e a liberdade de manifestar essa religião ou crença, pelo ensino, pela prática, pelo culto e pela observância isolada ou coletivamente, em público ou em particular.

Art. XIX - Todo homem tem direito à liberdade de opinião e expressão; este direito inclui a liberdade de, sem interferências, ter opiniões e de procurar, receber e transmitir informações e idéias por quaisquer meios e independentemente de fronteiras.

Art. XX - 1) Todo homem tem direito à liberdade de reunião e associação pacíficas.

2) Ninguém pode ser obrigado a fazer parte de uma associação.

Art. XXI - 1) Todo homem tem o direito de tomar parte no governo de seu país, diretamente ou por intermédio de representantes livremente escolhidos.

2) Todo homem tem igual direito de acesso ao serviço público do seu país.

Textos fundamentais do
Direito das Relações Internacionais

247

3) A vontade do povo será a base da autoridade do governo; esta vontade será expressa em eleições periódicas e legítimas, por sufrágio universal, por voto secreto ou processo equivalente que assegure a liberdade do voto.

Art. XXII - Todo homem, como membro da sociedade, tem direito à segurança social e à realização, pelo esforço nacional, pela cooperação internacional e de acordo com a organização e recursos de cada Estado, dos direitos econômicos, sociais e culturais indispensáveis à sua dignidade e ao livre desenvolvimento de sua personalidade.

Art. XXIII - 1) Todo homem tem direito ao trabalho, à livre escolha de emprego, a condições justas e favoráveis de trabalho e à proteção contra o desemprego.

2) Todo homem, sem qualquer distinção, tem direito a igual remuneração por igual trabalho.

3) Todo homem que trabalha tem direito a uma remuneração justa e satisfatória, que lhe assegure, assim como à sua família, uma existência compatível com a dignidade humana, e a que se acrescentarão, se necessário, outros meios de proteção social.

4) Todo homem tem direito a organizar sindicatos e a neles ingressar para proteção de seus interesses.

Art. XXIV - Todo homem tem direito a repouso e lazer, inclusive a limitação razoável das horas de trabalho e a férias remuneradas periódicas.

Art. XXV - 1) Todo homem tem direito a um padrão de vida capaz de assegurar a si e a sua família saúde e bem-estar, inclusive alimentação, vestuário, habitação, cuidados médicos e os serviços sociais indispensáveis, e direito à segurança em caso de desemprego, doença, invalidez, viuvez, velhice ou outros casos de perda dos meios de subsistência em circunstâncias fora de seu controle.

2) A maternidade e a infância têm direito a cuidados e assistência especiais. Todas as crianças, nascidas dentro ou fora do matrimônio, gozarão da mesma proteção social.

Art. XXVI - 1) Todo homem tem direito à instrução. A instrução será gratuita, pelo menos nos graus elementares e fundamentais. A instrução elementar será obrigatória. A instrução técnico-profissional será acessível a todos, bem como a instrução superior, esta baseada no mérito.

2) A instrução será orientada no sentido do pleno desenvolvimento da personalidade humana e do fortalecimento do respeito pelos direitos do homem e pelas liberdades fundamentais. A instrução promoverá a compreensão, a tolerância e a amizade entre todas as nações e grupos raciais ou religiosos, e coadjuvará as atividades das Nações Unidas em prol da manutenção da paz.

3) Os pais têm prioridade de direito na escolha do gênero de instrução que será ministrada a seus filhos.

Artigo XXVII - 1) Todo homem tem o direito de participar livremente da vida cultural da comunidade, de fruir as artes e de participar do progresso científico e de seus benefícios.

2) Todo homem tem direito à proteção dos interesses morais e materiais decorrentes de qualquer produção científica, literária ou artística da qual seja autor.

Art. XXVIII - Todo homem tem direito a uma ordem social e internacional em que os direitos e liberdades estabelecidos na presente Declaração possam ser plenamente realizados.

Art. XXIX - 1) Todo homem tem deveres para com a comunidade, na qual o livre e pleno desenvolvimento de sua personalidade é possível.

2) No exercício de seus direitos e liberdades, todo homem estará sujeito apenas às limitações determinadas pela lei, exclusivamente com o fim de assegurar o devido reconhecimento e respeito dos direitos e liberdades de outrem e de satisfazer às justas exigências da moral, da ordem pública e do bem-estar de uma sociedade democrática.

3) Esses direitos e liberdades não podem, em hipótese alguma, ser exercidos contrariamente aos objetivos e princípios das Nações Unidas.

Art. XXX - Nenhuma disposição da presente Declaração pode ser interpretada como o reconhecimento a qualquer Estado, grupo ou pessoa, do direito de exercer qualquer atividade ou praticar qualquer ato destinado à destruição de quaisquer dos direitos e liberdades aqui estabelecidos.

b) Convenção para a prevenção e a repressão do crime de genocídio (1948)[9]

As Partes Contratantes,

Considerando que a Assembléia geral da Organização das Nações Unidas em sua Resolução nº 96 (11/12/46) declarou que o genocídio é um crime contra o direito internacional, contrário ao espírito e aos objetivos das Nações Unidas e que o mundo civilizado condena;

Reconhecendo que em todos os períodos da História o genocídio causou grandes perdas à Humanidade;

Convencidas de que, para libertar a Humanidade de flagelo tão odioso, a cooperação internacional é necessária;

Convêm no seguinte:

Art. I - As Partes Contratantes confirmam que o genocídio, quer cometido em tempo de paz, quer em tempo de guerra, é um crime contra o direito internacional, o qual elas se comprometem a prevenir e a punir.

---

[9] Assinada em Paris a 11 de dezembro de 1948 e aprovada pela 2ª Assembléia geral das Nações Unidas. Aprovada pelo Decreto Legislativo nº 2 (11/04/51) e ratificada em 04/09/51 (depósito de instrumento de ratificação em 15/04/52). Promulgada pelo Decreto nº 30.822 (06/05/52) e publicado no DOU em 09/05/52.

Art. II - Na presente Convenção, entende-se por genocídio qualquer dos seguintes atos, cometidos com a intenção de destruir, no todo ou em parte, um grupo nacional, étnico ou religioso, tal como:

a) assassínio de membros do grupo;

b) dano grave à integridade física ou mental do grupo;

c) submissão intencional do grupo a condições de existência que lhe ocasionem a destruição física total ou parcial;

d) medidas destinadas a impedir os nascimentos no seio do grupo;

e) transferência forçada de menores do grupo para outro grupo.

Art. III - Serão punidos os seguintes atos:

a) o genocídio;

b) o conluio para cometer o genocídio;

c) a incitação direta e pública a cometer o genocídio;

d) a tentativa de genocídio;

e) a cumplicidade no genocídio.

Art. IV - As pessoas que tiverem cometido o genocídio ou qualquer dos outros atos enumerados no art. III serão punidas, sejam governantes, funcionários ou particulares.

Art. V - As Partes Contratantes assumem o compromisso de tomar, de acordo com as respectivas Constituições, as medidas legislativas necessárias a assegurar a aplicação das disposições da presente Convenção e, sobretudo, a estabelecer sanções penais eficazes aplicáveis às pessoas culpadas de genocídio ou de qualquer dos outros atos enumerados no art. III.

Art. VI - As pessoas acusadas de genocídio ou de qualquer dos outros atos enumerados no art. III serão julgadas pelos tribunais competentes do Estado em cujo território o ato foi cometido ou pela corte penal internacional competente com relação às partes Contratantes que lhe tiverem reconhecido a jurisdição.

Art. VII - O genocídio e os outros atos enumerados no art. III não serão considerados crimes políticos para feitos de extradição.

As Partes Contratantes se comprometem, em tal caso, a conceder a extradição de acordo com sua legislação e com os tratados em vigor.

Art. VIII - Qualquer Parte Contratante pode recorrer aos órgãos competentes das Nações Unidas, a fim de que estes tomem, de acordo com a Carta das Nações Unidas, as medidas que julguem necessárias para a prevenção e a repressão dos atos de genocídio ou de qualquer dos outros atos enumerados no art. III.

Art. IX - As controvérsias entre as Partes Contratantes relativas à interpretação, aplicação ou execução da presente Convenção, bem como as referentes à responsabilidade de um estado em matéria de genocídio ou de qualquer dos outros atos enumerados no art. III, serão submetidas à Corte Internacional de Justiça, a pedido de uma das Partes na controvérsia.

Art. X - A presente Convenção, cujos textos em chinês, espanhol, francês, inglês e russo serão igualmente autênticos, terá a data de 9 de dezembro de 1948.

Art. XI - A presente Convenção ficará aberta, até 31 de dezembro de 1949, à assinatura de todos os membros das Nações Unidas e de todo Estado não membro ao qual a Assembléia geral houver enviado um convite par esse fim.

A presente Convenção será ratificada e dos instrumentos de ratificação far-se-á depósito no Secretariado das Nações Unidas. A partir de 1º de janeiro de 1950, qualquer membro das Nações Unidas e qualquer Estado não membro que houver recebido o convite acima mencionado poderá aderir à presente Convenção. Os instrumentos de adesão serão depositados no Secretariado das Nações Unidas.

Art. XII - Qualquer Parte Contratante poderá, a qualquer tempo, por notificação dirigida ao Secretário geral das Nações Unidas, estender a aplicação da presente Convenção a todos os territórios ou a qualquer dos territórios de cujas relações exteriores seja responsável.

Art. XIII - Na data em que os vinte primeiros instrumentos de ratificação ou adesão tiverem sido depositados, o Secretário geral lavrará uma ata e transmitirá cópia da mesma a todos os membros das Nações Unidas e aos Estados não membros a que se refere o art. XI.

A presente Convenção entrará em vigor noventa dias após a data do depósito do vigésimo instrumento de ratificação ou adesão. Qualquer ratificação ou adesão efetuada posteriormente à última data entrará em vigor noventa dias após o depósito do instrumento de ratificação ou adesão.

Art. XIV - A presente Convenção vigorará por dez anos a partir da data de sua entrada em vigor. Ficará, posteriormente, em vigor por um período de cinco anos e assim sucessivamente com relação às Partes Contratantes que não a tiverem denunciado pelo menos seis meses antes do termo do prazo. A denúncia será feita por notificação escrita dirigida ao Secretário geral das Nações Unidas.

Art. XV - Se, em conseqüência de denúncias, o número das Partes na presente Convenção se reduzir a menos de dezesseis, a Convenção cessará de vigorar a partir da data na qual a última dessas denúncias entrar em vigor.

Art. XVI - A qualquer tempo, qualquer parte contratante poderá formular pedido de revisão da presente Convenção, por meio de notificação escrita dirigida ao Secretário geral. A Assembléia geral decidirá com relação às medidas que se devam tomar, se for o caso, com relação a esse pedido.

Art. XVII - O Secretário geral das Nações Unidas notificará todos os membros das Nações Unidas e os Estados não membros mencionados no art. XI:

a) das assinaturas, ratificações e adesões recebidas de acordo com o art. XI;

b) das notificações recebidas de acordo com o art. XII;

c) da data em que a presente Convenção entrar em vigor de acordo com o art. XIII;

d) das denúncias recebidas de acordo com o art. XIV;

e) da ab-rogação da Convenção, de acordo com o art. XV;

f) das notificações recebidas de acordo com o art. XVI.

Art. XVIII - O original da presente Convenção será depositado nos arquivos da organização das Nações Unidas. Enviar-se-á cópia autenticada a todos os membros das Nações Unidas e aos Estados não membros mencionados no art. XI.

Art. XIX - A presente Convenção será registrada pelo Secretário geral das Nações Unidas na data de sua entrada em vigor.

c) Pacto internacional sobre direitos civis e políticos (1966)

Preâmbulo

Os Estados Partes do presente Pacto,

Considerando que, em conformidade com os princípios proclamados na Carta das Nações Unidas, o reconhecimento da dignidade inerente a todos os membros da família humana e de seus direitos iguais e inalienáveis constitui o fundamento da liberdade, da justiça e da paz no mundo,

Reconhecendo que esses direitos decorrem da dignidade inerente à pessoa humana,

Reconhecendo que, em conformidade com a Declaração universal dos direitos do homem, o ideal do ser humano livre, no gozo das liberdades civis e políticas e liberto do temor e da miséria, não pode ser realizado a menos que se criem as condições que permitam a cada um gozar de seus direitos civis e políticos, assim como de seus direitos econômicos, sociais e culturais,

Considerando que a Carta das Nações Unidas impõe aos Estados a obrigação de promover o respeito universal e efetivo dos direitos e das liberdades do homem,

Compreendendo que o indivíduo, por ter deveres para com seus semelhantes e para com a coletividade a que pertence, tem a obrigação de lutar pela promoção e observância dos direitos reconhecidos no presente Pacto,

Acordam o seguinte:

Parte I

Art. 1 - 1) Todos os povos têm direito à autodeterminação. Em virtude desse direito, determinam livremente seu estatuto político e asseguram livremente seu desenvolvimento econômico, social e cultural.

2) Para a consecução de seus objetivos, todos os povos podem dispor livremente de suas riquezas e de seus recursos naturais, sem prejuízo das obrigações decorrentes da cooperação econômica internacional, baseada no

princípio do proveito mútuo, e do Direito Internacional. Em caso algum, poderá um povo ser privado de seus meios de subsistência.

3) Os Estados Partes do presente Pacto, inclusive aqueles que tenham a responsabilidade de administrar territórios não-autônomos e territórios sob tutela, deverão promover o exercício do direito à autodeterminação e respeitar esse direito, em conformidade com as disposições da Carta das Nações Unidas.

Parte II

Art. 2 - 1) Os Estados Partes do presente Pacto comprometem-se a respeitar e a garantir a todos os indivíduos que se achem em seu território e que estejam sujeitos a sua jurisdição os direitos reconhecidos no presente Pacto; sem discriminação alguma por motivo da raça, cor, sexo, língua, religião, opinião política ou de outra natureza, origem nacional ou social, situação econômica, nascimento ou qualquer outra condição.

2) Na ausência de medidas legislativas ou de outra natureza destinadas a tornar efetivos os direitos reconhecidos no presente Pacto, os Estados Partes do presente Pacto comprometem-se a tomar as providências necessárias com vistas a adotá-las, levando em consideração seus respectivos procedimentos constitucionais e as disposições do presente Pacto.

3) Os Estados Partes do presente Pacto comprometem-se a:

a) Garantir que toda pessoa, cujos direitos e liberdades reconhecidos no presente Pacto tenham sido violados, possa dispor de um recurso efetivo, mesmo que a violência tenha sido perpetrada por pessoas que agiam no exercício de funções oficiais;

b) Garantir que toda pessoa que interpuser tal recurso terá seu direito determinado pela competente autoridade judicial, administrativa ou legislativa ou por qualquer outra autoridade competente prevista no ordenamento jurídico do Estado em questão; e a desenvolver as possibilidades de recurso judicial;

c) Garantir o cumprimento, pelas autoridades competentes, de qualquer decisão que julgar procedente tal recurso.

Art. 3 - Os Estados Partes do presente Pacto comprometem-se a assegurar a homens e mulheres igualdade no gozo de todos os direitos civis e políticos enunciados no presente Pacto.

Art. 4 - 1) Quando situações excepcionais ameacem a existência da nação e sejam proclamadas oficialmente, os Estados Partes do presente Pacto podem adotar, na estrita medida exigida pela situação, medidas que suspendam as obrigações decorrentes do presente Pacto, desde que tais medidas não sejam incompatíveis com as demais obrigações que lhes sejam impostas pelo Direito Internacional e não acarretem discriminação alguma apenas por motivo de raça, cor, sexo, língua, religião ou origem social.

2) A disposição precedente não autoriza qualquer suspensão dos artigos 6, 7, 8 (§§ 1 e 2), 11, 15, 16 e 18.

Textos fundamentais do
Direito das Relações Internacionais

3) Os Estados Partes do presente Pacto que fizerem uso do direito de suspensão devem comunicar imediatamente aos outros Estados Partes do presente Pacto, por intermédio do Secretário geral da Organização das Nações Unidas, as disposições que tenham suspenso, bem como os motivos de tal suspensão. Os Estados partes deverão fazer uma nova comunicação, igualmente por intermédio do Secretário geral da Organização das Nações Unidas, na data em que terminar tal suspensão.

Art. 5 - 1) Nenhuma disposição do presente Pacto poderá ser interpretada no sentido de reconhecer a um Estado, grupo ou indivíduo qualquer direito de dedicarse a quaisquer atividades ou praticar quaisquer atos que tenham por objetivo destruir os direitos ou liberdades reconhecidos no presente Pacto ou imporlhes limitações mais amplas do que aquelas nele previstas.

2) Não se admitirá qualquer restrição ou suspensão dos direitos humanos fundamentais reconhecidos ou vigentes em qualquer Estado Parte do presente Pacto em virtude de leis, convenções, regulamentos ou costumes, sob pretexto de que o presente pacto não os reconheça ou os reconheça em menor grau.

Parte III

Art. 6 - 1) O direito à vida é inerente à pessoa humana. Este direito deverá ser protegido pela lei. Ninguém poderá ser arbitrariamente privado de sua vida.

2) Nos países em que a pena de morte não tenha sido abolida, esta poderá ser imposta apenas nos casos de crimes mais graves, em conformidade com legislação vigente na época em que o crime foi cometido e que não esteja em conflito com as disposições do presente Pacto, nem com a Convenção sobre a Prevenção e a Punição do Crime de Genocídio. Poderseá aplicar essa pena apenas em decorrência de uma sentença transitada em julgado e proferida por tribunal competente.

3) Quando a privação da vida constituir crime de genocídio, entende-se que nenhuma disposição do presente artigo autorizará qualquer Estado Parte do presente Pacto a eximir-se, de modo algum, do cumprimento de qualquer das obrigações que tenham assumido em virtude das disposições da Convenção sobre a Prevenção e a Punição do Crime de Genocídio.

4) Qualquer condenado à morte terá o direito de pedir indulto ou comutação da pena. A anistia, o indulto ou a comutação da pena poderão ser concedidos em todos os casos.

5) A pena de morte não deverá ser imposta em casos de crimes cometidos por pessoas menores de 18 anos, nem aplicada a mulheres em estado de gravidez.

6) Não se poderá invocar disposição alguma do presente artigo para retardar ou impedir a abolição da pena de morte por um Estado Parte do presente Pacto.

Art. 7 - Ninguém poderá ser submetido à tortura, nem a penas ou tratamentos cruéis, desumanos ou degradantes. Será proibido, sobretudo, submeter uma pessoa, sem seu livre consentimento, a experiências médicas ou científicas.

Art. 8 - 1) Ninguém poderá ser submetido à escravidão; a escravidão e o tráfico de escravos, em todos as suas formas, ficam proibidos.

2) Ninguém poderá ser submetido à servidão.

3) a) Ninguém poderá ser obrigado a executar trabalhos forçados ou obrigatórios;

b) A alínea a) do presente § não poderá ser interpretada no sentido de proibir, nos países em que certos crimes sejam punidos com prisão e trabalhos forçados, o cumprimento de uma pena de trabalhos forçados, imposta por um tribunal competente;

c) Para os efeitos do presente §, não serão considerados "trabalhos forçados ou obrigatórios":

i) qualquer trabalho ou serviço, não previsto na alínea b), normalmente exigido de um indivíduo que tenha sido encarcerado em cumprimento de decisão judicial ou que, tendo sido objeto de tal decisão, achese em liberdade condicional;

ii) qualquer serviço de caráter militar e, nos países em que se admita a isenção por motivo de consciência, qualquer serviço nacional que a lei venha a exigir daqueles que se oponham ao serviço militar por motivo de consciência;

iii) qualquer serviço exigido em casos de emergência ou de calamidade que ameacem o bemestar da comunidade;

iv) qualquer trabalho ou serviço que faça parte das obrigações cívicas normais.

Art. 9 - 1) Toda pessoa tem direito à liberdade e à segurança pessoais. Ninguém poderá ser preso ou encarcerado arbitrariamente. Ninguém poderá ser privado de sua liberdade, salvo pelos motivos previstos em lei e em conformidade com os procedimentos nela estabelecidos.

2) Qualquer pessoa, ao ser presa, deverá ser informada das razões da Prisão e notificada, sem demora, das acusações formuladas contra ela.

3) Qualquer pessoa presa ou encarcerada em virtude de infração penal deverá ser conduzida, sem demora, à presença do juiz ou de outra autoridade habilitada por lei a exercer funções judiciais e terá o direito de ser julgada em prazo razoável ou de ser posta em liberdade. A prisão preventiva de pessoas que aguardam julgamento não deverá constituir a regra geral, mas a soltura poderá estar condicionada a garantias que assegurem o comparecimento de pessoa em questão à audiência, a todos os atos do processo e, se necessário for, para a execução da sentença.

4) Qualquer pessoa que seja privada de sua liberdade por prisão ou encarceramento terá o direito de recorrer a um tribunal para que este decida

Textos fundamentais do
Direito das Relações Internacionais

255

sobre a legalidade de seu encarceramento e ordene sua soltura, caso a prisão tenha sido ilegal.

5) Qualquer pessoa vítima de prisão ou encarceramento ilegais terá direito à reparação.

Art. 10 - 1) Toda pessoa privada de sua liberdade deverá ser tratada com humanidade e respeito à dignidade inerente à pessoa humana.

2) a) As pessoas processadas deverão ser separadas, salvo em circunstâncias excepcionais, das pessoas condenadas e receber tratamento distinto, condizente com sua condição de pessoa não-condenada.

b) As pessoas processadas, jovens, deverão ser separadas das adultas e julgadas o mais rápido possível.

3) O regime penitenciário consistirá num tratamento cujo objetivo principal seja a reforma e a reabilitação moral dos prisioneiros. Os delinqüentes juvenis deverão ser separados dos adultos e receber tratamento condizente com sua idade e condição jurídica.

Art. 11 - Ninguém poderá ser preso apenas por não poder cumprir com uma obrigação contratual.

Art. 12 - 1) Toda pessoa que se ache legalmente no território de um Estado terá o direito de nele livremente circular e escolher sua residência.

2) Toda pessoa terá o direito de sair livremente de qualquer país, inclusive de seu próprio país.

3) Os direitos supracitados não poderão constituir objeto de restrições, a menos que estejam previstas em lei e no intuito de proteger a segurança nacional e a ordem, a saúde ou a moral públicas, bem como os direitos e liberdades das demais pessoas, e que sejam compatíveis com os outros direitos reconhecidos no presente Pacto.

4) Ninguém poderá ser privado arbitrariamente do direito de entrar em seu próprio país.

Art. 13 - Um estrangeiro que se ache legalmente no território de um Estado Parte do presente Pacto só poderá dele ser expulso em decorrência de decisão adotada em conformidade com a lei e, a menos que razões imperativas de segurança nacional a isso se oponham, terá a possibilidade de expor as razões que militam contra sua expulsão e de ter seu caso reexaminado pelas autoridades competentes, ou por uma ou várias pessoas especialmente designadas pelas referidas autoridades, e de fazerse representar com esse objetivo.

Art. 14 - 1) Todas as pessoas são iguais perante os tribunais e as cortes de justiça. Toda pessoa terá o direito de ser ouvida publicamente e com as devidas garantias por um tribunal competente, independente e imparcial, estabelecido por lei, na apuração de qualquer acusação de caráter penal formulada contra ela ou na determinação de seus direitos e obrigações de caráter civil. A imprensa e o público poderão ser excluídos de parte ou de totalidade de um julgamento, quer por motivo de moral pública, de ordem pública ou de segurança nacional em uma sociedade democrática, quer quando o interesse da vida privada das Partes o exija, que na medida em que isso seja estritamente necessário na opinião da justiça, em circunstâncias específicas, nas quais a publicidade venha a prejudicar os interesses da justiça; entretanto, qualquer sentença proferida em matéria penal ou civil deverá tornarse pública, a menos que o interesse de menores exija procedimento oposto, ou o processo diga respeito a controvérsias matrimoniais ou à tutela de menores.

2) Toda pessoa acusada de um delito terá direito a que se presuma sua inocência enquanto não for legalmente comprovada sua culpa.

3) Toda pessoa acusada de um delito terá direito, em plena igualdade, pelo menos, às seguintes garantias:

a) De ser informado, sem demora, numa língua que compreenda e de forma minuciosa, da natureza e dos motivos da acusação contra ela formulada;

b) De dispor do tempo e dos meios necessários à preparação de sua defesa e a comunicar-se com defensor de sua escolha;

c) De ser julgado sem dilações indevidas;

d) De estar presente no julgamento e de defender-se pessoalmente ou por intermédio de defensor de sua escolha; de ser informado, caso não tenha defensor, do direito que lhe assiste de tê-lo sempre que o interesse da justiça assim exija, de ter um defensor designado *ex officio* gratuitamente, se não tiver meios para remunerá-lo;

e) De interrogar ou fazer interrogar as testemunhas de acusação e de obter o comparecimento e o interrogatório das testemunhas de defesa nas mesmas condições de que dispõem as de acusação;

f) De ser assistida gratuitamente por um intérprete, caso não comprenda ou não fale a língua empregada durante o julgamento;

g) De não ser obrigada a depor contra si mesma, nem a confessar-se culpada.

4) O processo aplicável a jovens que não sejam maiores nos termos da legislação penal levará em conta a idade dos mesmos e a importância de promover sua reintegração social.

5) Toda pessoa declarada culpada por um delito terá o direito de decorrer da sentença condenatória e da pena a uma instância superior, em conformidade com a lei.

6) Se uma sentença condenatória passada em julgado for posteriormente anulada ou se um indulto for concedido, pela ocorrência a descoberta de fatos novos que provem cabalmente a existência de erro judicial, a pessoa que sofreu a pena decorrente dessa condenação deverá ser indenizada, de acordo com a lei, a menos que fique provado que se pode imputar, total ou parcialmente, a não-revelação dos fatos reconhecidos em tempo útil.

7) Ninguém poderá ser processado ou punido por um delito pelo qual já foi absolvido ou condenado por sentença passada em julgado, em conformidade com a lei e os procedimentos penais de cada país.

Textos fundamentais do
Direito das Relações Internacionais

Art. 15 - 1) Ninguém poderá ser condenado por atos ou omissões que não constituam delito de acordo com o direito nacional ou internacional, no momento em que foram cometidos. Tampouco poderseá impor pena mais grave do que a aplicável no momento da ocorrência do delito. Se, depois de perpetrado o delito, a lei estipular a imposição de pena mais leve, o delinqüente deverá dela beneficiarse.

2) Nenhuma disposição do presente Pacto impedirá o julgamento ou condenação de qualquer indivíduo por atos ou omissões que, no momento a que foram cometidos, eram considerados delituosos de acordo com os princípios gerais de direito reconhecidos pela comunidade das nações.

Art. 16 - Toda pessoa terá direito, em qualquer lugar, ao reconhecimento de sua personalidade jurídica.

Art. 17 - Ninguém poderá ser objeto de ingerências arbitrárias ou legais em sua vida privada, em sua família, em seu domicílio ou em sua correspondência, nem de ofensas ilegais às suas honra e reputação. Toda pessoa terá direito à proteção da lei contra essas ingerências ou ofensas.

Art. 18 - Toda pessoa terá direito à liberdade de pensamento, de consciência e de religião. Esse direito implicará a liberdade de ter ou notar uma religião ou uma crença de sua escolha e a liberdade de confessar sua religião ou crença, individual ou coletivamente, tanto pública como privadamente, por meio do culto, da celebração de ritos, práticas e do ensino. Ninguém poderá ser submetido a medidas coercitivas que possam restringir sua liberdade de ter ou de adotar uma religião ou crença de sua escolha. A liberdade de manifestar a própria religião ou crença estará sujeita apenas à limitações previstas em lei e que se façam necessárias para proteger a segurança, a ordem, a saúde ou a moral públicas ou os direitos e as liberdades das demais pessoas. Os Estados Partes do presente Pacto comprometemse a respeitar a liberdade dos pais e, quando for o caso, dos tutores legais de assegurar a educação religiosa e moral dos filhos que esteja de acordo com suas próprias convicções.

Art. 19 - Ninguém poderá ser molestado por suas opiniões. Toda pessoa terá direito à liberdade de expressão, esse direito incluirá a liberdade de procurar, receber e difundir informações e idéias de qualquer natureza, independentemente de considerações das fronteiras, verbalmente ou por escrito, em forma expressa ou artística, ou por qualquer outro meio de sua escolha.

O exercício do direito previsto no § 2 do presente artigo implicará deveres e responsabilidades especiais. Conseqüentemente, poderá estar sujeito a certas restrições, que devem, entretanto, ser expressamente previstas em lei e que se façam necessárias para:

a) assegurar o respeito dos direitos e da reputação das demais pessoas;

b) proteger a segurança nacional, a ordem, a saúde ou a moral públicas.

Art. 20 - 1) Será proibida por lei qualquer propaganda em favor da guerra.

2) Será proibida por lei qualquer apologia do ódio nacional, racial ou religioso que constitua incitamento à discriminação, à hostilidade ou à violência.

Art. 21 - O direito de reunião pacífica será reconhecido. O exercício desse direito estará sujeito apenas às restrições previstas em lei e que se façam necessárias, em uma sociedade democrática, no interesse da segurança nacional, da segurança ou da ordem públicas, ou para proteger a saúde ou a moral públicas ou os direitos e as liberdades das demais pessoas.

Art. 22 - 1) Toda pessoa terá o direito de associar-se livremente a outras, inclusive o direito de constituir sindicatos e de a eles filiar-se, para a proteção de seus interesses.

2) O exercício desse direito estará sujeito apenas às restrições previstas em lei e que se façam necessárias, em uma sociedade democrática, no interesse da segurança nacional, da segurança e da ordem pública, ou para proteger a saúde ou a moral públicas ou os direitos e liberdades das demais pessoas. O presente artigo não impedirá que se submeta a restrições legais o exercício desse direito por membros das forças armadas e da polícia.

3) Nenhuma das disposições do presente artigo permitirá que Estados Partes da Convenção de 1949 da Organização Internacional do Trabalho, relativa à liberdade sindical e à proteção do direito sindical, venham a adotar medidas legislativas que restrinjam ou aplicar a lei de maneira a restringir as garantias previstas na referida Convenção.

Art. 23 - 1) A família é o elemento natural e fundamental da sociedade e terá o direito de ser protegida pela sociedade e pelo Estado.

2) Será reconhecido o direito do homem e da mulher de, em idade núbil, contrair casamento e constituir família.

3) Casamento algum será celebrado sem o consentimento livre e pleno dos futuros esposos.

4) Os Estados Partes do presente Pacto deverão adotar as medidas apropriadas para assegurar a igualdade de direitos e responsabilidades dos esposos quanto ao casamento, durante o mesmo e por ocasião de sua dissolução. Em caso de dissolução, deverão adotarse disposições que assegurem a proteção necessária para os filhos.

Art. 24 - 1) Toda criança terá direito, sem discriminação alguma por motivo de cor, sexo, língua, religião, origem nacional ou social, situação econômica ou nascimento, às medidas da proteção que a sua condição de menor requerer por parte de sua família, da sociedade e do Estado.

2) Toda criança deverá ser registrada imediatamente após seu nascimento e deverá receber um nome.

3) Toda criança terá o direito de adquirir uma nacionalidade.

Art. 25 - Todo cidadão terá o direito e a possibilidade, sem qualquer das formas de discriminação mencionadas no artigo 2 e sem restrições infundadas:

a) de participar da condução dos assuntos públicos, diretamente ou por meio de representantes livremente escolhidos;

b) de votar e de ser eleito em eleições periódicas, autênticas, realizadas por sufrágio universal e igualitário e por voto secreto, que garantam a manifestação da vontade dos eleitores;

c) de ter acesso, em condições gerais de igualdade, às funções públicas de seu país.

Art. 26 - Todas as pessoas são iguais perante a lei e têm direito, sem discriminação alguma, a igual proteção da Lei. A este respeito, a lei deverá proibir qualquer forma de discriminação e garantir a todas as pessoas proteção igual e eficaz contra qualquer discriminação por motivo de raça, cor, sexo, língua, religião, opinião política ou de outra natureza, origem nacional ou social, situação econômica, nascimento ou qualquer outra situação.

Art. 27 - Nos Estados em que haja minorias étnicas, religiosas ou lingüísticas, as pessoas pertencentes a essas minorias não poderão ser privadas do direito de ter, conjuntamente com outros membros de seu grupo, sua própria vida cultural, de professar e praticar sua própria religião e usar sua própria língua.

Parte IV

Art. 28 - 1) Constituir-se-á um Comitê de Direitos Humanos (doravante denominado o "Comitê" no presente Pacto). O Comitê será composto de dezoito membros e desempenhará as funções descritas adiante.

2) O Comitê será integrado por nacionais dos Estados Partes do presente Pacto, os quais deverão ser pessoas de elevada reputação moral e reconhecida competência em matéria de direitos humanos, levando-se em consideração a utilidade da participação de algumas pessoas com experiência jurídica.

3) Os membros do Comitê serão eleitos e exercerão suas funções a título pessoal.

Art. 29 - 1) Os membros do Comitê serão eleitos em votação secreta dentre uma lista de pessoas que preencham os requisitos previstos no artigo 28 e indicadas, com esse objetivo, pelos Estados Partes do presente Pacto.

2) Cada Estado Parte no presente Pacto poderá indicar duas pessoas. Essas pessoas deverão ser nacionais do Estado que as indicou.

3) A mesma pessoa poderá ser indicada mais de uma vez.

Art. 30 - 1) A primeira eleição realizar-se-á no máximo seis meses após a data de entrada em vigor do presente Pacto.

2) Ao menos quatro meses antes da data de cada eleição do Comitê, e desde que não seja uma eleição para preencher uma vaga declarada nos termos do artigo 34, o Secretário geral da Organização das Nações Unidas convidará, por escrito, os Estados Partes do presente Protocolo a indicar, no prazo de três meses, os candidatos a membro do Comitê.

3) O Secretário geral da Organização das Nações Unidas organizará uma lista por ordem alfabética de todos os candidatos assim designados, mencionando os Estados Partes que os tiverem indicado, e a comunicará aos Estados Partes do presente Pacto, no máximo um mês antes da data de cada eleição.

4) Os membros do Comitê serão eleitos em reuniões dos Estados Partes convocadas pelo Secretário geral da Organização das Nações Unidas na sede da Organização. Nessas reuniões, em que o *quorum* será estabelecido por 2/3 dos Estados Partes do presente Pacto, serão eleitos membros do Comitê os candidatos que obtiverem o maior número de votos e a maioria absoluta dos votos dos representantes dos Estados Partes presentes e votantes.

Art. 31 - 1) O Comitê não poderá ter mais de um nacional de um mesmo Estado.

2. Nas eleições do Comitê, levar-se-ão em consideração uma distribuição geográfica eqüitativa e uma representação das diversas formas de civilização, bem como dos principais sistemas jurídicos.

Art. 32 - 1) Os membros do Comitê serão eleitos para um mandato de quatro anos. Poderão, caso suas candidaturas sejam apresentadas novamente, ser reeleitos. Entretanto, o mandato de nove dos membros eleitos na primeira eleição expirará ao final de dois anos; imediatamente após a primeira eleição, o presidente da reunião a que se refere o § 4 do artigo 30 indicará, por sorteio, os nomes desses nove membros.

2) Ao expirar o mandato dos membros, as eleições se realizarão de acordo com o disposto nos artigos precedentes desta Parte do presente Pacto.

Art. 33 - 1) Se, na opinião unânime dos demais membros, um membro do Comitê deixar de desempenhar suas funções por motivos distintos de uma ausência temporária, o Presidente comunicará tal fato ao Secretário geral da Organização das Nações Unidas, que declarará vago o lugar que o referido membro ocupava.

2) Em caso de morte ou renúncia de um membro do Comitê, o Presidente comunicará imediatamente tal fato ao Secretário geral da Organização das Nações Unidas, que declarará vago o lugar desde a data da morte ou daquela em que a renúncia passe a produzir efeitos.

Art. 34 - 1) Quando uma vaga for declarada nos termos do artigo 33 e o mandato do membro a ser substituído não expirar no prazo de seis meses a contar da data em que tenha sido declarada a vaga, o Secretário geral da Organização das Nações Unidas comunicará tal fato aos Estados Partes do presente Pacto, que poderão, no prazo de dois meses, indicar candidatos, em conformidade com o artigo 29, para preencher a vaga.

2) O Secretário geral da Organização das Nações Unidas organizará uma lista por ordem alfabética dos candidatos assim designados e a comunicará aos Estados Partes do presente Pacto. A eleição destinada a preencher

tal vaga será realizada nos termos das disposições pertinentes desta parte do presente Pacto.

3) Qualquer membro do Comitê eleito para preencher uma vaga em conformidade com o artigo 33 fará parte do Comitê durante o restante do mandato do membro que deixar vago o lugar do Comitê, nos termos do referido artigo.

Art. 35 - Os membros do Comitê receberão, com a aprovação da Assembléia geral da Organização das Nações Unidas, honorários provenientes de recursos da Organização das Nações Unidas, nas condições fixadas, considerando-se a importância das funções do Comitê, pela Assembléia geral.

Art. 36 - O Secretário geral da Organização das Nações Unidas colocará à disposição do Comitê o pessoal e os serviços necessários ao desempenho eficaz das funções que lhe são atribuídas em virtude do presente Pacto.

Art. 37 - 1) O Secretário geral da Organização das Nações Unidas convocará os Membros do Comitê para a primeira reunião, a realizar-se na sede da Organização.

2) Após a primeira reunião, o Comitê deverá reunir-se em todas as ocasiões previstas em suas regras de procedimento.

3) As reuniões do Comitê serão realizadas normalmente na sede da Organização das Nações Unidas ou no Escritório das Nações Unidas em Genebra.

Art. 38 - Todo Membro do Comitê deverá, antes de iniciar suas funções, assumir, em sessão pública, o compromisso solene de que desempenhará suas funções imparcial e conscientemente.

Art. 39 - (1) O Comitê elegerá sua mesa para um período de dois anos. Os membros da mesa poderão ser reeleitos.

(2) O próprio Comitê estabelecerá suas regras de procedimento; estas, contudo, deverão conter, entre outras, as seguintes disposições:

a) o *quorum* será de doze membros;

b) As decisões do Comitê serão tomadas por maioria de votos dos membros presentes.

Art. 40 - 1) Os Estados Partes do presente Pacto comprometem-se a submeter relatório sobre as medidas por eles adotadas para tornar efetivos os direitos reconhecidos no presente Pacto e sobre o progresso alcançado no gozo desses direitos:

a) Dentro do prazo de um ano, a contar do início da vigência do presente Pacto nos Estados Partes interessados;

b) A partir de então, sempre que o Comitê vier a solicitar.

2) Todos os relatórios serão submetidos ao Secretário geral da Organização das Nações Unidas, que os encaminhará, para exame, ao Comitê. Os relatórios deverão sublinhar, caso existam, os fatores e as dificuldades que prejudiquem a implementação do presente Pacto.

3) O Secretário geral da Organização das Nações Unidas poderá, após consulta ao Comitê, encaminhar às agências especializadas interessadas cópias das partes dos relatórios que digam respeito a sua esfera de competência.

4) O Comitê estudará os relatórios apresentados pelos Estados Partes do presente Pacto e transmitirá aos Estados Partes seu próprio relatório, bem corno os comentários gerais que julgar oportunos. O Comitê poderá igualmente transmitir ao Conselho econômico e social os referidos comentários, bem como cópias dos relatórios que houver recebido dos Estados Partes do presente Pacto.

5) Os Estados Partes no presente Pacto poderão submeter ao Comitê as observações que desejarem formular relativamente aos comentários feitos nos termos do § 4 do presente artigo.

Art. 41 - 1) Com base no presente Artigo, todo Estado Parte do presente Pacto poderá declarar, a qualquer momento, que reconhece a competência do Comitê para receber e examinar as comunicações em que um Estado Parte alegue que outro Estado Parte não vem cumprindo as obrigações que lhe impõe o presente Pacto. As referidas comunicações só serão recebidas e examinadas nos termos do presente artigo no caso de serem apresentadas por um Estado Parte que houver feito uma declaração em que reconheça, com relação a si próprio, a competência do Comitê. O Comitê não receberá comunicação alguma relativa a um Estado Parte que não houver feito uma declaração dessa natureza. As comunicações recebidas em virtude do presente artigo estarão sujeitas ao procedimento que se segue:

a) Se um Estado Parte do presente Pacto considerar que outro Estado Parte não vem cumprindo as disposições do presente Posto poderá, mediante comunicação escrita, levar a questão ao conhecimento deste Estado Parte. Dentro do prazo de três meses, a contar da data do recebimento da comunicação, o Estado destinatário fornecerá ao Estado que enviou a comunicação explicações ou quaisquer outras declarações por escrito que esclareçam a questão, as quais deverão fazer referência, até onde seja possível e pertinente, aos procedimentos nacionais e aos recursos jurídicos adotados, em trâmite ou disponíveis sobre a questão;

b) Se, dentro do prazo de seis meses, a contar da data do recebimento da comunicação original pelo Estado destinatário, a questão não estiver dirimida satisfatoriamente para ambos os Estados Partes interessados, tanto um como o outro terão o direito de submetê-la ao Comitê, mediante notificação endereçada ao Comitê ou ao outro Estado interessado;

c) O Comitê tratará de todas as questões que se lhe submetem em virtude do presente artigo somente após terse assegurado de que todos os recursos jurídicos internos disponíveis tenham sido utilizados e esgotados, em consonância com os princípios do Direito Internacional geralmente reconhecidos. Não se aplicará essa regra quando a aplicação dos mencionados recursos prolongar-se sem justificativas;

Textos fundamentais do
Direito das Relações Internacionais

d) O Comitê realizará reuniões confidenciais quando estiver examinando as comunicações previstas no presente artigo;

e) Sem prejuízo das disposições da alínea c), o Comitê colocará seus bons ofícios à disposição dos Estados Partes interessados no intuito de alcançar uma solução amistosa para a questão, baseada no respeito aos direitos humanos e liberdades fundamentais reconhecidos no presente Pacto;

f) Em todas as questões que se lhe submetam em virtude do presente artigo, o Comitê poderá solicitar aos Estados Partes interessados, a que se faz referência na alínea b), que lhe forneçam quaisquer informações pertinentes;

g) Os Estados Partes interessados, a que se faz referência na alínea b), terão direito de fazer-se representar quando as questões forem examinadas no Comitê e de apresentar suas observações verbalmente e/ou por escrito;

h) O Comitê, dentro dos doze meses seguintes à data de recebimento da notificação mencionada na alínea b), apresentará relatório em que:

i) se houver sido alcançada uma solução nos termos da alínea e), o Comitê restringirseá, em seu relatório, a uma breve exposição dos fatos e da solução alcançada.

ii) se não houver sido alcançada solução alguma nos termos da alínea e), o Comitê, restringirseá, em seu relatório, a uma breve exposição dos fatos; serão anexados ao relatório o texto das observações escritas e as atas das observações, orais apresentadas pelos Estados Partes interessados.

Para cada questão, o relatório será encaminhado aos Estados Partes interessados.

2) As disposições do presente artigo entrarão em vigor a partir do momento em que dez Estados Partes do presente Pacto houverem feito as declarações mencionadas no § 1 deste artigo. As referidas declarações serão depositadas pelos Estados Partes junto ao Secretário geral da Organização das Nações Unidas, que enviará cópias das mesmas aos demais Estados Partes. Toda declaração poderá ser retirada, a qualquer momento, mediante notificação endereçada ao Secretário geral. Farseá essa retirada sem prejuízo do exame de quaisquer questões que constituam objeto de uma comunicação já transmitida nos termos deste artigo; em virtude do presente artigo, não se receberá qualquer nova comunicação de um Estado Parte uma vez que o Secretário geral tenha recebido a notificação sobre a retirada da declaração, a menos que o Estado Parte interessado haja feito uma nova declaração.

Art. 42 - 1) a) Se uma questão submetida ao Comitê, nos termos do artigo 41, não estiver dirimida satisfatoriamente para os Estados Partes interessados, o Comitê poderá, com o consentimento prévio dos Estados Partes interessados, constituir uma Comissão *ad hoc* (doravante denominada "a Comissão"). A Comissão colocará seus bons ofícios à disposição dos Estados Partes interessados no intuito de se alcançar uma solução amistosa para a questão baseada no respeito ao presente Pacto.

264

RICARDO SEITENFUS

b) A Comissão será composta de cinco membros designados com o consentimento dos Estados Partes interessados. Se os Estados Partes interessados não chegarem a um acordo a respeito da totalidade ou de parte da composição da Comissão dentro do prazo de três meses, os membros da Comissão em relação aos quais não se chegou a acordo serão eleitos pelo Comitê, entre os seus próprios membros, em votação secreta e por maioria de dois terços dos membros do Comitê.

2) Os membros da Comissão exercerão suas funções a título pessoal. Não poderão ser nacionais dos Estados interessados, nem do Estado que não seja Parte do presente Pacto, nem de um Estado Parte que não tenha feito a declaração prevista no artigo 41.

3) A própria Comissão elegerá seu Presidente e estabelecerá suas regras de procedimento.

4) As reuniões da Comissão serão realizadas normalmente na sede da Organização das Nações Unidas ou no Escritório das Nações Unidas em Genebra. Entretanto, poderão realizar-se em qualquer outro lugar apropriado que a Comissão determinar, após consulta ao Secretário geral da Organização das Nações Unidas e aos Estados Partes interessados.

5) O secretariado referido no artigo 36 também prestará serviços às comissões designadas em virtude do presente artigo.

6) As informações obtidas e coligidas pelo Comitê serão colocadas à disposição da Comissão, a qual poderá solicitar aos Estados Partes interessados que lhe forneçam qualquer outra informação pertinente.

7) Após haver estudado a questão sob todos os seus aspectos, mas, em qualquer caso, no prazo de doze meses após dela ter tomado conhecimento, a Comissão apresentará um relatório ao Presidente do Comitê, que o encaminhará aos Estados Partes interessados:

a) Se a Comissão não puder terminar o exame da questão, restringir-se-á, em seu relatório, a uma breve exposição sobre o estágio em que se encontra o exame da questão;

b) Se houver sido alcançada uma solução amistosa para a questão, baseada no respeito dos direitos humanos reconhecidos no presente Pacto, a Comissão restringirseá, em seu relatório, a uma breve exposição dos fatos e da solução alcançada;

c) Se não houver sido alcançada solução nos termos da alínea b), a Comissão incluirá no relatório suas conclusões sobre os fatos relativos à questão debatida entre os Estados Partes interessados, assim como sua opinião sobre a possibilidade de solução amistosa para a questão, o relatório incluirá as observações escritas e as atas das observações orais feitas pelos Estados Partes interessados;

d) Se o relatório da Comissão for apresentado nos termos da alínea c), os Estados Partes interessados comunicarão, no prazo de três meses a contar da data do recebimento do relatório, ao Presidente do Comitê se aceitam ou não os termos do relatório da Comissão.

Textos fundamentais do
Direito das Relações Internacionais

8) As disposições do presente artigo não prejudicarão as atribuições do Comitê previstas no artigo 41.

9) Todas as despesas dos membros da Comissão serão repartidas eqüitativamente entre os Estados Partes interessados, com base em estimativas a serem estabelecidas pelo Secretário geral da Organização das Nações Unidas.

10) O Secretário geral da Organização das Nações Unidas poderá, caso seja necessário, pagar as despesas dos membros da Comissão antes que sejam reembolsadas pelos Estados Partes interessados, em conformidade com o § 9 do presente artigo.

Art. 43 - Os membros do Comitê e os membros da Comissão de Conciliação *ad hoc* que forem designados nos termos do artigo 42 terão direito às facilidades, privilégios e imunidades que se concedem aos peritos no desempenho de missões para a Organização das Nações Unidas, em conformidade com as seções pertinentes da Convenção sobre Privilégios e Imunidades das Nações Unidas.

Art. 44 - As disposições relativas a implementação do presente Pacto aplicar-se-ão sem prejuízo dos procedimentos instituídos em matéria de direitos humanos pelos ou em virtude dos mesmos instrumentos constitutivos e pelas Convenções da Organização das Nações Unidas e das agências especializadas e não impedirão que os Estados Partes venham a recorrer a outros procedimentos para a solução de controvérsias em conformidade com os acordos internacionais gerais ou especiais vigentes entre eles.

Art. 45 - O Comitê submeterá a Assembléia geral, por intermédio do Conselho Econômico e Social, um relatório sobre suas atividades.

Parte V

Art. 46 - Nenhuma disposição do presente Pacto poderá ser interpretada em detrimento das disposições da Carta das Nações Unidas e das constituições das agências especializadas, a quais definem as responsabilidades respectivas dos diversos órgãos da Organização das Nações Unidas e das agências especializadas relativamente às questões tratadas no presente Pacto.

Art. 47 - Nenhuma disposição do presente Pacto poderá ser interpretada em detrimento do direito inerente a todos os povos de desfrutar e utilizar plena e livremente suas riquezas e seus recursos naturais.

Parte VI

Art. 48 - 1) O presente Pacto está aberto à assinatura de todos os Estados Membros da Organização das Nações Unidas ou membros de qualquer de suas agências especializadas, de todo Estado Parte do Estatuto da Corte Internacional de Justiça, bem como de qualquer outro Estado convidado pela Assembléia geral a tornar-se Parte do presente Pacto.

2) O presente Pacto está sujeito a ratificação. Os instrumentos de ratificação serão depositados junto ao Secretário geral da Organização das Nações Unidas.

3) O presente Pacto está aberto à adesão de qualquer dos Estados mencionados no § 1 do presente artigo.

4) Farseá a adesão mediante depósito do instrumento de adesão junto ao Secretário geral da Organização das Nações Unidas.

5) O Secretário geral da Organização das Nações Unidas informará todos os Estados que hajam assinado o presente Pacto ou a ele aderido do depósito de cada instrumento de ratificação ou adesão.

Art. 49 - 1) O presente Pacto entrará em vigor três meses após a data do depósito, junto ao Secretário geral da Organização das Nações Unidas, do 35º instrumento de ratificação ou adesão.

2) Para os Estados que vieram a ratificar o presente Pacto ou a ele aderir após o depósito do 35º instrumento de ratificação ou adesão, o presente Pacto entrará em vigor três meses após a data do depósito, pelo Estado em questão, de seu instrumento de ratificação ou adesão.

Art. 50 - Aplicar-se-ão as disposições do presente Pacto, sem qualquer limitação ou exceção, a todas as unidades constitutivas dos Estados federativos.

Art. 51 - 1) Qualquer Estado Parte do presente Pacto poderá propor emendas e depositá-las junto ao Secretário geral da Organização das Nações Unidas. O Secretário geral comunicará todas as propostas de emenda aos Estados Partes do presente Pacto, pedindo-lhes que o notifiquem se desejam que se convoque uma conferência dos Estados Partes destinada a examinar as propostas e submetê-las a votação. Se pelo menos um terço dos Estados Partes se manifestar a favor da referida convocação, o Secretário geral convocará a conferência sob os auspícios da Organização das Nações Unidas. Qualquer emenda adotada pela maioria dos Estados Partes presentes e votantes na conferência será submetida à aprovação da Assembléia geral das Nações Unidas.

2) Tais emendas entrarão em vigor quando aprovadas pela Assembléia geral das Nações Unidas e aceitas em conformidade com seus respectivos procedimentos constitucionais, por uma maioria de 2/3 dos Estados Partes no presente Pacto.

3) Ao entrarem em vigor, tais emendas serão obrigatórias para os Estados Partes que as aceitaram, ao passo que os demais Estados Partes permanecem obrigados pelas disposições do presente Pacto e pelas emendas anteriores por eles aceitas.

Art. 52 - Independentemente das notificações previstas no § 5 do artigo 48, o Secretário geral da Organização das Nações Unidas comunicará a todos os Estados referidos no § 1 do referido artigo:

a) as assinaturas, ratificações e adesões recebidas em conformidade com o artigo 48;

Textos fundamentais do
Direito das Relações Internacionais

b) a data de entrada em vigor do Pacto, nos termos do artigo 49, e a data em entrada em vigor de quaisquer emendas, nos termos do artigo 51.

Art. 53 - 1) O presente Pacto, cujos textos em chinês, espanhol, francês, inglês e russo são igualmente autênticos, será depositado nos arquivos da Organização das Nações Unidas.

2) O Secretário geral da Organização das Nações Unidas encaminhará cópias autênticas do presente Pacto a todos os Estados mencionados no artigo 48.

Em fé do quê, os abaixo-assinados, devidamente autorizados por seus respectivos Governos, assinaram o presente Pacto, aberto à assinatura em Nova York, a 19 de dezembro de 1996.

d) Pacto internacional sobre os direitos econômicos, sociais e culturais (1966)

Preâmbulo
Os Estados Partes do presente Pacto,

Considerando que, em conformidade com os princípios proclamados na Carta das Nações Unidas, o reconhecimento da dignidade inerente a todos os membros da família humana e dos seus direitos iguais e inalienáveis constitui o fundamento da liberdade, da justiça e da paz no mundo,

Reconhecendo que esses direitos decorrem da dignidade inerente à pessoa humana,

Reconhecendo que, em conformidade com a Declaração universal dos direitos do homem, o ideal do ser humano livre, liberto do temor e da matéria, não pode ser realizado a menos que se criem condições que permitam a cada um gozar de seus direitos econômicos, sociais e culturais, assim como de seus direitos civis e políticos.

Considerando que a Carta das Nações Unidas impõe aos Estados a obrigação de promover o respeito universal e efetivo dos direitos e das liberdades do homem,

Compreendendo que o indivíduo, por ter deveres para com seus semelhantes e para com a coletividade a que pertence, tem a obrigação de lutar pela promoção e observância dos direitos reconhecidos no presente Pacto,

Acordam o seguinte:

Parte I

Art. 1 - 1) Todos os povos têm direito a autodeterminação. Em virtude desse direito, determinam livremente seu estatuto político e asseguram livremente seu desenvolvimento econômico, social e cultural.

2) Para a consecução de seus objetivos, todos os povos podem dispor livremente de suas riquezas e de seus recursos naturais, sem prejuízo das obrigações decorrentes da cooperação econômica internacional, baseada no

princípio do proveito mútuo e do Direito internacional. Em caso algum, poderá um povo ser privado de seus próprios meios de subsistência.

3) Os Estados Partes do presente Pacto, inclusive aqueles que tenham a responsabilidade de administrar territórios nãoautônomos e territórios sob tutela, deverão promover o exercício do direito à autodeterminação e respeitar esse direito, em conformidade com as disposições da Carta das Nações Unidas.

Parte II

Art. 2 - 1) Cada Estado Parte do presente Pacto compromete-se a adotar medidas, tanto por esforço próprio como pela assistência e cooperação internacionais, principalmente nos planos econômico e técnico, até o máximo de seus recursos disponíveis, que visem a assegurar, progressivamente, por todos os meios apropriados, o pleno exercício dos direitos reconhecidos no presente Pacto, incluindo, em particular, a adoção de medidas legislativas.

2) Os Estados Partes do presente Pacto comprometem-se a garantir que os direitos nele enunciados se exercerão sem discriminação alguma por motivo de raça, cor, sexo, língua, religião, opinião política ou de outra natureza, origem nacional ou social, situação econômica, nascimento ou qualquer outra situação.

3) Os países em desenvolvimento, levando devidamente em consideração os direitos humanos e a situação econômica nacional, poderão determinar em que medida garantirão os direitos econômicos reconhecidos no presente Pacto àqueles que não sejam seus nacionais.

Art. 3 - Os Estados Partes do presente Pacto comprometem-se a assegurar a homens e mulheres igualdade no gozo de todos os direitos econômicos, sociais e culturais enumerados no presente Pacto.

Art. 4 - Os Estados Partes do presente Pacto reconhecem que, no exercício dos direitos assegurados em conformidade com o presente Pacto pelo Estado, este poderá submeter tais direitos unicamente às limitações estabelecidas em lei, somente na medida compatível com a natureza desses direitos e exclusivamente com o objetivo de favorecer o bemestar geral em uma sociedade democrática.

Art. 5 - 1) Nenhuma disposição do presente Pacto poderá ser interpretada no sentido de reconhecer a um Estado, grupo ou indivíduo qualquer direito de dedicar-se a quaisquer atividades ou de praticar quaisquer atos que tenham por objetivo destruir os direitos ou liberdades reconhecidos no presente Pacto ou imporlhes limitações mais amplas do que aquelas nele previstas.

2) Não se admitirá qualquer restrição ou suspensão dos direitos humanos fundamentais reconhecidos ou vigentes em qualquer país em virtude de leis, convenções, regulamentos ou costumes, sob pretexto de que o presente Pacto não os reconheça ou os reconheça em menor grau.

Parte III

Art. 6 - 1) Os Estados Partes do presente Pacto reconhecem o direito ao trabalho, que compreende o direito de toda pessoa de ter a possibilidade de ganhar a vida mediante um trabalho livremente escolhido ou aceito, e tomarão medidas apropriadas para salvaguardar esse direito.

2) As medidas que cada Estado Parte do presente Pacto tomará a fim de assegurar o pleno exercício desse direito deverão incluir a orientação e a formação técnica e profissional, a elaboração de programas, normas e técnicas apropriadas para assegurar um desenvolvimento econômico, social e cultural constante e o pleno emprego produtivo em condições que salvaguardem aos indivíduos o gozo das liberdades políticas e econômicas fundamentais.

Art. 7 - Os Estados Partes do presente Pacto reconhecem o direito de toda pessoa de gozar de condições de trabalho justas e favoráveis, que assegurem especialmente;

a) Uma remuneração que proporcione, no mínimo, a todos os trabalhadores:

i) Um salário eqüitativo e uma remuneração igual por um trabalho de igual valor, sem qualquer distinção; em particular, as mulheres deverão ter a garantia de condições de trabalho não inferiores às dos homens e perceber a mesma remuneração que eles por trabalho igual;

ii) Uma existência decente para eles e suas famílias, em conformidade com as disposições do presente Pacto;

b) A segurança e a higiene no trabalho;

c) Igual oportunidade para todos de serem promovidos, em seu trabalho, à categoria superior, que lhes corresponda, sem outras considerações que as de tempo de trabalho e capacidade;

d) O descanso, o lazer, a limitação razoável das horas de trabalho e férias periódicas remuneradas, assim como a remuneração dos feridos.

Art. 8 - 1) Os Estados Partes do presente Pacto comprometem-se a garantir:

a) O direito de toda pessoa de fundar com outras sindicatos e de filiar-se ao sindicato de sua escolha, sujeitando-se unicamente aos estatutos da organização interessada, com o objetivo de promover e de proteger seus interesses econômicos e sociais. O exercício desse direito só poderá ser objeto das restrições previstas em lei e que sejam necessárias, em uma sociedade democrática, no interesse da segurança nacional ou da ordem pública, ou para proteger os direitos e as liberdades alheias;

b) O direito dos sindicatos de formar federações ou confederações nacionais e o direito destas de formar organizações sindicais internacionais ou de filiarse às mesmas.

c) O direito dos sindicatos de exercer livremente suas atividades, sem quaisquer limitações além daquelas previstas em lei e que sejam necessárias, em uma sociedade democrática, no interesse da segurança nacional ou da ordem pública, ou para proteger os direitos e as liberdades das demais pessoas;

d) O direito de greve, exercido de conformidade com as leis de cada país.

2) O presente artigo não impedirá que se submeta a restrições legais o exercício desses direitos pelos membros das forças armadas, da política ou da administração pública.

3) Nenhuma das disposições do presente artigo permitirá que os Estados Partes da Convenção de 1948 da Organização Internacional do Trabalho, relativa à liberdade sindical e à proteção do direito sindical, venham a adotar medidas legislativas que restrinjam ou a aplicar a lei de maneira a restringir as garantias previstas na referida Convenção.

Art. 9 - Os Estados Partes do presente Pacto reconhecem o direito de toda pessoa à previdência social, inclusive ao seguro social.

Art. 10 - Os Estados Partes do presente Pacto reconhecem que:

1) Deve-se conceder à família, que é o elemento natural e fundamental da sociedade, as mais amplas proteção e assistência possíveis, especialmente para a sua constituição e enquanto ela for responsável pela criação e educação dos filhos. O matrimônio deve ser contraído com o livre consentimento dos futuros cônjuges.

2) Deve-se conceder proteção especial às mães por um período de tempo razoável antes e depois do parto. Durante esse período, devese conceder às mães que trabalham licença remunerada ou licença acompanhada de benefícios previdenciários adequados.

3) Devem-se adotar medidas especiais de proteção e de assistência em prol de todas as crianças e adolescentes, sem distinção alguma por motivo de filiação ou qualquer outra condição. Devemse proteger as crianças e adolescentes contra a exploração econômica e social. O emprego de crianças e adolescentes em trabalhos que lhes sejam nocivos à moral e à saúde ou que lhes façam correr perigo de vida, ou ainda que lhes venham a prejudicar o desenvolvimento normal, será punido por lei.

Os Estados devem também estabelecer limites de idade sob os quais fique proibido e punido por lei o emprego assalariado da mãodeobra infantil.

Art. 11 - 1) Os Estados Partes do presente Pacto reconhecem o direito de toda pessoa a um nível de vida adequado para si próprio e sua família, inclusive à alimentação, vestimenta e moradia adequadas, assim como a uma melhoria contínua de suas condições de vida. Os Estados Partes tomarão medidas apropriadas para assegurar a consecução desse direito, reconhecendo, nesse sentido, a importância essencial da cooperação internacional fundada no livre consentimento.

2) Os Estados Partes do presente Pacto, reconhecendo o direito fundamental de toda pessoa de estar protegida contra a fome, adotarão, indivi-

dualmente e mediante cooperação internacional, as medidas, inclusive programas concretos, que se façam necessárias para:

a) Melhorar os métodos de produção, conservação e distribuição de gêneros alimentícios pela plena utilização dos conhecimentos técnicos e científicos, pela difusão de princípios de educação nutricional e pelo aperfeiçoamento ou reforma dos regimes agrários, de maneira que se assegurem a exploração e a utilização mais eficazes dos recursos naturais;

b) Assegurar uma repartição eqüitativa dos recursos alimentícios mundiais em relação às necessidades, levandose em conta os problemas tanto dos países importadores quanto dos exportadores de gêneros alimentícios.

Art. 12 - 1) Os Estados Partes do presente Pacto reconhecem o direito de toda pessoa de desfrutar o mais elevado nível possível de saúde física e mental.

2) As medidas que os Estados Partes do presente Pacto deverão adotar com o fim de assegurar o pleno exercício desse direito incluirão as medidas que se façam necessárias para assegurar;

a) A diminuição da mortinatalidade e da mortalidade infantil, bem como o desenvolvimento são das crianças;

b) A melhoria de todos os aspectos de higiene do trabalho e do meio ambiente;

c) A prevenção e o tratamento das doenças epidêmicas, endêmicas, profissionais e outras, bem como a luta contra essas doenças;

d) A criação de condições que assegurem a todos assistência médica e serviços médicos em caso de enfermidade.

Art. 13 - 1) Os Estados Partes do presente Pacto reconhecem o direito de toda pessoa à educação. Concordam em que a educação deverá visar ao pleno desenvolvimento da personalidade humana e do sentido de sua dignidade e fortalecer o respeito pelos direitos humanos e liberdades fundamentais. Concordam ainda em que a educação deverá capacitar todas as pessoas a participar efetivamente de uma sociedade livre, favorecer a compreensão, a tolerância e a amizade entre todas as nações e entre todos os grupos raciais, étnicos ou religiosos e promover as atividades das Nações Unidas em prol da manutenção da paz.

2) Os Estados Partes do presente Pacto reconhecem que, com o objetivo de assegurar o pleno exercício desse direito:

a) A educação primária deverá ser obrigatória e acessível gratuitamente a todos;

b) A educação secundária em suas diferentes formas, inclusive a educação secundária técnica e profissional, deverá ser generalizada e tornar-se acessível a todos, por todos os meios apropriados e, principalmente, pela implementação progressiva do ensino gratuito;

c) A educação de nível superior deverá igualmente tornarse acessível a todos, com base na capacidade de cada um, por todos os meios apropriados e, principalmente, pela implementação progressiva do ensino gratuito;

d) Dever-se-á fomentar e intensificar, na medida do possível, a educação de base para aquelas pessoas que não receberam educação primária ou não concluíram o ciclo completo de educação primária;

e) Será preciso prosseguir ativamente o desenvolvimento de uma rede escolar em todos os níveis de ensino, implementar-se um sistema adequado de bolsas de estudo e melhorar continuamente as condições materiais do corpo docente.

3) Os Estados Partes do presente Pacto comprometem-se a respeitar a liberdade dos pais e, quando for o caso, dos tutores legais de escolher para seus filhos escolas distintas daquelas criadas pelas autoridades públicas, sempre que atendam aos padrões mínimos de ensino prescritos ou aprovados pelo Estado, e de fazer com que seus filhos venham a receber educação religiosa ou moral que esteja de acordo com suas próprias convicções.

4) Nenhuma das disposições do presente artigo poderá ser interpretada no sentido de restringir a liberdade de indivíduos e de entidades de criar e dirigir instituições de ensino, desde que respeitados os princípios enunciados no § 1 do presente artigo e que essas instituições observem os padrões mínimos prescritos pelo Estado.

Art. 14 - Todo Estado Parte do presente Pacto que, no momento em que se tornar Parte, ainda não tenha garantido em seu próprio território ou territórios sob sua jurisdição a obrigatoriedade e a gratuidade da educação primária, se compromete a elaborar e a adotar, dentro de um prazo de dois anos, um plano de ação detalhado destinado à implementação progressiva, dentro de um número razoável de anos estabelecidos no próprio plano, do princípio da educação primária obrigatória e gratuita para todos.

Art. 15 - 1) Os Estados Partes do presente Pacto reconhecem a cada indivíduo o direito de:

a) Participar da vida cultural;

b) Desfrutar o progresso científico e suas aplicações;

c) Beneficiar-se da proteção dos interesses morais e materiais decorrentes de toda a produção científica, literária ou artística de que seja autor.

2) As medidas que os Estados Partes do Presente Pacto deverão adotar com a finalidade de assegurar o pleno exercício desse direito incluirão aquelas necessárias à conservação, ao desenvolvimento e à difusão da ciência e da cultura.

3) Os Estados Partes do presente Pacto comprometem-se a respeitar a liberdade indispensável à pesquisa científica e à atividade criadora.

4) Os Estados Partes do presente Pacto reconhecem os benefícios que derivam do fomento e do desenvolvimento da cooperação e das relações internacionais do domínio da ciência e da cultura.

Parte IV

Art. 16 - 1) Os Estados Partes do presente Pacto comprometem-se a apresentar, de acordo com as disposições da presente parte do Pacto, relatórios sobre as medidas que tenham adotado e sobre o progresso realizado com o objetivo de assegurar a observância dos direitos reconhecidos no Pacto.

2) a) Todos os relatórios deverão ser encaminhados ao Secretário geral da Organização das Nações Unidas, o qual enviará cópias dos mesmos ao Conselho econômico e social, para exame, de acordo com as disposições do presente Pacto.

b) O Secretário geral da Organização das Nações Unidas encaminhará também às agências especializadas cópias dos relatórios ou de todas as partes pertinentes dos mesmos enviados pelos Estados Partes do presente Pacto que sejam igualmente membros das referidas agências especializadas, na medida em que os relatórios, ou partes deles, guardem relação com questões que sejam da competência de tais agências, nos termos de seus respectivos instrumentos constitutivos.

Art. 17 - 1) Os Estados Partes do presente Pacto apresentarão seus relatórios por etapas, segundo um programa a ser estabelecido pelo Conselho econômico e social no prazo de um ano a contar da data da entrada em vigor do presente Pacto, após consulta aos Estados Partes e às agências especializadas interessadas.

2) Os relatórios poderão indicar os fatores e as dificuldades que prejudiquem o pleno cumprimento das obrigações previstas no presente Pacto.

3) Caso as informações Pertinentes já tenham sido encaminhadas à Organização das Nações Unidas ou a uma agência especializada por um Estado Parte, não será necessário reproduzir as referidas informações, sendo suficiente uma referência precisa às mesmas.

Art. 18 - Em virtude das responsabilidades que lhe são conferidas pela Carta das Nações Unidas no domínio dos direitos humanos e das liberdades fundamentais, o Conselho econômico e social poderá concluir acordos com as agências especializadas sobre a apresentação, por estas, de relatórios relativos aos progressos realizados quanto ao cumprimento das disposições do presente Pacto que correspondam ao seu campo de atividade, os relatórios poderão incluir dados sobre as decisões e recomendações referentes ao cumprimento das disposições do presente Pacto adotadas pelos órgãos competentes das agências especializadas.

Art. 19 - O Conselho econômico e social poderá encaminhar à Comissão de direitos humanos, para fins de estudo e de recomendação de ordem geral, ou para informação, caso julgue apropriado, os relatórios concernentes aos direitos humanos que apresentarem os Estados nos termos dos artigos 16 e 17 e aqueles concernentes aos direitos humanos que apresentarem as agências especializadas nos termos do artigo 18.

Art. 20 - Os Estados Partes do presente Pacto e as agências especializadas interessadas poderão encaminhar ao Conselho econômico e social comentários sobre qualquer recomendação de ordem geral feita em virtude do artigo 19 ou sobre qualquer referência a uma recomendação de ordem geral que venha a constar de relatório da Comissão de direitos humanos ou de qualquer documento mencionado no referido relatório.

Art. 21 - O Conselho econômico e social poderá apresentar ocasionalmente à Assembléia geral relatórios que contenham recomendações de caráter geral bem como resumo das informações recebidas dos Estados Partes do presente Pacto e das agências especializadas sobre as medidas adotadas e o progresso realizado com a finalidade de assegurar a observância geral dos direitos reconhecidos no presente Pacto.

Art. 22 - O Conselho econômico e social poderá levar ao conhecimento de outros órgãos da Organização das Nações Unidas, de seus órgãos subsidiários e das agências especializadas interessadas, às quais incumba a prestação de assistência técnica, quaisquer questões suscitadas nos relatórios mencionados nesta parte do presente Pacto que possam ajudar essas entidades a pronunciar-se, cada um dentro de sua esfera de competência, sobre a conveniência de medidas internacionais que possam contribuir para a implementação efetiva e progressiva do presente Pacto.

Art. 23 - Os Estados Partes do presente Pacto concordam em que as medidas de ordem internacional destinadas a tornar efetivos os direitos reconhecidos no referido Pacto, incluem, sobretudo, a conclusão de convenções, a adoção de recomendações, a prestação de assistência técnica e a organização, em conjunto com os governos interessados, e no intuito de efetuar consultas e realizar estudos, de reuniões regionais e de reuniões técnicas.

Art. 24 - Nenhuma das disposições do presente Pacto poderá ser interpretada em detrimento das disposições da Carta das Nações Unidas ou das constituições das agências especializadas, as quais definem as responsabilidades respectivas dos diversos órgãos da Organização das Nações Unidas e agências especializadas relativamente às matérias tratadas no presente Pacto.

Art. 25 - Nenhuma das disposições do presente Pacto poderá ser interpretada em detrimento do direito inerente a todos os povos de desfrutar e utilizar plena e livremente suas riquezas e seus recursos naturais.

Parte V

Art. 26 1) - O presente Pacto está aberto à assinatura de todos os Estados membros da Organização das Nações Unidas ou membros de qualquer de suas agências especializadas, de todo Estado Parte do Estatuto da Corte Internacional de Justiça, bem como de qualquer outro Estado convidado pela Assembléia geral das Nações Unidas a tornar-se Parte do presente Pacto.

2) O presente Pacto está sujeito à ratificação. Os instrumentos de ratificação serão depositados junto ao Secretário geral da Organização das Nações Unidas.

3) O presente Pacto está aberto à adesão de qualquer dos Estados mencionados no § 1 do presente artigo.

Textos fundamentais do
Direito das Relações Internacionais

4) Far-se-á a adesão mediante depósito do instrumento de adesão junto ao Secretário geral da Organização das Nações Unidas.

5) O Secretário geral da Organização das Nações Unidas informará a todos os Estados que hajam assinado o presente Pacto ou a ele aderido, do depósito de cada instrumento de ratificação ou de adesão.

Art. 27 - 1) O presente Pacto entrará em vigor três meses após a data do depósito, junto ao Secretário geral da Organização das Nações Unidas, do 35º instrumento de ratificação ou de adesão.

2) Para os Estados que vieram ratificar o presente Pacto ou a ele aderir após o depósito do 35º instrumento de ratificação ou de adesão, o presente Pacto entrará em vigor três meses após a data do depósito, pelo Estado em questão, de seu instrumento de ratificação ou de adesão.

Art. 28 - Aplicar-se-ão as disposições do presente Pacto, sem qualquer limitação ou exceção, a todas as unidades constitutivas dos Estados Federativos.

Art. 29 - 1) Qualquer Estado Parte do presente Pacto poderá propor emendas e depositá-las junto ao Secretário geral da Organização das Nações Unidas. O Secretário geral comunicará todas as propostas de emenda aos Estados Partes do presente Pacto, pedindo-lhes que o notifiquem se desejam que se convoque uma conferência dos Estados Partes destinada a examinar as propostas e submetê-las à votação. Se pelo menos um terço dos Estados Partes se manifestar a favor da referida convocação, o Secretário geral convocará a conferência sob os auspícios da Organização das Nações Unidas. Qualquer emenda adotada pela maioria dos Estados Partes presentes e votantes na conferência será submetida à aprovação da Assembléia geral das Nações Unidas.

2) Tais emendas entrarão em vigor quando aprovadas pela Assembléia geral das Nações Unidas e aceitas, em conformidade com seus respectivos procedimentos constitucionais, por uma maioria de dois terços dos Estados Partes no presente Pacto.

3) Ao entrarem em vigor, tais emendas serão obrigatórias para os Estados Partes que as aceitaram, ao passo que os demais Estados Partes permanecem obrigados pelas disposições do presente Pacto e pelas emendas anteriores por eles aceitas.

Art. 30 - Independentemente das notificações previstas no § 5 do artigo 26, o Secretário geral da Organização das Nações Unidas comunicará a todos os Estados mencionados no § 1 do referido artigo;

a) as assinaturas, ratificações e adesões recebidas em conformidade com o artigo 26;

b) a data de entrada em vigor do Pacto, nos termos do artigo 27, e a data de entrada em vigor de quaisquer emendas, nos termos do artigo 29.

Art. 31 - l) O presente Pacto, cujos textos em chinês, espanhol, francês, inglês e russo são igualmente autênticos, será depositado nos arquivos da Organização das Nações Unidas.

2) O Secretário geral da Organização das Nações Unidas encaminhará cópias autenticadas do presente Pacto a todos os Estados mencionados no artigo 26.

Em fé do quê, os abaixo-assinados, devidamente autorizados por seus respectivos Governos, assinaram o presente Pacto, aberto à assinatura em Nova York, a 19 de dezembro de 1996.

e) Convenção para a eliminação de todas as formas de discriminação racial (1966)

Os Estados Partes na presente Convenção,

Considerando que a Carta das Nações Unidas baseia-se em princípios de dignidade e igualdade inerentes a todos os seres humanos, e que todos os Estados-Membros comprometeram-se a tomar medidas separadas e conjuntas, em cooperação com a Organização, para a consecução de um dos propósitos das Nações Unidas, que é promover e encorajar o respeito universal e observância dos direitos humanos e liberdades fundamentais para todos, sem discriminação de raça, sexo, idioma ou religião,

Considerando que a Declaração universal dos direitos do homem proclama que todos os homens nascem livres e iguais em dignidade e direitos e que todo homem tem todos os direitos estabelecidos na mesma, sem distinção de qualquer espécie e principalmente de raça, cor ou origem nacional,

Considerando que todos os homens são iguais perante a lei e têm direito a igual proteção contra qualquer discriminação e contra qualquer incitamento à discriminação,

Considerando que as Nações Unidas têm condenado o colonialismo e todas as práticas de segregação e discriminação a ele associadas, em quaisquer forma e onde quer que existam, e que a Declaração sobre a Concessão de Independência a Países e Povos Coloniais de 14/12/60 (Resolução 1.514 da Assembléia geral) afirmou e proclamou solenemente a necessidade de levá-las a um fim rápido e incondicional,

Considerando que a Declaração das Nações Unidas sobre eliminação de todas as formas de Discriminação Racial de 20/11/63 (Resolução 1.904 da Assembléia geral) afirma solenemente a necessidade de eliminar rapidamente a discriminação racial através do mundo em todas as suas formas e manifestações e de assegurar a compreensão e o respeito à dignidade da pessoa humana,

Convencidos de que qualquer doutrina de superioridade baseada em diferenças raciais é cientificamente falsa, moralmente condenável, socialmente injusta e perigosa, e que não existe justificação para a discriminação racial, em teoria ou na prática, em lugar algum,

Textos fundamentais do
Direito das Relações Internacionais

277

Reafirmando que a discriminação entre os homens por motivos de raça, cor ou origem étnica é um obstáculo a relações amistosas e pacíficas entre as Nações e é capaz de perturbar a paz e a segurança entre Povos e a harmonia de pessoas vivendo lado a lado até dentro de um mesmo Estado,

Convencidos de que a existência de barreiras raciais repugna os ideais de qualquer sociedade humana,

Alarmados por manifestações de discriminação racial ainda em evidência em algumas áreas do mundo e por políticas governamentais baseadas em superioridade racial ou ódio, como as políticas de "apartheid", segregação ou separação,

Resolvidos a adotar todas as medidas necessárias para eliminar rápidamente a discriminação racial em todas as suas formas e manifestações, e a prevenir e combater doutrinas e práticas racistas com o objetivo de promover o entendimento entre as raças e construir uma comunidade internacional livre de todas as formas de segregação racial e discriminação racial,

Levando em conta a Convenção sobre Discriminação no Emprego e na Ocupação, adotada pela Organização Internacional do Trabalho em 1958, e a Convenção contra discriminação no Ensino, adotada pela Organização das Nações Unidas para a Educação, a Ciência e a Cultura, em 1960,

Desejosos de completar os princípios estabelecidos na Declaração das Nações Unidas sobre a eliminação de todas as formas de discriminação racial e assegurar o mais cedo possível a adoção de medidas práticas para esse fim,

Acordam no seguinte:

Parte I

Art. 1 - 1) Nesta Convenção, a expressão "discriminação racial" significará qualquer distinção, exclusão, restrição ou preferência baseadas em raça, cor, descendência ou origem nacional ou étnica que tem por objetivo ou efeito anular ou restringir o reconhecimento, gozo ou exercício num mesmo plano, (em igualdade de condição), de direitos humanos e liberdades fundamentais no domínio político, econômico, social, cultural ou em qualquer outro domínio da vida pública.

2) Esta Convenção não se aplicará às distinções, exclusões, restrições e preferências feitas por um Estado Parte nesta Convenção entre cidadãos e nãocidadãos.

3) Nada nesta Convenção poderá ser interpretado como afetando as disposições legais dos Estados Partes, relativas a nacionalidade, cidadania e naturalização, desde que tais disposições não discriminem contra qualquer nacionalidade particular.

4) Não serão consideradas discriminação racial as medidas especiais tomadas com o único objetivo de assegurar progresso adequado de certos grupos raciais ou étnicos ou de indivíduos que necessitem da proteção que possa ser necessária para proporcionar a tais grupos ou indivíduos igual

gozo ou exercício de direitos humanos e liberdades fundamentais, contanto que tais medidas não conduzam, em conseqüência, à manutenção de direitos separados para diferentes grupos raciais e não prossigam após terem sido alcançados os seus objetivos.

Art. 2 - 1) Os Estados Partes condenam a discriminação racial e comprometem-se a adotar, por todos os meios apropriados e sem tardar, uma política de eliminação da discriminação racial em todas as suas formas e de promoção de entendimento entre todas as raças e, para este fim:

a) Cada Estado Parte compromete-se a não efetuar ato ou prática de discriminação racial contra pessoas, grupos de pessoas ou instituições e a fazer com que todas as autoridades públicas nacionais ou locais se conformem com esta obrigação;

b) Cada Estado Parte comprometese a não encorajar, defender ou apoiar a discriminação racial praticada por uma pessoa ou uma organização qualquer;

c) Cada Estado Parte deverá tomar medidas eficazes, a fim de rever as políticas governamentais nacionais e locais e para modificar, ab-rogar ou anular qualquer disposição regulamentar que tenha como objetivo criar a discriminação ou perpetrá-la onde já existir;

d) Cada Estado Parte deverá tomar, por todos os meios apropriados, inclusive se as circunstâncias o exigirem, as medidas legislativas, proibir e pôr fim à discriminação racial praticada por pessoa, por grupo ou organizações;

e) Cada Estado Parte compromete-se a favorecer, quando for o caso, as organizações e movimentos multirraciais e outros meios próprios a eliminar as barreiras entre as raças e a desencorajar o que tende a fortalecer a divisão racial.

2) Os Estados Partes tomarão, se as circunstâncias o exigirem, nos campos social, econômico, cultural e outros, as medidas especiais e concretas para assegurar, como convier, o desenvolvimento ou a proteção de certos grupos raciais ou de indivíduos pertencentes a esses grupos com o objetivo de garantirlhes, em condições de igualdade, o pleno exercício dos direitos do homem e das Liberdades fundamentais.

Essas medidas não deverão, em caso algum, ter a finalidade de manter direitos desiguais ou distintos para os diversos grupos raciais, depois de alcançados os objetivos em razão dos quais foram tomadas.

Art. 3 - Os Estados Partes especialmente condenam a segregação racial e o "apartheid" e comprometem-se a proibir e a eliminar nos territórios sob sua jurisdição todas as práticas dessa natureza.

Art. 4 - Os Estados Partes condenam toda propaganda e todas as organizações que se inspirem em idéias ou teorias baseadas na superioridade de raça ou de grupo de pessoas de uma certa cor ou de uma certa origem étnica ou que pretendem justificar ou encorajar qualquer forma de ódio e de discriminação raciais e comprometemse a adotar imediatamente

Textos fundamentais do
Direito das Relações Internacionais

medidas positivas, destinadas a eliminar qualquer incitação a uma tal discriminação, ou quaisquer atos de discriminação com este objetivo, tendo em vista os princípios formulados na Declaração universal dos direitos do homem e os direitos expressamente enunciados no artigo 5º da presente Convenção, eles se comprometem principalmente:

a) a declarar delitos puníveis por lei qualquer difusão de idéias baseadas na superioridade ou ódio raciais, qualquer incitamento à discriminação racial, assim como quaisquer atos de violência ou provocação a tais atos, dirigidos contra qualquer raça ou qualquer grupo de pessoas de outra cor ou de outra origem étnica, como também qualquer assistência prestada a atividades racistas, inclusive seu financiamento;

b) a declarar ilegais e a proibir as organizações assim como as atividades de propaganda organizada e qualquer outro tipo de atividade de propaganda que incite à discriminação racial e que a encoraje; e a declarar delito punível por lei a participação nestas organizações ou nestas atividades;

c) a não permitir às autoridades públicas nem às instituições públicas nacionais ou locais o incitamento ou encorajamento à discriminação racial.

Art. 5 - De conformidade com as obrigações fundamentais enunciadas no artigo 2º, os Estados Partes comprometem-se a proibir e a eliminar a discriminação racial em todas as suas formas e a garantir o direito de cada um à igualdade perante a lei, sem distinção de raça, de cor ou de origem nacional ou étnicas principalmente no gozo dos seguintes direitos:

a) direito a um tratamento igual perante os tribunais ou qualquer outro órgão que administre justiça;

b) direito à segurança da pessoa ou à proteção do Estado contra violência ou lesão corporal cometida, quer por funcionários de Governo, quer por qualquer indivíduo, grupo ou instituição.

c) direitos políticos principalmente direito de participar das eleições de votar e ser votado conforme o sistema de sufrágio universal e igual direito de tomar parte no Governo, assim como na direção dos assuntos públicos, em qualquer grau e o direito de acesso, em igualdade de condições, às funções públicas;

d) outros direitos civis, principalmente:

I) direito de circular livremente e de escolher residência dentro das fronteiras do Estado;

II) direito de deixar qualquer país, inclusive o seu, e de voltar a seu país;

III) direito a uma nacionalidade;

IV) direito de casar e escolher o cônjuge;

V) direito de qualquer pessoa, tanto individualmente como em conjunto, à propriedade;

VI) direito de herdar;

VII) direito à liberdade de pensamento, de consciência e de religião;

VIII) direito à liberdade de opinião e de expressão;

IX) direito à liberdade de reunião e de associação pacífica.

e) direitos econômicos, sociais e culturais, principalmente:

I) direito ao trabalho, à livre escolha de seu trabalho, a condições eqüitativas e satisfatórias de trabalho, à proteção contra o desemprego, a um salário igual para um trabalho igual, a uma remuneração eqüitativa e satisfatória;

II) direito de fundar sindicatos e a eles se afiliar;

III) direito à habitação;

IV) direito à saúde pública, a tratamento médico, à previdência social e aos serviços sociais;

V) direito à educação e à formação profissional;

VI) direito a igual participação das atividades culturais.

f) direito de acesso a todos os lugares e serviços destinados ao uso público, tais como meios de transporte, hotéis, restaurantes, cafés, espetáculos e parques.

Art. 6 - Os Estados Partes assegurarão, a qualquer pessoa que estiver sob sua jurisdição, proteção e recursos efetivos perante os tribunais nacionais e outros órgãos do Estado competente, contra quaisquer atos de discriminação racial que, contrariamente à presente Convenção, violarem seus direitos individuais e suas liberdades fundamentais, assim como o direito de pedir a esses tribunais uma satisfação ou reparação justa e adequada por qualquer dano de que foi vítima em decorrência de tal discriminação.

Art. 7 - Os Estados Partes comprometem-se a tomar as medidas imediatas e eficazes, principalmente no campo do ensino, da educação da cultura e da informação, para lutas contra os preconceitos que levem à discriminação racial e para promover o entendimento, a tolerância e a amizade entre nações e grupos raciais e étnicos, assim como para propagar o objetivo e princípios da Carta das Nações Unidas, da Declaração universal dos direitos do homem, da Declaração das Nações Unidas sobre a Eliminação de todas as formas de discriminação racial e da presente Convenção.

Parte II

Art. 8 - 1) Será estabelecido um Comitê para a eliminação da discriminação racial (doravante denominado "o Comitê") composto de 18 peritos, conhecidos por sua alta moralidade e conhecida imparcialidade, que serão eleitos pelos Estados-Membros dentre seus nacionais e que atuarão a título individual, levando-se em conta uma repartição geográfica eqüitativa e a representação das formas diversas de civilização, assim como dos principais sistemas jurídicos.

2) Os membros do Comitê serão eleitos em escrutínio secreto de uma lista de candidatos designados pelos Estados Partes. Cada Estado Parte poderá designar um candidato escolhido dentre seus nacionais.

3) A primeira eleição será realizada seis meses após a data da entrada em vigor da presente Convenção. Três meses pelo menos antes de cada eleição, o Secretário geral das Nações Unidas enviará uma Carta aos Estados Partes para convidá-los a apresentarem suas candidaturas no prazo de dois meses. O Secretário geral elaborará uma lista, por ordem alfabética, de todos os candidatos assim nomeados, com indicação dos Estados Partes que os nomearam, e a comunicará aos Estados Partes.

4) Os membros do Comitê serão eleitos durante uma reunião dos Estados Partes convocada pelo Secretário geral das Nações Unidas. Nessa reunião, em que o *quorum* será alcançado com dois terços dos Estados Partes, serão eleitos membros do Comitê os candidatos que obtiverem o maior número de votos e a maioria absoluta de votos dos representantes dos Estados Partes presentes e votantes.

5) a) Os membros do Comitê serão eleitos por um período de quatro anos. Entretanto, o mandato de nove dos membros eleitos na primeira eleição expirará ao fim de dois anos; logo após a primeira eleição os nomes desses nove membros serão escolhidos, por sorteio, pelo Presidente do Comitê.

b) Para preencher as vagas fortuitas, o Estado Parte cujo perito deixou de exercer suas funções de membro do Comitê nomeará outro perito dentre seus nacionais, sob reserva da aprovação do Comitê.

6) Os Estados Partes serão responsáveis pelas despesas dos membros do Comitê para o período em que estes desempenharem funções no Comitê.

Art. 9 - 1) Os Estados Partes comprometem-se a apresentar ao Secretário geral, para exame do Comitê, um relatório sobre as medidas legislativas, judiciárias, administrativas ou outras que tomarem, para tornarem efetivas as disposições da presente Convenção: a) dentro do prazo de um ano a partir da entrada em vigor da Convenção, para cada Estado interessado no que lhe diz respeito, e posteriormente, cada dois anos, e toda vez que o Comitê o solicitar. O Comitê poderá solicitar informações complementares aos Estados Partes.

2) O Comitê submeterá, anualmente, à Assembléia geral um relatório sobre suas atividades e poderá fazer sugestões e recomendações de ordem geral baseadas no exame dos relatórios e das informações recebido dos Estados Partes. Levará estas sugestões e recomendações de ordem geral ao conhecimento da Assembléia geral, e, se as houver, juntamente com as observações dos Estados Partes.

Art. 10 - 1) O Comitê adotará seu regulamento interno.

2) O Comitê elegerá sua mesa por um período de dois anos.

3) O Secretário geral da Organização das Nações Unidas fornecerá os serviços de Secretaria ao Comitê.

4) O Comitê reunir-se-á normalmente na Sede das Nações Unidas.

Art. 11 - 1) Se um Estado Parte julgar que o outro Estado igualmente Parte não aplica as disposições da presente Convenção poderá chamar a atenção do Comitê sobre a questão. O Comitê transmitirá, então, a comunicação ao Estado Parte interessado. Num prazo de três meses, o Estado destinatário submeterá ao Comitê as explicações ou declarações por escrito, a fim de esclarecer a questão e indicar as medidas corretivas que por acaso tenham sido tomadas pelo referido Estado.

2) Se dentro de um prazo de seis meses a partir da data do recebimento da comunicação original pelo Estado destinatário a questão não for resolvida a contento dos dois Estados, por meio de negociações bilaterais ou por qualquer outro processo que estiver a sua disposição, tanto um como o outro terá o direito de submetê-la novamente ao Comitê, endereçando uma notificação ao Comitê, assim como ao outro Estado interessado.

3) O Comitê só poderá tomar conhecimento de uma questão, de acordo com o § 2º do presente artigo, após ter constatado que todos os recursos internos disponíveis foram interpostos ou esgotados, de conformidade com os princípios de Direito Internacional geralmente reconhecidos. Esta regra não se aplicará se os procedimentos de recurso excederem prazos razoáveis.

4) Em qualquer questão que lhe for submetida, O Comitê poderá solicitar aos Estados Partes presentes que lhe forneçam quaisquer informações complementares pertinentes.

5) Quando o Comitê examinar uma questão conforme o presente artigo, os Estados Partes interessados terão o direito de nomear um representante que participará sem direito de voto dos trabalhos no Comitê durante todos os debates.

Art. 12 - 1) a) Depois que o Comitê obtiver e consultar as informações que julgar necessárias, o Presidente nomeará uma Comissão de Conciliação *ad hoc* (doravante denominada "a Comissão"), composta de 5 pessoas que poderão ser ou não membros do Comitê. Os membros serão nomeados com o consentimento pleno e unânime das Partes na controvérsia e a Comissão porá seus bons ofícios à disposição dos Estados presentes, com o objetivo de chegar a uma solução amigável da questão, baseada no respeito à presente Convenção.

b) Se os Estados Partes na controvérsia não chegarem a um entendimento em relação a toda ou a parte da composição da Comissão num prazo de três meses, os membros da Comissão que não tiverem o assentimento dos Estados Partes na controvérsia serão eleitos por escrutínio secreto entre os membros do Comitê, por maioria de dois terços dos membros do Comitê.

2) Os membros da Comissão atuarão a título individual. Não deverão ser nacionais de um dos Estados Partes na controvérsia nem de um Estado que não seja Parte da presente Convenção.

3) A Comissão elegerá seu Presidente e adotará seu regulamento interno.

4) A Comissão reunir-se-á normalmente na sede das Nações Unidas ou em qualquer outro lugar apropriado que a Comissão determinar.

5) O Secretariado previsto no § 3º do artigo 10º prestará igualmente seus serviços à Comissão cada vez que uma controvérsia entre os Estados Partes provocar sua formação.

6) Todas as despesas dos membros da Comissão serão divididas igualmente entre os Estados Partes na controvérsia, baseadas num cálculo estimativo feito pelo Secretário geral.

7) O Secretário geral ficará autorizado a pagar, se for necessário, as despesas dos membros da Comissão, antes que o reembolso seja efetuado pelos Estados Partes na controvérsia, de conformidade com o § 6º do presente artigo.

8) As informações obtidas e confrontadas pelo Comitê serão postas à disposição da Comissão, e a Comissão poderá solicitar aos Estados interessados que lhe forneçam qualquer informação complementar pertinente.

Art. 13 - 1) Após haver estudado a questão sob todos os seus aspectos, a Comissão preparará e submeterá ao Presidente do Comitê um relatório com as conclusões sobre todas as questões de fato relativas à controvérsia entre as partes e as recomendações que julgar oportunas, a fim de chegar a uma solução amistosa da controvérsia.

2) O Presidente do Comitê transmitirá o relatório da Comissão a cada um dos Estados Partes na controvérsia. Os referidos Estados comunicarão ao Presidente do Comitê num prazo de três meses se aceitam ou não as recomendações contidas no relatório da Comissão.

3) Expirado o prazo previsto no § 2º do presente artigo, o Presidente do Comitê comunicará o Relatório da Comissão e as declarações dos Estados Partes interessados aos outros Estados Partes na Comissão.

Art. 14 - 1) Todo Estado Parte poderá declarar a qualquer momento que reconhece a competência do Comitê para receber e examinar comunicações de indivíduos ou grupos de indivíduos sob sua jurisdição que se consideram vítimas de uma violação pelo referido Estado Parte de qualquer um dos direitos enunciados na presente Convenção. O Comitê não receberá qualquer comunicação de um Estado Parte que não houver feito tal declaração.

2) Qualquer Estado Parte que fizer uma declaração de conformidade com o § 1º do presente artigo poderá criar ou designar um órgão dentro de sua ordem jurídica nacional, que terá competência para receber e examinar as petições de pessoas ou grupos de pessoas, sob sua Jurisdição, que alegarem ser vítimas de uma violação de qualquer um dos direitos enunciados na presente Convenção e que esgotaram os outros recursos locais disponíveis.

3) A declaração feita de conformidade com o § 1º do presente artigo e o nome de qualquer órgão criado ou designado pelo Estado Parte interessado, consoante o § 2º do presente artigo, serão depositados pelo Estado Parte interessado junto ao Secretário geral das Nações Unidas que remeterá cópias aos outros Estados Partes. A declaração poderá ser retirada a qualquer

momento, mediante notificação ao Secretário geral, mas esta retirada não prejudicará as comunicações que já estiverem sendo estudadas pelo Comitê.

4) O órgão criado ou designado de conformidade com o § 2º do presente artigo deverá manter um registro de petições e cópias autenticadas do registro que serão depositadas anualmente por canais apropriados junto ao Secretário geral das Nações Unidas, no entendimento de que o conteúdo dessas cópias não será divulgado ao público.

5) Se não obtiver reparação satisfatória do órgão criado ou designado de conformidade com o § 2º do presente artigo, o peticionário terá o direito de levar a questão ao Comitê dentro de seis meses.

6) a) O Comitê levará, a título confidencial, qualquer comunicação que lhe tenha sido endereçada ao conhecimento do Estado Parte que pretensamente houver violado qualquer das disposições desta Convenção, mas a identidade da pessoa ou dos grupos de pessoas não poderá ser revelada sem o consentimento expresso da referida pessoa ou dos grupos de pessoas. O Comitê não receberá comunicações anônimas.

b) Nos três meses seguintes o referido Estado submeterá por escrito ao Comitê as explicações ou recomendações que esclarecem a questão e indicará as medidas corretivas que por acaso houver adotado.

7) a) O Comitê examinará as comunicações, à luz de todas as informações que lhe forem submetidas pelo Estado Parte interessado e pelo peticionário. O Comitê só examinará uma comunicação de um peticionário após terse assegurado de que este esgotou todos os recursos internos disponíveis. Entretanto, esta regra não se aplicará se os processos de recurso excederem prazos razoáveis.

b) O Comitê remeterá suas sugestões e recomendações eventuais ao Estado Parte interessado e ao peticionário.

8) O Comitê incluirá em seu relatório anual um resumo destas comunicações, se for necessário, e um resumo das explicações e declarações dos Estados Partes interessados, assim como suas próprias sugestões e recomendações.

9) O Comitê somente terá competência para exercer as funções previstas neste artigo se pelo menos dez Estados Partes nesta Convenção estiverem obrigados por declarações feitas de conformidade com o § deste artigo.

Art. 15 - 1) Enquanto não forem atingidos os objetivos da resolução 1.514 (XV) da Assembléia geral de 14 de dezembro de 1960, relativa à Declaração sobre a Concessão da independência dos países e povos coloniais, as disposições da presente Convenção não restringirão de maneira alguma o direito de petição concedido aos povos por outros instrumentos internacionais ou pela Organização das Nações Unidas e suas agências especializadas.

2) a) O Comitê constituído de conformidade com o § 1º do artigo 8º desta Convenção receberá cópia das petições provenientes dos órgãos das Nações Unidas que se encarregarem de questões diretamente relacionadas

com os princípios e objetivos da presente Convenção, expressará sua opinião e formulará recomendações sobre petições recebidas, quando examinar as petições dos habitantes dos territórios sob tutela ou não-autônomos ou de qualquer outro território a que se aplicar a resolução 1.514 (XV) da Assembléia geral, relacionadas a questões tratadas pela presente Convenção e que forem submetidas a esses órgãos.

b) O Comitê receberá dos órgãos competentes da Organização das Nações Unidas cópia dos relatórios sobre medidas de ordem legislativa, judiciária, administrativa ou outra diretamente relacionada com os princípios e objetivos da presente Convenção que as Potências Administradoras tiverem aplicado nos territórios mencionados na alínea *a* do presente §, expressará sua opinião e fará recomendações a esses órgãos.

3) O Comitê incluirá em seu relatório à Assembléia geral um resumo das petições e relatórios que houver recebido de órgãos das Nações Unidas e as opiniões e recomendações que houver proferido sobre tais petições e relatórios.

4) O comitê solicitará ao Secretário geral das Nações Unidas qualquer informação relacionada com os objetivos da presente Convenção que este dispuser sobre os territórios mencionados no § 2º (a) do presente artigo.

Art. 16 - As disposições desta Convenção relativas à solução das controvérsias ou queixas serão aplicadas sem prejuízo de outros processos para solução de controvérsias e queixas, no campo da discriminação, previstos nos instrumentos constitutivos das Nações Unidas e suas agências especializadas, e não excluirá a possibilidade de os Estados Partes recomendarem aos outros processos para a solução de uma controvérsia, de conformidade com os acordos internacionais ou especiais que os ligarem.

Parte III

Art. 17 - 1) A presente Convenção ficará aberta à assinatura de todo Estado Membro da Organização das Nações Unidas ou membro de qualquer uma de suas agências especializadas, de qualquer Estado Parte no Estatuto da Corte Internacional de Justiça, assim como de qualquer outro Estado convidado pela Assembléia geral da Organização das Nações Unidas a tornarse Parte na presente Convenção.

2) A presente Convenção ficará sujeita à ratificação e os instrumentos de ratificação serão depositados junto ao Secretário geral das Nações Unidas.

Art. 18 - 1) A presente Convenção ficará aberta à adesão de qualquer Estado Mencionado no § 1º do artigo 17.

2) A adesão será efetuada pelo depósito de um instrumento de adesão junto ao Secretário geral das Nações Unidas.

Art. 19 - 1) Esta Convenção entrará em vigor no trigésimo dia após a data do depósito junto ao Secretário geral das Nações Unidas do 27º instrumento de ratificação ou adesão.

2) Para cada Estado que ratificar a presente Convenção ou a ela aderir após o depósito do 27º instrumento de ratificação ou adesão, esta Convenção entrará em vigor no 30º dia após o depósito de seu instrumento de ratificação ou adesão.

Art. 20 - 1) O Secretário geral das Nações Unidas receberá e enviará, a todos os Estados que forem ou vierem a tornarse Partes desta Convenção, as reservas feitas pelos Estados no momento da ratificação ou adesão. Qualquer Estado que objetar a essas reservas deverá notificar ao Secretário geral dentro de noventa dias da data da referida comunicação que não a aceita.

2) Não será permitida uma reserva incompatível com o objeto e o escopo desta Convenção nem uma reserva cujo efeito seria o de impedir o funcionamento de qualquer dos órgãos previstos nesta Convenção. Uma reserva será considerada incompatível ou impeditiva se a ela objetarem ao menos dois terços dos Estados Partes nesta Convenção.

3) As reservas poderão ser retiradas a qualquer momento por uma notificação endereçada com esse objetivo ao Secretário geral. Tal notificação surtirá efeito na data de seu recebimento.

Art. 21 - Qualquer Estado Parte poderá denunciar esta Convenção mediante notificação escrita endereçada ao Secretário geral da Organização das Nações Unidas. A denúncia surtirá efeito um ano após a data do recebimento da notificação pelo Secretário geral.

Art. 22 - Qualquer controvérsia entre dois ou mais Estados Partes relativa à interpretação ou aplicação desta Convenção, que não for resolvida por negociações ou pelos processos previstos expressamente nesta Convenção, será, a pedido de qualquer das Partes na controvérsia, submetida à decisão da Corte Internacional de Justiça, a não ser que os litigantes concordem com outro meio de solução.

Art. 23 - 1) Qualquer Estado Parte poderá formular a qualquer momento um pedido de revisão da presente Convenção, mediante notificação escrita endereçada ao Secretário geral das Nações Unidas.

2) A Assembléia geral decidirá a respeito das medidas a serem tomadas, caso for necessário, sobre o pedido.

Art. 24 - O Secretário geral da Organização das Nações Unidas comunicará a todos os Estados mencionados no § 1º do artigo 17 desta Convenção:

a) as assinaturas e os depósitos de instrumentos de ratificação e de adesão de conformidade com os artigos 17 e 18;

b) a data em que a presente Convenção entrará em vigor, de conformidade com o artigo 19;

c) as comunicações e declarações recebidas de conformidade com os artigos 14, 20 e 23.

d) as denúncias feitas de conformidade com o artigo 21.

Art. 25 - 1) Esta Convenção, cujos textos em chinês, espanhol, francês, inglês e russo são igualmente autênticos, será depositada nos arquivos das Nações Unidas.

Textos fundamentais do
Direito das Relações Internacionais

2) O Secretário geral das Nações Unidas enviará cópias autenticadas desta Convenção a todos os Estados pertencentes a qualquer uma das categorias mencionadas no § 1º do artigo 17.

Em fé do quê, os abaixoassinados devidamente autorizados por seus Governos assinaram a presente Convenção, que foi aberta à assinatura em Nova York, a 7 de março de 1966.

f) Convenção contra a tortura e outras penas ou tratamentos cruéis, desumanos ou degradantes (1984)

A Assembléia geral,

Lembrando a declaração sobre a proteção de todas as pessoas contra a tortura e outras penas ou tratamentos cruéis, desumanos ou degradantes, adotada pela Assembléia geral em sua resolução 3452 (XXX) de 9 de dezembro de 1975,

Lembrando igualmente sua resolução 32/62 de 8 de dezembro de 1977, na qual ela solicitou à Comissão dos direitos humanos a redação de um projeto de convenção contra a tortura e outras penas ou tratamentos cruéis, desumanos ou degradantes à luz dos princípios enunciados na Declaração,

Lembrando ainda que, em sua resolução 38/119 de 16 de dezembro de 1983, ela solicitou à Comissão dos direitos do homem de concluir, quando de sua 40ª sessão, de forma altamente prioritária, a elaboração de um projeto de convenção, com vistas à apresentá-lo, bem como os dispositivos relativos à aplicação efetiva da futura convenção, à Assembléia geral quando de sua 39º sessão,

Tomando nota com satisfação da resolução 1984/21 da Comissão dos direitos humanos, datada de 6 de março de 1984, através da qual a Comissão decidiu transmitir à Assembléia geral, para exame, o texto de um projeto de convenção contra a tortura e outras penas ou tratamentos cruéis, desumanos ou degradantes, constantes do anexo do relatório do Grupo de trabalho,

Desejosa de assegurar uma aplicação mais eficaz da proibição, tal qual resulta do direito internacional e dos direitos nacionais, da prática de tortura e de outras penas ou tratamentos cruéis, desumanos ou degradantes,

1. *Se declara satisfeita* dos trabalhos que a Comissão dos direitos humanos realizou ao elaborar o texto de um projeto de convenção contra a tortura e outras penas ou tratamentos cruéis, desumanos ou degradantes;

2. *Adota* e abre à assinatura, à ratificação, e à adesão a Convenção contra a tortura e outras penas ou tratamentos cruéis, desumanos ou degradantes que estão em anexo à presente resolução;

3. *Solicita* à todos os governos que examinem a possibilidade de assinar e de ratificar a Convenção a título prioritário.

Anexo: Convenção contra a tortura e outras penas ou tratamentos cruéis, desumanos ou degradantes

Os Estados partes à presente Convenção,

Considerando que, em conformidade com os princípios proclamados na Carta das Nações Unidas, o reconhecimento de direitos iguais e inalienáveis de todos os membros da família humana é o fundamento da liberdade, da justiça e da paz no mundo,

Reconhecendo que estes direitos procedem da dignidade inerente à pessoa humana,

Considerando que os Estados são obrigados, em virtude da Carta, em particular do artigo 55, de encorajar o respeito universal e efetivo dos direitos do homem e das liberdades fundamentais,

Tendo em conta o artigo 7 do Pacto internacional relativo aos direitos civis e políticos que ambos prescrevem que ninguém será submetido à tortura, à penas ou tratamentos cruéis, desumanos ou degradantes,

Tendo em conta igualmente a Declaração sobre a proteção de todas as pessoas contra a tortura e outras penas ou tratamentos cruéis, desumanos ou degradantes, adotada pela Assembléia geral a 9 de dezembro de 1975,

Desejosos em aumentar a eficácia da luta contra a tortura e as outras penas ou tratamento cruéis, desumanos ou degradantes no mundo inteiro,

Convieram o que segue:

Primeira Parte

Art. 1 - 1. Aos fins da presente Convenção, o termo "tortura" designa todo ato através do qual uma dor ou sofrimentos agudos, físicos ou mentais, são impostos intencionalmente à uma pessoa com o objetivo, notadamente, de obter dela ou de uma terceira pessoa, informações ou confissões, de puni-la por um ato que ela ou uma terceira pessoa cometeu ou é suspeita de ter cometido, de intimidá-la ou de pressioná-la ou intimidar ou pressionar uma terceira pessoa, ou por qualquer outro motivo fundado em formas de discriminação, qualquer que seja, quando uma tal dor ou tais sofrimentos são impostos por agente da função pública ou qualquer outra pessoa agindo oficialmente ou com sua instigação ou com seu consentimento expresso ou tácito. Este termo não aplica-se à dor ou aos sofrimentos resultantes unicamente de sanções legítimas, inerentes à estas sanções ou provocados por elas.

2. Este artigo não será prejudicado por qualquer outro instrumento internacional ou qualquer outra lei nacional que contenha ou possa conter dispositivos de alcance mais amplo.

Art. 2 - 1. Todo Estado parte toma medidas legislativas, administrativas, judiciárias e outras medidas eficazes para impedir que atos de tortura sejam cometidos em todo o território sob sua jurisdição.

2. Nenhuma circunstância excepcional, qualquer que seja, o estado de guerra ou de ameaça de guerra, de instabilidade política interna ou qualquer outro estado de exceção, não pode ser invocado para justificar a tortura.

Textos fundamentais do
Direito das Relações Internacionais

3. A ordem de um superior ou de uma autoridade pública não pode ser invocada para justificar a tortura.

Art. 3 - 1. Nenhum Estado expulsará, repelirá ou extraditará uma pessoa em direção à um outro Estado onde há motivos sérios de crer que ela corre o risco de ser submetida à tortura.

2. Para determinar a existência de tais motivos, as autoridades competentes levarão em conta todas as considerações pertinentes, incluindo a existência no Estado interessado, de um conjunto de violações sistemáticas dos direitos humanos, graves, flagrantes ou massivas.

Art. 4 - 1. Todo Estado parte mantém uma vigilância para que todos os atos de tortura constituam infrações frente ao seu direito penal. Da mesma forma a tentativa de praticar a tortura ou qualquer ato cometido por qualquer pessoa constituindo uma cumplicidade ou uma participação a um ato de tortura.

2. Todo Estado parte considera estas infrações passíveis de penas apropriadas levando em consideração sua gravidade.

Art. 5 - 1. Todo Estado parte toma as medidas necessárias para estabelecer sua competência visando a conhecer as infrações definidas no artigo 4º nos seguintes casos:

a) Quando a infração foi cometida sobre o território sob a jurisdição do dito Estado ou a bordo de aeronaves ou de navios matriculados neste Estado;

b) Quando o autor presumido da infração é nacional do dito Estado;

c) Quando a vítima é nacional do dito Estado e que este assim o decidir.

2. Todo Estado parte toma igualmente as medidas necessárias para estabelecer sua competência visando a conhecer as ditas infrações no caso em que o autor presumido destas encontra-se no território sob sua jurisdição e onde o dito Estado não o extradite em conformidade com o artigo 8 para um dos Estados visados no § 1 do presente artigo.

3. A presente Convenção não descarta nenhuma competência penal exercida em conformidade às leis nacionais.

Art. 6 - 1. Se ele estima que as circunstâncias o justificam, após ter examinado as informações que ele dispõe, todo Estado parte sobre o território do qual encontra-se uma pessoa suspeita de ter cometido uma infração prevista no artigo 4 assegura a detenção desta pessoa ou toma todas outras medidas jurídicas necessárias para assegurar sua presença. Esta detenção e estas medidas devem estar em conformidade com a legislação do dito Estado; elas podem ser mantidas somente durante o prazo necessário ao empenho das demandas penais ou de um procedimento de extradição.

2. O dito Estado procede imediatamente a um inquérito preliminar objetivando estabelecer os fatos.

3. Toda pessoa detida em aplicação do § 1 do presente artigo pode comunicar imediatamente com o mais próximo representante qualificado do Estado de sua nacionalidade ou, caso trata-se de uma pessoa apátrida, com o representante do Estado onde ela reside habitualmente.

4. Quando um Estado detém uma pessoa, em conformidade às disposições do presente artigo, ela comunica imediatamente este fato e as circunstâncias que o justificam aos Estados visados no § 1 do artigo 5. O Estado que realiza um inquérito preliminar visado no § 2 do presente artigo, comunica rapidamente as conclusões aos ditos Estados e indica se ele pretende exercer sua competência.

Art. 7 - 1. O Estado parte sobre o território sob a jurisdição do qual o autor presumido de uma infração definida no artigo 4 é encontrado, caso ele não o extradite, submete o assunto, nos casos visados no artigo 5, à suas autoridades competentes para o exercício da ação penal.

2. Estas autoridades tomam sua decisão nas mesmas condições que as tomadas para qualquer infração de direito comum de caráter grave em virtude do direito deste Estado.Nos casos mencionados no § 2 do artigo 5, as regras de prova que aplicam-se às demandas e à condenação não são em qualquer hipótese menos rigorosas que as aplicadas nos casos visados no § 1 do artigo 5.

3. Toda pessoa investigada por qualquer das infrações visadas pelo artigo 4 beneficia-se da garantia de um tratamento eqüitativo em todas as etapas do processo.

Art. 8 - 1. As infrações visadas no artigo 4 são de pleno direito incluídas em todos os tratados de extradição firmados entre os Estados partes. Os Estados partes comprometem-se a incluir em todos os tratados de extradição a serem firmados entre eles.

2. Se um Estado parte que subordina a extradição à existência de um tratado é solicitado por uma demanda de extradição por um outro Estado com o qual ele não está vinculado por um tratado de extradição, ele pode considerar a presente Convenção como constituindo a base jurídica da extradição relativo as ditas infrações. A extradição subordina-se às outras condições previstas pelo direito do Estado demandado.

3. Os Estados partes que não subordinam a extradição à existência de um tratado reconhecendo as ditas infrações como caso de extradição entre eles nas condições previstas pelo direito do Estado demandado.

4. Entre Estados partes as ditas infrações são consideradas com fins de extradição, como tendo sido cometidas tanto no lugar de sua perpetração quanto no território sob a jurisdição dos Estados que obrigam-se a definir sua competência segundo o § 1 do artigo 5.

Art. 9 - 1. Os Estados partes concedem-se uma ajuda judiciária a mais ampla possível em todos os procedimentos relativos às infrações visadas no artigo 4, inclusive no que diz respeito a comunicação de todos os elementos de prova que dispõem e que são necessários ao processo.

2. Os Estados partes respondem às suas obrigações em virtude do § 1 do presente artigo em conformidade com todos os tratados de ajuda judiciária que possa existir entre eles.

Textos fundamentais do
Direito das Relações Internacionais

291

Art. 10 - 1. Todo Estado parte vela para que o ensino e a informação referente a proibição da tortura façam parte da formação do pessoal civil ou militar encarregado da aplicação das leis, do pessoal médico, dos agentes da função pública e outras pessoas que possam intervir na guarda, interrogatório ou tratamento de todo indivíduo apreendido, detido ou preso de qualquer maneira que seja.

2. Todo Estado parte que incorpora a dita interdição às regras ou instruções editadas referentes as obrigações e as atribuições de tais pessoas.

Art. 11 - Todo Estado parte exerce uma vigilância sistemática sobre as regras, instruções, métodos e práticas de interrogatório e sobre os dispositivos relativos a guarda e o tratamento das pessoas apreendidas, detidas ou aprisionadas de qualquer maneira que seja sobre todo o território sob sua jurisdição, com vistas a evitar qualquer caso de tortura.

Art. 12 - Todos Estado parte vela para que as autoridades competentes procedam imediatamente à uma investigação imparcial cada vez que existam motivos razoáveis de crer que um ato de tortura foi cometido sobre o conjunto do território de sua jurisdição.

Art. 13 - Todo Estado parte assegura à toda pessoa que pretenda ter sido submetida à tortura sobre o território sob sua jurisdição, o direito de denunciar junto as autoridades competentes do dito Estado que procederão imediatamente e imparcialmente ao exame de sua causa. Medidas serão tomadas para assegurar a proteção do queixoso e das testemunhas contra qualquer maus tratos ou qualquer intimidação em razão da denúncia ou da deposição feitas.

Art. 14 - 1. Todo Estado parte garante, em seu sistema jurídico, à vítima de um ato de tortura, o direito de obter reparação e ser indenizada com equidade e de maneira adequada, incluindo os meios necessários à sua readaptação a mais completa possível. em caso de morte da vítima resultante de um ato de tortura, os herdeiros tem direito à indenização.

2. O presente artigo não exclui nenhum direito à indenização que teria a vítima ou qualquer outra pessoa em virtude das leis nacionais.

Art. 15 - Todo Estado parte vela para que toda declaração que foi obtida através da tortura não possa ser invocada como elemento de prova de um processo, salvo contra a pessoa acusada de tortura para estabelecer que uma declaração tenha sido feita.

Art. 16 - Todo Estado parte compromete-se a proibir no território sob sua jurisdição outros atos constitutivos de penas ou tratamentos cruéis, desumanos ou degradantes que não são atos de tortura tal como definidos no artigo 1º quando tais atos são cometidos por um agente da função pública ou qualquer outra pessoa agindo à título oficial, ou à sua instigação ou com seu consentimento expresso ou tácito. Em particular, as obrigações enunciadas nos artigos 10, 1, 12 e 13 são aplicáveis através da substituição da menção de tortura pela menção de outras formas de penas ou tratamentos cruéis, desumanos ou degradantes.

2. Os dispositivos da presente Convenção não prejudicam os dispositivos de qualquer outro instrumento internacional ou da lei nacional que proíbem as penas ou tratamentos cruéis, desumanos ou degradantes, ou que dizem respeito à extradição ou à expulsão.

Segunda parte

Art. 17 - 1. Institui-se um Comitê contra a tortura (a seguir denominada o Comitê) com as funções definidas a seguir. O Comitê é composto de dez peritos de alta moralidade e possuem uma competência reconhecida no campo dos direitos do homem, que tem assento à título pessoal. Os peritos são eleitos pelos Estados partes, levando em consideração uma repartição geográfica eqüitativa e do interesse que representa a participação aos trabalhos do Comitê de algumas pessoas tendo uma experiência jurídica.

2. Os membros do Comitê são eleitos pelo escrutínio secreto de uma lista de candidatos designados pelos Estados partes. Cada Estado parte pode designar um candidato escolhido entre seus nacionais. Os Estados partes levam em consideração o interesse em indicar candidatos que sejam igualmente membros do Comitê dos direitos humanos instituído em virtude do Pacto internacional relativo aos direitos civis e políticos e estejam dispostos a participar do Comitê contra a tortura.

3. Os membros do Comitê são eleitos ao longo de reuniões bienais dos Estados partes convocados pelo Secretário geral da Organização das Nações Unidas. Nestas reuniões, onde o *quorum* é de 2/3 dos Estados partes, são eleitos membros do Comitê os candidatos que obtiverem o maior número de votos e a maioria absoluta dos votos dos representantes dos Estados partes presentes e votantes.

4. A primeira eleição acontecerá no mais tardar seis meses após a data de entrada em vigor da presente Convenção. Ao menos quatro meses antes da data de cada eleição, o Secretário geral da Organização das Nações Unidas envia uma carta aos Estados partes convidando-os a apresentar suas candidaturas num prazo de três meses. O Secretário geral elabora uma lista em ordem alfabética de todos os candidatos designados, com indicação dos Estados partes que os designaram, e a comunica aos Estados partes.

5. Os membros do Comitê são eleitos por quatro anos. Eles são reelegíveis caso candidatem-se novamente. Todavia, o mandato de cinco dos membros eleitos quando da primeira eleição terminará ao final de dois anos; imediatamente após a primeira eleição, o nome de cinco membros serão sorteados pelo presidente da reunião mencionada no § 3 do presente artigo.

6. Caso um membro do Comitê faleça, demite-se de suas funções ou não está mais capacitado por um motivo qualquer de cumprir suas atribuições no Comitê, o Estado parte que o designou nomeia entre seus nacionais um outro perito que integrará o Comitê para cumprir o restante do mandato, sob reserva da aprovação da maioria dos Estados partes. Esta aprovação torna-se real a menos que a metade dos Estados partes ou ainda um número maior expressem uma opinião desfavorável num prazo de seis semanas a

Textos fundamentais do
Direito das Relações Internacionais

contar do momento em que eles foram informados pelo Secretário geral da Organização das Nações Unidas da nomeação proposta.

7. Os Estados partes encarregam-se das despesas dos membros do Comitê durante o período que estes cumprem suas funções no Comitê.

Art. 18 - 1. O Comitê elege seu *bureau* por um período de dois anos. Os membros são reelegíveis.

2. O Comitê estabelece seu regulamento interno e este deve, todavia, conter as seguintes disposições:

a) O *quorum* é de seis membros;

b) As decisões do Comitê são tomadas à maioria dos membros presentes.

3. O Secretário geral da Organização das Nações Unidas coloca á disposição do Comitê o pessoal e as instalações materiais que lhe são necessárias para cumprir eficazmente as funções que lhe foram confiadas em virtude da presente Convenção.

4. O Secretário geral da Organização das Nações Unidas convoca os membros do Comitê para a primeira reunião. Após a primeira reunião, o Comitê reúne-se em toda oportunidade prevista pelo seu regulamento interno.

5. Os Estados partes encarregam-se das despesas provocadas pelas reuniões dos Estados partes e do Comitê, incluindo o reembolso à Organização das Nações Unidas de todas as despesas, tais como as despesas de pessoal e o custo das instalações materiais, que a Organização tenha feito em conformidade com o § 3 do presente artigo.

Art. 19 - 1. Os Estados partes apresentam ao Comitê, através do Secretário geral da Organização das Nações Unidas, relatórios sobre as medidas que eles tomaram para efetivar os compromissos contraídos em virtude da presente Convenção, num prazo de um ano a contado a partir da entrada em vigor da Convenção para o Estado membro interessado. Os Estados partes apresentam em seguida relatórios complementares a cada quatro anos sobre todas as novas medidas tomadas e outros relatório solicitados pelo Comitê.

2. O Secretário geral da Organização das Nações Unidas transmite os relatórios aos Estados partes.

3. Cada relatório é analisado pelo Comitê, que pode fazer comentário de natureza geral sobre o relatório que ele estima apropriados e os transmite os ditos comentários ao Estado parte interessado. Este Estado parte pode comunicar em resposta ao Comitê todas as observações que ele julga úteis.

4. O Comitê pode, de forma autônoma, decidir pela reprodução no relatório anual que ele redige em conformidade com o artigo 24 todos os comentários formulados por ele em virtude do § 3 do presente artigo, acompanhados das observações recebidas sobre o assunto do Estado parte interessado. Caso o Estado parte interessado o solicita, o Comitê pode também reproduzir o relatório apresentado segundo o § 1 do presente artigo.

Art. 20 - 1. Caso o Comitê receba informações credíveis que parecem conter indicações bem fundadas que a tortura é praticada sistematicamente no território de um Estado parte, ele convida o dito Estado a cooperar no exame das informações e, para este fim, transmite a ele suas observações sobre o assunto.

2. Levando em consideração todas as observações eventualmente apresentadas pelo Estado parte interessado e todas as outras informações pertinentes que ele dispõe, o Comitê pode, caso ele julgue que isto se justifique, encarregar um ou vários de seus membros a fazer uma enquête confidencial e apresentar um relatório em regime de urgência.

3. Caso uma enquête seja realizada em virtude do § 2 do presente artigo, o Comitê busca a cooperação do Estado parte interessado. Em acordo com este Estado parte, a enquête pode incluir uma visita no seu território.

4. Após ter examinado as conclusões do membro ou dos membros que lhe foram submetidas em conformidade com o § 2 do presente artigo, o Comitê transmite estas conclusões ao Estado parte interessado, com todos os comentários ou sugestões que ele julga apropriados tendo em conta a situação.

5. Todos os trabalhos do Comitê mencionados nos §§ 1 a 4 do presente artigo são confidenciais e, em todas as etapas dos trabalhos, haverá um esforço para obter a cooperação do Estado parte interessado.Uma vez concluídos estes trabalhos relativos à uma enquête realizada em virtude do § 2, o Comitê pode, após consultas com o Estado parte interessado, decidir incluir um resumo dos resultados dos trabalhos no relatório anual redigido em conformidade com o artigo 24.

Art. 21 - 1. Todo Estado parte à presente Convenção pode, em virtude do presente artigo, declarar a qualquer momento que ele reconhece a competência do Comitê para receber e examinar os comunicados nos quais um Estado parte pretende que um outro Estado parte não cumpre suas obrigações decorrentes da presente Convenção. Estes comunicados somente podem ser recebidos e examinados em conformidade com o presente artigo caso elas emanem de um Estado parte que fez uma declaração reconhecendo, no que lhe diz respeito, a competência do Comitê. O Comitê não recebe nenhuma comunicação interessando um Estado parte que não fez uma tal declaração. O itinerário processual transcrito a seguir aplica-se às comunicações recebidas em virtude do presente artigo:

a) Caso um Estado parte à presente Convenção estima que um outro Estado igualmente parte à Convenção não aplica duas disposições ele pode chamar, através de uma comunicação escrita, a atenção deste Estado sobre a questão. Num prazo de três meses a partir da data da recepção da comunicação, o Estado destinatário fornecerá ao Estado que encaminhou a comunicação as explicações ou qualquer outra comunicação escrita elucidando a questão, que deverá incluir, na medida do possível e de sua utilidade, indicações sobre as regras processuais e sobre os meios de recursos, sejam eles utilizados, em instância de utilização ou ainda abertos;

b) Se num prazo de seis meses a contar da data de recepção da comunicação original pelo Estado destinatário, a questão não foi resolvida satisfazendo os dois Estados partes interessados, tanto um quanto o outro terão o direito de submete-la ao Comitê, endereçando uma notificação ao Comitê, bem como ao outro Estado interessado;

c) O Comitê somente poderá tratar de um caso que lhe é submetido após assegurar-se que todos os recursos internos disponíveis foram utilizados e esgotados, em conformidade com os princípios do direito internacional geralmente reconhecidos. Esta regra não aplica-se nos casos em que o processo de recursos excede prazos razoáveis e nos casos onde é pouco provável que os processos de recursos darão satisfação à pessoa que é vítima de violação da presente Convenção;

d) O Comitê realiza suas sessões a portas fechadas quando ele examina as comunicações previstas no presente artigo;

e) Sob reserva das disposições da alínea (c), o Comitê coloca seus bons ofícios à disposição dos Estados partes interessados, afim de alcançar um solução amigável da questão, fundada sobre o respeito das obrigações previstas pela presente Convenção. Com este objetivo, o Comitê pode, caso ele estima oportuno, estabelecer uma comissão de conciliação *ad hoc*;

f) Em todas as questões que lhe são submetidas em virtude do presente artigo, o Comitê pode solicitar aos Estados partes interessados, visados pela alínea (b), de lhe fornecer toda informação pertinente;

g) Os Estados partes interessados, visados pela alínea (b), tem o direito de fazer-se representar quando do exame do caso pelo Comitê e da apresentação das observações oralmente ou por escrito, ou sob uma ou outra forma;

h) O Comitê deve apresentar um relatório num prazo de doze meses a partir do dia em que ele recebeu a notificação visada pela alínea (b):

i) Se uma solução não foi encontrada em conformidade com os dispositivos da alínea (e), o Comitê contenta-se, em seu relatório, a uma breve explicação dos fatos e da solução proposta;

ii) Se uma solução não foi encontrada em conformidade com os dispositivos da alínea (e), o Comitê contenta-se, em seu relatório, a uma breve explicação dos fatos; o texto das observações escritas e o processo verbal das observações orais apresentadas pelos Estados partes interessados são juntados ao relatório. Para cada caso, o relatório é comunicado aos Estados partes interessados.

2. As disposições do presente artigo entram em vigor quando cinco Estados partes à presente Convenção terão feito a declaração prevista no § 1 do presente artigo. A dita declaração é depositada pelo Estado parte junto ao Secretário geral da organização das Nações Unidas, que envia cópia aos outros Estados partes. Uma declaração pode ser retirada a qualquer momento através de uma notificação endereçada ao Secretário geral. Esta retirada

não prejudica o exame de qualquer questão objeto de uma comunicação já transmitida em virtude do presente artigo; nenhuma outra comunicação de um Estado parte não será recebida em virtude do presente artigo após que o Secretário geral tenha recebido a notificação da retirada da declaração, a menos que o Estado parte interessado tenha feito uma nova declaração.

Art. 22 - 1. Todo Estado parte à presente Convenção pode, em virtude do presente artigo, declarar a qualquer momento que ele reconhece a competência do Comitê para receber e examinar as comunicações apresentadas por ou por conta de particulares dependentes de sua jurisdição que pretendem ter sido vítimas de uma violação, por um Estado parte, das disposições da Convenção. O Comitê não recebe nenhuma comunicação interessando um Estado parte que não fez tal declaração.

2. O Comitê declara inadmissível qualquer comunicação que lhe é submetida em virtude do presente artigo de caráter anônima ou que ele considera um abuso do direito de submeter tais comunicações, ou que são incompatíveis com as disposições da presente Convenção.

3. Sob reserva das disposições do § 2, o Comitê leva qualquer comunicação que lhe é submetida em virtude do presente artigo à atenção do Estado parte à presente Convenção que fez uma declaração em virtude do § 1 e pretensamente violou um das quaisquer disposições da Convenção. Num prazo de seis meses, o dito Estado submete por escrito ao Comitê as explicações ou declarações esclarecendo a questão e indicando, caso necessário, as medidas que ele poderia ter tomado para remediar à situação.

4. O Comitê examina as comunicações recebidas em virtude do presente artigo levando em conta todas as informações que lhe foram submetidas pelo ou por conta do particular e pelo Estado parte interessado.

5. O Comitê não examinará nenhuma comunicação de um particular em conformidade com o presente artigo sem antes assegurar-se que:

a) A mesma questão não foi e não está em curso de exame perante uma outra instância internacional de inquérito ou de solução;

b) O particular esgotou todos os recursos internos possíveis; esta regra não aplica-se caso os processos de recursos excedem prazos razoáveis ou caso seja pouco provável que eles darão satisfação aos particulares que são vítimas de uma violação da presente Convenção.

6. O Comitê realiza suas sessões a portas fechadas quando ele examina as comunicações previstas no presente artigo.

7. O Comitê transmite suas constatações ao Estado parte interessado e ao particular.

8. As disposições do presente artigo entrarão em vigor quando cinco Estados partes à presente Convenção terão feito a declaração prevista no § 1 do presente artigo. A dita declaração é depositada pelo Estado parte junto ao Secretário geral da organização das Nações Unidas, que envia cópia aos outros Estados partes. Uma declaração pode ser retirada à qualquer momento através de uma notificação endereçada ao Secretário geral. Esta retirada

Textos fundamentais do
Direito das Relações Internacionais

297

não prejudica o exame de qualquer questão objeto de uma comunicação já transmitida em virtude do presente artigo; nenhuma outra comunicação submetida por ou por conta de um particular será recebida em virtude do presente artigo após que o Secretário geral tenha recebido notificação da retirada da declaração, a menos que o estado parte interessado tenha feito uma nova declaração.

Art. 23 - Os membros do Comitê e os membros das comissões de conciliação *ad hoc* que poderiam ser nomeados em conformidade com a alínea (e) do § 1 do artigo 21 tem direito à facilidades, privilégios e imunidades reconhecidos aos peritos em missão pela Organização das Nações Unidas, tais como enunciados nas seções pertinentes da Convenção sobre os privilégios e imunidades das Nações Unidas.

Art. 24 - O Comitê apresenta aos Estados partes à Assembléia geral da Organização das Nações Unidas um relatório anual sobre as atividades que ele empreendeu em aplicação da presente Convenção.

Terceira parte

Art. 25 - 1. A presente Convenção está aberta à assinatura de todos os Estados.

2. A presente Convenção está sujeita à ratificação. Os instrumentos de ratificação serão depositados junto ao Secretário geral da Organização das Nações Unidas.

Art. 26 - Todos os Estados podem aderir à presente Convenção. A adesão será feita através do depósito de um instrumento de adesão junto ao Secretário geral das Nações Unidas.

Art. 27 - 1. A presente Convenção entrará em vigor no 30º dia após a data do depósito junto ao Secretário geral da Organização das Nações Unidas do 20º instrumento de ratificação ou de adesão.

2. Para todo Estado que ratificará a presente Convenção ou aderirá após o depósito do 20º instrumento de ratificação ou de adesão, a Convenção entrará em vigor no 30º dia após a data do depósito por este Estado de seu instrumento de ratificação ou de adesão.

Art. 28 - 1. Cada Estado poderá, no momento em que ele assinar ou ratificar a presente Convenção ou à ela aderir, declarar que ele não reconhece a competência concedida ao Comitê nos termos do artigo 20.

2. Todo Estado que tenha expresso uma reserva em conformidade aos dispositivos do § 1 do presente artigo poderá a qualquer momento anular esta reserva através de uma notificação endereçada ao Secretário geral da Organização das Nações Unidas.

Art. 29 - 1. Todo estado parte à presente Convenção poderá propor um emenda e depositar sua proposta junto ao Secretário geral da Organização das Nações Unidas. O Secretário geral comunicará a proposta de emenda aos outros Estados partes solicitando-lhes que comuniquem caso eles concordem com a organização de uma conferência de Estados partes com o objetivo de examinar a proposta e votá-la. Caso, nos quatro meses que seguem a data de tal comunicação, o terço ao menos dos Estados partes pronunciem-se favoravelmente a realização de dita conferência, o Secretário geral convocará a conferência sob os auspícios da Organização das Nações Unidas. Toda emenda adotada pela maioria dos Estados partes presentes e votantes à conferência será submetida pelo Secretário geral à aceitação de todos os Estados partes.

2. Uma emenda adotada segundo os dispositivos do § 1 do presente artigo entrará em vigor quando 2/3 dos Estados partes à presente Convenção terão informado o Secretário geral da Organização das Nações Unidas que eles aceitaram em conformidade com os procedimentos previstos pelas suas respectivas constituições.

3. Quando as emendas entrarem em vigência, elas terão força obrigatória para os Estados partes que as terão aceito, os outros Estados partes permanecem vinculados aos dispositivos da presente Convenção e por todas as emendas anteriores que eles aceitaram.

Art. 30 - 1. Todo litígio entre dois ou mais Estados partes referente a interpretação ou aplicação da presente Convenção que não pode ser resolvido pela via da negociação é submetido à arbitragem à pedido de um deles. Caso, num prazo de seis meses que seguem a demanda de arbitragem, as partes não chegam à um acordo sobre a organização da arbitragem, qualquer uma delas pode submeter o litígio à Corte internacional de Justiça requerendo-o em conformidade com o Estatuto da Corte.

2. Cada Estado poderá, no momento que ele assinar ou ratificar a presente Convenção ou a ela aderir, declarar que ele não se considera vinculado pelas disposições do § 1 do presente artigo. Os outros Estados não serão vinculados pelas ditas disposições ao encontro de todo estado parte que tenha formulado uma tal reserva.

3. Todo estado parte que tenha formulado reserva em conformidade com as disposições do § 2 do presente artigo poderá a qualquer momento anular esta reserva através de uma notificação endereçada ao Secretário geral da Organização das Nações Unidas.

Art. 31 - 1. Um Estado parte poderá denunciar a presente Convenção através de uma notificação escrita ao Secretário geral da Organização das Nações Unidas. A denúncia terá efeito um ano após a data do recebimento da notificação pelo Secretário geral.

2. Uma tal denúncia não libera o Estado parte das obrigações que lhe incumbe em virtude da presente Convenção no que diz respeito a todo ato ou toda omissão cometidos antes da data em que a denúncia terá produzido seus efeitos.

3. Após a data na qual a denúncia por um Estado parte tenha efeito, o Comitê não procederá ao exame de nenhuma questão nova concernente a este Estado.

Art. 32 - O Secretário geral da organização das Nações Unidas notificará á todos os Estados membros da Organização das Nações Unidas e à todos os Estados que terão assinado a presente Convenção ou terão aderido:

a) As assinaturas, as ratificações e as adesões recebidas em aplicação dos artigos 25 e 26;

b) A data de entrada em vigor da Convenção em aplicação do artigo 27 e a data de entrada em vigor de qualquer emenda em aplicação do artigo 29;

c) As denúncias recebidas em aplicação do artigo 31.

Art. 33 - 1. A presente Convenção, cujos textos inglês, árabe, chinês, espanhol, francês e russo fazem igualmente fé, será depositada junto ao Secretário geral da Organização das Nações Unidas.

2. O Secretário geral da Organização das Nações Unidas disporá a todos os Estados uma cópia conforme da presente Convenção.

g) Assistência humanitária às vítimas de catástrofes naturais e situações de urgência: Resolução 43/131 da Assembléia geral (1988)

A Assembléia geral,

Lembrando que um dos objetivos da Organização das Nações Unidas é de realizar a cooperação internacional resolvendo os problemas internacionais de ordem econômica, social, intelectual ou humanitário, desenvolvendo e encorajando o respeito dos direitos do homem e das liberdades fundamentais para todos sem distinção de raça, de sexo, de língua ou de religião,

Reafirmando a soberania, a integridade territorial e a unidade nacional dos Estados, e reconhecendo que incumbe à cada Estado, em primeiro lugar, inquietar-se com as vítimas de catástrofes naturais e situações de urgência da mesma ordem que ocorrem em seu território,

Profundamente preocupados pelos sofrimentos das vítimas de catástrofes naturais e situações de urgência da mesma ordem, pelas perdas de vidas humanas, a destruição dos bens e os deslocamentos massivos de populações,

Tendo presente ao espírito que as catástrofes naturais e situações de urgência da mesma ordem, tem conseqüências graves nos planos econômico e social para todos os países afetados,

Desejando que a comunidade internacional possa responder rapidamente e eficazmente aos apelos à assistência humanitária de urgência feitos por meio do Secretário geral,

Consciente da importância que reveste-se a assistência humanitária para as vítimas de catástrofes naturais e situações de urgência da mesma ordem,

Reconhecendo que a comunidade internacional aporte uma contribuição importante ao apoio e a proteção destas vítimas, cujas saúde e vida podem ser gravemente ameaçadas,

Considerando que o fato de deixar as vítimas de catástrofes naturais e situações de urgência da mesma ordem sem assistência humanitária representa uma ameaça a vida humana e um atentado à dignidade do homem,

Preocupado pelas dificuldades que podem encontrar as vítimas de catástrofes naturais e situações de urgência da mesma ordem para receber uma assistência humanitária,

Convencida que, ao lado da ação dos governos e das organizações intergovernamentais, a rapidez e a eficácia desta assistência repousa seguidamente na contribuição e na ajuda de organizações locais e de organizações não governamentais agindo com um objetivo estritamente humanitário,

Lembrando que, em caso de catástrofes naturais e situações de urgência da mesma ordem, os princípios de humanidade, de neutralidade e de imparcialidade deveriam ser objeto de uma particular consideração por todos aqueles que dispensam uma assistência humanitária,

1. *Reafirma* a importância da assistência humanitária para as vítimas de catástrofes naturais e situações de urgência da mesma ordem;

2. *Reafirma igualmente* a soberania dos Estados afetados e a primazia de seu papel na iniciativa, organização, coordenação e operacionalização da assistência humanitária sobre seus territórios;

3. *Sublinha* a importante contribuição à assistência humanitária que fazem as organizações intergovernamentais e não governamentais agindo com um objetivo estritamente humanitário;

4. *Convida* todos os Estados que necessitem tal assistência a facilitar a operacionalização da assistência humanitária por estes organismos, notadamente a entrega de alimentos, medicamentos e cuidados médicos, para os quais um acesso às vítimas é indispensável;

5. *Lança um chamamento*, por conseguinte, a todos os Estados para que eles apóiem estas mesmas organizações em sua ação de assistência humanitária, lá onde ela é necessária, as vítimas de catástrofes naturais e situações de urgência da mesma ordem;

6. *Convida insistentemente* os Estados situados à proximidade das zonas vítimas de catástrofes naturais e situações de urgência da mesma ordem, particularmente nos casos de regiões de difícil acesso, que participem estreitamente aos esforços internacionais de cooperação com os países vitimados, com vistas a facilitar, na medida do possível, o trânsito da assistência humanitária;

7. *Solicita* a todas as organizações intergovernamentais, governamentais e não governamentais competentes na assistência humanitária, cooperar o mais estreitamente possível com o *Bureau* do coordenador das Nações Unidas para os socorros em caso de catástrofe ou qualquer outro mecanismo

ad hoc organizado pelo Secretário geral encarregado da coordenação da ajuda;

8. *Convida* o Secretário geral a recolher as opiniões dos governos e das organizações intergovernamentais, governamentais e não governamentais sobre a possibilidade de reforçar a eficácia dos mecanismos internacionais e aumentar a rapidez dos socorros nas melhores condições para as vítimas das catástrofes naturais e situações de urgência da mesma ordem, onde for necessário e relatar à Assembléia geral quando de sua 45º sessão.

9. *Decide* examinar esta questão quando de sua 45º sessão.

h) Direitos das pessoas integrantes de minorias nacionais, étnicas, religiosas e lingüísticas: Resolução 47/135 da Assembléia geral (1992)

A Assembléia geral,

Reafirmando que um dos principais objetivos das Nações Unidas, segundo a Carta, é promover e encorajar o respeito dos direitos do homem e das liberdades fundamentais para todos, sem distinção de raça, de sexo, de língua ou de religião,

Reafirmando sua fé nos direitos do homem fundamentais, na dignidade e valor da pessoa humana, na igualdade de direitos dos homens e das mulheres e das nações, grandes ou pequenas,

Desejosa de promover o respeito dos princípios contidos na Carta das Nações Unidas, a Declaração universal dos direitos do homem, a Convenção para a prevenção e a repressão do crime de genocídio, a Convenção internacional sobre a eliminação de todas as formas de discriminação racial, o Pacto internacional relativo aos direitos civis e políticos, o Pacto internacional relativo aos direitos econômicos, sociais e culturais, a declaração sobre a eliminação de todas as formas de intolerância e de discriminação fundadas sobre a religião ou a convicção e a Convenção relativa aos direitos da criança, bem como em outros instrumentos internacionais pertinentes que foram adotados no plano universal ou regional e aqueles que forma concluídos entre diferentes estados membros da Organização das Nações Unidas,

Inspirando-se nos dispositivos do artigo 27 do Pacto relativo aos direitos civis e políticos concernentes os direitos das pessoas pertencentes a minorias étnicas, religiosas ou lingüísticas,

Considerando que a promoção e a proteção dos direitos das pessoas integrantes de minorias nacionais ou étnicas, religiosas e lingüísticas, contribuem à estabilidade política e social dos Estados nos quais elas vivem,

Sublinhando que a promoção constante e a realização dos direitos das pessoas integrantes de minorias nacionais ou étnicas, religiosas e lingüísticas, fazem parte integrante da evolução do conjunto da sociedade e inscrevem-se num contexto democrático fundado na legalidade, contribuiria ao reforço da amizade e da cooperação entre os povos e os Estados,

Considerando que as Nações Unidas tem um papel importante no que diz respeito a proteção das minorias,

Considerando os trabalhos já realizados pelo sistema das Nações Unidas, especialmente pela Comissão dos direitos do homem, pela sub-comissão de luta contra as medidas discriminatórias e de proteção das minorias e pelos órgãos criados quando da aplicação dos Pactos internacionais relativos aos direitos do homem e de outros instrumentos internacionais pertinentes relativos aos direitos do homem, com vistas à promover e proteger os direitos das pessoas integrantes de minorias nacionais ou étnicas, religiosas e lingüísticas,

Consciente da necessidade de assegurar a implementação ainda mais eficaz dos instrumentos internacionais relativos aos direitos do homem no que diz respeito aos direitos das pessoas integrantes de minorias nacionais ou étnicas, religiosas e lingüísticas,

Proclama a presente Declaração dos direitos das pessoas integrantes de minorias nacionais ou étnicas, religiosas e lingüísticas:

Art. I - 1. Os Estados protegem a existência e a identidade nacional ou étnica, cultural, religiosa e lingüística das minorias, sobre seus territórios respectivos, e incentivam a instauração de condições propícias à promoção desta identidade.

2. Os Estados adotam medidas legislativas ou outras que são necessárias para atingir este objetivo.

Art. II - 1. As pessoas integrantes de minorias nacionais ou étnicas, religiosas e lingüísticas (a seguir denominadas pessoas integrantes de minorias), têm o direito de gozar de sua própria cultura, de professar e praticar sua própria religião e de utilizar sua própria língua, em lugares privados e públicos, livremente, sem qualquer ingerência ou discriminação.

2. As pessoas integrantes de minorias têm o direito de participar plenamente à vida cultural, religiosa, social, econômica e pública.

3. As pessoas integrantes de minorias têm o direito de tomar parte efetiva, no plano nacional, e em nível regional, das decisões referentes à minoria à qual elas pertencem ou as regiões nas quais elas vivem, segundo modalidades que não sejam incompatíveis com a legislação nacional.

4. As pessoas integrantes de minorias têm o direito de criar e gerir suas próprias associações.

5. As pessoas integrantes de minorias têm o direito de estabelecer e manter, sem qualquer discriminação, contatos livres e pacíficos com outros membros de seu grupo e com pessoas integrantes de outras minorias, bem como contatos além fronteiras com cidadãos de outros Estados aos quais elas vinculam-se por sua origem nacional ou étnica, ou por afinidade religiosa ou lingüística.

Textos fundamentais do
Direito das Relações Internacionais

Art. III - 1. As pessoas integrantes de minorias podem exercer seus direitos, notadamente aqueles que são enunciados na presente Declaração, individualmente e também em comunidade com os outros membros de seu grupo, sem qualquer discriminação.

2. As pessoas integrantes de minorias não devem de forma alguma sofrer em razão do exercício ou do não exercício dos direitos enunciados na presente Declaração.

Art. IV - 1. Os Estados tomam medidas para que as pessoas integrantes de minorias possam exercer integral e efetivamente todos os direitos do homem e todas as liberdades fundamentais, sem nenhuma discriminação e nas condições de plena igualdade perante a lei.

2. Os Estados tomam medidas criando condições que permitam às pessoas integrantes de minorias exprimir suas próprias particularidades e desenvolver sua cultura, sua língua, suas tradições e seus costumes, salvo nos casos de práticas específicas que constituam uma infração à legislação nacional e contrariam as normas internacionais.

3. Os Estados deveriam tomar medidas apropriadas para que, na medida do possível, as pessoas integrantes de minorias tenham a possibilidade de aprender sua língua materna ou receber uma instrução em sua língua materna.

4. Os Estados deveriam tomar medidas no âmbito da educação a fim de encorajar o conhecimento da história, das tradições, da língua e da cultura das minorias que vivem em seus territórios. As pessoas integrantes de minorias deveriam ter a possibilidade de aprender a conhecer a sociedade em seu conjunto.

5. Os Estados deveriam considerar medidas apropriadas para que as pessoas integrante de minorias pudessem participar plenamente do progresso e do desenvolvimento econômico de seu país.

Art. V - 1. As políticas e programas nacionais são elaborados e colocados em aplicação levando em consideração os legítimos interesses das pessoas integrantes de minorias.

2. Os programas de cooperação e de assistência entre Estados deveriam ser elaborados e colocados em aplicação levando em consideração os legítimos interesses das pessoas integrantes de minorias.

Art. VI - Os Estados deveriam cooperar nas questões relativas às pessoas integrantes de minorias, notadamente na troca de informações e dados experimentais fim de promover a compreensão mútua e a confiança.

Art. VII - Os Estados deveriam cooperar afim de promover o respeito dos direitos enunciados na presente Declaração.

Art. VIII - 1. Nenhuma disposição da presente Declaração impede que os Estados cumpram suas obrigações internacionais relativas às pessoas integrantes de minorias. Em especial, os Estados devem cumprir de ao fé suas obrigações e compromissos assumidos decorrentes dos tratados ou acordos internacionais dos quais eles fazem parte.

2. O exercício dos direitos enunciados na presente Declaração não atenta contra o gozo por qualquer pessoa dos direitos do homem e das liberdades fundamentais universalmente reconhecidos.

3. As medidas tomadas pelos Estados a fim de garantir o gozo efetivo dos direitos enunciados na presente Declaração não devem *a priori* ser considerados contrários ao princípio da igualdade contido na Declaração universal dos direitos do homem.

4. Nenhuma das disposições da presente declaração não pode ser interpretada como autorizando qualquer atividade contrária aos objetivos e princípios das Nações Unidas, inclusive a igualdade soberana, a integridade territorial e a independência política dos Estados.

Art. IX - As instituições especializadas e outros organismos das Nações Unidas contribuem à plena realização dos direitos e dos princípios enunciados na presente Declaração, em seus respectivos domínios de competência.

Textos fundamentais do
Direito das Relações Internacionais

5. Direito da guerra, segurança coletiva e desarmamento

a) Proibição da utilização de gases asfixiantes, tóxicos ou similares e de meios bacteriológicos na guerra (1925)[10]

Os Plenipotenciários abaixo assinados em nome de seus respectivos Governos:

Considerando que o emprego na guerra de gases asfixiantes, tóxicos ou similares e de todos os líquidos, materiais ou processos análogos, foi condenado por motivos justos pela opinião geral do mundo civilizado: considerando que a proibição desse emprego foi formulada nos tratados dos quais a maioria dos Estados do mundo são Partes; e a fim de tornar universalmente reconhecida como parte do Direito Internacional essa proibição, que se impõe tanto à consciência quanto à prática das nações.

Declaram:

Que as Altas Partes Contratantes, na medida em que ainda não são Partes de tratados que proíbem esse emprego, reconhecem essa proibição, aceitam estender essa proibição ao emprego de meios bacteriológicos de guerra e concordam em considerar-se reciprocamente obrigados pelos termos desta declaração.

As Altas Partes Contratantes exercerão todos os esforços para induzir outros Estados a aderir ao presente Protocolo. Essa adesão será notificada ao Governo da República Francesa e, por este, a todos os Estados signatários e aderentes, e entrará em vigor na data da notificação pelo Governo da República Francesa.

O presente Protocolo, cujos textos em francês e inglês são autênticos, será ratificado o mais rapidamente possível. Será datado de hoje.

As ratificações do presente Protocolo serão endereçadas ao Governo da República Francesa, que notificará imediatamente o depósito dessas ratificações a cada um dos Estados signatários a aderentes.

---

[10] Aprovado pelo Decreto Legislativo 39 (1970) e seu instrumento de ratificação depositado a 28 de agosto do mesmo ano. Foi promulgado pelo Decreto 67.200 (15/09/1970) e publicado no DOU dois dias depois.

Os instrumentos de ratificação e adesão ao presente Protocolo ficarão depositados nos arquivos do Governo da República Francesa.

O presente Protocolo entrará em vigor para cada Estado signatário na data do depósito de sua ratificação e, a partir desse momento, esse Estado estará obrigado em relação aos outros Estados que já tiveram depositado suas ratificações.

Em fé do que, os Plenipotenciários assinaram o presente Protocolo.

Feito em Genebra, em uma única via, a 17/06/1925.

b) Tratado para a proscrição das experiências com armas nucleares na atmosfera, no espaço cósmico e sob a água (1963)

Os Governos dos Estados Unidos da América, do Reino Unido da GrãBretanha e Irlanda do Norte e da União das Repúblicas Socialistas Soviéticas, daqui por diante designados como "Partes Originais".

Proclamando como seu objetivo principal a conclusão, no mais breve prazo, de um acordo de desarmamento geral e completo sob estrito controle internacional, em conformidade com os objetivos das Nações Unidas, acordo que poria fim à corrida armamentista e eliminaria os incentivos à produção de armas de todo gênero, inclusive as armas nucleares, e às experiências com elas,

Buscando obter a cessação, para sempre, de todas as explosões experimentais de armas nucleares, determinados a prosseguir as negociações com esta finalidade e desejosos de pôr um paradeiro à contaminação do meio natural do homem por substâncias radioativas,

Concordaram no seguinte:

Art. I - 1) Cada uma das Partes do presente Tratado se compromete a proibir, impedir e se abster de efetuar qualquer explosão experimental de armas nucleares ou qualquer outra explosão nuclear em qualquer lugar sob sua jurisdição ou controle:

a) na atmosfera; além dos seus limites, inclusive no espaço cósmico; ou sob a água, inclusive águas territoriais e altomar; ou

b) em qualquer outro ambiente, desde que uma tal explosão provoque a queda de resíduos radioativos fora dos limites territoriais do Estado sob cuja jurisdição ou controle foi efetuada a explosão. Fica entendido, a este respeito, que as disposições da presente alínea não prejudicam a conclusão de um tratado que resulte na proscrição permanente de todas as explosões nucleares experimentais, inclusive todas as explosões subterrâneas, a cuja conclusão as Partes Contratantes, como declararam no preâmbulo do presente Tratado, procurarão chegar.

2) Cada uma das Partes do presente Tratado se compromete, ademais, a absterse de provocar ou de encorajar, ou de participar de qualquer maneira

na realização de qualquer explosão de arma nuclear ou de qualquer outra explosão nuclear que possa ser efetuada em qualquer dos ambientes indicados acima, ou que tenha as conseqüências descritas no § 1º do presente artigo.

Art. II - 1) Qualquer das Partes pode propor emendas ao presente Tratado. O texto de qualquer emenda proposta será submetido aos Governos Depositários, que o comunicarão a todas as Partes Contratantes. Se um 1/3 ou mais das Partes o solicitarem, os Governos Depositários convocarão uma conferência, a que serão convidadas todas as Partes, para estudar a mencionada emenda.

2) Qualquer emenda ao presente Tratado deverá ser aprovada por maioria de votos das Partes Contratantes, incluindo o voto de todas as Partes Originais. A emenda entrará em vigor para todas as Partes após o depósito dos instrumentos de ratificação pela maioria das Partes, incluindo os instrumentos de ratificação de todas as Partes Originais.

Art. III - 1) O presente Tratado estará aberto à assinatura de todos os Estados. Qualquer Estado que não assinar o presente Tratado antes de sua entrada em vigor, segundo as disposições do § 3º do presente artigo, poderá aderir a ele a qualquer tempo.

2) O presente Tratado será submetido à ratificação dos Estados signatários. Os instrumentos de ratificação e os instrumentos de adesão serão depositados com os Governos das Partes Originais os Estados Unidos da América, o Reino Unido da Grã-Bretanha e Irlanda do Norte e a União das Repúblicas Socialistas Soviéticas aqui designados por "Governos Depositários".

3) O presente Tratado entrará em vigor quando tiver sido ratificado por todas as Partes Originais e quando estas tiverem depositado seus instrumentos de ratificação.

4) Para os Estados cujos instrumentos da ratificação ou de adesão forem depositados após a entrada em vigor do presente Tratado, este entrará em vigor na data do depósito dos respectivos instrumentos de ratificação ou de adesão.

5) Os Governos Depositários informarão prontamente todos os Estados signatários ou que tiverem aderido ao Tratado sobre a data de cada assinatura, a data do depósito de cada instrumento de ratificação e de adesão, a data de sua entrada em vigor e a data do recebimento de quaisquer solicitações de conferência ou qualquer outra comunicação.

6) O presente Tratado será registrado pelos Governos Depositários em conformidade com as disposições do art. 102 da Carta das Nações Unidas.

Art. IV - O presente Tratado terá duração ilimitada. Cada Parte, no exercício de sua soberania nacional terá o direito de se retirar do Tratado se decidir que acontecimentos extraordinários, relacionados com a matéria a que se refere o presente Tratado, comprometem os interesses supremos de

Textos fundamentais do
Direito das Relações Internacionais

309

seu país. Ela deverá notificar sua retirada a todas as outras Partes Contratantes, com três meses de antecedência.

Art. V - O presente Tratado, do qual os textos em inglês e russo fazem igualmente fé, será depositado nos arquivos dos Governos Depositários. Cópias devidamente certificadas serão transmitidas pelos Governos Depositários aos Governos dos Estados signatários ou que tiverem aderido ao Tratado.

Em testemunho do que os abaixo assinados, devidamente autorizados subscreveram o presente Tratado.

Feito em triplicata, em Moscou, a 5 de agosto de 1963.

c) Tratado sobre a não-proliferação das armas nucleares (1968)[11]

Os Estados signatários deste Tratado, designados a seguir como Partes do Tratado;

Conscientes da devastação que uma guerra nuclear traria a toda a humanidade e, em conseqüência, da necessidade de empreender todos os esforços para afastar o risco de tal guerra e de tomar medidas para resguardar a segurança dos povos;

Convencidos de que a proliferação de armas nucleares aumentaria consideravelmente os riscos de uma guerra nuclear;

De conformidade com as resoluções da Assembléia geral que reclamam a conclusão de um acordo destinado a impedir maior disseminação de armas nucleares;

Dispostos a cooperar para facilitar a aplicação do sistema de salvaguarda da Agência Internacional de Energia Atômica sobre as atividades nucleares pacíficas;

Manifestando seu apoio à pesquisa, ao desenvolvimento e a outros esforços destinados a promover a aplicação dentro do âmbito do sistema de salvaguardas da Agência Internacional de Energia Atômica do princípio de salvaguardar de modo efetivo o trânsito de materiais férteis e físseis especiais, através do emprego, em certos pontos estratégicos, de instrumentos e outras técnicas;

Afirmando o princípio de que os benefícios das aplicações pacíficas da tecnologia nuclear inclusive quaisquer derivados tecnológicos que obtenham as potências nucleares através do desenvolvimento de artefatos nucleares explosivos devem ser postos, para fins pacíficos, à disposição de todas as Partes do Tratado, sejam elas Estados militarmente nucleares ou não-militarmente nucleares;

---

[11] RANGEL, Vicente Marotta. *Direitos e Relações Internacionais*, 6. ed. São Paulo: Revista dos Tribunais, 2000, p. 204-210.

Convencidos de que, em decorrência deste princípio, todas as partes têm o direito de participar no intercâmbio mais amplo possível de informações científicas e de contribuir, isoladamente ou em cooperação com outros Estados, para o desenvolvimento crescente das aplicações da energia nuclear para fins pacíficos;

Declarando seu propósito de conseguir, no menor prazo possível, a cessação da corrida armamentista nuclear e adotar medidas eficazes tendentes ao desarmamento nuclear;

Pedindo a cooperação de todos os Estados para a consecução desse objetivo;

Recordando a determinação expressa pelas Partes do Tratado de Proibição Parcial de testes com armas nucleares, de 1963, em seu preâmbulo, de procurar alcançar a cessação definitiva de todas as explosões experimentais de armas nucleares e de prosseguirem negociações com esse objetivo;

Desejando promover a diminuição da tensão internacional e o fortalecimento da confiança entre os Estados, de modo a facilitar a cessação da manufatura de armas nucleares, a liquidação de todos os seus estoques existentes e a eliminação dos arsenais nacionais de armas nucleares e dos meios de seu lançamento, consoante um Tratado de Desarmamento Geral e Completo, sob eficaz e estrito controle internacional;

Convieram no seguinte:

Art. I - Cada Estado militarmente nuclear, parte deste Tratado, compromete-se a não transferir, para qualquer Estado recipiente, armas nucleares, de qualquer tipo, nem outros artefatos explosivos nucleares, assim como o controle direto ou indireto, sobre tais armas ou artefatos explosivos e, sob forma alguma, assistir, encorajar ou induzir qualquer Estado militarmente nãonuclear a fabricar, ou, por outros meios, adquirir armas nucleares ou outros artefatos explosivos nucleares, ou obter controle sobre tais armas e explosivos nucleares.

Art. II - Cada Estado militarmente não-nuclear, parte deste Tratado, compromete-se a não receber a transferência, de qualquer Estado fornecedor, de armas nucleares ou outros artefatos explosivos nucleares, nem o controle direto ou indireto, sobre tais armas ou explosivos, a não fabricar, ou por outros meios, adquirir armas nucleares ou outros artefatos explosivos nucleares, e a não procurar ou receber qualquer assistência para a fabricação de armas nucleares ou outros artefatos explosivos nucleares.

Art. III - 1) Cada Estado militarmente não-nuclear, parte deste Tratado, compromete-se a aceitar salvaguardas conforme estabelecidas em um acordo a ser negociado e celebrado com a Agência Internacional de Energia Atômica, de acordo com o Estatuto da Agência Internacional de Energia Atômica e com o sistema de salvaguardas da Agência com a finalidade exclusiva de verificação do cumprimento das obrigações assumidas sob o presente Tratado, e com vistas a impedir que a energia nuclear destinada a fins pacíficos venha a ser desviada para armas nucleares ou outros artefatos explosivos nucleares. Os métodos de salvaguardas previstos neste artigo serão aplicados em relação aos materiais férteis ou físseis especiais, tanto na fase de sua produção, quanto nas de processamento ou utilização, em qualquer instalação nuclear principal ou fora de tais instalações. As salvaguardas previstas neste artigo serão aplicadas a todos os materiais férteis ou físseis especiais usados em todas as atividades nucleares pacíficas que tenham lugar no território de um Estado, sob sua jurisdição, ou aquelas levadas a efeito sob seu controle, em qualquer outro local.

2) Cada Estado parte deste Tratado compromete-se a não fornecer:

a) material fértil ou físsil especial, ou

b) equipamento ou material especialmente destinado ou preparado para o processamento, utilização ou produção de material físsil especial para qualquer Estado militarmente não-nuclear, para fins pacíficos, exceto quando o material fértil ou físsil especial esteja sujeito às salvaguardas previstas neste artigo.

3) As salvaguardas previstas neste artigo serão implementadas de maneira a que se cumpra o disposto no art. IV deste Tratado e se evite entravar o desenvolvimento econômico e tecnológico das partes ou a cooperação internacional no campo das atividades nucleares pacíficas, inclusive no tocante ao intercâmbio internacional de material nuclear e de equipamentos para o processamento, utilização ou produção de material nuclear para fins pacíficos, de conformidade com o disposto neste artigo e com o princípio de salvaguardas enunciado no Preâmbulo.

4) Cada Estado militarmente nãonuclear, parte deste Tratado, deverá celebrar isoladamente ou juntamente com outros Estados acordos com a Agência Internacional de Energia Atômica, com a finalidade de cumprir o disposto neste artigo, de conformidade com o Estatuto da Agência Internacional de Energia Atômica. A negociação de tais acordos deverá começar dentro de 180 dias a partir do começo de vigência do Tratado. Para os Estados que depositarem seus instrumentos de ratificação após esse período de 180 dias, a negociação de tais acordos deverá começar em data não, posterior à do depósito. Tais acordos entrarão em vigor em data não posterior a 18 meses depois da data do início das negociações.

Art. IV - 1) Nada neste Tratado será interpretado como afetando o direito inalienável de todas as partes do Tratado de desenvolverem a pesquisa, a produção e a utilização da energia nuclear para fins pacíficos, sem discriminação e de conformidade com os artigos I e II deste Tratado.

2) Todas as partes deste Tratado comprometem-se a facilitar o mais amplo intercâmbio possível de equipamento, materiais e informação científica e tecnológica sobre a utilização pacífica da energia nuclear e dele têm o direito de participar. As partes do Tratado em condições de o fazerem deverão também cooperar isoladamente ou juntamente com outros Estados ou Organizações internacionais com vistas a contribuir para o desenvolvimento crescente das aplicações da energia nuclear para fins pacíficos espe-

cialmente nos territórios dos Estados militarmente não-nucleares, partes do Tratado, com a devida consideração pelas necessidades das regiões do mundo em desenvolvimento.

Art. V - Cada parte deste Tratado compromete-se a tomar medidas apropriadas para assegurar que, de acordo com este Tratado, sob observação internacional apropriada, e por meio de procedimentos internacionais apropriados, os benefícios potenciais de quaisquer aplicações pacíficas de explosões nucleares serão tornados acessíveis aos Estados militarmente nãonucleares, partes deste Tratado, em uma base não discriminatória, e que o custo para essas partes, dos explosivos nucleares empregados, será tão baixo quanto possível, com exclusão de qualquer custo de pesquisa e desenvolvimento. Os Estados militarmente não-nucleares, partes deste Tratado, poderão obter tais benefícios mediante acordo ou acordos internacionais especiais, através de um organismo internacional apropriado no qual os Estados militarmente não-nucleares terão representação adequada. Os Estados militarmente não-nucleares, partes deste Tratado, que assim o desejem, poderão também obter tais benefícios em decorrência de acordos bilaterais.

Art. VI - Cada parte deste Tratado compromete-se a prosseguir, de boafé, negociações sobre medidas efetivas para a cessação em data próxima da corrida armamentista nuclear e para o desarmamento nuclear, e sobre um Tratado de desarmamento geral e completo, sob estrito e eficaz controle internacional.

Art. VII - Nada neste Tratado afeta o direito de qualquer grupo de Estados de concluir Tratados regionais para assegurar a ausência total de armas nucleares em seus respectivos territórios.

Art. VIII - 1) Qualquer parte deste Tratado pode propor emendas a este Tratado. O texto de qualquer emenda proposta deverá ser submetido aos Governos depositários, que as circularão entre todas as partes do Tratado. A seguir, se solicitados a fazê-lo por um terço ou mais das partes, os Governos depositários convocarão uma Conferência, à qual convidarão todas as partes, para considerar tal emenda.

2) Qualquer emenda a este Tratado deverá ser aprovada pela maioria dos votos de todas as partes do Tratado, incluindo os votos de todos os Estados militarmente nucleares, partes do Tratado, e os votos de todas as outras partes que, na data em que a emenda foi circulada, eram membros da junta de Governadores da Agência Internacional de Energia Atômica. A emenda entrará em vigor para cada parte que depositar seu instrumento de ratificação da emenda após o depósito dos instrumentos de ratificação por uma maioria de todas as partes, incluindo os instrumentos de ratificação de todos os Estados militarmente nucleares, partes do Tratado e os instrumentos de ratificação de todas as outras partes que, na data em que a emenda foi circulada, eram membros da junta de Governadores da Agência Internacional de Energia Atômica. A partir de então, a emenda entrará em vigor

para qualquer outra parte quando do depósito de seu instrumento de ratificação da emenda.

3) Cinco anos após a entrada em vigor deste Tratado, uma Conferência das partes será realizada em Genebra, Suíça, para avaliar a implementação do Tratado, com vistas a assegurar que os propósitos do Preâmbulo e os dispositivos do Tratado estão sendo executados. A partir dessa data, em intervalos de 5 anos, a maioria das partes do Tratado poderá obter submetendo uma proposta com essa finalidade aos Governos depositários a convocação de outras Conferências com o mesmo objetivo de rever a implementação do Tratado.

Art. IX - 1) Este Tratado estará aberto à assinatura de todos os Estados. Qualquer Estado que não assine o Tratado antes de sua entrada em vigor, de acordo com o § 3º deste artigo, poderá a ele aceder em qualquer tempo.

2) Este Tratado estará sujeito à ratificação pelos Estados signatários. Os instrumentos de Ratificação e os instrumentos de Adesão serão depositados junto aos Governos da União Soviética, do Reino Unido e dos Estados Unidos da América, que são aqui designados Governos depositários.

3) Este Tratado entrará em vigor após sua ratificação pelos Governos depositários, e por 40 outros Estados signatários deste Tratado e o depósito de seus instrumentos de Ratificação. Para fins deste Tratado, um Estado militarmente nuclear é aquele que tiver fabricado ou explodido uma arma nuclear ou outro artefato explosivo nuclear antes de 1º de janeiro de 1967.

4) Para os Estados cujos instrumentos de Ratificação ou Adesão sejam depositados após a entrada em vigor deste Tratado, o mesmo entrará em vigor na data do depósito de seus instrumentos de Ratificação ou Adesão.

5) Os Governos depositários informarão prontamente a todos os Estados que tenham assinado ou aderido ao Tratado a data de cada assinatura, a data do depósito de cada instrumento de Ratificação ou Adesão, a data de entrada em vigor deste Tratado, a data de recebimento de quaisquer pedidos de convocação de uma Conferência ou outras notificações.

6) Este Tratado será registrado pelos Governos depositários de acordo com o art. 102 da Carta das Nações Unidas.

Art. X - 1) Cada parte tem, no exercício de sua soberania nacional, o direito de denunciar o Tratado se decidir que acontecimentos extraordinários, relacionados com a substância deste Tratado, põem em risco os interesses supremos do país. Deverá notificar dessa denúncia a todas as demais partes do Tratado e ao Conselho de segurança, com três meses de antecedência. Essa notificação deverá incluir uma declaração sobre os acontecimentos extraordinários que a seu juízo ameaçaram seus interesses supremos.

2) Vinte e cinco anos após a entrada em vigor do Tratado, reunirseá uma Conferência para decidir se o Tratado continuará em vigor indefinidamente, ou se será estendido por um ou mais períodos adicionais fixos. Essa decisão será tomada pela maioria das partes no Tratado.

314

RICARDO SEITENFUS

Art. XI - Este Tratado cujos textos em inglês, russo, francês, espanhol e chinês são igualmente autênticos deverá ser depositado nos arquivos dos Governos depositários e cópias devidamente autenticadas serão transmitidas pelos Governos depositários aos Governos dos Estados que o assinem ou a ele adiram.

6. Direito Econômico Internacional

6.1. DESENVOLVIMENTO

a) Soberania permanente sobre os recursos naturais: Resolução 1803 da Assembléia geral (1962)

A Assembléia geral,
Lembrando suas resoluções 523 (VI) de 12/01/1952 e 626 (VII) de 21/12/1952,

Tendo em conta sua resolução 1314 (XIII) de 12/12/1958, através da qual ela criou a Comissão para a soberania permanente sobre as riquezas naturais e a encarregou de proceder à uma investigação profunda relativa a situação do direito de soberania permanente sobre as riquezas e recursos naturais, elemento fundamental do direito dos povos e das nações à dispor de si mesmo, e de formular recomendações tendendo a reforçar este direito e decidiu além disso que, na investigação profunda relativa à questão da soberania permanente dos povos e das nações sobre suas riquezas e seus recursos naturais, seria levado em consideração os direitos e deveres dos Estados, em conformidade com o direito internacional, e porque deve ser encorajada a cooperação internacional em matéria de desenvolvimento econômico dos países em vias de desenvolvimento.

Tendo em conta sua resolução 1515 (XV) de 15/12/1960, através da qual ela recomendou o respeito ao direito soberano de cada Estado de dispor de suas riquezas e recursos naturais,

Considerando que toda medida tomada com este fim deve fundar-se no reconhecimento do direito inalienável que tem todo Estado de dispor livremente de suas riquezas e de seus recursos naturais, conforme seus interesses nacionais e respeitando a independência econômica dos Estados,

Considerando que nada no § 4 a seguir atinge de qualquer maneira que for a posição de um Estado membro referente a todos os aspectos da questão dos direitos e obrigações dos Estados e governos sucessores no que tange aos bens adquiridos antes do acesso à plena soberania dos países que eram antigas colônias,

Textos fundamentais do
Direito das Relações Internacionais

Notando que a questão da sucessão de Estados e de governos está sendo atualmente examinada, em prioridade, pela Comissão de direito internacional,

Considerando que é desejável favorecer a cooperação internacional objetivando o desenvolvimento econômico dos países em vias de desenvolvimento e que os acordos econômicos e financeiros entre países desenvolvidos e países em vias de desenvolvimento devem fundar-se nos princípios de igualdade e dos direitos dos povos e nação à dispor de si mesmos,

Considerando que a concessão de uma assistência econômica e técnica, os empréstimos e o aumento dos investimentos estrangeiros não devem submeter-se à nenhuma condição lesiva aos interesses do Estado que os recebe,

Considerando a utilidade do intercâmbio de dados técnicos e científicos que favorecem a afirmação e a utilização destas riquezas e recursos, bem como o importante papel desempenhados pela Organização das Nações Unidas e das outras organizações internacionais,

Concedendo uma importância especial do incentivo ao desenvolvimento econômico dos países em vias de desenvolvimento e à consolidação de sua independência econômica,

Tomando nota que o exercício e o reforço da soberania permanente dos Estados sobre suas riquezas e recursos naturais favorecem a afirmação de sua independência econômica,

Desejando que as Nações Unidas examinem com mais profundidade a questão da soberania permanente sobre os recursos naturais num espírito de cooperação internacional para o desenvolvimento econômico, particularmente nos países em vias de desenvolvimento,

Declara o que segue:

1. O direito de soberania permanente dos povos e nações sobre suas riquezas e recursos naturais deve exercer-se segundo o interesse do desenvolvimento nacional e do bem-estar da população do Estado interessado.

2. A prospecção, a valorização e a disposição destes recursos bem com a importância dos capitais estrangeiros necessários à sua consecução devem conformar-se às regras e condições que os povos e nações consideram em total liberdade como necessárias ou desejáveis no que tange a autorização, limitação ou proibição destas atividades.

3. No caso em que uma autorização seja concedida, os capitais importados e a renda auferida serão regidas pelos termos desta autorização, por uma lei nacional em vigor e pelo direito internacional. Os benefícios obtidos deverão repartir-se numa proporção livremente consentida, em cada caso, entre os investidores e o Estado onde eles investem, não podendo ser restringido, por qualquer motivo, o direito de soberania do dito Estado sobre suas riquezas e recursos naturais.

4. A nacionalização, expropriação ou a requisição deverão fundar-se em razões ou motivações de utilidade pública, de segurança ou de interesse nacional, reconhecida sua primazia sobre os interesses particulares ou privados, tanto nacionais quanto estrangeiros. Neste caso, o proprietário receberá

uma indenização adequada, em conformidade com as regras vigentes no Estado que toma estas medidas no exercício de sua soberania e em conformidade com o direito internacional. Em todo caso em que houver uma controvérsia sobre a indenização, as vias de recursos nacionais do Estado que tomou ditas medidas deverão esgotadas. Todavia, em decorrência de um acordo entre os Estados soberanos e as outras partes interessadas, o litígio poderá ser submetido à arbitragem ou à uma solução judiciária internacional.

5. O livre e proveitoso exercício da soberania dos povos e nações sobre seus recursos naturais deve ser incentivado pelo mútuo respeito dos Estados, fundamentado em sua igualdade soberana.

6. A cooperação internacional objetivando o desenvolvimento econômico dos países em vias de desenvolvimento, sob a forma de investimentos de capitais, públicos ou privados, do intercâmbio de bens e serviços, da assistência técnica ou a troca de dados científicos, deve favorecer o desenvolvimento nacional independente destes países e fundar-se no respeito de sua soberania sobre suas riquezas e seus recursos naturais.

7. A violação dos direitos soberanos dos povos e das nações sobre suas riquezas e seus recursos naturais contraria o espírito e os princípios da Carta das Nações Unidas e constrange o desenvolvimento da cooperação internacional e a manutenção da paz.

8. Os acordos referentes aos investimentos estrangeiros livremente firmados por Estados soberanos ou entre tais Estados serão respeitados de boa fé; os Estados e as organizações internacionais devem respeitar estrita e conscienciosamente a soberania dos povos e das nações sobre suas riquezas e recursos naturais, em conformidade com a Carta e com os princípios enunciados na presente resolução.

Acolhe com satisfação a decisão da Comissão de direito internacional em acelerar seus trabalhos sobre a codificação da questão da responsabilidade dos Estados para ser examinada pela Assembléia geral;

Roga ao Secretário geral a continuidade do estudos dos diversos aspectos da soberania permanente sobre os recursos naturais, levando em consideração o desejo dos Estados membros de assegurar a proteção de seus direitos soberanos ao mesmo tempo em que incentivam a cooperação internacional para o desenvolvimento econômico, e redigir um relatório sobre esta questão dirigido ao Conselho econômico e social e à Assembléia geral, se possível para a sua 18ª sessão.

b) Carta dos direitos e deveres econômicos dos Estados: Resolução 3281 da Assembléia geral (1974)

A Assembléia geral,

Lembrando que em sua resolução 45 (18/05/72) a Conferência das Nações Unidas sobre o comércio e o desenvolvimento havia enfatizado a necessidade de estabelecer urgentemente normas geralmente aceitas que regerão de maneira sistemática as relações econômicas entre os Estados e havia reconhecido a impossibilidade de instaurar uma ordem justa e um mundo estável enquanto uma carta encarregada de proteger os direitos de todos os países, em particular dos países em vias de desenvolvimento, não tenha sido formulada,

Lembrando também que foi decidido, na mesma resolução, a criação de um grupo de trabalho composto de representantes dos governos para elaborar um projeto de carta dos direitos e deveres econômicos dos Estados, grupo este que a Assembléia geral em sua resolução 3037 (19/12/72) decidiu compô-lo de quarenta Estados membros,

Notando que em sua resolução 3082 (06/12/73), ela se declarava novamente convencida da necessidade de estabelecer urgentemente as normas de aplicação universal para o desenvolvimento das relações econômicas internacionais em bases justa e eqüitativa e convidava insistentemente o Grupo de trabalho encarregado de elaborar a Carta dos direitos e deveres econômicos dos Estados a concluir, como primeira medida de codificação e de desenvolvimento nesta área, a elaboração de um projeto final de Carta dos direitos e deveres econômicos dos Estados que possa ser examinado e aprovado pela Assembléia geral na sua 29ª sessão,

Consciente do espírito e dos termos de suas resoluções 3201 e 3202 (01/05/74), contendo, respectivamente, a Declaração e o Programa de ação referente a instauração de uma nova ordem econômica mundial, onde ela enfatiza a importância vital da adoção pela Assembléia geral de uma Carta em sua 29ª sessão e onde ele insiste que a Carta deveria constituir um eficaz instrumento com vistas à criar um novo sistema internacional de relações econômicas fundado na equidade, igualdade soberana e interdependência dos interesses dos países desenvolvidos e dos países em vias de desenvolvimento,

Tendo examinado o relatório do Grupo de trabalho encarregado de elaborar a Carta dos direitos e deveres econômicos dos estados na sua quarta sessão, transmitido à Assembléia geral pelo Conselho do comércio e do desenvolvimento em sua 14ª sessão,

Expressando seus agradecimentos ao Grupo de trabalho encarregado da elaboração da Carta dos direitos e deveres econômicos dos Estados que, graças a tarefa concluída durante suas quatro sessões entre fevereiro de 1973 e junho de 1974, reuniu os elementos necessários para que a Assembléia geral pudesse concluir o exame da Carta dos direitos e deveres econômicos dos Estados e adotá-la na sua 29ª sessão, como ela havia recomendado,

Adota e proclama solenemente a Carta seguinte:

Carta dos direitos e deveres econômicos dos Estados
Preâmbulo
A Assembléia geral,

Reafirmando os objetivos fundamentais das Nações Unidas, em particular a manutenção da paz e da segurança internacionais, o desenvolvimento de relações amistosas entre as nações e a realização da cooperação internacional para resolver os problemas internacionais no campo econômico e social,

Afirmando a necessidade de reforçar a cooperação internacional nestes campos,

Reafirmando também a necessidade de reforçar a cooperação internacional na busca do desenvolvimento,

Declarando que a presente Carta tem essencialmente como objetivo promover a instauração da nova ordem econômica internacional fundada sobre a equidade e a igualdade soberana, a interdependência, o interesse comum e a cooperação entre todos os Estados, qualquer que seja seu sistema econômico e social,

Desejosa de contribuir para a criação de condições propícias a:

a) Realizar uma prosperidade maior em todos os países e níveis de vida mais elevados para todos os povos,

b) Promover, através do conjunto da comunidade internacional, o progresso econômico e social de todos os países, em particular dos países em vias de desenvolvimento,

c) Encorajar a cooperação no campo da economia, do comércio, da ciência e da técnica baseada em vantagens mútuas e eqüitativas para todos os Estados amantes da paz e desejosos em aplicar os dispositivos da presente Carta, qualquer que seja seu sistema econômico e social,

d) Suprimir os principais obstáculos ao progresso econômico dos países em vias de desenvolvimento,

e) Acelerar o crescimento econômico dos países em vias de desenvolvimento, com vistas a eliminar a diferença econômica entre os países em vias de desenvolvimento e países desenvolvidos,

f) Proteger, conservar e valorizar o meio ambiente,

Consciente da necessidade de estabelecer e manter uma ordem econômica e social justa e eqüitativa através:

a) A instauração de relações econômicas internacionais mais racionais e mais eqüitativas e incentivar as transformações na estrutura da economia mundial,

b) A criação de condições que permitam uma maior expansão do comércio e uma cooperação mais intensa entre todas as nações,

c) O reforço da independência econômica dos países em vias de desenvolvimento

d) A instauração e a promoção de relações econômicas internacionais que levem em consideração as diferenças reconhecidas, no plano do desenvolvimento, entre os países em vias de desenvolvimento, bem como suas necessidades específicas,

Resoluta a favorecer a segurança econômica coletiva com vistas ao desenvolvimento, em particular dos países em vias de desenvolvimento,

Textos fundamentais do
Direito das Relações Internacionais

321

respeitando rigorosamente a igualdade soberana de todos os Estados, através da cooperação do conjunto da comunidade internacional,

Considerando que uma verdadeira cooperação entre os Estados, fundada no exame concertado dos problemas econômicos internacionais e numa ação comum frente a estes problemas, é indispensável para responder ao desejo do conjunto da comunidade internacional para chegar a um desenvolvimento eqüitativo e racional de todas as regiões do mundo,

Sublinhando a importância em assegurar condições propícias para a condução de relações econômicas normais entre todos os Estados, independentemente das diferenças entre sistemas sociais e econômicos, e para o respeito integral dos direitos de todos os povos, bem como o reforço dos instrumentos da cooperação internacional como meio para consolidar a paz no interesse de todos,

Convencida da necessidade de criar um sistema de relações econômicas internacionais fundado na igualdade soberana, vantagens mútuas e estreita interdependência dos interesses de todos os Estados,

Reafirmando que a responsabilidade do desenvolvimento de cada país incumbe em primeiro lugar a ele mesmo, mas que uma ação internacional concomitante e eficaz é essencial para que ele atinja seus objetivos de desenvolvimento,

Firmemente convencida da urgente necessidade em organizar um sistema consideravelmente melhor para as relações econômicas internacionais,

Adota solenemente a presente Carta dos direitos e deveres econômicos dos Estados.

Capítulo I - Elementos fundamentais das relações econômicas internacionais

As relações econômicas, bem como as relações políticas e outras, entre os Estados, devem reger-se notadamente pelos seguintes princípios:

a) Soberania, integridade territorial e independência política dos Estados;

b) Igualdade soberana de todos os Estados;

c) Não agressão;

d) Não intervenção;

e) Vantagens mútuas e eqüitativas;

f) Coexistência pacífica;

g) Igualdade dos direitos dos povos e direito dos povos a dispor de si mesmos;

h) Solução pacífica dos litígios;

i) Reparação das injustiças impostas pela força e que privam uma nação dos meios naturais necessários ao seu desenvolvimento normal;

j) Execução de boa fé das obrigações internacionais;

k) Respeito dos direitos do homem e das liberdades fundamentais;

l) Dever dos Estados de não procurar assegurar-se da hegemonia e de esferas de influência;

m) Promoção da justiça social internacional;

n) Cooperação internacional com vistas ao desenvolvimento;

o) Livre acesso ao mar e a partir do mar para os países sem litoral, no âmbito dos princípios acima mencionados.

Capítulo II - Direitos e deveres econômicos dos Estados

Art. I - Cada Estado tem o direito soberano e inalienável de escolher seu sistema econômico, político, social e cultural, em conformidade à vontade de seu povo, sem ingerência, pressão ou qualquer ameaça externa.

Art. II - 1. Cada Estado detém e exerce livremente uma soberania inteira e permanente sobre todas as suas riquezas, recursos naturais e atividades econômicas, inclusive a posse e o direito de as utilizar e dispor delas.

2. Cada Estado tem o direito:

a) De regulamentar os investimentos estrangeiros nos limites de sua jurisdição nacional e de exercer sobre eles sua autoridade em conformidade com suas leis e regulamentos segundo suas prioridades e objetivos nacionais. Nenhum Estado será obrigado a conceder um tratamento privilegiado aos investimentos estrangeiros;

b) De regulamentar e vigiar as atividades das sociedades transnacionais nos limites de sua jurisdição nacional e tomar medidas velando que suas atividades conformem-se a suas leis, regras e regulamentos e sejam conformes a suas políticas econômica e social. As sociedades transnacionais não intervirão nos assuntos internos de um Estado hospedeiro. Cada Estado deveria, levando em consideração seus direitos soberanos, cooperar com os outros Estados no exercício do direito enuncia na presente alínea;

c) de nacionalizar, expropriar ou transferir a propriedade de bens estrangeiros, devendo verter uma indenização adequada, tendo em consideração suas leis e regulamentos em qualquer circunstância que ele julgar pertinente. Em todos os casos em que a indenização provoque um litígio, este será resolvido em conformidade com a legislação interna do Estado que toma as medidas de nacionalização pelos tribunais deste Estado, a menos que todos os Estados interessados concordem livremente buscar outros meios pacíficos na base da igualdade soberana dos Estados, em conformidade com o princípio do livre arbítrio dos meios.

Art. III - Na exploração dos recursos naturais comuns a dois ou vários países, cada Estado deve cooperar baseado num sistema de informação e de consulta prévias a fim de assegurar a otimização da exploração destes recursos sem prejudicar os legítimos interesses dos outros Estados.

Art. IV - Cada tem o direito de participar do comércio internacional e a outras formas de cooperação econômica, independentemente das diferenças entre os sistemas políticos, econômicos e sociais. Nenhum Estado será objeto de uma discriminação, qualquer que seja, fundada unicamente nestas diferenças. Para o comércio internacional e outras formas de cooperação econômica, cada Estado tem o direito de escolher livremente as modalidades de organização de suas relações econômicas externas e concluir acordos bi e multilaterais compatíveis com suas obrigações internacionais e com as necessidades da cooperação econômica internacional.

Art. V - Todos os Estados têm o direito de agrupar-se em organizações de produtores de produtos de base com vistas a desenvolver sua economia nacional, assegurar-se de financiamentos estáveis a seu desenvolvimento e, buscando seus objetivos, ajudar a promover o crescimento sustentado da economia mundial, acelerando notadamente o desenvolvimento dos países em vias de desenvolvimento. Reciprocamente, todos os Estados têm o dever de respeitar este direito abstendo-se de aplicar medidas econômicas e políticas que o limitaria.

Art. VI - Os Estados têm o dever de contribuir ao desenvolvimento do comércio internacional de mercadorias, notadamente através de acertos e pela conclusão de acordos multilaterais de longo prazo sobre os produtos de base tendo em conta os interesses dos produtores e dos consumidores. Todos os Estados têm em comum a responsabilidade de favorecer o fluxo regular e a obtenção de todos os produtos comerciais, trocados com preços estáveis, remuneradores e eqüitativos, contribuindo assim ao desenvolvimento eqüitativo da economia mundial levando em consideração, particularmente, os interesses dos países em vias de desenvolvimento.

Art. VII - Cada Estado é o primeiro responsável para a promoção o progresso econômico, social e cultural de seu povo. A este fim, cada Estado tem o direito e a responsabilidade de escolher seus objetivos e seus meios de desenvolvimento, de mobilizar e utilizar integralmente seus recursos, de operar reformas econômicas e sociais progressivas e assegurar a plena participação de seu povo ao processo e às vantagens do desenvolvimento. Todos os Estados têm o dever, individual e coletivamente, de cooperar para eliminar os obstáculos que entravam esta mobilização e esta utilização.

Art. VIII - Os Estados deveriam cooperar para facilitar as relações econômicas internacionais mais racionais e mais eqüitativas e para encorajar as transformações estruturais no âmbito de uma economia mundial equilibrada em conformidade com as necessidades e os interesses de todos os países, em particular dos países em vias de desenvolvimento, e deveriam tomar medidas apropriadas à este fim.

Art. IX - Todos os Estados têm a responsabilidade de cooperar, nos campos econômico, social, cultural, científico e técnico, favorecendo o progresso econômico e social no mundo inteiro, e em particular nos países em vias de desenvolvimento.

Art. X - Todos os Estados são juridicamente iguais e, como membros iguais da comunidade internacional, tem o direito de participar plenamente e efetivamente à adoção, no plano internacional, de decisões objetivando resolver os problemas econômicos, financeiros e monetários mundiais, notadamente através das organizações internacionais apropriadas em conformidade com seus regulamentos atuais e futuros e obter, de maneira eqüitativa, as vantagens decorrentes.

Art. XI - Todos os Estados deveriam cooperar para reforçar e melhorar continuadamente a eficiência com a qual as organizações internacionais aplicam as medidas destinadas a estimular o progresso econômico geral de todos os países, em particular dos países em vias de desenvolvimento, e eles deveriam cooperar para adaptar estas organizações à evolução das exigências da cooperação econômica internacional.

Art. XII - 1. Os Estados têm o direito, em acordo com os países interessados, de participar à cooperação sub-regional, regional e internacional no interesse de seu desenvolvimento econômico e social. Todos os Estados partícipes desta operação têm o dever de velar para que as políticas aplicadas pelos grupos aos quais eles pertencem correspondam às disposições da presente Carta e sejam voltados em direção do exterior, compatíveis com suas obrigações internacionais e com as exigências da cooperação econômica internacional, e levem em conta os interesses legítimos dos terceiros países, em particular dos países em vias de desenvolvimento.

2. Nos casos de grupos de Estados que delegaram ou possam a vir a delegar certas competências que entram no campo de aplicação da presente Carta, suas disposições aplicar-se-ão igualmente aos ditos grupos no que diz respeito à estas questões, em conformidade com as responsabilidades que lhes cabe como membros destes grupos. Estes Estados cooperarão para a aplicação por estes grupos dos dispositivos da presente Carta.

Art. XIII - 1. Cada Estado tem o direito de partilhar das vantagens do progresso e das inovações da ciência e da técnica para acelerar seu desenvolvimento econômico e social.

2. Todos os Estados deveriam promover a cooperação científica e técnica internacional e a transferência de tecnologia, tendo em conta os interesses legítimos, incluindo notadamente os direitos e deveres dos detentores, dos fornecedores e dos beneficiários das técnicas. Em particular, todos os Estados deveriam facilitar o acesso dos países em vias de desenvolvimento às realizações da ciência e da técnica modernas, a transferência de técnicas e a criação de técnicas autóctones no interesse dos países em vias de desenvolvimento, sob forma e em conformidade aos procedimentos que sejam adaptados à sua economia e a suas necessidades.

3. Por conseguinte, os países desenvolvidos deveriam cooperar com os países em vias de desenvolvimento, reforçar e desenvolver suas infra-estruturas científicas e tecnológicas e suas atividades no campo da pesquisa científica e tecnológica, de maneira a favorecer a expansão e a transformação da economia dos países em vias de desenvolvimento.

4. Todos os Estados deveriam cooperar nos trabalhos de pesquisa com o objetivo de elaborar outros princípios diretores ou regulamentos aceitos

Textos fundamentais do
Direito das Relações Internacionais

325

no plano internacional para a transferência de técnicas, levando em conta os interesses dos países em vias de desenvolvimento.

Art. XIV - Cada Estado tem o dever de cooperar para favorecer uma expansão e uma liberalização crescente do comércio mundial, bem como uma melhoria do bem-estar e dos níveis de vida de todos os povos, em particular dos países em vias de desenvolvimento. Por conseguinte, todos os Estados deveriam cooperar, notadamente para eliminar progressivamente os obstáculos ao comércio e melhorar o contexto internacional no qual ocorre o comércio mundial e, com este objetivo, coordenar esforços para resolver de maneira eqüitativa os problemas comerciais de todos os países, tendo em conta os problemas comerciais específicos dos países em vias de desenvolvimento. Os Estados deverão tomar medidas destinadas a assegurar vantagens suplementares para o comércio internacional dos países em vias de desenvolvimento de maneira a aumentar sensivelmente suas receitas em divisas, a diversificação de suas exportações, a aceleração da taxa de crescimento de seu comércio, tendo em conta os imperativos do desenvolvimento, uma melhoria de suas possibilidades de participar à expansão do comércio mundial e um equilíbrio mais favorável aos países em vias de desenvolvimento na divisão das vantagens resultantes desta expansão mediante, na medida do possível, uma melhoria substancial das condições de acesso aos mercados para os produtos que interessam os países em vias de desenvolvimento, e cada vez que for necessário, medidas capazes de estabelecer preços estáveis, eqüitativos e remuneradores para os produtos primários.

Art. XV - Todos os Estados têm o dever de promover a realização do desarmamento geral e completo, sob um controle internacional eficaz, e utilizar os recursos liberados através de medidas eficazes de desarmamento objetivando o desenvolvimento econômico e social dos países, afetando uma parte substancial destes recursos, como aporte suplementar, às necessidades de desenvolvimento dos países em vias de desenvolvimento.

Art. XVI - 1. Todos os Estados têm o direito e o dever, individual e coletivamente, de eliminar o colonialismo, o *apartheid*, a discriminação racial, o neo-colonialismo e todas as formas de agressão, de ocupação e de dominação estrangeiras, e suas conseqüências econômicas e sociais, considerada uma condição preliminar do desenvolvimento. Os Estados que praticam tais políticas de coerção são economicamente responsáveis perante os países, territórios e povos em causa, aos quais devem restituir todos seus recursos, naturais ou outros, e devem indenizar integralmente pela exploração, esgotamento ou deterioração destes recursos. É do dever de todos os Estados auxiliar estes países, território e povos.

2. Nenhum Estado tem o direito de promover ou encorajar investimentos que possam constituir um obstáculo à libertação de um território ocupado pela força.

Art. XVII - A cooperação internacional com vistas ao desenvolvimento é objetivo visado por todos os Estados e seu dever comum. Cada Estado deveria cooperar com os esforços dos países em vias de desenvolvimento para acelerar seu progresso econômico e social assegurando a eles condições externas favoráveis e ajudando-os ativamente, conforme suas necessidades e objetivos de desenvolvimento, respeitando rigorosamente a igualdade soberana dos Estados e sem nenhuma condição que possa atentar à sua soberania.

Art. XVIII - Os países desenvolvidos deveriam conceder, melhorar e ampliar o sistema de preferências tarifárias generalizadas, sem reciprocidade nem discriminação, em favor dos países em vias de desenvolvimento, em conformidade com as conclusões concertadas e decisões pertinentes adotadas sobre o assunto no âmbito das organizações internacionais competentes. Os países desenvolvidos deveriam também considerar seriamente a adoção de outras medidas diferenciadas, no campo onde é possível e apropriado e segundo modalidades que cheguem à concessão de um tratamento especial e mais favorável, a fim de responder às necessidades de comércio e de desenvolvimento dos países em vias de desenvolvimento. Na condução das relações econômicas internacionais, os países desenvolvidos não deveriam tomar medidas que tenham efeito negativo sobre o desenvolvimento da economia nacional dos países em vias de desenvolvimento, como as que afetariam as preferências tarifárias generalizadas e outras medidas diferenciadas concedidas em seu favor.

Art. XIX - Para acelerar o crescimento econômico dos países em vias de desenvolvimento e eliminar o seu atraso econômico face aos países desenvolvidos, estes últimos deveriam conceder, nos campos da cooperação econômica internacional correspondentes, um tratamento preferencial generalizado, sem reciprocidade nem discriminação.

Art. XX - Os países em vias de desenvolvimento deveriam, objetivando aumentar o volume global de seu comércio, levar em consideração a possibilidade de aumentar suas trocas com os países socialistas concedendo-lhes condições comerciais que não sejam inferiores às condições normalmente consentidas aos países desenvolvidos de economia de mercado.

Art. XXI - Os países em vias de desenvolvimento deveriam esforçar-se para favorecer a expansão de suas trocas mútuas e eles podem, com esta finalidade, em conformidade aos dispositivos e procedimentos existentes ou em elaboração de acordos internacionais pertinentes, conceder preferências comerciais a outros países em vias de desenvolvimento sem estendê-las aos países desenvolvidos, na medida em que tais acordos não constituam um obstáculo à liberalização e à expansão das trocas comerciais.

Art. XXII - 1. Todos os Estados deveriam responder às necessidades e objetivos do desenvolvimento geralmente reconhecidos e mutuamente aceitos dos países em vias de desenvolvimento, encorajando o aporte líquido de recursos aos países em vias de desenvolvimento, tendo em conta todos os compromissos e obrigações contraídos pelos Estados interessados, de maneira a sustentar os esforços dos países em vias de desenvolvimento para acelerar seu progresso econômico e social.

2. Para isto, em conformidade com os objetivos mencionados acima e levando em conta todos os compromissos e obrigações contraídos, eles deveriam esforçar-se para aumentar o aporte líquido de recursos financeiros provenientes de fonte pública aos países em vias de desenvolvimento e melhorar as modalidades e condições.

3. O fluxo de recursos destinados à ajuda ao desenvolvimento deveria incluir uma assistência econômica e uma assistência técnica.

Art. XXIII - Para favorecer a mobilização efetiva de seus recursos próprios, os países em vias de desenvolvimento deveriam reforçar sua cooperação econômica e aumentar as trocas entre eles afim de acelerar seu desenvolvimento econômico e social. Todos os países, em particular os países desenvolvidos, agindo individualmente ou através das organizações internacionais competentes das quais eles são membros, deveriam apoiar com meios apropriados e eficazes.

Art. XXIV - Todos os Estados têm o dever de conduzir suas mútuas relações econômicas de tal sorte que ela leve em consideração o interesse dos outros países. Em particular, os Estados deveriam evitar prejudicar os interesses dos países em vias de desenvolvimento.

Art. XXV - Para favorecer o desenvolvimento econômico mundial, a comunidade internacional, especialmente seus membros desenvolvidos, concederá uma particular atenção às necessidades e aos problemas específicos dos países em vias de desenvolvimento menos avançados, aos países em vias de desenvolvimento sem litoral, bem como aos países insulares em vias de desenvolvimento, com vistas a ajudar a superar suas dificuldades específicas e contribuir assim para o seu desenvolvimento econômico e social.

Art. XXVI - Todos os Estados têm o dever de coexistir na tolerância e viver em paz uns com os outros, quaisquer que sejam as diferenças de sistemas políticos, econômicos, sociais e culturais, e facilitar o comércio entre os Estados de diferentes regimes econômicos e sociais. O comércio internacional deveria ser praticado sem atentar às preferências generalizadas, sem discriminação nem reciprocidade, que deveriam beneficiar os países em vias de desenvolvimento, na base de mútuas vantagens, eqüitativas e da concessão mútua do tratamento da nação mais favorecida.

Art. XXVII - 1. Cada Estado tem o direito de beneficiar-se plenamente das vantagens do comércio mundial de bens invisíveis e participar à expansão do comércio.

2. O comércio mundial de bens invisíveis, fundado na eficiência e nas vantagens mútuas e eqüitativas, favorecendo a expansão da economia mundial, é objetivo comum de todos os Estados. O papel dos países em vias de desenvolvimento no comércio mundial dos bens invisíveis deveria melhorar e ser reforçado em conformidade com os objetivos acima mencionados,

tendo em conta especialmente as necessidades especiais dos países em vias de desenvolvimento.

3. Todos os Estados deveriam cooperar com os países em vias de desenvolvimento em seus esforços para aumentar suas capacidade na obtenção de receitas em divisas das transações de bens invisíveis, tendo em conta as possibilidades e as necessidades de cada pis em vias de desenvolvimento e em conformidade com os objetivos acima mencionados.

Art. XXVIII - Todos os Estados têm o dever de cooperar com vistas a ajustar os preços das exportações dos países em vias de desenvolvimento em relação aos preços de suas importações fazendo com que estes países beneficiem-se de termos de trocas justos e eqüitativos, remuneradores para os produtores e eqüitativos para os produtores e consumidores.

Capítulo III - Responsabilidades comuns perante a comunidade internacional

Art. XXIX - O fundo do mar e dos oceanos, o seu sub-solo além dos limites da jurisdição nacional, bem como os recursos da zona, constituem patrimônio comum da humanidade. Partindo dos princípios adotados pela Assembléia geral em sua resolução 2749 (17/12/70), todos os Estados vigiarão para que a exploração da zona e de seus recursos sejam realizada exclusivamente para fins pacíficos e que as vantagens decorrentes sejam divididas de maneira eqüitativa entre todos os Estados, tendo em conta os interesses e necessidades próprias dos países em vias de desenvolvimento, dentro de um regime internacional aplicado à zona e aos seus recursos, combinado com um mecanismo internacional apropriado destinado a efetivar seus dispositivos estabelecidos através de um tratado internacional de caráter universal, geralmente aceito.

Art. XXX - A proteção, a preservação e a valorização do meio ambiente para as gerações presentes e futuras são de responsabilidade de todos os Estados. Todos os Estados farão um esforço na definição de suas políticas de meio ambiente e de desenvolvimento em conformidade com esta responsabilidade. A política ecológica de todos os Estados deveria ter como efeito o reforço do potencial de desenvolvimento atual e futuro dos países em vias de desenvolvimento e não atentar contra ele. Todos os Estados têm a responsabilidade de velar para que as atividades realizadas dentro dos limites de sua jurisdição ou sob seu controle não prejudiquem o meio ambiente de outros Estados e de zonas localizadas além dos limites de sua jurisdição nacional. Todos os Estados devem cooperar na criação de normas e regulamentos internacionais para o meio ambiente.

Capítulo IV - Disposições finais

Art. XXXI - Todos os Estados têm o dever de contribuir à expansão equilibrada da economia mundial, levando em conta a estreita interdependência entre o bem-estar dos países desenvolvidos de um lado, e o crescimento e o desenvolvimento dos países em vias de desenvolvimento de outro, tendo em conta que a prosperidade da comunidade internacional em seu conjunto depende da prosperidade dos elementos que a constituem.

Art. XXXII - Nenhum Estado pode recorrer ou encorajar recursos a medidas econômicas, políticas ou outras para constranger um outro Estado a subordinar-lhe o exercício de seus direitos soberanos.

Art. XXXIII - 1. Nada na presente Carta, não será interpretado como atentando ou derrogando as disposições da Carta das Nações Unidas ou às decisões tomadas em conformidade com suas disposições.

2. As disposições da presente Carta são interdependentes em sua interpretação e aplicação e cada uma deve ser compreendida em função das outras.

Art. XXXIV - Uma questão relativa à Carta dos direitos e deveres econômicos dos Estados será inscrita na ordem do dia da Assembléia geral na sua 30ª sessão, e a seguir em cinco sessões. A Assembléia geral procederá ao exame sistemático e completo da aplicação da Carta, do ponto de vista dos avanços realizados, das melhorias e complementos que poderiam ser necessários e ela recomendará as medidas convenientes. Neste exame, a Assembléia geral deveria levar em conta a evolução de todos os fatores econômicos, sociais, jurídicos e outros que se referem aos princípios e objetivos sobre os quais está fundada a presente Carta.

6.2. COMÉRCIO

c) Acordo constitutivo da Organização Mundial do Comércio, OMC (1994)

As *Partes* do presente Acordo,

Reconhecendo que as suas relações na esfera da atividade comercial e econômica devem tender a elevar os níveis de vida, alcançar o pleno emprego e um volume considerável e em constante elevação de receitas reais e demanda efetiva, e a aumentar a produção e o comércio de bens e de serviços, permitindo ao mesmo tempo a utilização ótima dos recursos mundiais em conformidade com o objetivo de um desenvolvimento sustentável e buscando proteger e preservar o meio ambiente e incrementar os meios para fazê-lo, de maneira compatível com suas respectivas necessidades e interesses segundo os diferentes níveis de desenvolvimento econômico.

Reconhecendo ademais que é necessário realizar esforços positivos para que os países em desenvolvimento, especialmente os menos avançados, obtenham uma parte do incremento do comércio internacional que corresponda à s necessidades de seu desenvolvimento econômico,

Desejosas de contribuir para a consecução desses objetivos mediante a celebração de acordos destinados a obter, na base da reciprocidade e de vantagens mútuas, a redução substancial das tarifas aduaneiras e dos demais obstáculos ao comércio assim como a eliminação do tratamento discriminatório nas relações comerciais internacionais,

Resolvidas, por conseguinte, a desenvolver um sistema multilateral de comércio integrado, mais viável e duradouro que compreenda o Acordo Geral sobre Tarifas Aduaneiras e Comércio, os resultados de esforços anteriores de liberalização do comércio e os resultados integrais das Negociações Comerciais Multilaterais da Rodada Uruguai,

Decididas a preservar os princípios fundamentais e a favorecer a consecução dos objetivos que informam este sistema multilateral de comércio,

Acordam o seguinte:

Art. I - Estabelecimento da Organização

Constitui-se pelo presente Acordo a Organização Mundial do Comércio (a seguir denominada "OMC").

Art. II - Escopo da OMC

1. A OMC constituirá o quadro institucional comum para a condução das relações comerciais entre seus Membros nos assuntos relacionados com os acordos e instrumentos legais conexos incluí dos nos Anexos ao presente Acordo.

2. Os acordos e os instrumentos legais conexos incluídos nos Anexos 1, 2 e 3 (denominados a seguir "Acordos Comerciais Multilaterais") formam parte integrante do presente Acordo e obrigam a todos os Membros.

3. Os acordos e os instrumentos legais conexos incluí dos no Anexo 4 (denominados a seguir "Acordos Comerciais Plurilaterais") também formam parte do presente Acordo para os Membros que os tenham aceito e sã o obrigatórios para estes. Os Acordos Comerciais Plurilaterais não criam obrigações nem direitos para os Membros que não os tenham aceito.

4. O Acordo Geral sobre Tarifas Aduaneiras e Comércio de 1994, conforme se estipula no Anexo 1A (denominado a seguir "GATT de 1994") é juridicamente distinto do Acordo Geral sobre Tarifas Aduaneiras e Comércio com data de 30 de outubro de 1947, anexo à Ata Final adotada por ocasião do encerramento do segundo período de sessões da Comissão Preparatória da Conferência das Nações Unidas sobre Comércio e Emprego, posteriormente retificado, emendado ou modificado (denominado a seguir "GATT de 1947").

Art. III - Funções da OMC

1. A OMC facilitará a aplicação, administração e funcionamento do presente Acordo e dos Acordos Comerciais Multilaterais e promoverá a consecução de seus objetivos, e constituirá também o quadro jurídico para a aplicação, administração e funcionamento dos Acordos Comerciais Plurilaterais.

2. A OMC será o foro para as negociações entre seus Membros acerca de suas relações comerciais multilaterais em assuntos tratados no quadro

dos acordos incluídos nos Anexos ao presente Acordo. A OMC poderá também servir de foro para ulteriores negociações entre seus Membros acerca de suas relações comerciais multilaterais, e de quadro jurídico para a aplicação dos resultados dessas negociações, segundo decida a Conferência Ministerial.

3. A OMC administrará o Entendimento relativo às normas e procedimentos que regem a solução de controvérsias (denominado a seguir "Entendimento sobre Solução de Controvérsias" ou "ESC") que figura no Anexo 2 do presente Acordo.

4. A OMC administrará o Mecanismo de Exame das Políticas Comerciais (denominado a seguir "TPRM") estabelecido no Anexo 3 do presente Acordo.

5. Com o objetivo de alcançar uma maior coerência na formulação das políticas econômicas em escala mundial, a OMC cooperará , no que couber, com o Fundo Monetário Internacional e com o Banco Internacional de Reconstrução e Desenvolvimento e com os órgãos a eles afiliados.

Artigo IV - Estrutura da OMC

1. Estabelecer-se-á uma Conferência Ministerial, composta por representantes de todos os Membros, que se reunirá ao menos uma vez cada dois anos. A Conferência Ministerial desempenhará as funções da OMC e adotará as disposições necessárias para tais fins. A Conferência Ministerial terá a faculdade de adotar decisões sobre todos os assuntos compreendidos no âmbito de qualquer dos Acordos Comerciais Multilaterais, caso assim o solicite um Membro, em conformidade com o estipulado especificamente em matéria de adoção de decisões no presente Acordo e no Acordo Comercial Multilateral relevante.

2. Estabelecer-se-á um Conselho Geral, composto por representantes de todos os Membros, que se reunirá quando cabível. Nos intervalos entre reuniões da Conferência Ministerial, o Conselho Geral desempenhará as funções da Conferência. O Conselho Geral cumprirá igualmente as funções que se lhe atribuam no presente Acordo. O Conselho Geral estabelecerá suas regras procedimentais e aprovará as dos Comitês previstas no § 7.

3. O Conselho Geral se reunirá quando couber para desempenhar as funções do Órgão de Solução de Controvérsias estabelecido no Entendimento sobre Solução de Controvérsias. O Órgão de Solução de Controvérsias poderá ter seu próprio presidente, e estabelecerá as regras de procedimento que considere necessárias para o cumprimento de tais funções.

4. O Conselho Geral se reunirá quando couber para desempenhar as funções do Órgão de Exame das Políticas Comerciais estabelecido no TPRM. O Órgão de Exame das Políticas Comerciais poderá ter seu próprio presidente, e estabelecerá as regras de procedimento que considere necessárias para o cumprimento de tais funções.

5. Estabelecer-se-ão um Conselho do Comércio de Bens, um Conselho do Comércio de Serviços e um Conselho dos Aspectos dos Direitos de Propriedade Intelectual relacionadas com o Comércio (denominado a seguir

"Conselho dos TRIPS"), que funcionará sob a orientação geral do Conselho Geral. O Conselho do Comércio de Bens supervisará o funcionamento dos Acordos Comerciais Multilaterais do Anexo 1A. O Conselho do Comércio de Serviços supervisará o funcionamento do Acordo Geral sobre o Comércio de Serviços (denominado a seguir "GATS"). O Conselho de TRIPS supervisará o funcionamento do Acordo sobre os Aspectos dos Direitos de Propriedade Intelectual relacionados com o Comércio (denominado a seguir "Acordo sobre TRIPS"). Esses Conselhos desempenharão as funções a eles atribuí das nos respectivos Acordos e pelo Conselho Geral. Estabelecerão suas respectivas regras de procedimento, sujeitas a aprovação pelo Conselho Geral. Poderão participar desses Conselhos representantes de todos os Membros. Esses Conselhos se reunirão conforme necessário para desempenhar suas funções.

6. O Conselho do Comércio de Bens, o Conselho do Comércio de Serviços e o Conselho de TRIPS estabelecerão os órgãos subsidiários que sejam necessários. Tais órgãos subsidiários fixarão suas respectivas regras de procedimento, sujeitas a aprovação pelos Conselhos correspondentes.

7. A Conferência Ministerial estabelecerá um Comitê de Comércio e Desenvolvimento, um Comitê de Restrições por Motivo de Balanço de Pagamentos e um Comitê de Assuntos Orçamentários, Financeiros e Administrativos, que desempenharão as funções a eles atribuídas no presente Acordo e nos Acordos Comerciais Multilaterais, assim como as funções adicionais que lhes atribua o Conselho Geral, e poderá estabelecer Comitê s adicionais com as funções que considere apropriadas. O Comitê de Comércio e Desenvolvimento examinará periodicamente, como parte de suas funções, as disposições especiais em favor dos países menos avançados Membros contidas nos Acordos Comerciais Multilaterais e apresentará relatório ao Conselho Geral para adoção de disposições apropriadas. Poderão participar desses Comitês representantes de todos os Membros.

8. Os órgãos estabelecidos em virtude dos Acordos Comerciais Plurilaterais desempenharão as funções a eles atribuídas em conseqüência de tais Acordos e funcionarão dentro do marco institucional da OMC. Tais órgãos informarão regularmente o Conselho Geral sobre suas respectivas atividades.

Artigo V - Relações com Outras Organizações

1. O Conselho Geral tomará as providências necessárias para estabelecer cooperação efetiva com outras organizações intergovernamentais que tenham áreas de atuação relacionadas com a da OMC.

2. O Conselho Geral poderá tomar as providências necessárias para manter consultas e cooperação com organizações não-governamentais dedicadas a assuntos relacionados com os da OMC.

Artigo VI - A Secretaria

1. Fica estabelecida uma Secretaria da OMC (doravante denominada Secretaria), chefiada por um Diretor geral.

2. A Conferência Ministerial indicará o Diretor geral e adotará os regulamentos que estabelecem seus poderes, deveres, condições de trabalho e mandato.

3. O Diretor geral indicará os integrantes do pessoal da Secretaria e definirá seus deveres e condições de trabalho, de acordo com os regulamentos adotados pela Conferência Ministerial.

4. As competências do Diretor geral e do pessoal da Secretaria terão natureza exclusivamente internacional. No desempenho de suas funções, o Diretor geral e o pessoal da Secretaria não buscarão nem aceitarão instruções de qualquer governo ou de qualquer outra autoridade externa à OMC. Além disso, eles se absterão de toda ação que possa afetar negativamente sua condição de funcionários internacionais. Os Membros da OMC respeitarão a natureza internacional das funções do Diretor geral e do pessoal da Secretaria e não buscarão influenciá-los no desempenho dessas funções.

Artigo VII - Orçamento e Contribuições

1. O Diretor geral apresentará a proposta orçamentária anual e o relatório financeiro ao Comitê de Orçamento, Finanças e Administração. Este examinará a proposta orçamentária anual e o relatório financeiro apresentados pelo Diretor geral e sobre ambos fará recomendações ao Conselho Geral. A proposta orçamentária anual será sujeita a aprovação do Conselho Geral.

2. O Comitê de Orçamento, Finanças e Administração proporá normas financeiras ao Conselho Geral, que incluirão disciplinas sobre:

a) a escala de contribuições à OMC, divididas proporcionalmente entre os Membros; e

b) as medidas que serão tomadas com relação aos Membros em atraso. As normas financeiras serão baseadas, na medida do possível, nos regulamentos e nas práticas do GATT de 1947.

3. O Conselho Geral adotará as normas financeiras e a proposta orçamentária anual por maioria de 2/3 computados sobre quorum de mais da metade dos Membros da OMC.

4. Cada Membro aportará prontamente sua quota às despesas da OMC, de acordo com as normas financeiras adotadas pelo Conselho Geral.

Artigo VIII - Status da OMC

1. A OMC terá personalidade legal e receberá de cada um de seus Membros a capacidade legal necessária para exercer suas funções.

2. Cada um de seus Membros da OMC lhe acordará os privilégios e imunidades necessárias para o exercício de suas funções.

3. Cada um dos Membros acordará à OMC e a seus funcionários, assim como aos representantes dos demais Membros, as imunidades e privilégios necessárias ao exercício independente de suas funções, em relação à OMC.

4. Os privilégios e imunidades acordados por um Membro à OMC, seus funcionários e representantes dos Membros serão similares aos privilégios

e imunidades estabelecidos na Convenção sobre Privilégios e Imunidades das Agências Especializadas, aprovado pela Assembléia Geral das Nações Unidas em 21 de Novembro de 1947.

5. A OMC poderá concluir acordo de sede.

Artigo IX - Processo Decisório

1. A OMC continuará a prática de processo decisório de consenso seguida pelo GATT de 1947.[12] Salvo disposição em contrário, quando não for possível adotar uma decisão por consenso, a matéria em questão será decidida por votação. Nas reuniões da Conferência Ministerial e do Conselho Geral, cada Membro da OMC terá um voto. Quando as Comunidades Européias exercerem seu direito de voto, terão o número de votos correspondente ao número de seus Estados-membros[13] que são Membros da OMC. As Decisões da Conferência Ministerial e do Conselho Geral serão tomadas por maioria de votos, salvo disposição em contrário do presente Acordo ou do Acordo Multilateral de Comércio pertinentes.[14]

2. A Conferência Ministerial e o Conselho Geral terão autoridade exclusiva para adotar interpretações do presente Acordo e dos Acordos Multilaterais de Comércio. No caso de uma interpretação de um Acordo Multilateral de Comércio do Anexo 1, a Conferência Ministerial e o Conselho geral exercerão sua autoridade com base em uma recomendação do Conselho responsável pelo funcionamento do Acordo em questão. A decisão de adotar uma interpretação será tomada por maioria de 3/4 dos Membros. O presente § não será utilizado de maneira a prejudicar os dispositivos de alteração do Artigo X.

3. Em circunstâncias excepcionais, a Conferência Ministerial poderá decidir a postergação de uma obrigação de um Membro em virtude do presente Acordo ou de quaisquer dos Acordos Multilaterais de Comércio, desde que tal decisão seja tomada por 3/4[15] dos Membros, salvo disposição em contrário no presente §.

a) Um pedido de prorrogação com respeito ao presente Acordo será submetido à Conferência Ministerial para consideração de acordo com a prática de processo decisório por consenso. A Conferência Ministerial estabelecerá um período de tempo, que não deverá exceder a 90 dias, para considerar o pedido. Caso não seja possível alcançar consenso durante o

---

[12] Entende-se que o órgão pertinente decidiu por consenso matéria submetida à sua consideração quando nenhum dos Membros presentes à reunião na qual uma decisão for adotada objetar formalmente à proposta de decisão.

[13] O número de votos das Comunidades Européias e de seus Estados-membros não excederá jamais o número de Estados-membros das Comunidades Européias.

[14] As decisões do Conselho Geral, quando reunido na qualidade de Órgão de Solução de Controvérsias serão tomadas de acordo com o disposto no § 4 do Artigo 2 do Entendimento Relativo a Normas e Procedimentos de Solução de Controvérsias.

[15] Deverá ser adotada por consenso a decisão de acordar postergação de qualquer obrigação sujeita a período de transição ou período de implementação por etapas que o Membro não tenha cumprido ao final do período pertinente.

Textos fundamentais do
Direito das Relações Internacionais

período de tempo estabelecido, qualquer decisão de conceder prorrogação será tomada por maioria de 3/4 dos Membros.

b) Um pedido de prorrogação com respeito aos Acordos Multilaterais de Comércio dos Anexos 1A, 1B ou 1C e seus anexos será submetido inicialmente ao Conselho de Comércio de Bens, ao Conselho de Comércio de Serviços ou ao Conselho de TRIPS, respectivamente, para consideração durante um período de tempo que não excederá a 90 dias. Ao final desse período de tempo, o Conselho pertinente submeterá a um relatório à Conferência Ministerial.

4. Uma decisão da Conferência Ministerial de conceder prorrogação deverá relatar as circunstâncias excepcionais que regulamentam a aplicação da prorrogação e a data em que a prorrogação deverá terminar. Qualquer prorrogação concedida por período superior a um ano será revista pela Conferência Ministerial em prazo não superior a um ano após a concessão, e subseqüentemente a cada ano, até o término da prorrogação. Em cada revisão, a Conferência Ministerial examinará se as circunstâncias excepcionais que justificam a prorrogação ainda existem e se os termos e condições relacionadas à prorrogação foram cumpridos. A Conferência Ministerial, com base na revisão anual, poderá estender, modificar ou terminar a prorrogação.

5. As decisões relativas ao um Acordo de Comércio Plurilateral, incluindo as decisões sobre interpretações e prorrogações serão reguladas pelos dispositivos daquele Acordo.

Artigo X - Alterações

1. Qualquer Membro da OMC poderá propor a alteração dos dispositivos do presente Acordo ou dos Acordos Multilaterais de Comércio no Anexo 1 mediante apresentação de tal proposta à Conferência Ministerial. Os Conselhos listados no § 5 do Artigo IV poderão também apresentar à Conferência Ministerial propostas de alteração de dispositivos dos Acordos Multilaterais de Comércio do Anexo 1 cujo funcionamento supervisionam. Exceto se Conferência Ministerial decidir por período mais longo, no período de 90 dias após a apresentação formal de proposta à Conferência Ministerial, qualquer decisão da Conferência Ministerial de apresentar proposta de alteração aos Membros para sua aceitação deverá ser adotada por consenso. Salvo aplicação do disposto nos §§ 2, 5 ou 6, tal decisão da Conferência Ministerial deverá especificar se aplicam as disposições dos §§ 3 ou 4. Caso se alcance o consenso, a Conferência Ministerial apresentará prontamente a proposta de alteração aos Membros para aceitação. Caso não se alcance consenso na reunião da Conferência Ministerial dentro do período estabelecido, a Conferência Ministerial decidirá por maioria de 2/3 dos Membros quanto à apresentação da proposta aos Membros para aceitação. Exceto disposto nos §§ 2, 5 e 6, o dispositivos do § 3 se aplicarão à alteração proposta, a menos que a Conferência Ministerial decida por maioria de 3/4 dos Membros que o disposto no § 4 será aplicado.

2. As alterações dos dispositivos do presente Artigo e dos dispositivos dos seguintes Artigos somente serão efetuadas com a aceitação de todos os Membros: Artigo IX do presente Acordo; Artigos I e II do GATT de 1994; Artigo II: 1 do GATS e Artigo 4 do Acordo sobre TRIPS.

3. As alterações dos dispositivos do presente Acordo, ou dos Acordos Multilaterais de Comércio dos Anexos 1A e 1C, com exceção do listado nos §s 2 e 6, cuja natureza poderia alterar os direitos e obrigações dos Membros, serão aplicáveis aos Membros que as aceitaram quando da aceitação por 2/3 dos Membros e, posteriormente, aos Membros que as aceitarem quando de sua aceitação. A Conferência Ministerial poderá decidir por maioria de 3/4 dos Membros que qualquer alteração que vigore de acordo com o presente § é de tal natureza que qualquer Membro que não a tenha aceitado dentro do período especificado pela Conferência Ministerial em todo caso terá a liberdade de retirar-se da OMC ou permanecer seu Membro com o consentimento da Conferência Ministerial.

4. Alterações aos dispositivos deste Acordo ou dos Acordos Multilaterais de Comércio dos Anexos 1A e 1C, exceto os listados nos §§ 2 e 6, cuja natureza poderia alterar os direitos e obrigações dos Membros, vigorarão para todos os Membros quando de sua aceitação por 2/3 dos Membros.

5. Exceto pelo disposto no § 2 acima, alterações às Partes I, II e III do GATS e dos respectivos anexos vigorarão para os Membros que as aceitaram a partir da aceitação por 2/3 dos Membros e posteriormente para cada Membro quando de sua aceitação. A Conferência Ministerial poderá decidir por maioria de 3/4 dos Membros que qualquer alteração que vigore de acordo a disposição precedente é de tal natureza que qualquer Membro que não a tenha aceitado dentro do período especificado pela Conferência Ministerial poderá em todo caso retirar-se da OMC ou permanecer seu Membro com o consentimento da Conferência Ministerial. Alterações das Partes IV, V e VI do GATS e dos respectivos anexos vigorarão para todos os Membros quando de sua aceitação por 2/3 dos Membros.

6. A despeito das demais disposições do presente Artigo, alterações ao Acordo de TRIPS que cumpram os requisitos do § 2 do Artigo 71 daquele Acordo poderão ser adotadas pela Conferência Ministerial sem outro processo formal de aceitação.

7. Qualquer Membro que aceite uma alteração ao presente Acordo ou a um Acordo Multilateral de Comércio do Anexo 1 deverá depositar um instrumento de aceitação com o Diretor-Geral da OMC dentro do período de aceitação determinado pela Conferência Ministerial.

8. Qualquer Membro da OMC poderá propor a alteração dos dispositivos dos Acordos Multilaterais de Comércio contidos nos Anexos 2 e 3 mediante apresentação de proposta nesse sentido à Conferência Ministerial. A decisão de aprovar as alterações ao Acordo Multilateral de Comércio contido no Anexo 2 deverá ser tomada por consenso e tais alterações vigorarão para todos os Membros quando da aprovação pela Conferência

Ministerial. As decisões de aprovar alterações no Anexo 3 vigorarão para todos os Membros quando de sua aprovação pela Conferência Ministerial.

9. A pedido dos Membros partes de um acordo comercial, a Conferência Ministerial poderá decidir exclusivamente por consenso incluir o referido acordo no Anexo 4. A Conferência Ministerial, a pedido dos Membros partes de um Acordo Plurilateral de Comércio, poderá decidir retirá-lo do Anexo 4.

10. Alterações de um Acordo Plurilateral de Comércio serão regidas pelos dispositivos do Acordo em questão.

Artigo XI - Membro Originário

1. Tornar-se-ão Membros originários da OMC as partes contratantes do GATT 1947 na data de entrada em vigor deste Acordo, e as Comunidades Européias, que aceitam este Acordo e os Acordos Comerciais Multilaterais, cujas Listas de Concessões e Compromissos estejam anexadas ao GATT 1994 e cujas Listas de Compromissos Específicos estejam anexadas ao GATS.

2. Dos países de menor desenvolvimento relativo, assim reconhecidos pelas Nações Unidas, serão requeridos compromissos e concessões apenas na proporção adequada a seu grau individual de desenvolvimento, a suas necessidades financeiras e comerciais ou a sua capacidade administrativa e institucional.

Artigo XII - Acessão

1. Poderá aceder a este Acordo, nos termos que convencionar com a OMC, qualquer Estado ou território aduaneiro separado que tenha completa autonomia na condução de suas relações comerciais externas e de outros assuntos contemplados neste Acordo e nos Acordos Comerciais Multilaterais. Essa acessão aplica-se a este Acordo e aos Acordos Comerciais Multilaterais a este anexados.

2. A Conferência Ministerial tomará as decisões relativas à acessão. A aprovação pela Conferência Ministerial do acordo sobre os termos de acessão far-se-á por maioria de 2/3 dos Membros da OMC.

3. A acessão a um Acordo Comercial Multilateral reger-se-á pelas disposições daquele referido acordo.

Artigo XIII - Não-Aplicação de Acordos Comerciais Multilaterais entre Membros Específicos

1. Este Acordo e os Acordos Comerciais Multilaterais dos Anexos 1 e 2 não se aplicarão entre dois Membros quaisquer se qualquer um deles, no momento em que se torna Membro, não aceita sua aplicação.

2. O § 1º só poderá ser invocado entre Membros originários da OMC que tenham sido partes contratantes do GATT 1947, quando o Artigo XXXV daquele Acordo tiver sido invocado anteriormente e tenha estado em vigor entre aquelas partes contratantes no momento da entrada em vigor deste Acordo para elas.

3. O § 1º só será aplicado entre um Membro e outro que tenha acedido ao amparo do Artigo XII se o Membro que não aceita a aplicação tiver

338

RICARDO SEITENFUS

notificado a Conferência Ministerial desse fato antes da aprovação pela Conferência Ministerial do acordo sobre os termos de acessão.

4. A conferência Ministerial poderá rever a aplicação deste Artigo em casos específicos, a pedido de qualquer Membro, e fazer as recomendações apropriadas.

5. A não-aplicação de um Acordo Comercial Multilateral entre partes daquele Acordo será disciplinada pelos dispositivos do Acordo.

Artigo XIV - Aceitação, Entrada em Vigor e Depósito

1. Este Acordo estará aberto à aceitação, por assinatura ou outro meio, das partes contratantes do GATT 1947, e das Comunidades Européias, que sejam elegíveis a se tornarem Membros originais da OMC de acordo com o Artigo XI do mesmo. Tal aceitação se aplicará a este Acordo e aos Acordos Comerciais Multilaterais anexos. Este Acordo e os Acordos Comerciais Multilaterais anexos entrarão em vigor na data determinada pelos Ministros em conformidade com o § 3 da Ata Final em que se incorporam os resultados da Rodada Uruguai de Negociações Comerciais Multilaterais e permanecerão abertos à aceitação por um período de dois anos subseqüentes a esta data salvo decisão diferente dos Ministros. Uma aceitação após a entrada em vigor deste Acordo entrará em vigor 30 dias após a data de tal aceitação.

2. Um Membro que aceite este Acordo após sua entrada em vigor implementará as concessões e obrigações contidas nos Acordos Comerciais Multilaterais a serem implementados dentro de um prazo que se inicia com a entrada em vigor do presente Acordo como se tivesse aceitado este Acordo na data de sua entrada em vigor.

3. Até a entrada em vigor deste Acordo, o texto deste Acordo e dos Acordos Comerciais Multilaterais deverão ser depositados com o Diretor geral das PARTES CONTRATANTES do GATT 1947. O Diretor geral deverá fornecer prontamente uma cópia certificada deste Acordo e dos Acordos Comerciais Multilaterais, e uma notificação de cada aceitação dos mesmos, a cada governo e as Comunidades Européias, que tenham aceito este Acordo. Este Acordo e os Acordos Comerciais Multilaterais, e quaisquer emendas aos mesmos, serão, quando da entrada em vigor da OMC, depositadas junto ao Diretor geral da OMC.

4. A aceitação e entrada em vigor de um Acordo Comercial Plurilateral será regido pelas disposições daquele Acordo. Tais Acordos serão depositados junto ao Diretor geral das PARTES CONTRATANTES do GATT 1947. Na entrada em vigor deste Acordo, tais Acordos serão depositados com o Diretor geral da OMC.

Artigo XV - Retirada

1. Qualquer Membro poderá retirar-se deste Acordo. Tal retirada aplicar-se-á tanto a este Acordo quanto aos Acordos Comerciais Multilaterais e terá efeito ao fim de seis meses contados da data em que for recebida pelo Diretor geral da OMC comunicação por escrito da retirada.

2. A retirada de um Acordo Comercial Plurilateral será regida pelas disposições daquele acordo.

Outras Disposições

1. Exceto disposição em contrário no presente Acordo ou nos Acordos Multilaterais de Comércio, a OMC será regulada pelas decisões, procedimentos e práticas costumeiras seguidas pelas PARTES CONTRATANTES do GATT 1947 e pelos órgãos estabelecidos no âmbito do GATT de 1947.

2. Na medida do praticável, o Secretariado do GATT de 1947 tornar-se-á o Secretariado da OMC e o Diretor geral das PARTES CONTRATANTES do GATT de 1947 exercerá o cargo de Diretor geral da OMC até que a Conferência Ministerial nomeie Diretor geral de acordo com o § 2 do Artigo VI do presente Acordo.

3. Na eventualidade de haver conflito entre um dispositivo do presente Acordo e um dispositivo de qualquer dos Acordos Multilaterais de Comércio, os dispositivos do presente Acordo prevalecerão na medida do conflito.

4. Todo Membro deverá assegurar a conformidade de suas leis, regulamentos e procedimentos administrativos com as obrigações constantes dos Acordos anexos.

5. Não serão feitas reservas em relação a qualquer dispositivo do presente Acordo. Reservas com relação a qualquer dispositivo dos Acordos Multilaterais de Comércio somente poderão ser feitas na medida em que admitidas nos referidos Acordos. Reservas com relação a dispositivos de um Acordo Plurilateral de Comércio serão regidas pelas disposições do Acordo pertinente.

6. O presente Acordo será registrado de acordo com o disposto no Artigo 102 da Carta das Nações Unidas.

Feito em Marrakesh a 15 de abril de 1994, em uma única cópia, nas línguas inglesa, francesa e espanhola, cada texto sendo autêntico.

Notas Explicativas:

Entende-se que os termos "país" e "países", tais como utilizados no presente Acordo e nos Acordos Multilaterais de Comércio, incluem quaisquer territórios aduaneiros autônomos dos Membros da OMC.

No caso um território aduaneiro autônomo de um Membro da OMC, quando uma expressão no presente Acordo ou nos Acordos Multilaterais de Comércio for qualificada pelo termo "nacional", tal expressão será entendida como pertencente àquele território aduaneiro, salvo especificação em contrário.

d) Memorando de acordo relativo às regras e procedimentos para a solução de litígios na OMC (1994)

Os Membros, pelo presente, *acordam* o seguinte:

Art. I - Âmbito e Aplicação

1. As regras e procedimentos do presente Acordo se aplicam às controvérsias pleiteadas conforme as disposições sobre consultas e solução de controvérsias dos acordos enumerados no Apêndice 1 do presente Acordo (denominados no presente Acordo "acordos abrangidos"). As regras e procedimentos deste Acordo se aplicam igualmente às consultas e solução de controvérsias entre Membros relativas a seus direitos ou obrigações ao amparo do Acordo Constitutivo da Organização Mundial de Comércio (denominada no presente Acordo "Acordo Constitutivo da OMC") e do presente Acordo, considerados isoladamente ou em conjunto com quaisquer dos outros acordos abrangidos.

2. As regras e procedimentos do presente Acordo se aplicam sem prejuízo das regras e procedimentos especiais ou adicionais sobre solução de controvérsias contidos nos acordos abrangidos, conforme identificadas no Apêndice 2 do presente Acordo. Havendo discrepância entre as regras e procedimentos do presente Acordo e as regras e procedimentos especiais ou adicionais constantes do Apêndice 2, prevalecerão as regras e procedimentos especiais ou adicionais constantes do Apêndice 2. Nas controvérsias relativas a normas e procedimentos de mais de um acordo abrangido, caso haja conflito entre as regras e procedimentos especiais ou adicionais dos acordos em questão, e se as partes em controvérsia não chegarem a acordo sobre as normas e procedimentos dentro dos vinte dias seguintes ao estabelecimento do grupo especial, o Presidente do Órgão de Solução de Controvérsias previsto no § 1 do art. 2 (denominado no presente Acordo "OSC"), em consulta com as partes envolvidas na controvérsia, determinará, no prazo de dez dias contados da solicitação de um dos Membros, as normas e os procedimentos a serem aplicados. O Presidente seguirá o principio de que normas e procedimentos especiais ou adicionais devem ser aplicados quando possível, e de que normas e procedimentos definidos neste Acordo devem ser aplicados na medida necessária para evitar conflito de normas.

Art. II - Administração

1. Pelo presente Acordo estabelece-se o órgão de Solução de Controvérsias para aplicar as presentes normas e procedimentos e as disposições em matéria de consultas e solução de controvérsias dos acordos abrangidos, salvo disposição em contrário de um desses acordos. Conseqüentemente, o OSC tem competência para estabelecer grupos especiais, acatar relatórios dos grupos especiais e do órgão de Apelação, supervisionar a aplicação das decisões e recomendações e autorizar a suspensão de concessões e de outras obrigações determinadas pelos acordos abrangidos. Com relação às controvérsias que sujam no âmbito de um acordo dentre os Acordos Comerciais

Plurilaterais, entender-se-á que o termo "Membro" utilizado no presente Acordo se refere apenas aos Membros integrantes do Acordo Comercial Plurilateral em questão. Quando o OSC aplicar as disposições sobre solução de controvérsias de um Acordo Comercial Plurilateral, somente poderão participar das decisões ou medidas adotadas pelo OSC aqueles Membros que sejam partes do Acordo em questão.

2. O OSC deverá informar os pertinentes Conselhos e Comitês da OMC do andamento das controvérsias relacionadas com disposições de seus respectivos acordos.

3. O OSC se reunirá com a freqüência necessária para o desempenho de suas funções dentro dos prazos estabelecidos pelo presente Acordo.

4. Nos casos em que as normas e procedimentos do presente Acordo estabeleçam que o OSC deve tomar uma decisão, tal procedimento será por consenso.[16]

Art. III - Disposições Gerais

1. Os Membros afirmam sua adesão aos princípios de solução de controvérsias aplicados até o momento com base nos arts. XXII e XXIII do GATT 1947 e ao procedimento elaborado e modificado pelo presente instrumento.

2. O sistema de solução de controvérsia da OMC é elemento essencial para trazer segurança e previsibilidade ao sistema multilateral de comércio. Os Membros reconhecem que esse sistema é útil para preservar direitos e obrigações dos Membros dentro dos parâmetros dos acordos abrangidos e para esclarecer as disposições vigentes dos referidos acordos em conformidade com as normas correntes de interpretação do direito internacional público. As recomendações e decisões do OSC não poderão promover o aumento ou a diminuição dos direitos e obrigações definidos nos acordos abrangidos.

3. É essencial para o funcionamento eficaz da OMC e para a manutenção de equilíbrio adequado entre os direitos e as obrigações dos Membros a pronta solução das situações em que um Membro considere que quaisquer benefícios resultantes, direta ou indiretamente, dos acordos abrangidos tenham sofrido restrições por medidas adotadas por outro Membro.

4. As recomendações ou decisões formuladas pelo OSC terão por objetivo encontrar solução satisfatória para a matéria em questão, de acordo com os direitos e obrigações emanados pelo presente Acordo e pelos acordos abrangidos.

5. Todas as soluções das questões formalmente pleiteadas ao amparo das disposições sobre consultas e solução de controvérsias, incluindo os laudos arbitrais, deverão ser compatíveis com aqueles acordos e não deverão anular ou prejudicar os benefícios de qualquer Membro em virtude

---

[16] Considerar-se-á que o OSC decidiu por consenso matéria submetida a sua consideração quando nenhum Membro presente à reunião do OSC na qual a decisão foi adotada a ela se opuser formalmente.

daqueles acordos, nem impedir a consecução de qualquer objetivo daqueles acordos.

6. As soluções mutuamente acordadas das questões formalmente pleiteadas ao amparo das disposições sobre consultas e solução de controvérsias dos acordos abrangidos serão notificadas ao OSC e aos Conselhos e Comitês correspondentes, onde qualquer Membro poderá levantar tópicos a elas relacionados.

7. Antes de apresentar uma reclamação, os Membros avaliarão a utilidade de atuar com base nos presentes procedimentos. O objetivo do mecanismo de solução de controvérsias é garantir uma solução positiva para as controvérsias. Deverá ser sempre dada preferência á solução mutuamente aceitável para as partes em controvérsia e que esteja em conformidade com os acordos abrangidos. Na impossibilidade de uma solução mutuamente acordada, o primeiro objetivo do mecanismo de solução de controvérsias será geralmente o de conseguir a supressão das medidas de que se trata, caso se verifique que estas são incompatíveis com as disposições de qualquer dos acordos abrangidos. Não se deverá recorrer á compensação a não ser nos casos em que não seja factível a supressão imediata das medidas incompatíveis com o acordo abrangido e como solução provisória até a supressão dessas medidas. O último recurso previsto no presente Acordo para o Membro que invoque os procedimentos de solução de controvérsias é a possibilidade de suspender, de maneira discriminatória contra o outro Membro, a aplicação de concessões ou o cumprimento de outras obrigações no âmbito dos acordos abrangidos, caso o OSC autorize a adoção de tais medidas.

8. Nos casos de não-cumprimento de obrigações contraídas em virtude de um acordo abrangido, presume-se que a medida constitua um caso de anulação ou de restrição. Isso significa que normalmente existe a presunção de que toda transgressão das normas produz efeitos desfavoráveis para outros Membros que sejam partes do acordo abrangido, e em tais casos a prova em contrário caberá ao Membro contra o qual foi apresentada a reclamação.

9. As disposições do presente Acordo não prejudicarão o direito dos Membros de buscar interpretação autorizada das disposições de um acordo abrangido através das decisões adotadas em conformidade com o Acordo Constitutivo da OMC ou um acordo abrangido que seja um Acordo Comercial Plurilateral.

10. Fica entendido que as solicitações de conciliação e a utilização dos procedimentos de solução de controvérsias não deverão ser intentados nem considerados como ações contenciosas e que, ao surgir uma controvérsia, todos os Membros participarão do processo com boa-fé e esforçando-se para resolve-la. Fica ainda entendido que não deverá haver vinculação entre reclamações e contra-reclamações relativas a assuntos diferentes.

Textos fundamentais do
Direito das Relações Internacionais

343

11. O presente Acordo se aplicará unicamente às novas solicitações de consultas apresentadas conforme as disposições sobre consulta dos acordos abrangidos na data da entrada em vigor do Acordo Constitutivo da OMC ou posteriormente a essa data. Com relação às controvérsias cujas solicitações de consultas tenham sido feitas baseadas no GATT 1947 ou em qualquer outro acordo anterior aos acordos abrangidos antes da data de entrada em rigor do Acordo Constitutivo da OMC, continuarão sendo aplicadas as normas e procedimentos de solução de controvérsias vigentes imediatamente antes da data de entrada em vigor do Acordo Constitutivo da OMC.[17]

12. Sem prejuízo das disposições do § 11, se um país em desenvolvimento Membro apresenta contra um país desenvolvido Membro uma reclamação baseada em qualquer dos acordos abrangidos, a parte reclamante terá o direito de se valer das disposições correspondentes da Decisão de 5 de abril de 1966 (BISD 145/20), como alternativa às disposições contidas nos arts. 4, 5, 6 e 12 do presente Acordo, com a exceção de que, quando o Grupo Especial julgar que o prazo previsto no § 7 da referida Decisão for insuficiente para elaboração de seu relatório e com aprovação da parte reclamante, esse prazo poderá ser prorrogado. Quando houver diferenças entre normas e procedimentos dos arts. 4, 5, 6 e 12 e as normas e procedimentos correspondentes da Decisão, prevalecerão estes últimos.

Art. IV - Consultas

1. Os Membros afirmam sua determinação de fortalecer e aperfeiçoar a eficácia dos procedimentos de consulta utilizados pelos Membros.

2. Cada Membro se compromete a examinar com compreensão a argumentação apresentada por outro Membro e a conceder oportunidade adequada para consulta com relação a medidas adotadas dentro de seu território que afetem o funcionamento de qualquer acordo abrangido.[18]

3. Quando a solicitação de consultas for formulada com base em um acordo abrangido, o Membro ao qual a solicitação for dirigida deverá respondê-la, salvo se mutuamente acordado de outro modo, dentro de um prazo de dez dias contados a partir da data de recebimento da solicitação, e deverá de boa-fé proceder a consultas dentro de um prazo não superior a trinta dias contados a partir da data de recebimento da solicitação, com o objetivo de chegar a uma solução mutuamente satisfatória. Se o Membro não responder dentro do prazo de dez dias contados a partir da data de recebimento da solicitação, ou não proceder às consultas dentro de prazo não superior a trinta dias, ou dentro de outro prazo mutuamente acordado contado a partir da data de recebimento da solicitação, o Membro que houver solicitado as consultas poderá proceder diretamente á solicitação de estabelecimento de um grupo especial.

---

[17] Este § será igualmente aplicado às controvérsias cujos relatórios dos grupos especiais não tenham sido adotados ou aplicados plenamente.

[18] Quando as disposições de qualquer outro acordo abrangido relativas a medidas adotadas por governos ou autoridades regionais ou locais dentro do território de um Membro forem diferentes das Previstas neste parágrafo, prevalecerão as disposições do acordo abrangido.

4. Todas as solicitações de consultas deverão ser notificadas ao OSC e aos Conselhos e Comitês pertinentes pelo Membro que as solicite. Todas as solicitações de consultas deverão ser apresentadas por escrito e deverão conter as razões que as fundamentam, incluindo indicação das medidas controversas e do embasamento legal em que se fundamenta a reclamação.

5. Durante as consultas realizadas em conformidade com as disposições de um acordo abrangido, os Membros procurarão obter uma solução satisfatória da questão antes de recorrer a outras medidas previstas no presente Acordo.

6. As consultas deverão ser confidenciais e sem prejuízo dos direitos de qualquer Membro em quaisquer procedimentos posteriores.

7. Se as consultas não produzirem a solução de uma controvérsia no prazo de sessenta dias contados a partir da data de recebimento da solicitação, a parte reclamante poderá requerer o estabelecimento de um grupo especial. A parte reclamante poderá requerer o estabelecimento de um grupo especial dentro do referido prazo de sessenta dias se as partes envolvidas na consulta considerarem conjuntamente que as consultas não produziram solução da controvérsia.

8. Nos casos de urgência, incluindo aqueles que envolvem bens perecíveis, os Membros iniciarão as consultas dentro de prazo não superior a dez dias contados da data de recebimento da solicitação. Se as consultas não produzirem solução da controvérsia dentro de prazo não superior a vinte dias contados da data de recebimento da solicitação, a parte reclamante poderá requerer o estabelecimento de um grupo especial.

9. Em casos de urgência, incluindo aqueles que envolvem bens perecíveis, as partes em controvérsia, os grupos especiais e o órgão de Apelação deverão envidar todos os esforços possíveis para acelerar ao máximo os procedimentos.

10. Durante as consultas os Membros deverão dar atenção especial aos problemas e interesses específicos dos países em desenvolvimento Membros.

11. Quando um Membro não participante das consultas considerar que tem interesse comercial substancial nas consultas baseadas no § 1 do art. XXII do GATT 1994, § 1 do art. XXII do GATS, ou nas disposições pertinentes de outros acordos abrangidos,[19] tal Membro poderá notificar os Membros

---

[19] Enumeram-se, a seguir, as disposições pertinentes em matéria de consultas de acordos abrangidos: Acordo sobre Agricultura, art. 19; Acordo sobre Aplicação de Medidas Sanitárias e Fitossanitárias, § 1 do art. 11; Acordo sobre Têxteis e Vestuário. § 4 do art. 8, Acordo sobre Barreiras Técnicas ao Comércio, § 1 do art. 14; Acordo sobre Medidas de Investimento Relacionadas com o Comércio, art. 8; Acordo sobre a Implementação do art. VI do GATT 1994, § 2 do art. 17; Acordo sobre a implementação do art. VI do GATT 1994, § 2 do art. 19: Acordo sobre inspeção Pré-embarque, art. 7; Acordo sobre Regras de Origem, art. 7; Acordo sobre Licenças de Importação, art. 6; Acordo sobre Subsídios e Medidas Compensatórias, art. 30; Acordo sobre Salvaguardas, art 14; Acordo sobre aspectos de Direito de Propriedade Intelectual Relacionados com o Comércio. § 1 do art. 64; e as disposições pertinentes em matéria de consultas dos Acordos Comerciais Plurilaterais que os órgãos pertinentes de cada acordo determinem e notifiquem ao OSC.

participantes da consulta e o OSC, dentro de um prazo de dez dias contados da data da distribuição da solicitação de consultas baseadas em tal artigo, de seu desejo de integrar-se às mesmas. Tal Membro deverá associar-se às consultas desde que o Membro ao qual a solicitação de consultas foi encaminhada entenda que a pretensão de interesse substancial tenha fundamento. Nesse caso, o OSC deverá ser devidamente informado. Se a requisição para a participação das consultas não for aceita, o Membro requerente poderá solicitar consultas com base no § 1 do art. XXII ou § 1 do art. XXIII do GATT 1994, § 1 do art. XXII ou § 1 do art. XXIII do GATS, ou nas disposições pertinentes dos acordos abrangidos.

Art. V - Bons Ofícios, Conciliação e Mediação

1. Bons ofícios, conciliação e mediação são procedimentos adotados voluntariamente se as partes na controvérsia assim acordarem.

2. As diligências relativas aos bons ofícios, à conciliação e à mediação, e em especial as posições adotadas durante as mesmas pelas partes envolvidas nas controvérsias, deverão ser confidenciais e sem prejuízo dos direitos de quaisquer das partes em diligências posteriores baseadas nestes procedimentos.

3. Bons ofícios, conciliação ou mediação poderão ser solicitados a qualquer tempo por qualquer das partes envolvidas na controvérsia. Poderão iniciar-se ou encerrar-se a qualquer tempo. Uma vez terminados os procedimentos de bons ofícios, conciliação ou mediação, a parte reclamante poderá requerer o estabelecimento de um grupo especial.

4. Quando bons ofícios, conciliação ou mediação se iniciarem dentro de sessenta dias contados da data de recebimento da solicitação, a parte reclamante não poderá requerer o estabelecimento de um grupo especial antes de transcorrido o prazo de sessenta dias a partir da data de recebimento da solicitação de consultas. A parte reclamante poderá solicitar o estabelecimento de um grupo especial no correr do prazo de sessenta dias se as partes envolvidas na controvérsia considerarem de comum acordo que os bons ofícios, a conciliação e a mediação não foram suficientes para solucionar a controvérsia.

5. Se as partes envolvidas na controvérsia concordarem, os procedimentos para bons ofícios, conciliação e mediação poderão continuar enquanto prosseguirem os procedimentos do grupo especial.

6. O Diretor-Geral, atuando *ex officio*, poderá oferecer seus bons ofícios, conciliação ou mediação com o objetivo de auxiliar os Membros a resolver uma controvérsia.

Art. VI - Estabelecimento de Grupos Especiais

1. Se a parte reclamante assim o solicitar, um grupo especial será estabelecido no mais tardar na reunião do OSC seguinte àquela em que a solicitação aparece pela primeira vez como item da agenda do OSC, a menos

que nessa reunião o OSC decida por consenso não estabelecer o grupo especial.[20]

2. Os pedidos de estabelecimento de grupo especial deverão ser formulados por escrito. Deverão indicar se foram realizadas consultas, identificar as medidas em controvérsia e fornecer uma breve exposição do embasamento legal da reclamação, suficiente para apresentar o problema com clareza. Caso a parte reclamante solicite o estabelecimento do grupo especial com termos de referencia diferentes dos termos-padrão, o pedido escrito deverá incluir sugestão de texto para os termos de referência especiais.

Art. VII - Termos de Referência dos Grupos Especiais

1. Os termos de referência dos grupos especiais serão os seguintes, a menos que as partes envolvidas na controvérsia acordem diferentemente dentro do prazo de vinte dias a partir da data de estabelecimento do grupo especial:

"Examinar, à luz das disposições pertinentes no ...[indicar o(s) acordo(s) abrangido(s) citado(s) pelas partes em controvérsia], a questão submetida ao OSC por... (nome da parte) no documento... e estabelecer conclusões que auxiliem o OSC a fazer recomendações ou emitir decisões previstas naquele(s) acordo(s)".

2. Os grupos especiais deverão considerar as disposições relevantes de todo acordo ou acordos abrangidos invocados pelas partes envolvidas na controvérsia.

3. Ao estabelecer um grupo especial, o OSC poderá autorizar seu Presidente a redigir os termos de referência do grupo especial com a colaboração das partes envolvidas na controvérsia, de acordo com as disposições do § 1. Os termos de referência assim redigidos serão distribuídos a todos os Membros. Caso os termos de referência sejam diferentes do padrão, qualquer Membro poderá levantar qualquer ponto a ele relativo no OSC.

Art. VIII - Composição dos Grupos Especiais

1. Os grupos especiais serão compostos por pessoas qualificadas, funcionários governamentais ou não, incluindo aquelas que tenham integrado um grupo especial ou a ele apresentado uma argumentação, que tenham atuado como representantes de um Membro ou de uma parte contratante do GATT 1947 ou como representante no Conselho ou Comitê de qualquer acordo abrangido ou do respectivo acordo precedente, ou que tenha atuado no Secretariado, exercido atividade docente ou publicado trabalhos sobre direito ou política comercial internacional, ou que tenha sido alto funcionário na área de política comercial de um dos Membros.

---

[20] Se a parte reclamante assim solicitar, uma reunião do OSC será convocada com tal objetivo dentro dos quinze dias seguintes ao pedido, sempre que se dê aviso com antecedência mínima de dez dias.

Textos fundamentais do
Direito das Relações Internacionais

347

2. Os Membros dos grupos especiais deverão ser escolhidos de modo a assegurar a independência dos Membros, suficiente diversidade de formações e largo espectro de experiências.

3. Os nacionais de Membros cujos governos[21] sejam parte na controvérsia ou terceiras partes, conforme definido no § 2 do art. 10, não atuarão no grupo especial que trate dessa controvérsia, a menos que as partes acordem diferentemente.

4. Para auxiliar na escolha dos integrantes dos grupos especiais, o Secretariado manterá uma lista indicativa de pessoas, funcionários governamentais ou não, que reúnem as condições indicadas no § 1, da qual os integrantes dos grupos especiais poderão ser selecionados adequadamente. Esta lista incluirá a relação de peritos não governamentais elaborada em 30 de novembro de 1984 (BISD 31S/9) e outras relações ou listas indicativas elaboradas em virtude de qualquer acordo abrangido, e manterá os nomes dos peritos que figurem naquelas relações e listas indicativas na data de entrada em vigor do Acordo Constitutivo da OMC. Os Membros poderão periodicamente sugerir nomes de pessoas, funcionários governamentais ou não, a serem incluídos na lista indicativa, fornecendo informação substantiva sobre seu conhecimento de comércio internacional e dos setores ou temas dos acordos abrangidos, e tais nomes serão acrescentados à lista após aprovação pelo OSC. Para cada pessoa que figure na lista, serão indicadas suas áreas especificas de experiência ou competência técnica nos setores ou temas dos acordos abrangidos.

5. Os grupos especiais serão compostos por três integrantes a menos que, dentro do prazo de dez dias a partir de seu estabelecimento, as partes em controvérsia concordem em compor um grupo especial com cinco integrantes. Os Membros deverão ser prontamente informados da composição do grupo especial.

6. O Secretariado proporá às partes em controvérsia candidatos a integrantes do grupo especial. As partes não deverão se opor a tais candidaturas a não ser por motivos imperiosos.

7. Se não houver acordo quanto aos integrantes do grupo especial dentro de vinte dias após seu estabelecimento, o Diretor-Geral, a pedido de qualquer das partes, em consulta com o Presidente do OSC e o Presidente do Conselho ou Comitê pertinente, determinará a composição do grupo especial, e nomeará os integrantes mais apropriados segundo as normas e procedimentos especiais ou adicionais do acordo abrangido ou dos acordos abrangidos de que trate a controvérsia, após consulta com as partes em controvérsia.

8. Os Membros deverão comprometer-se, como regra geral, a permitir que seus funcionários integrem os grupos especiais.

---

[21] Caso uma união aduaneira ou um mercado comum seja parte em uma controvérsia, esta disposição se aplicará aos nacionais de todos os Países Membros da união aduaneira ou do mercado comum.

9. Os integrantes dos grupos especiais deverão atuar a titulo pessoal e não como representantes de governos ou de uma organização. Assim sendo, os Membros não lhes fornecerão instruções nem procurarão influenciá-los com relação aos assuntos submetidos ao grupo especial.

10. Quando a controvérsia envolver um país em desenvolvimento Membro e um país desenvolvido Membro, o grupo especial deverá, se o país em desenvolvimento Membro solicitar, incluir ao menos um integrante de um país em desenvolvimento Membro.

11. As despesas dos integrantes dos grupos especiais, incluindo viagens e diárias, serão cobertas pelo orçamento da OMC, de acordo com critérios a serem adotados pelo Conselho Geral, baseados nas recomendações do Comitê de Orçamento, Finanças e Administração.

Art. IX - Procedimento para Pluralidade de Partes Reclamantes

1. Quando mais de um Membro solicitar o estabelecimento de um grupo especial com relação a uma mesma questão, um único grupo especial deverá ser estabelecido para examinar as reclamações, levando em conta os direitos de todos os Membros interessados. Sempre que possível, um único grupo especial deverá ser estabelecido para examinar tais reclamações.

2. O grupo especial único deverá proceder a seus exames da questão e apresentar suas conclusões ao OSC de maneira a não prejudicar os direitos que caberiam às partes em controvérsia se as reclamações tivessem sido examinadas por vários grupos especiais. Se houver solicitação de uma das partes, o grupo especial deverá apresentar relatórios separados sobre a controvérsia examinada. As comunicações escritas de cada parte reclamante deverão estar á disposição das outras partes, e cada parte reclamante deverá ter direito de estar presente quando qualquer outra parte apresentar sua argumentação ao grupo especial.

3. No caso de ser estabelecido mais de um grupo especial para examinar reclamações relativas ao mesmo tema, na medida do possível as mesmas pessoas integrarão cada um dos grupos especiais e os calendários dos trabalhos dos grupos especiais que tratam dessas controvérsias deverão ser harmonizados.

Art. X - Terceiros

1. Os interesses das partes em controvérsia e os dos demais Membros decorrentes do acordo abrangido ao qual se refira a controvérsia deverão ser integralmente levados em consideração no correr dos trabalhos dos grupos especiais.

2. Todo Membro que tenha interesse concreto em um assunto submetido a um grupo especial e que tenha notificado esse interesse ao OSC (denominado no presente Acordo "terceiro") terá oportunidade de ser ouvido pelo grupo especial e de apresentar-lhe comunicações escritas. Estas comunicações serão também fornecidas às partes em controvérsia e constarão do relatório do grupo especial.

3. Os terceiros receberão as comunicações das partes em controvérsia apresentadas ao grupo especial em sua primeira reunião.

4. Se um terceiro considerar que uma medida já tratada por um grupo especial anula ou prejudica benefícios a ele advindos de qualquer acordo abrangido, o referido Membro poderá recorrer aos procedimentos normais de solução de controvérsias definidos no presente Acordo. Tal controvérsia deverá, onde possível, ser submetida ao grupo especial que tenha inicialmente tratado do assunto.

Art. XI - Função dos Grupos Especiais

A função de um grupo especial é auxiliar o OSC a desempenhar as obrigações que lhe são atribuídas por este Acordo e pelos acordos abrangidos. Conseqüentemente, um grupo especial deverá fazer uma avaliação objetiva do assunto que lhe seja submetido, incluindo uma avaliação objetiva dos fatos, da aplicabilidade e concordância com os acordos abrangidos pertinentes, e formular conclusões que auxiliem o OSC a fazer recomendações ou emitir decisões previstas nos acordos abrangidos. Os grupos especiais deverão regularmente realizar consultas com as partes envolvidas na controvérsia e propiciar-lhes oportunidade para encontrar solução mutuamente satisfatória.

Art. XII - Procedimento dos Grupos Especiais

1. Os grupos especiais seguirão os Procedimentos de Trabalho do Apêndice 3. salvo decisão em contrário do grupo especial após consulta com as partes em controvérsia.

2. Os procedimentos do grupo especial deverão ser suficientemente flexíveis para assegurar a qualidade de seus relatórios, sem atrasar indevidamente os trabalhos do grupo especial.

3. Os integrantes do grupo especial deverão, após consultar as partes em controvérsia, o quanto antes e se possível dentro da semana seguinte em que sejam acordados a composição e os termos de referência do grupo especial, estabelecer um calendário para seus trabalhos, considerando as disposições do § 9 do art. 4, se pertinente.

4. Ao determinar o calendário para seus trabalhos, o grupo especial deverá estipular prazos suficientes para que as partes em controvérsia preparem suas argumentações escritas.

5. Os grupos especiais deverão definir prazos exatos para que as partes apresentem suas argumentações escritas e as partes deverão respeitar tais prazos.

6. Cada parte em controvérsia deverá consignar suas argumentações escritas ao Secretariado para transmissão imediata ao grupo especial e à outra parte ou às outras partes em controvérsia. A parte reclamante deverá apresentar sua primeira argumentação antes da primeira argumentação da parte demandada, salvo se o grupo especial decidir, ao estabelecer o calendário previsto no § 3 e após consultar as partes em controvérsia, que as partes deverão apresentar suas argumentações simultaneamente. Quando

se houver decidido pela consignação sucessiva das primeiras argumentações, o grupo especial deverá fixar um prazo rígido para recebimento das argumentações da parte demandada. Quaisquer argumentações escritas posteriores deverão ser apresentadas simultaneamente.

7. Nos casos em que as partes envolvidas na controvérsia não consigam encontrar uma solução mutuamente satisfatória, o grupo especial deverá apresentar suas conclusões em forma de relatório escrito ao OSC. Em tais casos, o relatório do grupo especial deverá expor as verificações de fatos, a aplicabilidade de disposições pertinentes e o arrazoado em que se baseiam suas decisões e recomendações. Quando se chegar a uma solução da questão controversa entre as partes, o relatório do grupo especial se limitará a uma breve descrição do caso, com indicação de que a solução foi encontrada.

8. Com o objetivo de tornar o procedimento mais eficaz, o prazo para o trabalho do grupo especial, desde a data na qual seu estabelecimento e termos de referência tenham sido acordados até a data em que seu relatório final tenha sido divulgado para as ações em controvérsia, não deverá, como regra geral, exceder a seis meses. Em casos de urgência, incluídos aqueles que tratem de bens perecíveis, o grupo especial deverá procurar divulgar seu relatório para as partes em controvérsia dentro de três meses.

9. Quando o grupo especial considerar que não poderá divulgar seu relatório dentro de seis meses, ou dentro de três meses em casos de urgência, deverá informar por escrito ao OSC as razões do atraso juntamente com uma estimativa do prazo em que procederá á divulgação do relatório. O período de tempo entre o estabelecimento do grupo especial e a divulgação do relatório para os Membros não poderá, em caso algum, exceder a nove meses.

10. No âmbito de consultas envolvendo medidas tomadas por um país em desenvolvimento Membro, as partes poderão acordar a extensão dos prazos definidos nos §§ 7 e 8 do art. 4. Se, após expiração do prazo concernente, as partes em consulta não acordarem com a sua conclusão, o Presidente do OSC deverá decidir, após consultar as partes, se o prazo concernente será prorrogado e, em caso positivo, por quanto tempo. Ademais, ao examinar uma reclamação contra um país em desenvolvimento Membro, o grupo especial deverá proporcionar tempo bastante para que o país em desenvolvimento Membro prepare e apresente sua argumentação. As disposições do § 1 do art. 20 e § 4 do art. 21 não serão afetadas por nenhuma ação decorrente deste §.

11. Quando uma ou mais das partes for um país em desenvolvimento Membro, o relatório do grupo especial indicará explicitamente a maneira pela qual foram levadas em conta as disposições pertinentes ao tratamento diferenciado e mais favorável para países em desenvolvimento Membros que façam parte dos acordos abrangidos invocados pelo país em desenvolvimento Membro no curso dos trabalhos de solução de controvérsias.

Textos fundamentais do
Direito das Relações Internacionais

12. O grupo especial poderá suspender seu trabalho a qualquer tempo a pedido da parte reclamante por período não superior a doze meses. Ocorrendo tal suspensão, os prazos fixados nos §s 8 e 9 deste artigo, § 1 do art. 20 e § 4 do art. 21 deverão ser prorrogados pela mesma extensão de tempo em que forem suspensos os trabalhos. Se o trabalho do grupo especial tiver sido suspenso por mais de doze meses, a autoridade para estabelecer o grupo especial caducará.

Art. XIII - Direito à Busca de Informação

1. Todo grupo especial terá direito de recorrer à informação e ao assessoramento técnico de qualquer pessoa ou entidade que considere conveniente. Contudo, antes de procurar informação ou assessoramento técnico de pessoa ou entidade submetida à jurisdição de um Membro, o grupo especial deverá informar as autoridades de tal Membro. O Membro deverá dar resposta rápida e completa a toda solicitação de informação que um grupo especial considere necessária e pertinente. A informação confidencial fornecida não será divulgada sem autorização formal da pessoa, entidade ou autoridade que a proporcionou.

2. Os grupos especiais poderão buscar informação em qualquer fonte relevante e poderão consultar peritos para obter sua opinião sobre determinados aspectos de uma questão. Com relação a um aspecto concreto de uma questão de caráter científico ou técnico trazido à controvérsia por uma parte, o grupo especial poderá requerer um relatório escrito a um grupo consultivo de peritos. As normas para estabelecimento de tal grupo e seus procedimentos constam do Apêndice 4.

Art. XIV - Confidencialidade

1. As deliberações do grupo especial serão confidenciais.

2. Os relatórios dos grupos especiais serão redigidos sem a presença das partes em controvérsia, à luz das informações fornecidas e das argumentações apresentadas.

3. As opiniões individuais dos integrantes do grupo especial consignadas em seu relatório serão anônimas.

Art. XV - Etapa Intermediária de Exame

1. Após consideração das réplicas e apresentações orais, o grupo especial distribuirá os capítulos expositivos (fatos e argumentações) de esboço de seu relatório para as partes em controvérsia. Dentro de um prazo fixado pelo grupo especial, as partes apresentarão seus comentários por escrito.

2. Expirado o prazo estabelecido para recebimento dos comentários das partes, o grupo especial distribuirá às partes um relatório provisório, nele incluindo tanto os capítulos descritivos quanto as determinações e conclusões do grupo especial. Dentro de um prazo fixado pelo grupo especial, qualquer das partes poderá apresentar por escrito solicitação para que o grupo especial reveja aspectos específicos do relatório provisório antes da distribuição do relatório definitivo aos Membros. A pedido de uma pane, o grupo especial poderá reunir-se novamente com as partes para tratar de

itens apontados nos comentários escritos. No caso de não serem recebidos comentários de nenhuma das partes dentro do prazo previsto para tal fim, o relatório provisório será considerado relatório final e será prontamente distribuído aos Membros.

3. As conclusões do relatório final do grupo especial incluirão uma análise dos argumentos apresentados na etapa intermediária de exame. Esta etapa deverá ocorrer dentro do prazo estabelecido no § 8 do art. 12.

Art. XVI - Adoção de Relatórios dos Grupos Especiais

1. A fim de que os Membros disponham de tempo suficiente para examinar os relatórios dos grupos especiais, tais relatórios não serão examinados para efeito de aceitação pelo OSC até vinte dias após a data de distribuição aos Membros.

2. Os Membros que opuserem alguma objeção ao relatório do grupo especial deverão apresentar por escrito razões explicativas de suas objeções para serem distribuídas ao menos dez dias antes da reunião do OSC na qual o relatório do grupo especial será examinado.

3. As partes em controvérsia deverão ter direito de participar plenamente do exame do relatório do grupo especial feito pelo OSC, e suas opiniões serão integralmente registradas.

4. Dentro dos sessenta dias seguintes à data de distribuição de um relatório de um grupo especial a seus Membros, o relatório será adotado em uma reunião do OSC[22] a menos que uma das partes na controvérsia notifique formalmente ao OSC de sua decisão de apelar ou que o OSC decida por consenso não adotar o relatório. Se uma pane notificar sua decisão de apelar, o relatório do grupo especial não deverá ser considerado para efeito de adoção pelo OSC até que seja concluído o processo de apelação. O referido procedimento de adoção não prejudicará o direito dos Membros de expressar suas opiniões sobre o relatório do grupo especial.

Art. XVII - Apelação - Órgão Permanente de Apelação

1. O OSC constituirá um órgão Permanente de Apelação, que receberá as apelações das decisões dos grupos especiais. Será composto por sete pessoas, três das quais atuarão em cada caso. Os integrantes do órgão de Apelação atuarão em alternância. Tal alternância deverá ser determinada pelos procedimentos do órgão de Apelação.

2. O OSC nomeará os integrantes do órgão de Apelação para períodos de quatro anos, e poderá renovar por uma vez o mandato de cada um dos integrantes.

Contudo, os mandatos de três das sete pessoas nomeadas imediatamente após a entrada em vigor do Acordo Constitutivo da OMC, que serão escolhidas por sorteio, expirará ao final de dois anos. As vagas serão preenchidas à medida que forem sendo abertas. A pessoa nomeada para substituir

---

[22] Se não houver uma reunião do OSC prevista dentro desse período em data que permita cumprimento das disposições dos §§ 1 e 4 do art. 16, será realizada uma reunião do OSC para tal fim.

outra cujo mandato não tenha expirado exercerá o cargo durante o período que reste até a conclusão do referido mandato.

3. O órgão de Apelação será composto de pessoas de reconhecida competência, com experiência comprovada em direito, comércio internacional e nos assuntos tratados pelos acordos abrangidos em geral. Tais pessoas não deverão ter vínculos com nenhum governo. A composição do órgão de Apelação deverá ser largamente representativa da composição da OMC. Todas as pessoas integrantes do órgão de Apelação deverão estar disponíveis permanentemente e em breve espaço de tempo, e deverão manter-se a par das atividades de solução de controvérsias e das demais atividades pertinentes da OMC. Não deverão participar do exame de quaisquer controvérsias que possam gerar conflito de interesse direto ou indireto.

4. Apenas as partes em controvérsia, excluindo-se terceiros interessados, poderão recorrer do relatório do grupo especial. Terceiros interessados que tenham notificado o OSC sobre interesse substancial consoante o § 2 do art. 10 poderão apresentar comunicações escritas ao órgão de Apelação e poderão ser por ele ouvidos.

5. Como regra geral, o procedimento não deverá exceder sessenta dias contados a partir da data em que uma pane em controvérsia notifique formalmente sua decisão de apelar até a data em que o órgão de Apelação distribua seu relatório. Ao determinar seu calendário, o órgão de Apelação deverá levar em conta as disposições do § 9 do art. 4, se pertinente. Quando o órgão de Apelação entender que não poderá apresentar seu relatório em sessenta dias, deverá informar por escrito ao OSC das razões do atraso, juntamente com uma estimativa do prazo dentro do qual poderá concluir o relatório. Em caso algum o procedimento poderá exceder a noventa dias.

6. A apelação deverá limitar-se às questões de direito tratadas pelo relatório do grupo especial e às interpretações jurídicas por ele formuladas.

7. O órgão de Apelação deverá receber a necessária assistência administrativa e legal.

8. As despesas dos integrantes do órgão de Apelação, incluindo gastos de viagens e diárias, serão cobertas pelo orçamento da OMC de acordo com critérios a serem adotados pelo Conselho Geral, baseado em recomendações do Comitê de Orçamento, Finanças e Administração.

Procedimentos do Órgão de Apelação

9. O órgão de Apelação, em consulta com o Presidente do OSC e com o Diretor Geral, fixará seus procedimentos de trabalho e os comunicará aos Membros para informação.

10. Os trabalhos do órgão de Apelação serão confidenciais. Os relatórios do órgão de Apelação serão redigidos sem a presença das partes em controvérsia e à luz das informações recebidas e das declarações apresentadas.

11. As opiniões expressas no relatório do órgão de Apelação por seus integrantes serão anônimas.

12. O órgão de Apelação examinará cada uma das questões pleiteadas em conformidade com o § 6 durante o procedimento de apelação.

13. O órgão de Apelação poderá confirmar, modificar ou revogar as conclusões e decisões jurídicas do grupo especial. Adoção do Relatório do Órgão de Apelação.

14. Os relatórios do órgão de Apelação serão adotados pelo OSC e aceitos sem restrições pelas partes em controvérsia a menos que o OSC decida por consenso não adotar o relatório do órgão de Apelação dentro do prazo de 30 dias contados a partir da sua distribuição aos Membros.[23] Este procedimento de adoção não prejudicará o direito dos Membros de expor suas opiniões sobre o relatório do órgão de Apelação.

Art. XVIII - Comunicações com o Grupo Especial ou o Órgão de Apelação

1. Não haverá Comunicação *ex parte* com o grupo especial ou com o órgão de Apelação com relação a assuntos submetidos á consideração do grupo especial ou do órgão de Apelação.

2. As comunicações escritas com o grupo especial ou com o órgão de Apelação deverão ser tratadas com confidencialidade, mas deverão estar à disposição das partes em controvérsia. Nenhuma das disposições do presente Acordo deverá impedir uma das partes em controvérsia de publicar suas próprias posições. Os Membros deverão considerar confidenciais as informações fornecidas por outro Membro ao grupo especial ou ao órgão de Apelação para as quais o referido Membro tenha dado a classificação de confidencial. Uma parte em controvérsia deverá, a pedido de um Membro, fornecer um resumo não confidencial das informações contidas em sua comunicação escrita que possa ser tornado público.

Art. XIX - Recomendações dos Grupos Especiais e do Órgão de Apelação

1. Quando um grupo especial ou o órgão de Apelação concluir que uma medida é incompatível com um acordo abrangido, deverá recomendar que o Membro interessado[24] torne a medida compatível com o acordo.[25] Além de suas recomendações, o grupo especial ou o órgão de Apelação poderá sugerir a maneira pela qual o Membro interessado poderá implementar as recomendações.

2. De acordo com o § 2 do art. 3, as conclusões e recomendações do grupo especial e do órgão de Apelação não poderão ampliar ou diminuir os direitos e obrigações derivados dos acordos abrangidos.

---

[23] Caso esteja prevista reunião do OSC durante esse período, será realizada uma reunião do OSC para tal fim.

[24] O "Membro interessado" é a parte em controvérsia à qual serão dirigidas as recomendações do grupo especial ou do órgão de Apelação.

[25] Com relação às recomendações nos casos em que não haja infração das disposições do GATT 1994 nem de nenhum outro acordo abrangido, vide art. 26.

Art. XX - Calendário das Decisões do OSC

Salvo acordado diferentemente pelas partes em controvérsia, o período compreendido entre a data de estabelecimento do grupo especial pelo OSC e a data em que o OSC examinar a adoção do relatório do grupo especial ou do órgão de Apelação não deverá, como regra geral, exceder nove meses quando o relatório do grupo especial não sofrer apelação ou doze meses quando houver apelação. Se o grupo especial ou o órgão de Apelação, com base no § 9 do art. 12 ou § 5 do art. 17, decidirem pela prorrogação do prazo de entrega de seus relatórios, o prazo adicional será acrescentado aos períodos acima mencionados.

Art. XXI - Supervisão da Aplicação das Recomendações e Decisões

1. O pronto cumprimento das recomendações e decisões do OSC é fundamental para assegurar a efetiva solução das controvérsias, em benefício de todos os Membros.

2. As questões que envolvam interesses de países em desenvolvimento Membros deverão receber atenção especial no que tange às medidas que tenham sido objeto da solução de controvérsias.

3. Em reunião do OSC celebrada dentro de trinta dias[26] após a data de adoção do relatório do grupo especial ou do órgão de Apelação, o membro interessado deverá informar ao OSC suas intenções com relação à implementação das decisões e recomendações do OSC. Se for impossível a aplicação imediata das recomendações e decisões, o Membro interessado deverá para tanto dispor de prazo razoável.

O prazo razoável deverá ser:

a) o prazo proposto pelo Membro interessado, desde que tal prazo seja aprovado pelo OSC, ou, não havendo tal aprovação,

b) um prazo mutuamente acordado pelas partes em controvérsia dentro de quarenta e cinco dias a partir da data de adoção das recomendações e decisões, ou, não havendo tal acordo,

c) um prazo determinado mediante arbitragem compulsória dentro de noventa dias após a data de adoção das recomendações e decisões.[27] Em tal arbitragem, uma diretriz para o árbitro[28] será a de que o prazo razoável para implementar as recomendações do grupo especial ou do órgão de Apelação não deverá exceder a 15 meses da data de adoção do relatório do grupo especial ou do órgão de Apelação. Contudo, tal prazo poderá ser maior ou menor, dependendo das circunstâncias particulares.

4. A não ser nos casos em que o grupo especial ou o órgão de Apelação tenham prorrogado o prazo de entrega de seu relatório com base no § 9 do

---

[26] Caso não esteja prevista reunião do OSC durante esse período, será realizada uma reunião do OSC para tal fim.

[27] Caso as partes não cheguem a consenso para indicação de um árbitro nos dez dias seguintes à submissão da questão à arbitragem, o árbitro será designado pelo Diretor-Geral em prazo de dez dias, após consulta às partes.

[28] Entende-se pela expressão "árbitro" tanto uma pessoa quanto um grupo de pessoas.

art. 12 ou no § 5 do art. 17, o período compreendido entre a data de estabelecimento do grupo especial pelo OSC e a data de determinação do prazo razoável não deverá exceder a quinze meses, salvo se as partes acordarem diferentemente. Quando um grupo especial ou o órgão de Apelação prorrogarem o prazo de entrega de seu relatório, o prazo adicional deverá ser acrescentado ao período de quinze meses; desde que o prazo total não seja superior a dezoito meses, a menos que as partes em controvérsia convenham em considerar as circunstâncias excepcionais.

5. Em caso de desacordo quanto à existência de medidas destinadas a cumprir as recomendações e decisões ou quanto à compatibilidade de tais medidas com um acordo abrangido, tal desacordo se resolverá conforme os presentes procedimentos de solução de controvérsias, com intervenção, sempre que possível, do grupo especial que tenha atuado inicialmente na questão. O grupo especial deverá distribuir seu relatório dentro de noventa dias após a data em que a questão lhe for submetida. Quando o grupo especial considerar que não poderá cumprir tal prazo, deverá informar por escrito ao OSC as razões para o atraso e fornecer uma nova estimativa de prazo para entrega de seu relatório.

6. O OSC deverá manter sob vigilância a aplicação das recomendações e decisões. A questão da implementação das recomendações e decisões poderá ser argüida por qualquer Membro junto ao OSC em qualquer momento após sua adoção. Salvo decisão em contrário do OSC, a questão da implementação das recomendações e decisões deverá ser incluída na agenda da reunião do OSC seis meses após a data da definição do prazo razoável conforme o § 3 e deverá permanecer na agenda do OSC até que seja resolvida. Ao menos dez dias antes de cada reunião, o Membro interessado deverá fornecer ao OSC relatório escrito do andamento da implementação das recomendações e decisões.

7. Se a questão tiver sido levantada por país em desenvolvimento Membro, o OSC deverá considerar quais as outras providências que seriam adequadas às circunstâncias.

8. Se o caso tiver sido submetido por país em desenvolvimento Membro, ao considerar a providência adequada a ser tomada o OSC deverá levar em consideração não apenas o alcance comercial das medidas em discussão mas também seu impacto na economia dos países em desenvolvimento Membros interessados.

Art. XXII - Compensação e Suspensão de Concessões

1. A compensação e a suspensão de concessões ou de outras obrigações são medidas temporárias disponíveis no caso de as recomendações e decisões não serem implementadas dentro de prazo razoável. No entanto, nem a compensação nem a suspensão de concessões ou de outras obrigações é preferível á total implementação de uma recomendação com o objetivo de adaptar uma medida a um acordo abrangido. A compensação é voluntária e, se concedida, deverá ser compatível com os acordos abrangidos.

2. Se o Membro afetado não adaptar a um acordo abrangido a medida considerada incompatível ou não cumprir de outro modo as recomendações e decisões adotadas dentro do prazo razoável determinado conforme o § 3 do art. 21, tal Membro deverá, se assim for solicitado, e em período não superior á expiração do prazo razoável, entabular negociações com quaisquer das partes que hajam recorrido ao procedimento de solução de controvérsias, tendo em vista a fixação de compensações mutuamente satisfatórias. Se dentro dos vinte dias seguintes à data de expiração do prazo razoável não se houver acordado uma compensação satisfatória, quaisquer das partes que hajam recorrido ao procedimento de solução de controvérsias poderá solicitar autorização do OSC para suspender a aplicação de concessões ou de outras obrigações decorrentes dos acordos abrangidos ao Membro interessado.

3. Ao considerar quais concessões ou outras obrigações serão suspensas, a parte reclamante aplicará os seguintes princípios e procedimentos:

a) o principio geral é o de que a parte reclamante deverá procurar primeiramente suspender concessões ou outras obrigações relativas ao(s) mesmo(s) setor(es) em que o grupo especial ou órgão de Apelação haja constatado uma infração ou outra anulação ou prejuízo;

b) se a parte considera impraticável ou ineficaz a suspensão de concessões ou outras obrigações relativas ao(s) mestria(s) setor(es), poderá procurar suspender concessões ou outras obrigações em outros setores abarcados pelo mesmo acordo abrangido;

c) se a parte considera que é impraticável ou ineficaz suspender concessões ou outras obrigações relativas a outros setores abarcados pelo mesmo acordo abrangido, e que as circunstâncias são suficientemente graves, poderá procurar suspender concessões ou outras obrigações abarcadas por outro acordo abrangido;

d) ao aplicar os princípios acima, a parte deverá levar em consideração:

i) o comércio no setor ou regido pelo acordo em que o grupo especial ou órgão de Apelação tenha constatado uma violação ou outra anulação ou prejuízo, e a importância que tal comércio tenha para a parte;

ii) os elementos econômicos mais gerais relacionados com a anulação ou prejuízo e as conseqüências econômicas mais gerais da suspensão de concessões ou outras obrigações;

e) se a parte decidir solicitar autorização para suspender concessões ou outras obrigações em virtude do disposto nos subparágrafos b ou c, deverá indicar em seu pedido as razões que a fundamentam. O pedido deverá ser enviado simultaneamente ao OSC e aos Conselhos correspondentes e também aos órgãos setoriais correspondentes, em caso de pedido baseado no subparágrafo b;

f) para efeito do presente §, entende-se por "setor":

i) no que se refere a bens, todos os bens;

ii) no que se refere a serviços, um setor principal dentre os que figuram na versão atual da "Lista de Classificação Setorial dos Serviços" que identifica tais setores;[29]

iii) no que concentre a direitos de propriedade intelectual relacionados com o comércio, quaisquer das categorias de direito de propriedade intelectual compreendidas nas Secções 1, 2, 3, 4, 5, 6, ou 7 da Parte 11, ou as obrigações da Parte III ou da Parte IV do Acordo sobre TRIPS.

g) para efeito do presente §, entende-se por "acordo":

i) no que se refere a bens, os acordos enumerados no Anexo i A do Acordo Constitutivo da OMC, tomados em conjunto, bem como os Acordos Comerciais Plurilaterais na medida em que as partes em controvérsia sejam partes nesses acordos:

ii) no que concentre a serviços, o GATS;

iii) no que concentre a direitos de propriedade intelectual, o Acordo sobre TRIPS.

4. O grau da suspensão de concessões ou outras obrigações autorizado pelo OSC deverá ser equivalente ao grau de anulação ou prejuízo.

5. O OSC não deverá autorizar a suspensão de concessões ou outras obrigações se o acordo abrangido proíbe tal suspensão.

6. Quando ocorrer a situação descrita no § 2, o OSC, a pedido, poderá conceder autorização para suspender concessões ou outras obrigações dentro de trinta dias seguintes à expiração do prazo razoável, salvo se o OSC decidir por consenso rejeitar o pedido. No entanto, se o Membro afetado impugnar o grau da suspensão proposto, ou sustentar que não foram observados os princípios e procedimentos estabelecidos no § 3, no caso de uma parte reclamante haver solicitado autorização para suspender concessões ou outras obrigações com base no disposto nos §§ 3, b ou 3, c, a questão será submetida à arbitragem. A arbitragem deverá ser efetuada pelo grupo especial que inicialmente tratou do assunto, se os membros estiverem disponíveis, ou por um árbitro[30] designado pelo Diretor-Geral, e deverá ser completada dentro de sessenta dias após a data de expiração do prazo razoável. As concessões e outras obrigações não deverão ser suspensas durante o curso da arbitragem.

7. O árbitro[31] que atuar conforme o § 6 não deverá examinar a natureza das concessões ou das outras obrigações a serem suspensas, mas deverá determinar se o grau de tal suspensão é equivalente ao grau de anulação ou prejuízo. O árbitro poderá ainda determinar se a proposta de suspensão de concessões ou outras obrigações é autorizada pelo acordo abrangido. No entanto, se a questão submetida à arbitragem inclui a reclamação de que não

---

[29] Na lista integrante do Documento MTN.GNGAV/120 são identificados onze setores.

[30] Emende-se pela expressão "árbitro" indistintamente uma pessoa ou um grupo de pessoas.

[31] Entende-se pela expressão "árbitro" indistintamente uma pessoa, um grupo de pessoas ou os membros do grupo especial que inicialmente trajou do assunto, se atuarem na qualidade de árbitros.

Textos fundamentais do
Direito das Relações Internacionais

foram observados os princípios e procedimentos definidos pelo § 3, o árbitro deverá examinar a reclamação. No caso de o árbitro determinar que aqueles princípios e procedimentos não foram observados, a parte reclamante os aplicará conforme o disposto no § 3. As partes deverão aceitar a decisão do árbitro como definitiva e as partes envolvidas não deverão procurar uma segunda arbitragem. O OSC deverá ser prontamente informado da decisão do árbitro e deverá, se solicitado, outorgar autorização para a suspensão de concessões ou outras obrigações quando a solicitação estiver conforme à decisão do árbitro, salvo se o OSC decidir por consenso rejeitar a solicitação.

8. A suspensão de concessões ou outras obrigações deverá ser temporária e vigorar até que a medida considerada incompatível com um acordo abrangido tenha sido suprimida, ou até que o Membro que deva implementar as recomendações e decisões forneça uma solução para a anulação ou prejuízo dos benefícios, ou até que uma solução mutuamente satisfatória seja encontrada. De acordo com o estabelecido no § 6 do art. 21, o OSC deverá manter sob supervisão a implementação das recomendações e decisões adotadas, incluindo os casos nos quais compensações foram efetuadas ou concessões ou outras obrigações tenham sido suspensas mas não tenham sido aplicadas as recomendações de adaptar uma medida aos acordos abrangidos.

9. As disposições de solução de controvérsias dos acordos abrangidos poderão ser invocadas com respeito às medidas que afetem sua observância, tomadas por governos locais ou regionais ou por autoridades dentro do território de um Membro. Quando o OSC tiver decidido que uma disposição de um acordo abrangido não foi observada, o Membro responsável deverá tomar as medidas necessárias que estejam a seu alcance para garantir sua observância. Nos casos em que tal observância não tenha sido assegurada, serão aplicadas as disposições dos acordos abrangidos e do presente Acordo relativas à compensação e á suspensão de concessões e outras obrigações.[32]

Art. XXIII - Fortalecimento do Sistema Multilateral

1. Ao procurar reparar o não-cumprimento de obrigações ou outro tipo de anulação ou prejuízo de benefícios resultantes de acordos abrangidos ou um impedimento á obtenção de quaisquer dos objetivos de um acordo abrangido, os Membros deverão recorrer e acatar as normas e procedimentos do presente Acordo.

2. Em tais casos, os Membros deverão:

a) não fazer determinação de que tenha ocorrido infração, de que benefícios tenham sido anulados ou prejudicados ou de que o cumprimento de quaisquer dos objetivos de um acordo abrangido tenha sido dificultado, salvo através do exercício da solução de controvérsias segundo as normas e procedimentos do presente Acordo, e deverão fazer tal determinação con-

---

[32] Quando as disposições de qualquer acordo abrangido relativas às medidas adotadas pelos governos ou autoridades regionais ou locais dentro do território de um Membro forem diferentes das enunciadas no presente §, prevalecerão as disposições do acordo abrangido.

soante as conclusões contidas no relatório do grupo especial ou do órgão de Apelação adotado pelo OSC ou em um laudo arbitral elaborado segundo este Acordo;

b) seguir os procedimentos definidos no art. 21 para determinar o prazo razoável para que o Membro interessado implemente as recomendações e decisões; e

c) observar os procedimentos definidos no art. 22 para determinar o grau de suspensão de concessões ou outras obrigações e obter autorização do OSC, conforme aqueles procedimentos, antes de suspender concessões ou outras obrigações resultantes dos acordos abrangidos como resposta á não-implementação, por parte do Membro interessado, das recomendações e decisões dentro daquele prazo razoável.

Art. XXIV - Procedimento Especial para Casos Envolvendo Países Membros de Menor Desenvolvimento Relativo

1. Em todas as etapas da determinação das causas de uma controvérsia ou dos procedimentos de uma solução de controvérsias de casos que envolvam um país de menor desenvolvimento relativo Membro, deverá ser dada atenção especial à situação particular do país de menor desenvolvimento relativo Membro. Neste sentido, os Membros exercerão a devida moderação ao submeter a estes procedimentos matérias envolvendo um país de menor desenvolvimento relativo Membro. Se for verificada anulação ou prejuízo em conseqüência de medida adotada por país de menor desenvolvimento relativo Membro, as partes reclamantes deverão exercer a devida moderação ao pleitear compensações ou solicitar autorização para suspensão da aplicação de concessões ou outras obrigações nos termos destes procedimentos.

2. Quando, nos casos de solução de controvérsias que envolvam um país de menor desenvolvimento relativo Membro, não for encontrada solução satisfatória no correr das consultas realizadas, o Diretor-Geral ou o Presidente do OSC deverão, a pedido do país de menor desenvolvimento Membro, oferecer seus bons ofícios, conciliação ou mediação com o objetivo de auxiliar as partes a solucionar a controvérsia antes do estabelecimento de um grupo especial. Para prestar a assistência mencionada, o Diretor-Geral ou o Presidente do OSC poderão consultar qualquer fonte que considerem apropriada.

Art. XXV - Arbitragem

1. Um procedimento rápido de arbitragem na OMC como meio alternativo de solução de controvérsias pode facilitar a resolução de algumas controvérsias que tenham por objeto questões claramente definidas por ambas as partes.

2. Salvo disposição em contrário deste Acordo, o recurso á arbitragem estará sujeito a acordo mútuo entre as partes, que acordarão quanto ao procedimento á ser seguido. Os acordos de recurso a arbitragem deverão ser notificados a todos os Membros com suficiente antecedência ao efetivo inicio do processo de arbitragem.

Textos fundamentais do
Direito das Relações Internacionais

361

3. Outros Membros poderão ser parte no procedimento de arbitragem somente com o consentimento das partes que tenham convencionado recorrer á arbitragem. As partes acordarão submeter-se ao laudo arbitral. Os laudos arbitrais serão comunicados ao OSC e ao Conselho ou Comitê dos acordos pertinentes, onde qualquer Membro poderá questionar qualquer assunto a eles relacionados.

4. Os arts. 21 e 22 do presente Acordo serão aplicados *mutatis mutandis* aos laudos arbitrais.

Art. XXVI - Reclamações de não-violação do tipo descrito no § 1, "b" do Art, XXIII do GATT 1994

Quando as disposições do § 1, b do art. XXIII do GATT 1994 forem aplicáveis a um acordo abrangido, os grupos especiais ou o órgão de Apelação somente poderão decidir ou fazer recomendações se uma das partes em controvérsia considera que um beneficio resultante direta ou indiretamente do acordo abrangido pertinente está sendo anulado ou prejudicado ou que o cumprimento de um dos objetivos do Acordo está sendo dificultado em conseqüência da aplicação de alguma medida por um Membro, ocorrendo ou não conflito com as disposições daquele Acordo. Quando e na medida em que tal parte considere, e um grupo especial ou órgão de Apelação determine, que um caso trate de medida que não seja contraditória com as disposições de um acordo abrangido ao qual as disposições do § 1, b do art. XXIII do GATT 1994 sejam aplicáveis, deverão ser aplicados os procedimentos previstos no presente Acordo, observando-se o seguinte:

a) a parte reclamante deverá apresentar justificativa detalhada em apoio a qualquer reclamação relativa a medida que não seja conflitante com o acordo abrangido relevante;

b) quando se considerar que uma medida anula ou restringe benefícios resultantes do acordo abrangido pertinente, ou que compromete a realização dos objetivos de tal acordo, sem infração de suas disposições, não haverá obrigação de revogar essa medida. No entanto, em tais'casos, o grupo especial ou órgão de Apelação deverá recomendar que o Membro interessado faça um ajuste mutuamente satisfatório;

c) não obstante o disposto no art. 21, a arbitragem prevista no § 3 do art. 21 poderá incluir, a pedido de qualquer das partes, a determinação do grau dos benefícios anulados ou prejudicados e poderá também sugerir meios e maneiras de se atingir um ajuste mutuamente satisfatório: tais sugestões não deverão ser compulsórias para as partes em controvérsia;

d) não obstante o disposto no § 1 do art. 22, a compensação poderá fazer parte de um ajuste mutuamente satisfatório como solução final para a controvérsia.

1. Reclamações do Tipo Descrito no § 1, c do art. XXIII do GATT 1994.

Quando as disposições do § 1, c do art. XXIII do GATT 1994 forem aplicáveis a um acordo abrangido, o grupo especial apenas poderá formular recomendações e decisões quando uma parte considerar que um benefício

362   *RICARDO SEITENFUS*

resultante direta ou indiretamente do acordo abrangido pertinente tenha sido anulado ou prejudicado ou que o cumprimento de um dos objetivos de tal acordo tenha sido compro metido em conseqüência de uma situação diferente daquelas às quais são aplicáveis as disposições dos §§ 1, a e 1, b do art. XXIII do GATT 1994. Quando e na medida em que essa parte considere, e um grupo especial determine, que a questão inclui-se neste §, os procedimentos deste Acordo serão aplicados unicamente até o momento do processo em que o relatório do grupo especial seja distribuído aos Membros. Serão aplicáveis as normas e procedimentos de solução de controvérsias contidos na Decisão de 12 de abril de 1989 (IBDD 536/64-70) quando da consideração para adoção e supervisão e implementação de recomendações e decisões. Será também aplicável o seguinte:

a) a parte reclamante deverá apresentar justificativa detalhada como base de qualquer argumentação a respeito de questões tratadas no presente §;

b) nos casos que envolvam questões tratadas pelo presente §, se um grupo especial decidir que tais casos também se referem a outras questões relativas á solução de controvérsias além daquelas previstas neste §, o grupo especial deverá fornecer ao OSC um relatório encaminhando tais questões e um relatório separado sobre os assuntos compreendidos no âmbito de aplicação do presente §.

Art. XXVII - Responsabilidades do Secretariado

1. O Secretariado terá a responsabilidade de prestar assistência aos grupos especiais, em especial nos aspectos jurídicos, históricos e de procedimento dos assuntos tratados, e de fornecer apoio técnico e de secretaria.

2. Ainda que o Secretariado preste assistência com relação à solução de controvérsias aos Membros que assim o solicitem, poderá ser também necessário fornecer assessoria e assistência jurídicas adicionais com relação á solução de controvérsias aos países em desenvolvimento Membros. Para tal fim, o Secretariado colocará à disposição de qualquer país em desenvolvimento Membro que assim o solicitar um perito legal qualificado dos serviços de cooperação técnica da OMC. Este perito deverá auxiliar o país em desenvolvimento Membro de maneira a garantir a constante imparcialidade do Secretariado.

3. O Secretariado deverá organizar, para os Membros interessados, cursos especiais de treinamento sobre estes procedimentos e práticas de solução de controvérsias a fim de que os especialistas dos Membros estejam melhor informados sobre o assunto.

Apêndice 4 - Grupo consultivo de peritos

As regras e procedimentos seguintes serão aplicados aos grupos consultivos de peritos estabelecidos consoante as disposições do § 2 do art. 13.

1. Os grupos consultivos de peritos estão sob a autoridade de um grupo especial, ao qual deverão se reportar. Os termos de referência e os pormenores do procedimento de trabalho dos grupos consultivos serão decididos pelo grupo especial.

Textos fundamentais do
Direito das Relações Internacionais

363

2. A participação nos grupos consultivos de peritos deverá ser exclusiva das pessoas de destaque profissional e experiência no assunto tratado.

3. Cidadãos dos países Partes em uma controvérsia não deverão integrar um grupo consultivo de peritos sem a anuência conjunta das partes em controvérsia, salvo em situações excepcionais em que o grupo especial considere impossível atender de outro moda á necessidade de conhecimentos científicos especializados. Não poderão integrar um grupo consultivo de peritos os funcionários governamentais das partes em controvérsia. Os Membros de um grupo consultivo de peritos deverão atuar a titulo de suas capacidades individuais e não como representantes de governo ou de qualquer organização. Portanto, governos e organizações não deverão dar-lhes instruções com relação aos assuntos submetidos ao grupo consultivo de peritos.

4. Os grupos consultivos de peritos poderão fazer consultas e buscar informações e assessoramento técnico em qualquer fonte que considerem apropriada. Antes de buscar informação ou assessoria de fonte submetida á jurisdição de um Membro, deverão informar ao governo de tal Membro. Todo Membro deverá atender imediata e completamente a qualquer solicitação de informação que um grupo consultivo de peritos considere necessária e apropriada.

5. As partes em controvérsia deverão ter acesso a toda informação pertinente fornecida a um grupo consultivo de peritos, a menos que tenha caráter confidencial. Informação confidencial fornecida ao grupo consultivo de peritos não deverá ser divulgada sem autorização do governo, organização ou pessoa que a forneceu. Quando tal informação for solicitada pelo grupo consultivo de peritos e este não seja autorizado a divulgá-la, um resumo não confidencial da informação será fornecido pelo governo, organização ou pessoa que a forneceu.

6. O grupo consultivo de peritos fornecerá um relatório provisório às partes em controvérsia, com vistas a recolher seus comentários e a levá-los em consideração, se pertinentes, no relatório final, que deverá ser divulgado às partes em controvérsia quando for apresentado ao grupo especial. O relatório final do grupo consultivo de peritos deverá ter caráter meramente consultivo.

7. Meio ambiente

a) Tratado da Antártida (Washington, 1959)

Os Governos da Argentina, Austrália, Bélgica, Chile, República Francesa, Japão, Nova Zelândia, Noruega, União da África do Sul, União das Repúblicas Socialistas Soviéticas, Reino Unido da GrãBretanha e Irlanda do Norte, e Estados Unidos da América;

Reconhecendo ser do interesse de toda a humanidade que a Antártida continue para sempre a ser usada exclusivamente para propósitos pacíficos e não se converta em cena ou objeto de discórdia internacional;

Reconhecendo as contribuições substanciais ao conhecimento científico resultantes da cooperação internacional para a investigação científica na Antártida;

Convencidos de que o estabelecimento de um fundamento firme para a continuação e desenvolvimento de tal cooperação à base da liberdade de investigação científica na Antártida, conforme aplicada durante o Ano Geofísico Internacional, se harmoniza com os interesses da Ciência e o progresso de toda a Humanidade;

Convencidos, também, de que um tratado que assegure o uso da Antártida somente para propósitos pacíficos e de que a continuação da harmonia internacional na Antártida fortalecerá os propósitos e princípios corporificados na Carta das Nações Unidas;

concordam o seguinte:

Art. I - 1) A Antártida será usada somente para propósitos pacíficos. Serão proibidas, *inter alia*, todas as medidas de natureza militar, tais como o estabelecimento de bases e fortificações militares, a realização de manobras militares, assim como as experiências com quaisquer tipos de armas.

2) O presente tratado não impedirá o uso de pessoal ou equipamento militar para pesquisa científica ou para qualquer outro propósito pacífico.

Art. II - A liberdade de investigação científica na Antártida e a cooperação para este fim, conforme exercidas durante o Ano Geofísico Internacional, continuarão ficando sujeitas às disposições do presente tratado.

Art. III - 1) A fim de promover a cooperação internacional para a investigação científica na Antártida, como previsto no Artigo II do presente

Textos fundamentais do
Direito das Relações Internacionais

tratado, as partes contratantes concordam, na máxima extensão viável e praticável, em que:

a) A informação relativa a planos para programas científicos, na Antártida, será permutada a fim de permitir a máxima economia e eficiência das operações;

b) O pessoal científico, na Antártida, será permutado entre expedições e estações;

c) As observações e dados científicos da Antártida serão permutados e tornados livremente utilizáveis.

2) Na execução deste artigo será dado todo o estímulo ao estabelecimento de relações de trabalho cooperativo com as agências especializadas das Nações Unidas e às outras organizações internacionais que tenham interesse científico ou técnico na Antártida.

Art. IV - 1) Nada que se contenha no presente tratado será interpretado como:

a) Renúncia, por qualquer das partes contratantes, de direitos previamente invocados ou pretensões de soberania territorial na Antártida;

b) Renúncia ou diminuição, por qualquer das partes contratantes, a qualquer base de reivindicação de soberania territorial na Antártida, que possa ter quer como resultado de suas atividades ou de seus nacionais, na Antártida, quer como por qualquer outra forma;

c) Prejuízo para a proposição de qualquer das partes contratantes quanto ao reconhecimento ou não reconhecimento do direito de qualquer outro Estado, ou da reivindicação, ou base para a reivindicação, quanto à soberania territorial na Antártida.

Art. V - 1) As explosões nucleares na Antártida, bem como o lançamento ali de material radioativo residual, serão proibidos.

2) No caso de conclusão de acordos internacionais concernentes ao uso de energia nuclear, inclusive as explosões nucleares e o lançamento de material radioativo residual, de que participem todas as partes contratantes, cujos representantes estejam habilitados a comparecer às reuniões previstas no Artigo IX, aplicarseão à Antártida as regras estabelecidas em tais acordos.

Art. VI - 1) As disposições do presente tratado aplicarseão à área situada ao sul dos 60 graus de latitude sul, inclusive às plataformas de gelo, porém nada no presente tratado prejudicará ou de nenhuma forma afetará os direitos, ou o exercício dos direitos de qualquer Estado, de acordo com o direito internacional aplicável ao altomar, dentro daquela área.

Art. VII - 2) A fim de promover os objetivos e assegurar a observância das disposições do presente tratado, cada parte contratante, cujos representantes estiverem habilitados a participar das reuniões previstas no Artigo IX, terá o direito de designar observadores para realizarem qualquer inspeção prevista no presente artigo. Os observadores serão nacionais das partes contratantes e por elas designados. Os nomes dos observadores serão comunicados a todas as outras partes contratantes, que tenham o direito de designar observadores, e idênticas comunicações serão feitas ao terminarem sua missão.

2) Cada observador, designado de acordo com as discussões do § 1 deste artigo, terá completa liberdade de acesso, em qualquer tempo, a qualquer e a todas as áreas da Antártida.

3) Todas as áreas da Antártida, inclusive todas as estações, instalações e equipamentos existentes nessas áreas, e todos os navios e aeronaves em pontos de embarque ou desembarque na Antártida estarão a todo tempo abertos à inspeção de quaisquer observadores designados de acordo com o § 1 deste artigo.

4) A observação aérea pode ser efetuada a qualquer tempo, sobre qualquer das áreas da Antártida, por qualquer das partes contratantes que tenha o direito de designar observadores.

5) Cada parte contratante, no momento em que este tratado entrar em vigor, informará as outras partes contratantes, e daí por diante darão notícia antecipada de:

a) todas as expedições à e dentro da Antártida, por parte de seus navios ou nacionais, e todas as expedições à Antártida organizadas ou em organização em seu território;

b) todas as estações ocupadas por seus nacionais na Antártida; e

c) todo o pessoal ou equipamento militar que, por meio delas, se pretenda introduzir na Antártida, observadas as condições prescritas no § 2 do Artigo I do presente tratado.

Art. VIII - 1) A fim de facilitar o exercício de suas funções, de conformidade com o presente tratado, e sem prejuízo das respectivas posições das partes contratantes relativamente à jurisdição sobre outras pessoas na Antártida, os observadores designados de acordo com o § 1 do Artigo 7, e o pessoal científico permutado de acordo com o Subparágrafo 1 (b) do Artigo III deste tratado, e os auxiliares que acompanharem qualquer destas pessoas serão sujeitos apenas às jurisdições da parte contratante de que sejam nacionais, a respeito de todos os atos ou omissões que ocorrerem, enquanto permanecerem na Antártida, para o propósito de exercerem suas funções.

2) Sem prejuízo das disposições do § 1 deste artigo, e até que sejam adotadas as medidas previstas no Subparágrafo 1.e e do artigo IX, as partes contratantes interessadas em qualquer caso de litígio a respeito do exercício de jurisdição na Antártida, consultarseão imediatamente para o fim de alcançarem uma solução mutuamente aceitável.

Art. IX - 1) Os representantes das partes contratantes, mencionadas no preâmbulo deste tratado, reunir-se-ão na cidade de Canberra, dentro de dois meses após a data em que o tratado começar a vigorar, e daí por diante em datas e lugares convenientes, para o propósito de permutarem informações, consultaremse sobre matérias de comum interesse pertinentes à Antártida, e formularem, considerarem e recomendarem a seus Governos medidas concretas dos princípios e objetivos do tratado, inclusive medidas relativas ao:

Textos fundamentais do
Direito das Relações Internacionais

a) uso da Antártida apenas para propósitos pacíficos

b) facilitação da pesquisa científica na Antártida

c) facilitação da cooperação científica internacional na Antártida

d) facilitação do exercício do direito de inspeção prevista no Artigo VII do tratado

e) questões concernentes ao exercício da jurisdição na Antártida

f) preservação e conservação das reservas biológicas da Antártida.

2) Cada parte contratante que se tiver tornado membro deste tratado por acessão, de acordo com o Artigo XIII, estará habilitada a designar representantes para comparecerem às reuniões referidas no § 1 do presente artigo, durante todo o tempo em que a referida parte contratante demonstrar seu interesse pela Antártida, pela promoção ali de substancial atividade de pesquisa, tal como o estabelecimento de estação científica ou o envio de expedição científica.

3) Os relatórios dos observadores referidos no Artigo VII do presente tratado serão transmitidos aos representantes das partes contratantes que participarem das reuniões previstas no § 1 do presente artigo.

4) As medidas referidas no § 1 deste artigo tornar-se-ão efetivas quando aprovadas por todas as partes contratantes, cujos representantes estiverem habilitados a participar das reuniões realizadas para considerar estas medidas.

5) Qualquer ou todos os direitos estabelecidos no presente tratado podem ser exercidos a partir da data em que o tratado entrar em vigor, tenham ou não sido propostas, consideradas e aprovadas quaisquer medidas destinadas a facilitar o exercício dos mesmos direitos.

Art. X - Cada uma das partes contratantes compromete-se a empregar os esforços apropriados, de conformidade com a Carta das Nações Unidas, para que ninguém exerça na Antártida qualquer atividade contrária aos princípios e propósitos do presente tratado.

Art. XI - 1) Se surgir qualquer dissídio entre duas ou mais das partes contratantes, a respeito da interpretação ou aplicação do presente tratado, estas partes se consultarão entre si para que o dissídio se resolva por negociação, investigação, mediação, conciliação, arbitramento, decisão judicial ou outro meio pacífico de sua escolha.

2) Qualquer dissídio desse caráter, que não seja resolvido por aqueles meios, com o consentimento, em cada caso, de todas as partes interessadas, será levado à Corte Internacional de Justiça para julgamento; porém, se não se conseguir acordo a respeito, da Corte Internacional, as partes em litígio não se eximirão da responsabilidade de continuar a procurar resolvê-lo por qualquer dos vários meios pacíficos referidos no § 1 deste artigo.

Art. XII - 1) a) O presente tratado pode ser modificado ou emendado em qualquer tempo, por acordo unânime das partes contratantes cujos representantes estiverem habilitados a comparecerem à reunião prevista no Artigo IX. Qualquer modificação ou emenda entrará em vigor quando o

Governo depositário tiver recebido comunicação, por todas as partes contratantes, de a haverem ratificado.

b) Tal modificação ou emenda, daí por diante, entrará em vigor em relação a qualquer outra parte contratante quando o Governo depositário receber notícia de haver ratificado, dentro de dois anos a partir da data da vigência da modificação ou emenda, de acordo com a disposição do Subparágrafo 1.a deste artigo, será considerada como se tendo retirado do presente tratado na data da expiração daquele prazo.

2) a) Se, depois de decorridos trinta anos da data da vigência do presente tratado, qualquer das partes contratantes, cujos representantes estiverem habilitados a participar das reuniões previstas no Artigo IX, assim o requerer, em comunicação dirigida ao Governo depositário, uma conferência de todas as partes contratantes será realizada logo que seja praticável, para rever a operação do tratado.

b) Qualquer modificação ou emenda do presente tratado, que for aprovada em tal conferência pela maioria das partes contratantes nela representadas, inclusive a maioria daquelas cujos representantes estão habilitados a participar das reuniões previstas no Artigo IX, será comunicada pelo Governo depositário a todas as partes contratantes, imediatamente após a terminação da conferência, e entrará em vigor de acordo com as disposições do § 1 do presente artigo.

c) Se qualquer modificação ou emenda não tiver entrado em vigor, de acordo com as disposições do Subparágrafo 1.a deste artigo, dentro do período de dois anos após a data de sua comunicação a todas as partes contratantes, qualquer parte contratante poderá, a qualquer tempo após expiração daquele prazo, comunicar ao Governo depositário sua retirada do presente tratado, e esta retirada terá efeito dois anos após o recebimento da comunicação pelo Governo depositário.

Art. XIII - 1) O presente tratado estará sujeito a ratificação por todos os Estados signatários. Ficará ele aberto à acessão de qualquer outro Estado que for membro das Nações Unidas, ou a qualquer outro Estado que possa ser convidado a aceder ao tratado, com o consentimento de todas as partes contratantes cujos representantes estiverem habilitados a participar das reuniões previstas no Artigo IX do tratado.

2) A ratificação ou a acessão ao presente tratado será efetuada por cada Estado de acordo com seus processos constitucionais.

3) Os instrumentos de ratificação ou de acessão serão depositados com o Governo dos Estados Unidos da América, aqui designado Governo depositário.

4) O Governo depositário informará todos os Estados signatários ou acedentes da data de cada depósito de instrumento de ratificação ou acessão, e data da entrada em vigor do tratado ou de qualquer emenda ou modificação.

5) Feito o depósito dos Instrumentos de ratificação por todos os Estados signatários, o presente tratado entrará em vigor para todos estes Estados e para os Estados que tiverem depositado instrumentos de acessão.

Daí por diante o tratado entrará em vigor para qualquer Estado acedente na data do depósito do Instrumento de acessão.

6) O presente tratado será registrado pelo Governo depositário de conformidade com o Artigo 102 da Carta das Nações Unidas.

Art. XIV - (1) O presente tratado, feito nas línguas inglesa, francesa, russa e espanhola, em versões igualmente autênticas, será depositado nos arquivos do Governo dos Estados Unidos da América, que enviará cópias aos Governos signatários e acedentes.

b) Declaração do Rio sobre meio ambiente e desenvolvimento (1992)

A Conferência das Nações Unidas sobre MeioAmbiente e Desenvolvimento.

Tendose reunido no Rio de Janeiro, de 3 a 21 de junho de 1992,

Reafirmando a Declaração da Conferência das Nações Unidas sobre o Meio Ambiente Humano, adotada em Estocolmo em 16 de junho de 1972, e buscando avançar a partir dela,

Com o objetivo de estabelecer uma nova e justa parceria global por meio do estabelecimento de novos níveis de cooperação entre os Estados, os setores chave da sociedade e os indivíduos,

Trabalhando com vistas à conclusão de acordos internacionais que respeitem os interesses de todos e protejam a integridade do sistema global de meio ambiente e desenvolvimento,

Reconhecendo a natureza interdependente e integral da Terra, nosso lar,

Proclama:

Princípio 1 - Os seres humanos estão no centro das preocupações com o desenvolvimento sustentável. Têm direito a uma vida saudável e produtiva, em harmonia com a natureza.

Princípio 2 - Os Estados, de conformidade com a Carta das Nações Unidas e com os princípios de Direito Internacional, têm o direito soberano de explorar seus próprios recursos segundo suas próprias políticas de meioambiente e desenvolvimento, e a responsabilidade de assegurar que atividades sob sua jurisdição ou controle não causem danos ao meio ambiente de outros Estados ou de áreas dos limites da jurisdição nacional.

Princípio 3 - O direito no desenvolvimento deve ser exercido, de modo a permitir que sejam atendidas eqüitativamente as necessidades de gerações presentes e futuras.

Princípio 4 - Para alcançar o desenvolvimento sustentável, a proteção ambiental deve constituir parte integrante do processo de desenvolvimento, e não pode ser considerada isoladamente deste.

Princípio 5 - Todos os Estados e todos os indivíduos, como requisito indispensável para o desenvolvimento sustentável, deve cooperar na tarefa essencial de erradicar a pobreza, de forma a reduzir as disparidades nos padrões de vida e melhor atender as necessidades da maioria da população do mundo.

Princípio 6 - A situação e necessidades especiais dos países em desenvolvimento, em particular dos países de menor desenvolvimento relativo e daqueles ambientalmente mais vulneráveis, devem receber prioridade especial. Ações internacionais no campo do meio ambiente e do desenvolvimento devem também atender os interesses e necessidades de todos os países.

Princípio 7 - Os Estados devem cooperar, em um espírito de parceria global, para a conservação, proteção e restauração da saúde e da integridade do ecossistema terrestre. Considerando as distintas contribuições para a degradação ambiental global, os Estados têm responsabilidades comuns porém diferenciadas. Os países desenvolvidos reconhecem a responsabilidade que têm na busca internacional do desenvolvimento sustentável, em vista das pressões exercidas por suas sociedades sobre o meioambiente global e das tecnologias e recursos financeiros que controlam.

Princípio 8 - Para atingir o desenvolvimento sustentável e mais alta qualidade de vida para todos, os Estados devem reduzir e eliminar padrões insustentáveis de produção e consumo e promover Políticas demográficas adequadas.

Princípio 9 - Os Estados devem cooperar com vistas ao fortalecimento da capacitação endógena para o desenvolvimento sustentável, pelo aprimoramento da compreensão científica por meio do intercâmbio de conhecimento científico e tecnológico, e pela intensificação do desenvolvimento, adaptação, difusão e transferência de tecnologias, inclusive tecnologias novas e inovadoras.

Princípio 10 - A melhor maneira de tratar questões ambientais é assegurar a participação, no nível apropriado, de todos os cidadãos interessados. No nível nacional, cada indivíduo deve ter acesso adequado a informações relativas ao meio ambiente de que disponham as autoridades públicas, inclusive informações sobre materiais e atividades perigosas em suas comunidades, bem como a oportunidade de participar em processos de tomada de decisões. Os Estados devem facilitar e estimular a conscientização e a participação pública, colocando a informação à disposição de todos. Deve ser propiciado acesso efetivo a mecanismos judiciais e administrativos, inclusive no que diz respeito a compensação e reparação de danos.

Princípio 11 - Os Estados devem adotar legislação ambiental eficaz. Padrões ambientais e objetivos e prioridades em matéria de ordenação do

Textos fundamentais do
Direito das Relações Internacionais

371

meio ambiente devem refletir o contexto ambiental e de desenvolvimento a que se aplicam. Padrões utilizados por alguns países podem resultar inadequados para outros, em especial países em desenvolvimento, acarretando custos sociais e econômicos injustificados.

Princípio 12 - Os Estados devem cooperar para o estabelecimento de um sistema econômico internacional aberto e favorável, propício ao crescimento econômico e ao desenvolvimento sustentável em todos os países, de modo a possibilitar o tratamento mais adequado dos problemas da degradação ambiental. Medidas de política comercial para propósitos ambientais não devem constituirse em meios para a imposição de discriminações arbitrárias ou injustificáveis em barreiras disfarçadas ao comércio internacional. Devem ser evitadas ações unilaterais para o tratamento de questões ambientais fora da jurisdição dos país importador. Medidas destinadas a tratar de problemas ambientais transfronteiriços ou globais devem, na medida do possível, basearse em um consenso internacional.

Princípio 13 - Os Estados devem desenvolver legislação nacional relativa a responsabilidade e indenização das vítimas de poluição e outros danos ambientais. Os Estados devem ainda cooperar de forma expedita e determinada para o desenvolvimento de normas de direito ambiental internacional relativas a responsabilidade e indenização por efeitos adversos de danos ambientais causados, em áreas fora de sua jurisdição, por atividades dentro de sua jurisdição ou sob seu controle.

Princípio 14 - Os Estados devem cooperar de modo efetivo para desestimular ou prevenir a re-alocação ou transferência para outros Estados de quaisquer atividades ou substâncias que causem degradação ambiental grave ou que sejam prejudiciais à saúde humana.

Princípio 15 - De modo a proteger o meio ambiente, o princípio da precaução deve ser amplamente observado pelos Estados, de acordo com suas capacidades. Quando houver ameaça de danos sérios ou irreversíveis, a ausência de absoluta certeza científica não deve ser utilizada como razão para postergar medidas eficazes e economicamente viáveis para prevenir a degradação ambiental.

Princípio 16 - Tendo em vista que o poluidor deve, em princípio, arcar com o custo decorrente da poluição, as autoridades nacionais devem procurar promover a internalização dos custos ambientais e o uso de instrumentos econômicos, levando na devida conta o interesse público, sem distorcer o comércio e os investimentos internacionais.

Princípio 17 - A avaliação de impacto ambiental, como instrumento nacional, deve ser empreendida para as atividades planejadas que possam vir a ter impacto negativo considerável sobre o meio ambiente, e que dependam de uma decisão de autoridade nacional competente.

Princípio 18 - Os Estados devem notificar imediatamente outros Estados de quaisquer desastres naturais ou de outras emergências que possam gerar efeitos nocivos súbitos sobre o meioambiente destes últimos. Todos os esforços devem ser empreendidos pela comunidade internacional para auxiliar os Estados afetados.

Princípio 19 - Os Estados devem prover oportunamente, a Estados que possam ser afastados, notificação prévia e informações relevantes sobre atividades potencialmente causadoras de considerável impacto transfronteiriço negativo sobre o meioambiente, e devem consultarse com estes tão logo quanto possível e de boa fé.

Princípio 20 - As mulheres desempenham papel fundamental na gestão do meio ambiente e no desenvolvimento. Sua participação plena é, portanto, essencial para a promoção do desenvolvimento sustentável.

Princípio 21 - A criatividade, os ideais e a coragem dos jovens do mundo devem ser mobilizados para forjar uma parceria global com vistas a alcançar o desenvolvimento sustentável e assegurar um futuro melhor para todos.

Princípio 22 - As populações indígenas e suas comunidades, bem como outra comunidades locais, têm papel fundamental na gestão do meio ambiente e no desenvolvimento, em virtude de seus conhecimentos e práticas tradicionais. Os Estados devem reconhecer e apoiar de forma apropriada a identidade, cultura e interesses dessas populações e comunidades, bem como habilitálas a participar efetivamente da promoção do desenvolvimento sustentável.

Princípio 23 - O meio ambiente e os recursos naturais dos povos submetidos a opressão, dominação e ocupação devem ser protegidos.

Princípio 24 - A guerra é, por definição, contrária ao desenvolvimento sustentável. Os Estados devem, por conseguinte, respeitar o direito internacional aplicável à proteção do meio ambiente em tempos de conflito armado, e Cooperar para seu desenvolvimento progressivo, quando necessário.

Princípio 25 - A paz, o desenvolvimento e a proteção ambiental são interdependentes e indivisíveis.

Princípio 26 - Os Estados devem solucionar todas as suas controvérsias ambientais de forma pacífica, utilizando-se dos meios apropriados, de conformidade com a Carta das Nações Unidas.

Princípio 27 - Os Estados e os povos devem cooperar de boa fé e imbuídos de um espírito de parceria para a realização dos princípios consubstanciados nesta Declaração, e para o desenvolvimento progressivo do direito internacional no campo do desenvolvimento sustentável.

Textos fundamentais do
Direito das Relações Internacionais